A FELICIDADE

Lluís-Anton Baulenas

A FELICIDADE

Tradução
Janaína Senna e Marcos Senna

Esta tradução recebeu o apoio do
institut ramon llull

Título original: La Felicitat

A tradução desta obra tem o apoio do Institut Ramon Llull.

Editora Nova Fronteira S.A.
Rua Bambina, 25 – Botafogo – 22251-050
Rio de Janeiro – RJ – Brasil
Tel.: (21) 2131-1111 – Fax: (21) 2286-6755
http://www.novafronteira.com.br
e-mail: sac@novafronteira.com.br

CIP-Brasil. Catalogação-na-fonte
Sindicato Nacional dos Editores de Livros, RJ.

B339f Baulenas, Lluís-Anton
A felicidade / Lluís-Anton Baulenas ; tradução de Janaína Senna e Marcos Senna. – Rio de Janeiro : Nova Fronteira, 2007.

Tradução de: La felicitat
ISBN 978-85-209-2006-0

1. Romance catalão. I. Senna, Janaína. II. Senna, Marcos. III. Título.

CDD 849.91
CDU 821.134.1-3

Esta obra recebeu o Prêmio Prudenci Bertrana, 2000, de romance, outorgado pela Fundação Prudenci Bertrana di Girona, e atribuído pelo júri composto por Mita Casacuberta, Josep M. Castellet, David Castillo, Modest Prats e Jordi Sarsanedas.

AGRADECIMENTOS

A meu amigo Jordi Català, por seu conhecimento do tema, seus mapas, seus diagramas e, sobretudo, pela paixão compartilhada por nossa cidade.

A Josep M. Huertas Clavería, por sua amizade e seus ensinamentos.

Graças a eles — e ao serviço da hemeroteca de *La Vanguardia* —, este romance pôde deslanchar sob o melhor dos augúrios.

Agradeço também a Q.M., com as minhas desculpas, se necessário, pela homenagem sem permissão. Alguém que sabe como aproveitar a vida, e isso para mim significa a felicidade.

PRIMEIRA PARTE

1

Uma mulher e uma foca. Todo dia, de tardinha e de noite, uma moça bem bonita e uma foca gorda, velha, de olhos baços.

A bela e a fera dançam debaixo da água, dentro de um grande tanque, no meio de um palco.

Num nível mais baixo, um pianista marcava com acordes vigorosos os pontos altos da apresentação, como se fazia na época em que existia o cinematógrafo.

A moça se abraçava à foca como se fossem um casal. Abria bem as pernas e envolvia o animal com as coxas, agarrando-se bem a ele. Ora o acariciava, ora lhe dava uns socos; ora parecia querer fazer amor com ele, ora parecia querer brigar. Afagava-lhe a nadadeira, como se cantarolasse "dandar, dandar para ganhar vintém".

Então, o piano se animava e o público, basicamente masculino, como se obedecesse a um sinal previamente combinado, começava a bater as mãos e os pés, a assobiar e a gritar. No auge da algazarra, a mulher e o animal saíam da água para respirar e ficavam com o queixo graciosamente apoiado na borda do tanque.

Sem dúvida alguma, era uma boa atração, uma das melhores da avenida Paralela. E o público de Barcelona, bom conhecedor, lotava a cada noite o pavilhão dos irmãos Soriano, pois sabia apreciar o espetáculo. Ainda mais quando surgia uma bela protagonista praticamente nua, com aqueles trajes de banho de fantasia e lantejoulas que se moldavam ao seu corpo como uma segunda pele.

Em meio ao público, naquela fria sexta-feira do primeiro dia de janeiro de 1909, meio distraído como sempre, havia um rapaz de olhar fugidio e felino, como o de um gato doméstico, alto e bem-apessoado, com ar de quem domina o mundo. Aplaudia sem entusiasmo, com algum atraso. Não havia sequer tirado as luvas verdes de pelica. Era Deogràcies-Miquel Gambús, ladrão de quarta geração, ladrão por vocação, ladrão da cabeça aos pés, ladrão de mãos limpas e roupas caras. Um ladrão perfumado, mas, acima de tudo, ladrão, dedicado de corpo e alma ao seu ofício tal como haviam feito sua mãe, o pai de sua mãe e o pai do pai de sua mãe.

Além disso, era advogado. É por isso que sabia que sua família era composta de ladrões, no sentido clássico (e estrito) da palavra. E, sem ironia nem gracejos, a sério, explicava aos mais íntimos que os ladrões latinos se chamavam "*fur*" ou "*latro*". E que "*fur*" estava relacionado ao verbo "*fero*", que, dentre seus dez ou doze significados principais, queria dizer "levo", "arrebato", "arranco" e até mesmo "saqueio". E acrescentava:

— É exatamente assim. A família Gambús leva as coisas alheias desde tempos imemoriais. "*Latro*" está relacionado a "*lateo*", que significa "me escondo". Claro como água: levo as coisas e me escondo; *subtraio* objetos (materiais ou imateriais, com *animus dolendi* direto ou não) que não são meus e depois desapareço ou caio no mundo.

Eis a descrição das principais atividades da família Gambús nos últimos cem anos.

Os gritos do público no pavilhão Soriano estavam um pouco mais altos que de costume e o jovem Deogràcies-Miquel voltou a prestar atenção, furtivamente, no espetáculo. Era freqüentador do local desde o princípio, há cinco anos, quando os donos atuais adquiriram a casa de espetáculos anterior, o famoso Trianon, berço artístico e catapulta triunfal da imortal Bella Chelito. Naquela época, não precisava andar assim meio incógnito, como agora. Tinha menos preocupações, era mais jovem, fornicava com mais alegria e estudava direito. Sua mãe o havia obrigado a seguir carreira:

— Quanto mais a fundo você conhecer as leis, mais a fundo poderá burlá-las. Nem sempre gratuitamente, é verdade, mas, como em todas as coisas da vida, devemos pesar os prós e os contras. Um advogado pode roubar e aplicar golpes com uma lei mais facilmente do que um bando de perdulários com um revólver. Logo, logo você vai ver os resultados. — E acrescentou, toda satisfeita: — Aplicar golpes está na sua natureza, é algo que você traz no sangue. Assim que nasceu, com um dia de vida, já deveriam ter mandado trancafiá-lo na cadeia preventivamente. Não foi o que fizeram, agora é tarde demais...

A verdade é que não lhe agradava nada que Deogràcies-Miquel freqüentasse a Paralela. Não por uma questão de moral, longe disso. Simplesmente porque, como boa profissional que era, levava muito a sério as questões de segurança. Tivera dois filhos, e Deogràcies-Miquel era o único que ainda estava vivo. Não queria que lhe acontecesse nada. E tinha medo de que, por uma bagatela qualquer (uma mulher, uma batida policial inesperada, uma bomba anarquista...) o futuro da família fosse posto em risco.

Ele, porém, não estava nem aí e dizia à mãe que, na Paralela, recebia lições imprescindíveis para complementar sua formação:

— Veja, mãe, tem uma artista lá, uma moça finíssima, que canta uma canção falando de uma pulga. Acontece que a pulga se aloja nos lugares mais incríveis das roupas da pobre desgraçada. Especialmente na sua roupa de baixo. A pulga a pica, deixando-a enlouquecida. E a moça começa a se coçar tentando encontrá-la. É claro que tem de tirar a roupa para facilitar o trabalho. E o público, com pena dela, a ajuda. É quando...

Plaft! A bofetada deixou os cinco dedos da mão direita da mãe marcados em seu rosto.

— Isso não passa de um número vulgar de *déshabillé*. E não volte a me contar essas coisas sujas. Ou será que você também já foi ajudá-la a procurar a pulga? — acrescentou a mulher secamente.

E foi se dirigindo para seus aposentos. Ainda esfregando o rosto, o rapaz respondeu em voz baixa, sorridente:

— Não vou dizer que não...

Ao ouvir isso, a mulher se deteve, deu meia-volta e exclamou, quase com desprezo:

— Será que é sua prostituta, essa filha da... pulga?

— Não, mãe — respondeu o rapaz, impressionado com aquela exibição insólita de um humor bem lamentável. — Mas vi andarem à cata da famosa pulga juízes, aristocratas, deputados provinciais, tenentes-coronéis, grandes industriais, proprietários rurais, e até mesmo bispos, todos eles mais ou menos disfarçados, mais ou menos bêbados... Gente muito importante que...

— Ah, já entendi tudo. Mas deixe-me dizer uma coisa: em nossa casa, chantagem nunca foi um fim, mas simplesmente um meio. Os chantagistas nunca vão muito longe. Acabam todos sofrendo de arteriosclerose e morrem de um ataque apoplético (isso se não os matarem antes).

E Deogràcies-Miquel Gambús ficou parado ali, perplexo, abrindo e fechando a boca como um peixe fora da água, vítima, mais uma vez, da confusão provocada pela resposta materna.

A foca acabava de respingar água no público da primeira fila que se afastou quase ao mesmo tempo, formando uma espécie de onda. O animal simulava graciosamente uns espirros e a moça tentava assoar-lhe o nariz com um lencinho. A platéia rolava de rir. O pianista, que fazia as vezes de mestre-de-cerimônias, dirigia-se à arquibancada e escolhia ao acaso um espectador (que parava de rir imediatamente). Fazia o eleito pegar uma sardinha fresca numa cesta. E, nervoso, com a sardinha na mão, o sujeito tinha que subir numa espécie de tamborete, bem perto do tanque, e esticar o braço o mais alto possível. Então, mulher e foca vinham nadando lá do fundo e saíam da água rapidamente para apanhar o peixe com a boca. Se o animal chegava primeiro, a moça tentava roubar-lhe a sardinha com os próprios dentes, dando a impressão de que ambos estavam se beijando. Já se a moça chegava primeiro, era a foca que atacava. A excitação do público era geral.

Dentro do tanque, as duas voltavam a se atracar. A moça subiu por um segundo, para tomar fôlego, mergulhou novamente, montou no dorso da foca e abraçou o pescoço do animal como se quisesse sufocá-lo. A foca se debateu na água e voltou a molhar o público das primeiras filas, incluindo, desta feita, Deogràcies-Miquel, que logo se exaltou e, percebendo que suas luvas de pelica estavam molhadas, ficou muito aborrecido. Naquele instante, a foca acuava a moça num canto do tanque como se para impedi-la de voltar à superfície.

Os espectadores não paravam de assobiar e batiam com os pés no estrado da arquibancada. Alguns chegavam até a xingar o animal com expressões que dificilmente se aplicariam a ele, como por exemplo, "sua foca puta". "Uma foca nunca pode ser puta", pensou Deogràcies-Miquel Gambús. Uma galinha talvez, pelo menos é o que o povo diz, mas nunca se ouviu dizer nada a esse respeito sobre focas.

O piano parecia a ponto de estourar. A moça se debatia como uma louca, abria e fechava a boca, soltava borbulhas, arregalava os olhos... O seu rosto foi ficando arroxeado... Estava ofegante... As pessoas foram se calando progressivamente, até que o silêncio foi total. De repente, ela se soltou do abraço mortífero do animal e, triunfante, saiu da água para respirar em meio ao clamor enlouquecido da arquibancada que chegou a ser ouvido lá fora na rua.

Todo dia, de tardinha e de noite, uma moça bem bonita e uma foca gorda, velha, de olhos baços.

O jovem Deogràcies-Miquel observou-a por um momento; mais uma vez, seus olhos se detiveram na basta cabeleira cor de mogno ondulando debaixo da água em mil tranças que pareciam sustentadas por um balão de ar. Achou bonito. Achava-a bonita. Onde a tinha visto? Era um pedaço de mulher. E com aquele cabelo... Uma lembrança lhe rondava a memória vagamente, mas não conseguia torná-la definida. Resolveu deixar para lá, pois já tinha preocupações suficientes.

O que acontecia era que o jovem Deogràcies-Miquel Gambús, conhecido intimamente pelo apelido de Demi, precisava decidir qual seria sua ação oficial para entrar no mundo dos negócios da família. Sua mãe, a matriarca dona Miquela, estava radiante. Toda uma vida dedicada ao latrocínio chegava ao melhor dos resultados: não somente nunca havia sido presa pelos delitos cometidos ao longo de mais de quarenta anos de carreira, como havia aumentado o patrimônio familiar de forma assustadora, grandiosa e espetacular: eram mais ricos, e, principalmente, muito mais respeitáveis que a geração anterior.

"Uma marca difícil de ser superada", dizia consigo mesmo o jovem Deogràcies-Miquel Gambús, que continuou sentado quando todos se levantaram para aplaudir...

A família Gambús chegou à Catalunha em princípios do século XIX, acompanhando o retorno de Fernando VII da França. Um caso obscuro forçou o bisavô, Miquel Gambús I, a se instalar, como uma espécie de exilado, num povoado às margens do rio Ebro, situado entre Móra e Tortosa, e denominado El Cagaire. Com bastante dinheiro, mas praticamente escondido. Vivendo no anonimato, cercado de alfarrobeiras e amendoeiras, com o apelido de Forasteiro, ele criou uma rede de poder que, em poucos anos, cresceu de forma espantosa. Era ótimo na prática do suborno e no uso de testas-de-ferro. Foi o primeiro a entender que roubar informações era muito melhor do que roubar ouro.

Já era prefeito do vilarejo quando teve de enfrentar uma crise que, para qualquer outro, teria sido definitiva. Foi julgado e encarcerado, durante o Triênio Liberal, por se manter fiel ao ex-rei Fernando. Mas Miquel Gambús I, o Forasteiro, saiu-se muito bem. Precisou gastar rios de dinheiro, mas saiu-se bem. Por muito tempo, um fato seria lembrado com admiração: na prisão de Lérida, os guardas não apenas tinham ordens expressas de protegê-lo e não incomodá-lo, mas também cuidavam para que não lhe faltasse nada. De sua cela, o senhor Miquel continuou controlando a vida de seu vilarejo e administrando os seus negócios.

Quando o rei Fernando foi reconduzido ao poder, graças às tropas aliadas da Europa, o prestígio e o poder do velho Gambús chegaram a um ponto inimaginável. Saiu da prisão carregado nos ombros pelos carcereiros, como um toureiro, em meio a aclamações de júbilo.

Passou um dia inteiro distribuindo gratificações especiais ao pessoal da penitenciária e oferecendo dotes às filhas dos outros prisioneiros. Fundou um centro para tuberculosos na capital da comarca e fez um generoso donativo ao diretor do local. Tantas fez que os prefeitos de outras vilas começaram a procurá-lo para pedir conselhos. Miquel Gambús I, o Forasteiro, passou a ser chamado Miquel Gambús I, o Homem do Rei. Instalado novamente no vilarejo, a primeira coisa que fez foi ordenar a detenção do paspalho que se atreveu a substituí-lo na prefeitura durante o ano e meio em que esteve preso. Mandou que o amarrassem, inteiramente nu, sobre uma mesa instalada no meio da praça principal da localidade. Com toda a calma, calçou as luvas brancas de linho, dedo a dedo, e cortou os testículos do sujeito com uma tesourinha de costura para que o suplício durasse mais. Quando acabou, atirou tudo aos cães para que os comessem. E fez isso em público, diante dos chefes de família do vilarejo. Nunca mais se teve notícia do pobre castrado, mas corria o boato de que havia sido vendido como eunuco a um reizinho da longínqua Costa dos Escravos. Não é preciso dizer que o fato foi mantido dentro dos limites da comarca.

Foi sucedido pelo filho, Miquel Gambús II, chamado o Merda por sua tendência a assumir ares de grandeza. Prefeito vitalício de El Cagaire, como seu pai, viveu até o ano de 1899, cercado pelo respeito de seus conterrâneos. O vilarejo mudou muito, graças a ele. Mudou até de nome. A denominação única, tradicional e oficial da localidade sempre fora El Cagaire, e por razões óbvias: o rio, espremido pela montanha, fazia uma curva tão fechada que parecia o traseiro de uma pessoa pronta para defecar. Como o "cagão", figura tradicional dos presépios catalães. O segundo dos Gambús, desejando começar o seu mandato com um ato a um só tempo simbólico e espetacular, mandou chamar o pároco para saber mais sobre aquele nome. O homem lhe explicou que desde os primeiros documentos referentes ao vilarejo, já nos idos do século IX, a denominação do local havia sido essa. O termo "Ille Caccariu", do baixo latim, havia evoluído placidamente, originando a expressão catalã "Cagaire". Placidamente até a chegada do segundo Gambús, é claro, que não estava disposto a viver num lugar com semelhante denominação. Miquel Gambús II, o Merda, vai lançar mão de um tantinho de imaginação. Não havia nomes como Alguaire, Albaida, Alfara, Alfàbia etc.? Com uma pequena falsificação do texto medieval e subornando um deputado provincial conseguiu que o vilarejo, conhecido há mil anos como El Cagaire, passasse a se chamar, oficialmente, Alcagaire de la Roca. E os seus habitantes, denominados "cagarrinos", vão ser agora os "alcagairões".

Ousado, e até mesmo frio, trapaceiro, violento, se preciso fosse, sempre à espreita, com ele o vilarejo melhorou, mas todos sabiam que havia saqueado, roubado e matado o quanto quis e julgou necessário. Sem qualquer problema, sem nenhum remorso. Mais sanguinário do que seu pai, quando algo lhe interessava, infeliz daquele que lhe passasse pela frente porque Gambús se livrava dele como quem espana um farelo de pão da manga. Sem se preocupar com o método nem com a ocasião.

Jamais um tribunal de justiça pôde provar o que quer que fosse contra Miquel Gambús II, o Merda. Era a época de ouro do caciquismo e a rede de interesses econômicos e, principalmente políticos, da família o havia tornado praticamente invulnerável. Cometeu o seu único erro de cálculo já no fim da vida. Subestimou o poder temporal da Igreja; bateu de frente com ela por uma questão formal e acabou sendo enterrado como um pária.

Agora, estávamos em plena era de sua filha, a senhora Miquela, que praticamente conseguiu a quadratura do círculo: agir com tanta facilidade quanto os seus dois ilustres antepassados, mas também, vale dizer, quase sem matar e com o acréscimo de um certo toque de imaginação. Se não fosse pelo caráter delituoso de sua atividade, já se teriam escrito livros a seu respeito. Era a grande Miquela, conhecida internacionalmente. Abriu uma nova via de obtenção de recursos para a família, uma via sem dúvida artística, criativa, que funcionava a pleno vapor ainda enquanto seu pai era vivo, entre 1880 e 1890: a falsificação dos resultados das eleições. Numa época em que abundavam as fraudes eleitorais, ela, ao menos, era capaz de torná-las sublimes, como que tocadas pela mão de Deus Nosso Senhor: indemonstráveis, perfeitas. Tinha, em Alcagaire, um laboratório, onde inventava e testava os métodos mais diversos e sofisticados, desde a construção de urnas falsas impossíveis de serem detectadas até a criação de centenas de pessoas inexistentes que, no entanto, adquiriam vida para ir votar. Pedia quantias astronômicas para garantir uma vitória eleitoral e fechava acordos segundo os quais se não fosse bem-sucedida, não cobraria. Nunca falhou. E mesmo depois de aposentada, alguns dos personagens mais importantes do reino, como prova de gratidão, disputavam a honra de tê-la à mesa.

Mas já tinha 63 anos e o coração lhe dizia que era o momento ideal para descansar. Tal como seu pai havia feito, tinha chegado a hora de passar o poder a seu filho. Havia nove anos que vinha preparando o rapaz para isso, desde que tinham se mudado para Barcelona. Durante esse tempo, além de manter o cargo de prefeita de Alcagaire, tinha se dedicado a dois objetivos básicos: vingar-se dos que se atreveram a humilhar a família por ocasião da morte de seu pai e ensinar tudo muito bem ensinado a seu único filho, seu herdeiro.

Deogràcies-Miquel era um rapaz, como já se disse, geneticamente desprovido de escrúpulos, característica que determinou a grandeza da linhagem dos Gambús. Dona Miquela logo pôde perceber isso. Um dia, no salão de baile da casa da família em Alcagaire, quando o menino ainda era pequeno, explicou-lhe tudo, balançando na mão uma taça de conhaque francês:

— Um ladrão é um ladrão porque rouba, sabe? Ora, para o verbo roubar, a nossa estimada língua, simples e sem afetação, acrescentou o termo "foder" a todos os sinônimos conhecidos e similares que têm outras línguas vizinhas e irmãs. Alguém diz em catalão: "Foderam o meu relógio." Eu digo: "Foi fodido bem diante do seu nariz e ele nem notou." O componente doloroso do uso do verbo "foder" no primeiro caso, relacionado com seu sentido original, é bem claro. Trata-se de uma dor não apenas moral, mas quase física: me foderam bem fodido. Por outro lado, quando "fodo" alguma coisa de alguém, o sentido é inteiramente inverso, expressa um prazer quase sensual: fodi você bem fodido. Está entendendo?

— Estou, mãe.

— Que está entendendo que nada... Mas você logo chega lá, paspalho; por enquanto, não passa de um merdinha de um pirralho. Ouça o que sua mãe lhe diz: desconfie de quem usa o verbo "roubar" quando poderia lançar mão de um verbo tão versátil e contundente quanto "foder". Não tem comparação: perto de "foder", "roubar" é como um parente aborrecido, um cunhado mesquinho, uma madrinha miserável, uma espécie de sobrinho raquítico... Se você topar com um patife que, em vez de "roubar", use termos como "afanar", não espere um segundo que seja: mate-o. Mate-o, Demi. Liquide-o sem piedade, porque se não fizer isso, ele fará. Não se esqueça. A história dos Gambús é uma história de ladrões, não há por que esconder isso. É o que somos: ladrões catalães. E, por isso, quando roubamos, fodemos.

O rapaz nunca se esqueceu dessas palavras.

Concluiu os estudos, abriu um escritório profissional que funcionava quase sempre como disfarce legal para as outras atividades familiares e, com toda a aplicação, deixava que sua mãe o aconselhasse, pois ela estava decidida a fazer do filho um ladrão bem-sucedido.

Assim transcorreram os anos até o momento atual. E o resultado, embora não fosse de todo mau, não chegava, na verdade, a satisfazer nem à mãe nem ao filho. Este intuía que talvez a genética não houvesse funcionado cem por cento, e não estava certo de poder superar essa falha com simples aplicação. Já ela intuía que talvez estivesse equivocada e houvesse superestimado as possibilidades do filho...

Era por isso que, antes de se aposentar, a matriarca exigia uma ação espetacular. Os seus antepassados haviam realizado umas tantas ao longo de sua vida. Cobrava isso do filho, antes de mais nada, para que ele demonstrasse seu valor. Dera-lhe a entender claramente que todos os recursos familiares estariam à sua disposição. Antes, porém, queria ter garantias:

— Se estiver disposto, durante a festa da minha aposentadoria, anunciarei solenemente a sua nomeação à frente de todos os negócios da família. Caso contrário... Enfim, se tiver de continuar comandando o navio familiar até a morte, eu o farei — ressaltou a velha. — Mas gostaria de saber disso imediatamente.

O espetáculo tinha terminado e o público começava a deixar a sala. No tanque, a foca, que já estava com o dia ganho, podia descansar. A moça não estava mais ali. Com um pano, o pianista enxugava os respingos de água que haviam molhado a tampa envernizada do piano. Todo dia, de tardinha e de noite, uma moça bem bonita e uma foca gorda, velha, de olhos baços.

Deogràcies-Miquel Gambús voltou a passar os olhos pelo cenário sem muito interesse. A maior parte das vezes, vinha à avenida Paralela para poder refletir em paz; pouco se lhe dava o espetáculo em si. Também havia dias em que se sentava ali para se divertir. Pagava a uma mulher da vida, seduzia uma das cantoras ou passava a mão numa de suas amantes ocasionais e ia passear com ela pelas redondezas. Essas últimas, pouco habituadas a isso, agarravam-se ao rapaz como moluscos, e ele as fazia circular em meio à multidão para que todos as vissem bem. Com isso, elas se agarravam ainda mais, assustadas, mas também excitadas. Para uma família barcelonesa que se preza, a Paralela, como conceito, simplesmente não existia. Era *terra incognita*: havia ali mulheres para dar e vender, mas praticamente nenhuma dama, a não ser por motivo de força maior. A nova burguesia de Barcelona temia e menosprezava a avenida Paralela pelo seu eterno ar de terra de ninguém, de posto de fronteira, aberto e cheio de todo tipo de gente 24 horas por dia. E Deogràcies-Miquel Gambús se aproveitava disso para "amaciar" as suas amantes: não voltava com elas à civilização até que suas roupas estivessem impregnadas pelo cheiro de anis misturado ao de rum, o do querosene das lâmpadas e o da fumaça do tabaco. Porque achava que, dependendo do tipo de mulher, era preciso deixá-la amaciar, como se faz com o bacalhau. Depois, só pelo fato de ele as levar em casa, entre tules e sedas, elas se desmanchavam como torrões de açúcar e concordavam com tudo que lhes pedisse (pedidos que, quase sempre, eram mais relacionados aos negócios do que ao amor).

Deogràcies-Miquel Gambús ficava à vontade na Paralela porque, apesar de todas as suas contradições, era e se sentia um ladrão. Assim como um padre jamais se sente estrangeiro em qualquer lugar do mundo em que haja uma igreja onde possa se abrigar, ele, nos ambientes mais misturados, logo se sentia como um peixe dentro da água. Na Paralela havia de tudo: marinheiros estrangeiros que subiam lá do porto, camponeses endomingados, gente de vida escusa, artistas, charlatães, putas, desempregados, operários... Além disso, de quando em quando, surgia por ali alguma figura importante da sociedade barcelonesa (de passagem ou celebrando algo, rigorosamente incógnito ou não). Estes últimos eram as vítimas mais interessantes, e, na verdade, às vezes, quase se precisava fazer fila na hora de roubá-los.

Dali saíram alguns dos negócios mais importantes que Deogràcies-Miquel havia feito nos últimos anos, sempre à guisa de treinamento e mantendo sua mãe a par de tudo. Às vezes, tratava-se simplesmente de estabelecer um contato que podia vir a ser importante, ainda que fosse preciso recorrer à chantagem. Outras vezes, percebia que devia agir imediatamente. Nesses casos, não perdia a oportunidade e seus golpes eram fortes, secos e contundentes. Esta era a marca dos Gambús.

Uma vez na rua, pôs o chapéu e levantou a gola do casaco. Tirou a cigarreira do bolso e começou a preparar um cigarro. Na porta do teatro, dois operários discutiam acaloradamente e Deogràcies-Miquel se deteve para ouvir o que diziam, mais por hábito do que por interesse. Deviam ter sido postos para fora de algum dos bares das redondezas. O mais novo tinha uma franja rebelde que lhe caía sobre os olhos. Quando se cansava de ajeitá-la com a mão, simplesmente soprava para afastá-la. Bonitão, robusto, com uma barba cerrada, sem bigode, mas de costeletas, usava calças de veludo cinza. Tinha uns vinte anos e matraqueava num tom impróprio ao adiantado da hora. Seu companheiro, já cinqüentão, meio sonolento, ouvia e fungava. O frio era intenso. Além do gorro e dos sapatos de lona, ambos usavam um blusão azul que devia ser fornecido pela empresa em que trabalhavam.

— Não é possível que você não seja de nenhum partido ou sindicato! — bradava o mais jovem. — Todo mundo está se unindo. O que você acha da Solidariedade Operária? Filie-se ao Partido Radical, como eu!

O outro o observava com toda a tranqüilidade, e respondeu:

— Não se esforce tanto comigo. Menos ainda de madrugada. Venho fundindo vidro desde os 11 anos. É um material que sempre terá demanda, com ou sem greve. Fundir vidro é um bom trabalho, o único que tive na vida. E não sei fazer mais nada. Que trabalho o seu Alejandro Lerroux teria para me dar? Vamos, até amanhã, pois já é tarde e vai chover.

E foi embora.

O rapaz ficou em silêncio, pensativo e soprando nas mãos. Deogràcies-Miquel Gambús estava a ponto de lhe oferecer um pouco de tabaco, para consolá-lo, quando se aproximaram uma velha, para lhe vender um ramo de rosas meio murchas, e uma cigana vendendo alho. Com a maior seriedade, Gambús tirou o relógio do bolso e olhou a hora: eram quase duas da madrugada. Só em Barcelona, na Paralela, era possível encontrar dois operários discutindo política e topar com aquele par de espantalhos a uma hora dessas. Comprou as rosas e as deu de presente à cigana. Comprou os alhos e os deu à velha. Coisas como essas o deixavam animado. Desgraçadamente, a sua mãe tinha razão: havia nove anos que morava em Barcelona e a cidade ainda o encantava. Gostava da Paralela. De fazer negócios. De arrotar no Círculo do Liceu, apostando no bacará. E de dois cheiros: o das mulheres barcelonesas depois de trepar e o da *brochette de foies de volaille* servida no Suíço. Gostava de tudo.

Do bolso das calças, tirou a caixinha de prata com pílulas de estricnina. Tomou uma delas ali mesmo, sem água. Era bem curioso o fato de aquele mesmo produto, dependendo da dose, servir de estimulante ou de veneno. Em Barcelona, era usado para matar ratos; no velho povoado de Alcagaire, para matar cachorros e raposas. Foi lá que, ainda bem jovem, conheceu seus outros efeitos tão atraentes e interessantes, graças a um médico pouco escrupuloso que trabalhou no vilarejo por algum tempo.

Havia nove anos que morava em Barcelona e todo dia se perguntava como podia ter passado sem ela...

2

Tinha a impressão de ter sido capturada, e não sabia nem como, nem quando, nem onde.

Toda noite (e mais de uma tarde), de molho num tanque gigantesco, esfregando-se com uma foca.

Fim do espetáculo. Cabeça molhada. Pele amolecida e enrugada. Quase sempre com enxaqueca, por causa dos períodos mais longos passados debaixo da água, sem respirar. Manchas-roxas nas pernas e nos braços porque, às vezes, a foca não calculava bem a força dos golpes que lhe dava.

Voltava para casa resfriada, enregelada, exausta. De manhã, acordava tão cansada quanto estava ao se deitar na noite anterior. Um ano inteiro trabalhando no pavilhão Soriano e não havia conseguido economizar nem dois tostões.

Nonnita Serrallac tinha ido procurar trabalho ali porque a programação daquela sala, à diferença do que acontecia habitualmente na Paralela, não era do gênero *music-hall*, e tinha mais a ver com circo. E isto por um motivo muito simples: era a especialidade que os irmãos Soriano — dois castelhanos de Salamanca, de uma família de charlatães e de trupes mambembes — conheciam melhor, e eles eram os proprietários do local. Na verdade, pegado ao seu flamejante pavilhão, ainda mantinham a barraca onde, aos domingos de manhã, vendiam todo tipo de mercadoria, de panelas a despertadores.

Nonnita Serrallac tinha chegado ali quase um ano antes, com os restos do seu circo. A última turnê foi um desastre: voltaram arruinados das terras castelhanas. Abandonados pelos proprietários em Madri, tentaram regressar a Barcelona sem dinheiro, praticamente sem comida e com o inverno quase chegando. Eram três carroças transportando pessoas e um reboque com os animais (um leão desdentado, uma cobra que já não trocava de pele, uma foca de olhos esbugalhados e o papagaio Trinitat), puxados pelos respectivos cavalos (quatro mulas e uma égua). Entre os integrantes da trupe havia um sujeito chamado Tomàs Capdebrau, ex-alfaiate e ex-administrador, Nonnita Serrallac, dois equilibristas, um violonista — que cantava canções napolitanas ou andaluzas, dependendo das circunstâncias —, dois palhaços e uma bailarina. Na altura de Alcalà de Henares, os equilibristas decidiram se juntar a uns saltimbancos que cruzaram com eles na estrada e se dirigiam à Galícia. Já perto da Almunia de Doña Godina, os dois palhaços tiveram uma revelação: fartos de fazer rir quando, na verdade, choravam por dentro, resolveram mudar de vida e começar de novo como pessoas sérias e decentes. O violonista foi preso pela guarda municipal de Saragoça e ficou por lá sem saber muito bem por quê. Depois, aconteceu o episódio do coice da mula, que deixou Tomàs Capdebrau meio abobalhado. E, poucos dias mais tarde, quando ele ainda não tinha se recuperado de todo, a pobre da bailarina morreu por causa de umas febres. Foi muito triste. Morreu num lugarejo de nome muito poético: Nuez de Ebro. De nada adiantaram os cataplasmas de cabeça de arenque misturada com uns pós estranhos. E, ao cabo de uma semana de febre e tosse, a moça, que se chamava Elisabet Cors, tão fina e delicada, partiu furiosa para o outro mundo, cagando para Deus que lhe tinha dado uma vida tão curta e uma morte de cão. Como último desejo, pediu a Nonnita Serrallac que a enterrasse trajando *tutu* e sapatilhas. E assim foi feito. Eram pobres como ratos, e, por isso, nem puderam lhe dar um caixão decente. Arrancaram umas tábuas da carroça e puseram a moça ali no meio, como um sanduíche. Amarraram tudo com um cordão dourado e deram acabamento com uma borla vermelha arrancada de uma cortina. Nonnita Serrallac a acompanhou até a vala comum. — Você não pode se queixar — disse ela à bailarina. — Tem mais sorte que muitos de nós: está sendo enterrada de verdade, nada dessa história de gavetas... — O coveiro ergueu uma lona que cobria um buraco no chão. E Nonnita Serrallac retirou o que acabava de dizer: o buraco era mais estreito que o normal, e tinha uma poça de água no fundo. Devia ser bem úmido ali. O homem declarou, todo orgulhoso: — Nosso povoado é pequeno e muito sério. Graças à sua amiga, pudemos inaugurar a vala comum. Não se preocupe, vou encaixá-la de lado...

Para sobreviverem até Barcelona, foram vendendo os seus poucos pertences. As carroças e o reboque, à medida que iam se estragando, foram desmantelados e reduzidos a lenha usada para cozinhar e para eles se aquecerem. Os animais foram vendidos em feiras ou comidos (incluindo-se a cobra). Ao longo do caminho, foram roubados, assaltados, espancados. Em Cervera, encontraram com uma caravana de putas francesas que seguiam para Madri e foram confundidos com ela, apesar de estarem indo na direção de Barcelona. Quando o mal-entendido se esclareceu, foram expulsos do mesmo jeito, já que putas e saltimbancos são a mesma coisa. Fizeram marchas forçadas e, como Napoleão na Rússia, foram deixando a pele pelo caminho, tanto eles quanto os animais.

Além de Nonnita Serrallac, conseguiram chegar à terra prometida barcelonesa a foca (que havia sobrevivido dentro de uma banheira toda quebrada), um papagaio-real (de nome Trinitat), uma grande carroça lilás, com quatro rodas e um pequeno parapeito, puxada por uma mula franzina, e o pobre Tomàs Capdebrau (deficiente mental por causa de um acidente).

Era um exército derrotado pedindo asilo político na porta generosa do pavilhão Soriano.

Os proprietários, depois de ver a moça executar um ou dois números, não hesitaram um instante em contratá-la. E quando ela insinuou que não podia abandonar os animais irracionais (e Tomàs era um deles) que estavam lá fora esperando por ela, acabaram por acolher o grupo todo. Chegaram até a empregar o referido Tomàs Capdebrau, cuja consciência ia e vinha sem aviso prévio. Quando estava lúcido, fazia de tudo: era vigia, apregoava o espetáculo para atrair clientes, era porteiro... Alimentava os animais e esfregava o chão... Carregava e descarregava... Mas, de repente, começava a ficar debilitado. Parecia até que estava ali, mas, na verdade, já estava indo embora. Finalmente, ficava parado, como se a corda tivesse acabado, com os olhos abertos e fixos num ponto. Então sentavam-no num banquinho por um momento, até ele se recuperar, cansado e sem se lembrar de absolutamente nada. A moça sofria por ele. Tinha medo de que fugisse e se perdesse. Barcelona, naquele momento, andava cheia de desgraçados. Em cada canto, havia idiotas, mutilados, velhos abandonados à própria sorte... A carroça de uma associação de caridade percorria as ruas a cada dois dias e recolhia os que morriam, sobretudo no inverno. Sem Nonnita, Tomàs Capdebrau não teria sobrevivido nem uma semana. Os irmãos Soriano permitiam que ele morasse num pequeno alpendre atrás do teatro, ao lado do tanque, com a foca, o papagaio e a mula.

Em troca de todo aquele monte de favores, Nonnita Serrallac atuava por um preço módico e trocava de personagem dependendo das circunstâncias. Num ano havia sido "A Bela Tere, dançarina e transformista", a célebre "Miss Waloby, notável pelos seus pombos amestrados e o papagaio Trinitat", a famosa "Mademoiselle Antoinette, maravilhosa imitadora de aves". Agora era "A intrépida Frida, a amazona do mar" ou "A bela e a foca".

Toda noite (e mais de uma tarde), de molho num tanque gigantesco, esfregando-se com uma foca.

Só pensava em chegar em casa. Deu um beijo no rosto de Tomàs e foi embora. Já tinha se resignado a voltar com o cabelo molhado. Era o que mais a aborrecia naquele número com a foca: fazer o caminho de volta, à noite, com os cabelos ainda não inteiramente secos. Em pleno inverno, era fatal: estava sempre resfriada. E cansada. Estar assim a deixava furiosa e descontava no primeiro que lhe passasse pela frente. Ajeitou o xale de algodão nos ombros, o lenço na cabeça, o cachecol de lã sobre o rosto e começou a caminhar a passos rápidos Paralela afora, em direção à alfândega. Não gostava de voltar sozinha para casa, mas, se não tinha outro jeito, era o que fazia.

Desde o primeiro dia recusou-se terminantemente a morar no teatro como o seu amigo. Por isso havia alugado um apartamento no seu antigo bairro, agora em plena transformação. O aluguel era ridículo, porque o edifício já estava vazio e seria demolido em pouco tempo. Toda a região estava indo abaixo. A prefeitura havia decidido abrir uma nova avenida do porto até o Eixample. Era tão nova que ainda nem tinha nome. Era simplesmente identificada pela letra "A". Denominaram-na provisoriamente Gran Via A. Uma comissão municipal anunciou que talvez viesse a se chamar Via Laietana, coisa que, para Nonnita, não fazia a menor diferença.

Contornou o monumento a Colombo acompanhando os trilhos do bonde. Era um local perigoso porque havia uma curva muito pronunciada. Os bondes reduziam a velocidade e, mesmo assim, suas rodas chiavam. A companhia compensava o problema besuntando os trilhos com uma graxa que empestava o ar. Nonnita esperava o bonde se aproximar e, no último instante, se afastava e parava para ouvir os palavrões dos condutores que a xingavam.

Continuou caminhando em silêncio, mantendo sempre o mar à direita, com pressa, mas tomando cuidado para não escorregar: o calçamento estava cheio de musgo úmido e perigoso. O meio-fio parecia emoldurado de verde. Aquele caminho a atraía particularmente, apesar de não ser o mais curto. Àquela hora da madrugada, no sossego da noite, gostava de sentir o cheiro de maresia trazido pelo vento, de observar as lanternas do cais, com uma luz quase agônica, baça e atenuada pela névoa baixa.

Chegou ao início da futura avenida. Era exatamente como uma fenda aberta em plena cidade.

A claridade da lua quebrava a escuridão intensa. Com isso, a moça podia contemplar os edifícios que ainda permaneciam de pé.

Não eram muitos. E à noite, sob aquela luz, os esqueletos dos prédios pareciam um cenário de teatro. A maioria das construções da região já tinha sido demolida e o panorama que se descortinava ao chegar ali vindo do mar era desolador: pura destruição, como se tivesse havido um terremoto. Ou como se o general Espartero houvesse voltado a bombardear Barcelona do alto de Montjuïc. Nonnita Serrallac conseguiu sobreviver à derrocada do seu circo pensando em sua casa, nas ruas e vielas do velho bairro. E acabou descobrindo que já não existia nada: nem bairro, nem rua, nem casa, nem família. Seu pai havia morrido enquanto ela estava fora e seu irmão mais moço desapareceu sem deixar vestígios. Depois de tantos anos longe de casa, deve ter pensado que a irmã não voltaria nunca mais.

Onde antes existia um bairro agora só restavam carcaças, uma série de imensos canteiros de obras e esplanadas separados por buracos, montanhas de escombros, valas profundas como trincheiras ou, simplesmente, tapumes de madeira... E acima de tudo, aqueles buracos negros e imensos, que, ao que se dizia, no futuro serviriam para a circulação de trens por baixo da terra.

No caminho de casa, Nonnita parou ao lado da palmeira-anã. Estava no meio de um terreno limpo e aplanado, vazio e imenso. Ali sozinha, a palmeira-anã era o último testemunho de um pátio interno onde também existira um limoeiro e três ameixeiras. Sabia disso porque morou ali quando era pequena: uma casa térrea, comprida e estreita. Um corredor com quartos de um lado só e, no final, o pátio, com a palmeirinha, o tanque e a privada.

Uma mulher sai de trás da palmeira. Acaba de estender a mão para colher um limão de um limoeiro invisível. Conhece essa mulher: é sua mãe, morta vinte anos atrás. Vai mordendo o limão, com casca e tudo, porque limpa por dentro, segundo diz. E seu pai, morto há menos de dez meses, está sentado no banquinho de três pernas, debaixo da palmeira, fumando um charuto com a sua calma habitual. Nonnita lhe pede que deixe de fumar, pois o bigode branco está ficando amarelado por causa do fumo. Mas o homem lhe responde que o amarelado vem da morte, não de fumar. Será que nem morto o deixam em paz? A mãe, segurando o limão, vê na filha uma espécie de desespero e de determinação que não sabe decifrar. E se cala, pois, se já não era de muito falar em vida, imagine agora, que está morta.

Naquela casinha, com a palmeira no pátio, viveu boa parte da vida. E, agora, os mortos voltam para aquele lugar. Ou, quem sabe, nunca saíram dali. Fitam Nonnita com curiosidade enquanto ela passa a caminho de casa. Educados e tolerantes, sorriem para a filha com o seu sorriso de mortos. Quando ela se afasta, ainda vê seu pai concentrado na tarefa de extrair, com a unha do mindinho, os pedacinhos de tabaco que ficaram presos entre seus dentes. Com o rabo do olho, tem a impressão de que ele a está chamando. Em vida, nunca conversaram por mais de cinco minutos seguidos, e, agora que está do outro lado, lhe deu vontade de conversar... Deve ser bem chato estar morto.

Fechou os olhos. Em hipótese alguma queria que os mortos do bairro começassem a surgir na sua frente. Nem mesmo os seus pais. Mas não podia evitar. Encontrava-os em toda parte, como se, além da terra e das pedras, as obras tivessem revolvido os túmulos, forçando-os a passear. Ademais, podia conhecer os mortos de antigamente, mas não os novos, já que tinha estado fora, circulando para um lado e para o outro, por alguns anos. E tinha medo de não reconhecer os defuntos recentes e confundi-los com os vivos, que iam achar que ela era louca.

Quando voltou a abrir os olhos, já havia deixado a palmeirinha para trás. Em criança, trepava nela para brincar. Com suas folhas, fazia enfeites e guirlandas. Amanhã, talvez já não estivesse mais lá. Os ciganos decerto a levariam. Eram muito profissionais, de uma eficácia absoluta, capazes de passar todo o entulho das ruas pela peneira para ver se encontravam algo interessante.

E Nonnita Serrallac repetiu as palavras "enfeites" e "guirlandas", que a deixavam contente, para expulsar a palavra "escombros", que achava desagradável e hermética. Mas foi em vão.

É que tudo ao seu redor eram escombros. E ela fantasiou que, afinal de contas, os restos das casas reuniam as pessoas segundo as suas circunstâncias. Havia os montes de entulho dos velhos palacetes, berço de antigas linhagens, que viram nascer, crescer e morrer homens e mulheres distintos, personalidades notáveis de Barcelona. As pedras daquelas casas pareciam exigir justiça. Eram pedras bem talhadas, brancas, nobres e pouco resignadas ao que o destino lhes reservava. Depois de tantos séculos, quem havia de dizer...

A maior parte, porém, era entulho dos prédios populares. Podia reconhecê-los porque, à diferença das construções mais nobres, as picaretas reduziam-nos praticamente a pó depois de repetir indefinidamente o mesmo espetáculo. Nonnita vira aquilo com seus próprios olhos: chegava uma equipe de demolição e descobria que, na hora de pôr o prédio abaixo, ainda havia uma família morando ali! Mandavam que deixassem o local, alertavam que aquilo não era brincadeira. Mas os interessados negavam-se a sair, pois não tinham para onde ir. Chegava a guarda municipal e botava todos para fora com maus modos. E, afinal, os despejados ficavam observando as picaretas entrarem em ação, olhando a cena sem saber o que fazer. Numa pilha, ao seu lado, maletas, trouxas, cestos e até mesmo colchões.

As coisas estavam nesse pé.

Tudo vinha abaixo porque se dizia que Barcelona seria a Paris do Mediterrâneo.

Aquela desolação lhe dava a impressão de uma espécie de fábrica de mortos. No primeiro dia, quase caiu dentro de um buraco gigantesco. Escorregou, mas teve a sorte de poder se agarrar a uma carroça parada. Quando se recuperou do susto e olhou ao seu redor, viu tantos buracos que parecia até que estava num cemitério.

Era tarde e não havia ninguém pelo caminho. A cada passo da moça, pareciam brilhar por toda parte as fagulhas dos espíritos.

Atravessou a praça Àngel e entrou pela rua Tapineria inteiramente adormecida, mas ainda repleta dos ecos da atividade diurna. Durante o dia, era um formigueiro de vida e lojinhas. Em pouco tempo, não sobraria mais nada. A rua alargava um pouco quando chegava a uma loja de lápides. Olhou para a vitrine: os gemeozinhos órfãos da família Tarrida não estavam mais lá. Ultimamente os via esperando por ela, indolentemente recostados, defuntos e sérios. Por muitos anos, havia apagado a lembrança que tinha deles, inclusive o seu rosto.

Sua casa ficava logo ao lado, na Riera de Sant Joan. Morava no último andar e gostava da escada por causa do poço no meio do pátio. Bem no alto, havia uma polia e, durante anos, os moradores puxavam o balde de água pelo vão da escada. Já havia uma data aproximada para sua demolição: dentro de seis ou dez meses. Talvez até antes, e tudo porque as obras da tal Reforma avançavam muito mais depressa do que o previsto.

O vento fez oscilar a chama triste de um dos lampiões da rua. Nonnita encontrou o guarda-noturno bem perto da porta do prédio. Com seu uniforme e aquelas enormes costeletas fora de moda, parecia até um general. Quando encontrava com Nonnita, tratava sempre de acompanhá-la. À noite, percorrer todo aquele trecho, mesmo para uma mulher decidida como Nonnita, não era nada agradável. O bairro, com suas escavações e suas ruínas, tinha cantos isolados efetivamente inóspitos que, quando escurecia, tornavam-se solitários e perigosos. Gente paupérrima expulsa dos imóveis demolidos, famílias inteiras sobreviviam entre os escombros, em barracas improvisadas e em condições infectas. O guarda a escoltava até o prédio; abria a porta e conversavam por um instante. Às vezes, lhe dava uma vela acesa, daquelas compridas, para que a moça pudesse subir a escada sem tropeçar. Ele também perderia o emprego. Se não há ruas, não há necessidade de um guarda para vigiá-las, nem de molho de chaves que abram todas as portas da vizinhança.

Nonnita subiu a escada. Não havia mais ninguém no edifício. Nos últimos meses, as duas famílias que ainda restavam tinham ido embora. O prédio estava num estado tão deplorável que o risco de desabamento havia provocado mais preocupação que a própria ameaça do governo municipal. Quando chegassem as picaretas da Reforma, o edifício já teria caído sozinho. Nonnita era a última dos seus moradores.

Gostava daquele apartamento. O quarto principal, bastante grande, era uma espécie de ateliê mal-ajambrado, com um fogareiro de ferro fundido que, além de funcionar como aquecedor, também fazia as vezes de cozinha. Na mesma rua, havia outros imóveis semelhantes, ocupados por artistas e pintores. Eram ateliês com vista para os campanários e o zimbório da catedral, cercados de terraços com pombais. Tinha também um quarto para Tomàs Capdebrau, com uma mesinha-de-cabeceira meio desmantelada, apanhada num dos apartamentos vazios, um urinol e um colchão com um enchimento que, por si só, explicava a história de sua vida: sabugo de milho, palha, lã, crina e penas. O problema era que seu amigo quase não passava a noite ali, porque tinha medo de que o edifício viesse abaixo e o soterrasse enquanto dormia. Quando Tomàs não queria dormir na casa dela ou no teatro, com os animais, ia para o albergue municipal masculino da rua El Cid.

Já Nonnita Serrallac tinha medo de poucas coisas. Depois que chegava em casa, o bairro voltava a lhe parecer um imenso cemitério. Lá fora, o silêncio era total.

Meteu-se na cama, soprou para apagar o lampião de querosene e se cobriu.

Estava tão cansada que tinha a impressão de que nunca mais conseguiria se recuperar.

3

Logo seria dia claro. De pé, no meio do escritório, Deogràcies-Miquel Gambús fitava as cortinas de seda salmão que o isolavam da rua. Podia-se ouvir o tique-taque do relógio de parede. A calma era total e o ambiente estava agradável graças ao calor seco produzido pela estufa.

Horas antes, com um pressentimento estranho, foi até o banheiro, acendeu o lampião a gás e espiou o próprio rosto no espelho. Não foi difícil descobrir a origem de seu desassossego: tinham surgido pêlos nas suas orelhas. Ou talvez já estivessem ali; o caso, porém, é que os descobriu naquele amanhecer fatal. Respirou fundo algumas vezes e, com a energia da hiperventilação, voltou a se olhar no espelho. Efetivamente, não havia dúvidas: eram, ao todo, umas oito ou dez unidades. Além disso, com aquela odiosa tendência do corpo humano para a simetria, os pêlos apareciam nas duas orelhas, meio a meio. Diante do desastre, um único consolo: não eram daquele tipo grosso e preto, e sim finos e castanhos. Mas o problema era o mesmo. Surgiam de dentro da orelha e se espalhavam por toda a extensão do pavilhão auditivo. Ainda por cima, viam-se alguns, solitários, que, por isso mesmo, destacavam-se orgulhosamente, como uma árvore frondosa no meio do deserto. Seu primeiro impulso foi chamar seu barbeiro particular, mas, como homem prático e lógico que era, abandonou a idéia, porque ainda era cedo demais. De que serviria cortar aqueles pêlos tão descarados se sabia que, dentro de quatro dias, voltariam a crescer com toda a insolência? Era preciso pensar cuidadosamente no assunto, junto com o barbeiro. Mas com calma. Quando era pequeno, no vilarejo, o jardineiro da família lhe havia comunicado bastante bem o que era o sentimento de impotência diante dos trevos invasores: cedo ou tarde, voltariam a crescer, a menos que se revirasse a terra para extirpar até as raízes.

Preocupado, foi se sentar à mesa. Era um móvel imponente, de mogno claro, talhado em linhas retas. Sua mãe a chamava de "mesa de ministro", por razões óbvias. À sua frente, havia um monte de folhas repletas de anotações feitas a lápis. Espalhados aqui e ali, livros e revistas de consulta. E, numa parede, um quadro-negro, apoiado num tripé, coberto de esquemas desenhados a giz colorido. Aproximou-se do quadro e, enquanto observava os traçados, abriu o vidro do relógio de parede. Apanhou a grande chave, que ficava pendurada numa fita, e começou a lhe dar corda. Ao fazer isso, deu-se conta de que já havia dois dias que estava trancado ali, ruminando sobre seu futuro. Estava roído de dúvidas. E o simples fato de duvidar era o bastante para ele se julgar indigno da própria família. Fechou o vidro do relógio e voltou a observar o quadro ao seu lado: sem qualquer intenção irônica, muito pelo contrário, vinha se dedicando a investigar os diversos ramos dos delitos. Ele era assim: organizado e metódico. Para isso, fez uma lista longa e complexa das diversas variações da arte de roubar. Acabou deparando com uma surpresa um tanto irritante: quase todas as possibilidades já haviam sido experimentadas — e com sucesso — pelos seus antepassados. E ele, por uma questão de dignidade, não queria repeti-las.

Em todo caso, tinha chegado a uma ou duas conclusões simples, mas incontestáveis: que existia uma infinidade de meios para se roubar e trapacear, mas o melhor mesmo era combinar vários métodos. Exemplo: roubar alguém, deixá-lo arruinado, e, logo depois, diante dessa ruína, oferecer-lhe um empréstimo a juros extorsivos. A outra conclusão era que, dependendo da época, um mesmo fato não apenas não era considerado delito, mas podia até chegar a ser objeto de louvor.

Voltou a se sentar. Para chegar a algum resultado, portanto, precisava estudar a fundo a época em que vivia para encontrar um método de roubar que fizesse dele uma pessoa de mérito.

Não precisava ser muito esperto para perceber que os delitos cometidos por meio da força bruta eram os que a sociedade rejeitava com mais vigor. Talvez porque fossem os mais visíveis e deixassem seus autores em maior evidência. Tratava-se de formas mais primárias, mas principalmente antigas e fora de moda.

Ergueu os olhos novamente para o quadro-negro: leu a frase "Trapaça por abuso de confiança". Isso já lhe agradava mais. Era mais refinado. Ainda por cima, tinha alguma experiência no ramo: sem precisar ir muito longe, dois anos atrás havia realizado com êxito uma trapaça de que muito se orgulhava. Foi com o presidente da Associação Catalã de Fabricantes de Farinha. Era um homem gordo, atarracado, com uns óculos minúsculos cravados na ponta do nariz, e estava eufórico, pois acabava de voltar de Madri trazendo no bolso um contrato do Ministério das Relações Exteriores. Participara do Primeiro Congresso Africanista e lá mesmo se comprometeu a prover o exército africano com um grande carregamento de farinha da melhor qualidade. O acordo era secreto para evitar especulações do mercado. Encontrou-se com o jovem Gambús numa daquelas noitadas na avenida Paralela. Depois de uma ou duas voltas, e de uma visita a um puteiro de categoria da rua del Carme, o presidente da associação já tinha lhe contado tudo. O sujeito ainda não havia despejado a última gota de esperma e a maquinaria delituosa dos Gambús já estava funcionando a todo vapor. No dia previsto, a farinha foi embarcada no porto de Barcelona, com destino a Melilla. Poucas horas depois, durante a noite, em alto-mar, o navio, cuja tripulação havia sido previamente subornada, foi interceptado por outra embarcação. Um pequeno exército de homens substituiu, com uma rapidez assombrosa, os sacos de farinha de primeira por outros, exatamente iguais, contendo farinha velha, misturada, podre ou de má qualidade. A mercadoria chegou bem a Melilla, só com um pequeno atraso (que o capitão atribuiu a um problema na casa de máquinas). Os militares descobriram o logro e acusaram o industrial de trapaceiro. Este negou a acusação (vira com seus próprios olhos a farinha de qualidade ser embarcada nos porões do navio). Mas não teve outro remédio senão propor o envio de uma nova partida de farinha de primeira para evitar ser processado por fraude ou, o que era ainda pior, perder um cliente potencial tão importante. Acabou se comprometendo a fornecer a nova farinha pela metade do preço. Foi então que Deogràcies-Miquel Gambús fez sua entrada em cena. Casualmente, estava em condições de oferecer, praticamente da noite para o dia, a quantidade exata de farinha de que o outro precisava. Claro que, pelo dobro do preço e como um favor, uma vez que aquela farinha já estava apalavrada e os prejuízos acarretados pelo rompimento de tal compromisso sequer podiam ser calculados em pesetas. E o pagamento era à vista, óbvio. O negócio foi líquido e certo.

Depois de ouvir a explicação do filho e de examinar os números da operação, a velha Miquela admitiu:

— Nada mal. Você é criativo, rápido e não tem medo de tomar decisões. Mas cometeu um ou dois erros indignos de nossa família: todo esse tempo, toda essa energia e, principalmente, todo esse risco são desproporcionais ao lucro obtido. Veja bem, só valeria a pena se aqueles sacos contivessem pó de ouro em vez de farinha... Em segundo lugar, revender à vítima sua própria farinha era desnecessário, e muito arriscado. Isso não é bom, Demi. É risco demais; você se expôs demais. E discrição é a regra número um. Ainda tem muito que aprender.

Aquelas palavras ressoavam em sua cabeça e, enquanto apagava o quadro, ainda sentia como a vergonha o deixava vermelho.

Pensava: "É preciso trapacear, mas em condições sólidas. E que condição é mais sólida do que a legalidade?" Esta era a solução! Não há lei no mundo civilizado que castigue o enriquecimento produzido pelos lucros (ainda que abusivos) de determinados negócios. Comprar por cinco algo que vale dez e, logo depois, vendê-lo por mil: ninguém chama isso de trapaça, mas sim de um bom negócio... Sentiu-se sufocar. Admitir aquela premissa era como admitir a razão básica de toda a merda intoxicante dos anarquistas... Além disso, dependendo do produto, podia ser perigoso: 1. O povo come pão. 2. Fabricar uma forma de pão custa um centavo, mas eu a vendo por noventa. 3. O povo pára de comer pão. Resultado? 4.1. O povo fica com fome e lá vêm as revoluções e as desordens. Ou então 4.2. O que é ainda pior, as autoridades resolvem intervir. Um desastre... Conclusão: é preciso controlar o povo e as autoridades. E é preciso que nenhum deles perceba isso.

Foi até o fogareiro para esquentar as mãos. Mas não parou de ruminar. Estava satisfeito. Aquela história era cansativa, avançava lentamente, mas avançava.

Estava começando a se sentir cansado. A velha Miquela não tinha idéia do esforço que ele vinha fazendo para se considerar um sucessor à sua altura. Aprumou o corpo e se aproximou do licoreiro. Enquanto tomava de um só trago um cálice da bebida, abriu o jornal da véspera. Leu a manchete: "Cem mil mortos nos terremotos da Sicília e da Calábria." Que catástrofe... De pé, foi virando as páginas quase sem olhá-las, irritadíssimo. Por que será que essa gente insiste em morar nesses lugares onde acontecem terremotos e inundações?

A palavra "inundação" o deixou com vontade de tomar um banho quente em plena madrugada. Acordou um dos criados para que preparasse tudo e, já dentro da água morna, examinou a última pasta, onde se lia, escrito com sua própria letra: "Também posso roubar por *Usura*."

Empolgava-se pensando em se embrenhar num terreno escuro e escorregadio como aquele, sempre às margens da legalidade. Além disso, a usura propiciava uma união tentadora, quase antinatural, entre as leis e a moral...

Saiu da água e se enrolou numa toalha grande. O cômodo se mantinha agradavelmente aquecido. Logo seria dia claro. Recostou-se na cama para continuar pensando. Bocejou, relacionou a idéia da usura com a da atividade bancária, perguntou a si mesmo: "Quero ser banqueiro?" E respondeu: "Não." Dito isto, adormeceu como uma pedra.

Acordou ao meio-dia, abriu todas as janelas para que o sol entrasse e constatou que estava com muita fome. Desceu para tomar o café-da-manhã e, na sala de jantar, encontrou a mãe já almoçando. Viu que estava de bom humor e aproveitou para lhe perguntar:

— Quando será sua festa, mãe?

— Ainda não sei ao certo. No começo do verão. Os convites oficiais ficarão prontos na última hora e serão entregues em mãos. Segredo absoluto. O mínimo de tempo entre a comunicação e o acontecimento. Se tudo correr bem, alguns dos convidados de Madri poderão realizar um conselho de ministros bem aqui na nossa sala de jantar... Confio em você. A festa não será a mesma se, antes, você não me comunicar o que espero...

— Claro, mãe. Estou trabalhando muito nisso.

— E tem toda a confiança do mundo. Faça essa barba!

Saiu da sala arrastando o penhoar e chamando pela criada, como sempre fazia quando estava bem-humorada. Alguns meses. Demi Gambús tinha alguns meses para decidir o seu destino e, de quebra, o de sua família. Parecia muito tempo, mas não era.

Sentiu vontade de ir para a rua. Mandaria chamar o barbeiro ou não? Quando deu por si, estava afiando a navalha na tira de couro, ou seja, ia se barbear sozinho. Preparou o sabão e espalhou a espuma lentamente pelo rosto. Deixou que ela tapasse as narinas e se metesse em seus ouvidos. Soltava o ar pelo nariz e fazia bolhas. E, nesse meio tempo, ruminava. O tema da usura não lhe saía da cabeça. Acabava de se lembrar de um famoso episódio familiar, atribuído ao primeiro Gambús. Miquel Gambús I foi capaz de organizar, em 1850, uma frota de 15 barcos de diversas tonelagens para transportar, em segredo, ao largo da costa africana, centenas de cavalos. Todos roubados, evidentemente. O destinatário era o fabuloso rei N'Geco, do Daomé, em guerra contra a França pelo controle do golfo da Guiné. Contava surpreender os franceses com um regimento de mulheres guerreiras montadas a cavalo.

Sem maiores contratempos, a não ser um breve encontro com piratas berberes que não sabiam com quem estavam lidando, aquela frota que viajava sob a bandeira do crime organizado chegou ao porto de Cotonou.

Miquel Gambús I foi o convidado especial do rei N'Geco, que o cobriu de atenções e pagou o frete com pepitas de ouro (a menor das quais pesava cem gramas) e duas jovens, para arredondar as contas. Ao que parece, o homem explicava que aqueles franceses orgulhosos queriam lhe impor um tratado comercial usurário e por isso estavam em guerra. Claro, usurário...

Uma daquelas lendárias pedras douradas era mantida sempre em exposição, na cristaleira da sala de jantar da casa da família em Alcagaire. Uma das moças morreu antes de chegarem. A outra sobreviveu alguns anos. Tempo suficiente para escurecer ligeiramente os genes de umas tantas famílias de Alcagaire.

Eram outros tempos. Uma época romântica, em que se podia ser ladrão e, ao mesmo tempo, herói.

Demi Gambús, de boca aberta para esticar a pele do rosto, acabou de se barbear, enxugou os restos de espuma e fez uma ligeira massagem com uma loção especial. Sentia-se muito melhor. Aproximou-se do espelho e observou distraído o próprio rosto. Ia completar trinta anos, mas ainda estava muito bem conservado. Não tinha rugas, os olhos continuavam brilhantes e... aqueles pêlos irritantes, filhos-da-puta, nas orelhas! Já nem se lembrava deles! Num acesso de raiva, puxou compulsivamente o cordão da campainha. Um minuto depois, surgiu um dos criados, assustado. Era um menino de uns 15 anos, chamado Joan. Sem sequer olhar para ele, Deogràcies-Miquel Gambús começou a esbravejar:

— Preciso do barbeiro agora mesmo!

— Mas o senhor acabou de fazer a barba...

— Se dentro de meia hora o babaca do barbeiro não entrar pela merda dessa porta, juro que vou pendurar você pelos colhões no lampião da praça até que...

Não precisou nem terminar a frase, pois o menino já tinha saído correndo.

Ainda por cima, tinha que ir ao Liceu com sua mãe aquela noite. Há alguns anos era freqüentador do local. Era o lugar perfeito para fazer e desfazer negócios, e concluir assuntos amorosos. Nesse sentido, o camarote era uma espécie de fortaleza inexpugnável a serviço dos interesses da família Gambús. Estavam levando *Tannhäuser* e Demi tinha lido nos jornais que, atendendo ao desejo dos wagnerianos de Barcelona, o tenor Viñas interpretaria em catalão um trecho de suas árias. Para ele, aquilo não fazia diferença alguma, mas sabia que, para a viúva Roca, era algo importantíssimo. Aproveitaria para lhe passar um bilhete marcando um encontro. Tinham montado um apartamento para esse fim. Mas se não quisessem ficar ali, para não serem vistos juntos, encontravam-se muitas vezes numa das saletas reservadas do Grand Restaurant de France, na praça Reial. A viúva Roca nunca o desapontava. Era prática, divertida e grata. Habituada ao tratamento dispensado por seu falecido marido, especulador financeiro, homem de negócios e deputado provincial, encantava-se com a falta de escrúpulos que podia perceber em Deogràcies-Miquel Gambús. E também com as toalhas de linho, a louça de Limoges e os talheres de prata do Grand Restaurant de France.

Voltou a se fitar no espelho. Só alguém que não estivesse batendo bem da bola se apresentaria no Liceu com pêlos nas orelhas.

4

Nonnita Serrallac abre a porta e, no patamar, encontra Jaume, o barbeiro da rua Tarongeta, que tem o rosto marcado pela varíola. Um raio oblíquo do sol do inverno o ilumina de lado, fazendo com que a sua orelha pareça avermelhada e transparente. Jaume é famoso pela graça com que agarra os clientes pelo nariz com dois dedos da mão esquerda, como se fosse uma pinça. Depois, puxa a cabeça deles para trás e os barbeia com a mão direita. Se os clientes não têm dentes, Jaume lhes mete um ovo de madeira na boca. Mandou fazer o utensílio expressamente para isso. É um pouco menor do que os que as mulheres usam para cerzir meias. Ao fim de cada atendimento, lava o ovo escrupulosamente com água e sabão e o enxuga com uma toalha limpa, limpíssima. Depois, guarda-o numa bolsa de couro pespontado. Toda sua clientela conhece esse hábito, admira-o, agradece-lhe por isso e comenta: o ovo de Jaume é mais limpo que a maioria dos moradores do bairro. No começo, todos brincavam com ele: "Jaume, enfie o ovo na minha boca!" ou "Jaume, o homem dos três ovos!" Com o tempo, como sempre acontece, as pessoas se acostumaram e já nem reparavam no fato. "Atualmente, tem muita gente sem dentes e, se não fosse pelo ovo, não teria como dar forma às bochechas para fazer uma barba caprichada", disse Jaume. Mas Nonnita lembra muito bem a diferença de tratamento. "Está certo, mas, se o cliente é um homem importante, você o trata com toda a delicadeza, dizendo 'Por favor, o senhor me permite pôr o ovo...'

Mas se for um sujeito qualquer ou alguém com que tenha intimidade, você apenas olha para ele e exclama: 'O ovo!' O cliente abre então a boca e você enfia o ovo lá dentro sem cerimônia", observa ela. Jaume, o barbeiro da rua Tarongeta, riu, porque foi apanhado em flagrante. Nonnita sabe que aquilo não é pouca coisa, pois há anos que o barbeiro tinha batido as botas, e os mortos não riem, nem choram. Jaume admite que, quando era vivo, barbeava os mortos, agarrando o seu nariz com dois dedos e erguendo sua cabeça. No entanto, não punha o ovo em sua boca. O barbeiro da rua Tarongeta riu novamente porque sabia que tinha sido apanhado em flagrante outra vez. Mas reconhece que não enfiava o ovo na boca dos mortos por medo de que o *rigor mortis* lhe pregasse uma peça e não conseguisse mais recuperar seu instrumento de trabalho. Porque as coisas são como são, e o fato de alguém estar morto não implica que a verdade seja a verdade. "Quando morri, meteram o ovo na minha boca para que eu o levasse comigo ao outro mundo, mas se esqueceram de me barbear e isso me deixou aborrecido", disse ele. De repente, fica olhando fixamente para ela, arregala os olhos, estufa as bochechas de morto e regurgita o ovo que se mostra em parte, preso entre seus lábios. "Chega!", gritou Nonnita, afastando-o como se fosse possível afastar os mortos. E começa a descer os degraus de dois em dois enquanto Jaume, o barbeiro da rua Tarongeta, cai na gargalhada apesar de ter o ovo na boca. Antes de sair, ela lhe pergunta: "O que você acha desse plano de Reforma que vai cortar a sua rua exatamente ao meio, fazendo com que ela passe a ter a forma de um 'L' em vez de um 'U'?" "Não acho nada, já que não vou precisar ver isso...", respondeu ele. "O típico egoísmo dos mortos", pensa Nonnita. Quando chega ao térreo, olha para cima pelo vão da escada. Lá do último andar, a cara de cadáver de Jaume está debruçada no vazio com uma expressão bem tranqüila. E a moça lhe diz: "Estou grávida, Jaume. O que devo fazer?" O barbeiro brinca com o ovo na boca e faz um gesto inequívoco, passando o indicador da mão direita pela garganta, como se a cortasse. "Vá à merda, seu morto filho-da-puta!"

Abriu a porta e saiu para a rua. Várias meninas de uniforme vinham correndo e gritando. Deviam ser do colégio das freiras da

Sagrada Família, que ficava um pouco mais acima. Ele também seria demolido. Deixou que passassem e quase se juntou a elas. Tinha de se apressar se quisesse chegar a tempo para o espetáculo da tarde. Percebeu que Jaume era o primeiro morto que aparecia na escada. Até agora nenhum deles tinha se atrevido a isso. E não sabia como interpretar esse fato.

Estava grávida e talvez ficando louca. "Sou jovem, forte e tenho muito boa saúde", dizia consigo mesma. E ficou repetindo essa frase enquanto ajeitava o lenço que havia posto na cabeça. Aquele gesto lhe dava um ar de quem tinha pressa. "Também sou bonita. E não vejo por que tenho que me preocupar", pensava ainda.

Mas estava preocupada. E muito. Porque era óbvio que estava grávida.

Começou a pensar no bebê, menino ou menina, que ia ter. Poucos dias antes, quando não pôde mais duvidar de que estava grávida, sentiu-se uma idiota. "A última coisa que podia lhe acontecer", pensou, "era ser mãe". Aquilo lhe parecia tão impossível que nunca na vida tomou qualquer precaução. E, agora, estava grávida. Era só o que faltava. Talvez fosse por isso que andava tão cansada. Por que não se pode ter nenhum prazer na vida? Quando as coisas vão razoavelmente bem por um tempo, pode contar que lá vem bomba...

Atravessou a praça Àngel. Do outro lado, havia o barulho das obras, a absoluta destruição dos escombros. Bem depressa, bem depressa, pois tinha medo de encontrar mais mortos.

O mais curioso é que havia decidido ter aquele filho. Afinal, que diferença fazia? "O mundo está aí mesmo, esperando por ele", disse com seus botões. O mesmo mundo de sempre, as mesmas pessoas... "Vou gostar dele, talvez o pai também (se conseguir encontrá-lo). E quem vai gostar dele, com toda a certeza, vai ser Tomàs. A vida é a mesma, mas o caminho para percorrê-la é que vai mudar: em vez de uma pessoa, seremos duas", refletiu.

Tomàs era o único que sabia de tudo. Nonnita deixou escapar a verdade numa tarde em que teve a impressão de que ele não estava muito bem. Fazia isso de vez em quando. Falava com Tomàs como se estivesse conversando com a parede. Era bom para pensar em voz alta. Mas não, naquele momento ele estava lúcido e entendeu perfeitamente. Então, contou-lhe tudo e lhe pediu conselho. Nunca o tinha visto tão assustado.

— E de quem é? Pode-se saber? — indagou ele.

— De Jordi.

— Que Jordi?

— Aquele que trabalhava conosco no Soriano, junto com os russos, o do número dos ciclistas cômicos.

— O saltimbanco italiano?

— Ele mesmo.

Tomàs desmaiou. A moça lhe deu umas boas bofetadas, mas ele não reagiu. Com os olhos abertos, olhava fixamente para o teto. Nonnita não se surpreendeu. Já estava acostumada com isso. Às vezes, ele se recuperava com as bofetadas, caso contrário, levava de 15 minutos a duas horas para voltar a si. Mas sempre voltava.

Continuou andando em direção ao ponto do bonde. Passou junto de buracos profundíssimos. Inúmeras carroças repletas de escombros, entulho e cacos de telhas subiam a rua lentamente, com grande esforço e envoltas em nuvens de poeira. Num dos canteiros de obras, havia uma caixa de madeira; em cima dela, um livro aberto, com as páginas ao vento. Aproximou-se e viu que era um Novo Testamento. Não tocou no livro. Aquelas folhas tão amareladas certamente lhe dariam azar. À luz do dia, tudo parecia diferente. Não melhor, apenas diferente. Havia restos de edifícios cortados de alto a baixo, como se tivessem passado uma faca ali. Viam-se paredes isoladas, sem portas nem janelas, cheias de cartazes de propaganda. Ou portas sem paredes nem casas, com uma tabuleta pintada a pincel, onde se lia: "Entrada exclusiva para clientes".

Rapidamente, abriu caminho entre um outro bando de barceloneses desocupados que iam "ver a Reforma", e desembocou no passeio Colombo. Estava salva.

Ir até o teatro por esse caminho estava começando a virar um pesadelo. Por que continuava a fazer isso? Nem ao menos era o mais rápido. Se cortasse por Ferran e, depois, pela rua Nou, pouparia quase dez minutos de caminhada e, o que era mais importante, evitaria encontrar aquela fila de mortos tão aborrecidos. Ou, pelo menos, a maioria deles.

Com o italiano, simplesmente aconteceu. Nem ela mesma sabia. Ou melhor, sabia, sim: apaixonou-se, como uma louca. Foi a primeira vez na vida que isso lhe aconteceu. Ela o via diariamente no Soriano, com seus companheiros russos, tão bonito, com aquelas malhas, fazendo acrobacias... Começaram a sair juntos, fizeram amor... E, sem mais nem menos, ele desapareceu. Só depois ficou sabendo que estava grávida.

Subiu no bonde que percorria o passeio Colombo e seguia por toda a Paralela. No mesmo dia em que lhe falou de sua gravidez, ou no dia seguinte, Tomàs lhe disse: — Mas você não acha que devia procurar aquele homem? — Nonnita ficou profundamente irritada, e esbravejou: — Mas como, hein, espertinho? Diga! Como diabos posso encontrá-lo? — Ele baixou a cabeça e foi dar cenouras para a mula. Depois de uns instantes de silêncio, ela se aproximou do amigo. Quando ficava com raiva, era insuportável. Pediu-lhe perdão, e perguntou: — Mas como é que você quer que eu saia à procura do pai do meu filho? Nós dois o vimos ir embora com seus companheiros russos, a caminho da estação...

Como sempre, o bonde contornou o monumento a Colombo depressa demais e as rodas chiaram nos trilhos como um pedaço de giz no quadro. Todos os passageiros fizeram "Ui"; todos, menos ela, que não percebeu nada porque estava pensando no pai daquela criaturinha. O rapaz se chamava Emidio e se cansou de repetir que não era Emilio, e sim Emidio. Um dia perguntou qual era o nome mais comum na Catalunha. Disseram-lhe: "Como diz o ditado, Joans, Joseps e gado há por todo lado. Mas também há muitos Jordis..." Dito e feito, o rapaz trocou de nome e passou a se chamar Jordi. Tinha uma voz clara e forte. Um olhar e um sorriso cálidos e contagiantes. Uma coisa difícil de explicar, envolvente, e que não desaparecia nem mesmo quando já tinha deixado de sorrir. Isso fazia com que Nonnita se sentisse bem, tranqüila, como poucas vezes na vida. Apaixonou-se profundamente, de um jeito selvagem, mas, ao mesmo tempo, sereno. Ela o conheceu como saltimbanco, com os russos, mas sua verdadeira profissão era a marinha mercante. Passeavam pela Paralela e ele lhe contava histórias sobre negócios fabulosos que acabaram em falência, projetos que certamente os tirariam da miséria, ou dizia que estava tranqüilo porque, no bolso da calça, tinha a solução para seus problemas. Mesmo sem acreditar em nada, Nonnita deixava que ele falasse e o abraçava, beijando-o no pescoço... Um dia, de madrugada, revirou suas roupas enquanto ele dormia. Não encontrou nenhum tesouro, mas apenas um pedaço de tabaco num dos bolsos, o passaporte no outro, e, no bolso interno da jaqueta, uma medalha de bronze toda amassada, com uma imagem de Cristo e uma inscrição em italiano. Era um sem-vergonha. Mais ou menos como ela. De repente, foi embora sem qualquer aviso, quase às escondidas. E ela ficou a ver navios. Não conseguia entender. Tinha de haver alguma razão para isso. Tantas vezes ele lhe disse que a amava... E, agora, estava grávida. Passou uns dois dias resfriada e, quando voltou ao teatro, os russos e o italiano tinham ido embora.

No início, perguntava a si mesma: e se não tivessem chegado a embarcar? Aquilo lhe dava alguma esperança, como numa brincadeira: "Quem sabe algum teatro não os contratou na última hora? Não faz tanto tempo assim... Teria de verificar se havia algum local em Barcelona propondo como atração o número dos ciclistas cômicos... Mas talvez não fosse de ciclismo... Eles também cantavam e dançavam muito bem, tocavam balalaica... Um grupo de russos não deve ser muito difícil de localizar..." Por fim, revoltava-se e dizia: "Ora, ele que me procure!"

Tinha de se resignar. Aquele filho que levava consigo não teria pai. — Pois que não tenha! — exclamou em voz alta.

Ia ruminando esses pensamentos quando percebeu que já estava na altura do Salão Arnau. Deu o sinal e saltou. Muita gente vinha assistir à sessão da tarde. Todos homens, de gorro ou chapéu, dirigindo-se à bilheteria. Segundo os irmãos Soriano, ninguém precisava se preocupar, pois, na Paralela, havia público para todos. Melhor assim.

No pavilhão Soriano, Tomàs Capdebrau, ajoelhado, fazia o papagaio Trinitat comer sementes da sua própria boca. Era um animal fantástico aquele, um papagaio-real grande, de uns bons dois palmos de altura, verde, com a cabeça amarela e as pontas das asas azuis. E, por todo o corpo, pinceladas vermelhas, azuis e pretas. Tomàs o tinha encontrado sozinho, no fundo da jaula: acabava de nascer. Ainda tinha cascas de ovo na cabeça. Horas depois, descobriu a macaca espalhando penas coloridas por sua jaula. Compreendeu, então, que o número dos papagaios ventríloquos tinha passado desta para melhor e que o filhote acabava de ficar órfão. Adotou-o, batizou-o com o nome do santo do dia, que era Trinitat, e conseguiu que sobrevivesse. Com o tempo, Trinitat mostrou que era bem falante, embora tivesse muito pouca disposição para o trabalho. Era tão inteligente quanto preguiçoso. E agradecido, já que, afinal, teve oportunidade de pagar o favor que Tomàs lhe havia feito. Um ano atrás, uma das mulas acertou um coice em cheio na cabeça do pobre homem. Ouviu-se um estalo seco e ele caiu no chão, com os olhos vidrados e um filete gelatinoso, acinzentado, escorrendo da orelha direita. O papagaio ficou enlouquecido e voou ao encontro de Nonnita Serrallac, que ficou espantadíssima: até então, só tinha visto o animal caminhar. Dois minutos depois, todos cercavam o corpo imóvel de Tomàs e comentavam sobre a secreção que saía de sua orelha. — Talvez seja um vazamento do cérebro — sugeriu alguém. — Impossível, o que não existe não vaza — retrucou um outro com certo mau gosto. Um médico rural lhe pôs um tampão de cera no ouvido, por via das dúvidas ("não posso afirmar que seja o cérebro, mas tampouco posso garantir que não seja", disse ele) e lhe cobriu a cabeça com emplastros. Tomàs Capdebrau delirou durante oito dias e oito noites, e, contrariando qualquer prognóstico, não apenas não morreu como conseguiu se recuperar. Só que, desde o acidente, as engrenagens nunca mais voltaram a funcionar muito bem. O seu entendimento ficou lento, embotado. Muitas vezes, era possível vê-lo subitamente imóvel, com os olhos abertos e vidrados. Em suma, teve que parar de costurar, é claro. De tal forma que, quando se viam os dois juntos, o papagaio parecia ter a mente mais viva do que ele.

Tomàs viu a amiga saltar do bonde e foi cumprimentá-la. Assim que chegou ao seu lado, disse que o papagaio estava com febre. Ela olhou para ele e respondeu:

— Que se foda.

E ele começou a rir, com aquele riso parvo de quem sabe que não está sozinho na vida.

Nonnita Serrallac foi entrando no pavilhão e cumprimentou a foca e a mula, nessa ordem. Agora, eram a única família que tinha. Se Jordi não tivesse ido embora com os russos, poderia falar com ele, contar-lhe que ia ser pai. Talvez também fosse sua família.

Mas tinha ainda outra preocupação: precisava se mexer porque, mais dia menos dia, a barriga ficaria visível e ela não poderia mais fazer o número da foca. Aliás, nem esse nem qualquer outro. E voltou a pensar: "Houve dias em que me senti tão bem com Jordi..."

— Tomàs, pensar demais dá dor de cabeça?

— Muitíssima.

— Bem que eu desconfiava...

Nonnita acreditava que as doenças e o desânimo de todos eles passariam para o seu bebê. Precisava pensar o que fazer por aquela merdinha de ser humano que carregava consigo. Mas não conseguia.

Por enquanto, em cima da hora do espetáculo, tinha de lavar o saguão do pavilhão Soriano com água sanitária.

Por volta do meio da tarde, começou a balbúrdia no saguão, antes do espetáculo. Normalmente, os teatros e cinemas da Paralela competiam em termos de algazarra, tentando ver quem fazia mais. Tinha virado moda os cinematógrafos tocarem umas sinetas barulhentas sempre que havia sessão, quarenta, cinqüenta vezes sem parar... Mas para chamar a atenção o Soriano era imbatível, com as notas estridentes do seu grande órgão mecânico de cores berrantes e molduras exageradamente retorcidas. E uns bonecos de papelão, de rosto expressivo e em tamanho natural, que, com movimentos giratórios, tocavam pratos. Valia a pena se aproximar do Soriano: a barulheira podia ser ouvida num raio de cem metros, por toda a avenida Paralela.

Nonnita Serrallac postou-se à porta, debaixo do grande lustre, para atrair os clientes e anunciar as novidades. Não gostava nada disso. Às vezes, era Tomàs quem desempenhava essa função, mas, ultimamente, vinha sendo cada vez mais raro ele estar em condições. Passou a mão no alto-falante e começou a gritar com vontade, como sempre:

— Novidade no Soriano! Novidade no Soriano! Uma programação de categoria internacional. Com destaques tão importantes quanto os do Olympia e do Folies Bergères, de Paris, do Wintergarten, de Berlim, do Empire e do Hipódromo, de Londres... Entrem, senhoras e senhores, e vejam a maravilha das maravilhas: uma, duas, três, quatro, cinco, seis, sete e até oito vezes as cortinas vão subir a pedido do público, para aplaudir a extraordinária amazona oceânica em luta mortal com a foca selvagem da Antártica! É isso mesmo! Assistam a um suplício cruel, com um combate marítimo de verdade. Drama entre animais e pessoas no fundo do mar, protagonizado pela inigualável e belíssima Marina, a amazona dos oceanos...

De repente, engasgou e começou a tossir. Teve de parar de anunciar. A surpresa a deixou muda: acabava de ver Deogràcies-Miquel Gambús comprando um ingresso sem se lembrar que já havia assistido àquele espetáculo alguns dias antes.

O espetáculo começou e a moça logo o avistou na arquibancada, desinteressado do que estava acontecendo no gigantesco tanque. Não tirou os olhos dele, mas o moço não prestou atenção nenhuma até o momento culminante, quando o tambor repicava e o piano acentuava o tom dramático da situação. Era a hora em que um espectador devia subir num banquinho, com uma sardinha na mão, esticando bem o braço, e a foca e a mulher saíam da água a toda para apanhar o peixe com a boca.

De repente, um bramido encheu a sala, logo seguido de um silêncio total. Emocionado, o espectador perdeu o equilíbrio e foi parar dentro do tanque. Houve alguns instantes de indecisão. Será que sabia nadar? O tanque, instalado sobre uns suportes artísticos de madeira, estilo rococó, continha água bastante para afogar não um, mas dois ou três espectadores. Porque a antiga cidade de Barcelona, a despeito do título de marinheira, é fiel ao espírito de contradição e rebeldia que a tornou famosa e gera, majoritariamente, filhos que não sabem nadar. Portanto, se algum barcelonês, de nascença ou por adoção, cair num gigantesco tanque cheio de água, o mais provável é que se afogue.

O homem ofegava, debatia-se e agarrava-se à moça numa tentativa desesperada de apalpá-la até o último momento. A foca, tranqüila e feliz porque tinha terminado o trabalho mais cedo, olhava aquilo sem nenhuma curiosidade, saboreando distraidamente a sua sardinha. Os empregados do local atiraram no tanque um salva-vidas com os dizeres "Rainha dos mares, 1896", mas o acidentado se negava a agarrá-lo, pois o corpo da moça lhe parecia mais seguro (e atraente). O público, na arquibancada, morria de rir porque aquele desgraçado, fosse pelo nervoso, fosse pela agarração, ostentava uma ereção cavalar, impossível de esconder. Segundos mais tarde, o pianista chegou trazendo uma escada de mão, e, entre a moça por baixo e dois homens por cima, conseguiram tirar da água o falso náufrago. Assim que se viu de novo em terra firme, o infeliz, ensopado até os ossos, começou a cumprimentar o público. As pessoas quase se mijavam de rir, pois o sujeito ainda não tinha percebido o estado eufórico do seu pau. O pianista, como é habitual na sua profissão, estava preocupadíssimo. Por isso, pegou a flanela que usava em seu piano para o homem cobrir suas vergonhas. Foi só então que este se deu conta do que estava acontecendo e, num segundo, aquela lança chamejante transformou-se num gravetinho mirrado. O público, é claro, ria cada vez mais e não parava de aplaudir, assobiar, todos felizes da vida. Afinal, tudo aquilo por dez centavos...

Todo aquele alvoroço fez com que Demi Gambús prestasse atenção no tanque. Sem saber muito bem por quê, teve novamente aquela sensação de que conhecia a moça de cabelos cor de mogno. Quando o espetáculo terminou, deu de cara com ela na saída. Para obrigá-lo a parar, a moça postou-se bem na sua frente. Distraído, Demi quase tropeçou. Ela tentou detê-lo com a mão. Estava de roupão e sapatilhas, com o cabelo cor de mogno, ainda molhado, penteado para trás.

— Boa noite.

— Boa noite — respondeu o rapaz.

Sem olhar para ela, seguiu em frente. Ela foi atrás dele e o puxou pela manga.

— Ei!

— O que foi? Quem é você?

— A moça do tanque. Você sabe perfeitamente.

Depois de se assegurar que sua perseguidora estava sozinha, o rapaz se acalmou e ficou olhando para ela com um sorriso meio zombeteiro. Pegou a cigarreira e acendeu um cigarro enquanto dizia distraidamente:

— Parabéns, senhorita, vocês se saíram muito bem.

— Você também se saiu muito bem nove anos atrás.

Pela intimidade com que ela o tratou, as peças se encaixaram imediatamente na cabeça de Deogràcies-Miquel Gambús. Sentiu o rosto ficar vermelho. Mas só por um segundo. Então, retrucou:

— Vejo que tem boa memória. Ainda faz aquele número curioso?

— Não — respondeu. — Trabalhar com a foca é mais gratificante que trabalhar com uns e outros — acrescentou com um tremor na voz.

Deogràcies-Miquel Gambús se abaixou um pouco para deixar o ressentimento da moça passar acima de sua cabeça, longe o suficiente para não ter que se preocupar, mas próximo o bastante para estar a postos para o que desse e viesse.

— Não fico surpreso com sua raiva — disse. — E entendo. Mas não me importo a mínima; estou me lixando. O que quer de mim?

— Não quero nada, só conversar — disse ela, mais segura.

— Conversar? Sobre o quê?

— Não se assuste. Não é nada que possa prejudicá-lo.

Ele a olhou de cima a baixo e voltou a sorrir. Como uma morta de fome daquela poderia prejudicá-lo? O roupão entreaberto deixava os seios da moça à mostra. Ainda tinha um belo corpo. Na verdade, era uma moça bem bonita. Talvez servisse para alguma coisa... Ela percebeu que ele estava olhando e se cobriu. Demi Gambús tirou a carteira do bolso, mas ela o deteve.

— Não quero dinheiro.

— Não estava mesmo pensando em lhe dar dinheiro — disse, estendendo um cartão de visita. — Vá me ver qualquer dia desses. Falaremos sobre o que quiser, menos daquele assunto desagradável. Águas passadas não movem moinhos.

— Naquela época você não achou desagradável...

— Não quero falar sobre isso.

— Velhas histórias, não é?

— Foi você mesma quem disse... Até logo.

Pôs o chapéu, levantou a gola e foi embora, a passos rápidos, com as mãos nos bolsos. Estava um pouco inquieto. Não se orgulhava exatamente daquela história que a moça veio lhe lembrar.

Ela, por sua vez, ficou olhando Deogràcies-Miquel Gambús até perdê-lo de vista. Quando se virou para entrar, ainda estava mexida por aquele encontro.

Visando ao espetáculo da noite, a queda do espectador no tanque os obrigou a verificar se as paredes de vidro não tinham sido danificadas: o homem estava de botas e todos viram os chutes que deu nos vidros quando sentiu que ia se afogar. Mas Nonnita Serrallac não queria saber de nada; movia-se mecanicamente.

Quando constataram que não havia nenhum vazamento no tanque, foi preciso esvaziá-lo. A foca tinha se assustado e não parou de vomitar, um vômito fino e constante que tingiu a água de um tom marrom. Impossível aproveitá-la. O espetáculo do tanque arrastado até a borda da calçada para ser esvaziado com uma mangueira diretamente na rua atraiu tanto público quanto o espetáculo de uma hora mais cedo. Apesar do frio, as pessoas saíam dos cafés para ver e aplaudir. Alguns idiotas começaram a gritar:

— Agora a foca! Agora a foca!

E o pianista a trouxe para cumprimentar o público porque, no fundo, era um gozador e achou que aquilo aumentaria a fama do pavilhão Soriano. Como era bem adestrado e sabia aplaudir desde pequeno, o animal, apesar de velho e do mal-estar que sentia, arrebatou mais um minuto de glória para levar consigo ao paraíso das focas mortas, se é que tal coisa existe.

— Nonnita, quando o tanque estiver vazio, poderíamos limpar o fundo... — sugeriu um dos patrões.

Não queria problemas. Não era conveniente. Então, simplesmente calou-se e tratou de esfregar. Que transtorno!

Tomàs estava dentro do gigantesco tanque vazio, com um balde, sabão e uma flanela. Nonnita subiu no banquinho e, lá de cima, ficou observando o amigo por uns instantes para ver se ele estava dando acordo das coisas ou não. Não conseguia tirar da cabeça o encontro com Deogràcies-Miquel Gambús.

— Às vezes penso que se morresse nesse exato momento não lamentaria — confessou.

Tomàs, abobado, mas bonachão, e habituado àquelas tiradas de Nonnita, respondeu:

— Não acredito nisso... Não diga uma coisa dessas nem de brincadeira.

Apoiada na borda do tanque, como se estivesse numa varanda, a moça prosseguiu:

— Verdade. Não lamentaria mesmo. Não sei de que serve viver assim. Todo mundo tem direito a um sonho. E se não fosse por...

Tomàs percebeu que ela não sabia como terminar a frase. Mas, como não lhe ocorria nada, continuou esfregando em silêncio. A moça jogou a flanela no chão e disse:

— O que aconteceu conosco? Por que diabos temos de levar uma vida como essa? Isso é ridículo! Será que você não percebe? Nós dois aqui, dentro de um tanque...

Tomàs, porém, desde que o coice da mula lhe abriu a cabeça ao meio, era, às vezes, um pobre de espírito de Nosso Senhor. E só sabia que, naquele lugar e naquele exato momento, o que tinha a fazer era esfregar, com uma flanela, um tanque gigantesco, e não ficar pensando nas idéias de Nonnita. Era só o que sabia, e nada mais. Inesperadamente, a moça lhe perguntou:

— Você não acredita que possamos mudar de vida, não é? — Calou-se e, logo depois, mais aborrecida do que triste, sem esperar resposta, exclamou: — Não sei para que estamos vivendo...

Tomàs voltou a ouvir e, mais uma vez, fez um esforço para pensar, mas, como normalmente acontecia nos últimos tempos, não lhe ocorreu nada. Nonnita o compreendia muito bem. Para ela própria os melhores momentos eram aqueles em que não pensava em nada, em que sequer sonhava, como se estivesse no meio do mar, sem querer nada, só boiando e se deixando levar, como se fosse um vegetal com três terminais nervosos em vez de trezentos milhões.

O espetáculo noturno transcorreu sem maiores percalços, mas, também, sem nada de excepcional, merecendo, no máximo, alguns assobios. Havia muito pouca água no tanque e o animal quase não podia nadar. Além disso, Nonnita estava com a cabeça longe. Por pouco não se afogou para valer. Até a foca percebeu isso. Só queria que aquilo tudo acabasse logo para poder ir para casa.

— Quer que a gente acabe de encher o tanque, Nonnita?

— Não. Desculpe, Tomàs, mas estou morta. Vamos fazer isso amanhã, está bem?

Trocou de roupa e saiu em menos de dez minutos, como se estivesse com pressa.

Àquela hora da noite ainda havia bastante movimento. A Paralela era cheia de teatros e cabarés, cafés-concerto, restaurantes... Quase todos com hora certa para abrir, mas sem hora para fechar. Ainda mais com aquele frio. As pessoas buscavam abrigo...

Tomàs a esperava na porta, com a malinha na mão. Nunca se separava dela. Era de couro e parecia uma maleta de médico. Era provavelmente a mais lustrosa da Catalunha, já que, durante uma turnê, um camponês lhe tinha ensinado que podia mantê-la sempre impecável se a esfregasse com uma pasta feita de cinzas e cerveja.

Nonnita fitou-o nos olhos. De noite ainda era mais difícil perceber se ele estava ou não aparvalhado. E não tinha a menor vontade de tentar descobrir. Só queria ir embora. Passou por ele sem dizer uma palavra e começou a caminhar pela Paralela. Ia na frente e Tomàs a seguia como um cachorrinho. De repente, Nonnita ouviu a sua voz dizendo:

— Foi aquele sujeito que caiu no tanque que deixou você de mau humor?

A voz era firme e Nonnita se animou a responder:

— Mau humor, Tomàs, é uma coisa que sempre tive para dar e vender. Já lhe contei que, quando me comportava mal, em criança, o meu pai me pendurava na palmeira de cabeça para baixo até que eu pedisse desculpas? Por isso ando aborrecida quase desde que nasci.

Andaram mais um pouco em silêncio. Até que Tomàs perguntou:

— Quem era aquele com quem você foi falar assim que terminou o espetáculo da tarde?

A moça parou de supetão e deu meia-volta. O outro, que estava andando depressa, quase esbarrou nela.

— Agora deu para me vigiar?

— Não, mas estava fazendo a limpeza e vi você.

Seus olhos se encontraram e a raiva da moça desapareceu. Ele não tinha culpa de nada.

— Não se preocupe, era um daqueles desgraçados que acham que podem comprar tudo com algumas pesetas.

— E não é verdade?

Nonnita Serrallac olhou para Tomàs tentando perceber se ele estava consciente do que acabava de dizer ou se era simplesmente uma pergunta feita por um idiota (querido, mas idiota). Não chegou a nenhuma conclusão e caiu na gargalhada.

— Seu velho filho-da-puta... Não sei por que ainda agüento você!

— Eu lhe faço companhia. E não sou velho.

A verdade é que a moça não parava de pensar no sujeito, mas sequer se lembrava do seu nome. Pegou o cartão e leu: Deogràcies-Miquel Gambús. Sentiu a raiva lhe brotando do estômago e subindo até a boca.

Como todos os demais integrantes do circo, Tomàs também estava presente naquela noite de Réveillon. Foi quando estavam num povoado perdido, às margens do Ebro.

— Como se chamava aquele vilarejo onde fizemos o famoso espetáculo na virada do século?

— Isso foi há muito tempo...

— Nove anos. Se é muito ou pouco depende do ponto de vista. Eu, por exemplo, vou lembrar disso para o resto da vida.

Estava a ponto de confessar que, na verdade, o rapaz com quem conversou no fim da apresentação da tarde era o filho-da-puta que protagonizou aquela cena com ela. Mas não fez nada disso.

— E aí, vai me dizer ou não?

— Dizer o quê?

— O nome do vilarejo, porra!

— Alcagaire. Alcagaire de la Roca.

Que nome ridículo... E a situação... Fazia um frio terrível. A neblina da madrugada se condensava sobre os animais, que, no dia seguinte, apareciam mortos nas suas jaulas, brancos como bonecos de neve. As pessoas adoeciam. Era impossível seguir viagem. Aquela família poderosa ofereceu-lhes hospitalidade e puderam se instalar num casarão que ficava no centro do vilarejo, perto de uma avenida novinha em folha e com luz elétrica. Deram-lhes lenha e comida. Em troca, pediram que apresentassem dois espetáculos públicos, no Natal e no dia de santo Estêvão. Sem que a família soubesse, o rapaz pediu ainda um espetáculo particular, muito particular, para a noite da virada de 31 de dezembro de 1899 para 1º de janeiro de 1900. Como poderiam negar isso a ele?

O frio os obrigou a se aproximar e iam andando de braços dados. A moça o observava em silêncio. Nunca tinha se perguntado que idade ele teria. Gostava de outras coisas em Tomàs, como, por exemplo, a atenção que sempre dispensou à barba, cerrada e bem talhada, dividida ao meio como cabelo repartido. Também gostava de sua cabeça grande e que fosse baixo, mas bem proporcionado. E que, apesar de ter perdido um pouco do cérebro por culpa de uma mula idiota, continuasse falando com gestos amplos e dignos, e envergando, com toda a autoridade, o jaleco cinza de seu antigo ofício de alfaiate. Mesmo agora, quando passava horas sem dar acordo de si e com as mãos trêmulas, conservava o jaleco impecável, sempre limpo e engomado. Se não falasse, mal se percebia que ele tinha a cabeça danificada e achatada de um dos lados.

Os primeiros montes de escombros anunciaram que eles estavam penetrando no território da Reforma. Uma família de ciganos estava enchendo uma carroça com quatro tábuas, móveis desconjuntados e outros trastes que sobraram da demolição de uma casa e foram deixados para trás. O trabalho era ordenado, com critério, organizado: mulheres e crianças seguravam as lanternas e os homens trabalhavam. Ocupavam uma área e, indiretamente, a defendiam, marcando o seu território. Apoderavam-se de tudo: madeira carcomida das esquadrias das janelas, barras de ferro, arames retorcidos. Levaram até uma parede inteira onde ainda se via uma tabuleta pintada, alertando para a presença de um cão feroz.

Um rapazinho, recostado na antiga esquina das ruas Pom d'Or e Isern, está comendo amendoins na maior pose. É gorducho, vesgo e ostenta um bigodinho ralo. Está apoiado num dos poucos lampiões a gás que ainda funcionam por ali. Nuvenzinhas de poeira se erguem à sua frente por causa da atividade dos ciganos que trabalham bem ao seu lado. O rapaz está limpo e todo arrumado: calças de veludo preto reluzente, sapatos de lona brancos, camisa azul, casaco e gorro novos. Maquinalmente, descasca outro amendoim e o mete na boca. De repente, dobra o cartucho de papel e o guarda no bolso, como se dissesse: melhor deixar alguns para amanhã... Pára diante dos dois. Nonnita não o conhece.

— Quem é aquele? — pergunta ela, dirigindo-se a Tomàs e apontando para a frente.

Este, que no momento não está exatamente ali, não diz uma palavra. Por sorte, pois a moça percebe que eles já chegaram e o rapazinho é um dos mortos. Não há como evitá-lo. Além disso, não tem idéia de quem ele seja. Mortos desconhecidos resolveram aparecer. Era só o que lhe faltava...

Nonnita lhe pergunta o que ele quer. O rapaz lhe responde que com ela, nada. É Tomàs que está procurando, porque lhe garantiram que ele também faz ternos para os defuntos. Diz que é ajudante de pedreiro e trabalha nas obras da Reforma, ali mesmo, naquela região. Morreu há dois dias, de manhã bem cedo, depois de cair do alto de uma casa parcialmente demolida. E precisa de um terno sob medida, pois o capataz mandou um telegrama aos seus parentes em Múrcia, para que viessem buscá-lo. Quer ter boa aparência quando eles chegarem. "Quero que vejam que prosperei na Catalunha", disse ele. "Por isso, estou usando a muda de roupa limpa." Nonnita argumenta que ele é muito jovem, não precisa de um terno, e a muda de roupa limpa já é o bastante para ele ir para o outro mundo muito bem-apresentado. Mas, com aquela mesma pose de antes, o rapaz retruca dizendo: "Nós, os jovens de hoje, somos presunçosos por natureza e, além disso, o que me interessa é deixar os meus parentes boquiabertos." Nonnita pensa que não lhe faltava mais nada: mortos presunçosos e desconhecidos. Então o manda à merda, afirmando que Tomàs faz ternos para defuntos, sim, mas não faz negócios com fantasmas. E o rapazinho fica esperando que seus parentes venham enterrá-lo ali mesmo, porque transportá-lo sairia muito caro. Na verdade, vir de Múrcia também sai caro, acrescentou Nonnita. Não quer que o rapaz tenha falsas esperanças. Ele, porém, que é morto recente e murciano, não lhe dá ouvidos, e insiste que quer ir para o céu como um cavalheiro. Nonnita se despede com um aceno, mas ele lhe dá uma banana depois de se sentar na soleira irreal de uma casa inexistente. Com um ar aborrecido, pois alguns dos amendoins caíram no chão, desaparecendo, como minúsculas gotas de chuva, assim que tocavam o calçamento.

Seguiram em frente. Nonnita Serrallac estava nervosa porque esperava encontrar mais mortos a qualquer momento e aquela noite, especialmente aquela noite, estava sem a mínima disposição para isso.

Tinha de pensar em milhares de coisas e queria chegar em casa o mais cedo possível. Sem interrupções. Além disso, às vezes se enganava. Alguns dias atrás, pouco antes de chegar à praça Àngel, viu a fogueira do vigia de uma das obras. Uma comissão havia decidido salvar um determinado edifício, como um *ninot*, um daqueles bonecos queimados na festa de São José, que fosse poupado na última hora. Seria desmontado pedra por pedra e reconstruído em outro ponto da cidade. Por isso era preciso tomar conta dele. O vigia tinha um cachorro quase tão grande quanto Nonnita. O homem e o animal se aqueciam e ficavam de guarda. Acontece que, da primeira vez que viu o tal sujeito, Nonnita não lhe disse nada porque achou que fosse um dos mortos do bairro. Só depois percebeu que não, que era um barcelonês vivo.

Cortaram caminho pela ruela Sant Crist de la Tapineria, que recebeu esse nome por causa de uma capelinha com uma imagem do Cristo que havia na sacada da casa que ficava na esquina. O proprietário não alugava o imóvel se o inquilino não assumisse o compromisso de manter o Cristo sempre iluminado pela chama de uma lamparina a óleo. Nem o Pai, nem o Filho, nem o Espírito Santo fariam milagre: em pouco tempo aquela casa também iria abaixo. E, com ela, o Cristo. Mas Nonnita olhava a imagem sempre que passava por ali. Quando a chama se apagasse poderia começar a arrumar suas trouxas.

Chegaram à porta de seu prédio. Entrou e Tomàs ficou olhando.

— O que há com você? Vai subir ou não? — indagou ela.

— E se durante a noite o prédio desabar e me soterrar aí dentro?

— Você é quem sabe — disse ela.

E começou a subir, sabendo que ele a seguiria. Entraram no apartamento e cada qual foi para o seu quarto.

Nonnita Serrallac pôs um xale nos ombros e foi ao encontro de Tomàs para ficar mais um pouco com ele. Viu que o amigo já tinha pegado no sono e deitou-se ao seu lado na cama. Era grande o bastante para duas pessoas. Mais que uma cama, era um colchão estirado no chão. Cobertas não lhes faltavam: eram os restos do naufrágio do circo. De repente, Nonnita estava se sentindo muito sozinha. Talvez porque, naquela noite, só um morto tinha vindo falar com ela. Talvez porque estivesse se acostumando de tal forma aos seus mortos que sentia falta deles quando não compareciam ao encontro marcado.

Não queria dormir sozinha; queria sentir um pouco de calor.

Aninhou-se ao lado de Tomàs, com aquela franqueza insípida e anódina que vem do companheirismo e do hábito de ter circulado tanto tempo pelo mundo, vivendo em espaços reduzidos, obrigados a compartilhar intimidades e odores. Dentro de uma carroça puxada por duas mulas, sempre em movimento, e olhando para o céu: se chovia em noite de espetáculo era uma catástrofe; se a chuva os apanhava no meio do caminho ou no acampamento, eram dias e dias de confinamento e umidade, repletos de horas mortas. “Ele me viu me tornar uma mulher e eu o vi envelhecer”, pensou ela.

Precisava guardar toda a sua energia para o encontro com Deogràcies-Miquel Gambús que lhe trouxera a lembrança do pior momento de sua vida. Depois disso, simplesmente eliminou da programação o número excêntrico que a havia tornado famosa. Prometeu a si mesma que nunca mais voltaria a apresentá-lo e, até hoje, vinha mantendo a promessa.

E agora estava grávida. Mais um barcelonês, grande novidade!

Não conseguia pegar no sono. A lembrança a deixou agitada. No escuro do quarto, a moça era apenas uma sombra. Com o queixo encostado no peito e os joelhos dobrados, ficou ali, toda encolhida. Lembrou daquelas tardes de outono, quando, entre uma apresentação e outra, fazia amor com Emidio em seu refúgio na montanha de Montjuïc. Haviam descoberto o local por acaso. Era uma espécie de recanto natural, sob uma rocha, praticamente invisível para quem caminhava pelos arredores. Parecia um toldo. Ali debaixo, arrancaram o mato do chão e estenderam uma manta.

De repente, eram tomados por uma força imensa: penetravam no silêncio da montanha como se fugissem. Não havia mais ninguém por ali, pois era uma zona militar. Deitados em seu refúgio, se erguiam a cabeça podiam avistar, mais acima, a silhueta do castelo. E encostando o ouvido no chão, era possível ouvir claramente o rumor da cidade.

Aquele ninho de amor resistiu por alguns encontros, até que um soldado da guarda os descobriu. Nonnita tomou um susto tão grande que cravou as unhas no ombro do amante, a ponto de lhe tirar sangue. O soldado estava a poucos passos de distância e eles nem tinham dado pela sua presença. Tiveram de descer a montanha correndo, de mãos dadas, rindo, até alcançarem as primeiras casas de Poble Sec. Quando os colegas o viram chegar com o ombro ensangüentado, ficaram alarmados. Não por ele, mas pelo número cômico das bicicletas que faziam usando uma espécie de malha, como os equilibristas, que deixava os ombros de fora. Naquele dia, Emidio Forli, vulgo *Jordi*, teve de se apresentar com uma capinha azul-celeste brilhante que lhe batia no meio das costas. Seus companheiros morriam de rir, chamando-o de mulherzinha. Mas como falavam russo, ele e Nonnita Serrallac riam também.

Pensando nisso, adormeceu.

De madrugada, Tomàs acordou e a viu ao seu lado. Ergueu um pouco as cobertas para observar, à luz da vela, o seu cabelo cor de mogno, a sua nuca clara, os peitos pequenos e empinados... O que mais lhe agradava em Nonnita era o rosto, de traços bem marcados, com as maçãs pronunciadas, como as de uma eslava. Só assim, dormindo, esboçava de quando em quando um ligeiro sorriso, como se, no mundo dos sonhos, aquela correria atrás de um pouco de felicidade tivesse alguma possibilidade de êxito, por menor que fosse.

Notou que a gravidez ainda não havia feito sua barriga crescer. "Por enquanto, só o que cresceu foi o mau humor", pensou ele.

5

DE TARRAGONA A BARCELONA, passando por Cádiz. Eustaqui Guillaumet sentia nitidamente o cheiro da água salgada. Estava com muito frio e ouvia o vento passar por entre os cordames com um murmúrio. Olhava o porto pela escotilha do camarote dos oficiais, onde o tinham prendido por precaução. Via um céu cinzento, encoberto, e um ambiente enevoado que embaçava vagamente os contornos dos prédios da cidade. Bem abaixo de onde estava, um grupo de três barcos, amarrados uns aos outros, balançava suavemente. Camponês de mãos ásperas e calejadas, natural do vilarejo discreto e trabalhador de Vila-rodona, havia embarcado muitos dias antes para Barcelona em busca de fortuna. Tinha 19 anos e muita vontade de abarcar o mundo todo.

Antes, porém, passou por Tarragona para apanhar um futuro companheiro de aventuras com quem havia marcado encontro ali. Triste e aborrecido, numa pensão de quinta categoria, e depois de esperar em vão durante três dias, esteve a ponto de mandar tudo à merda e voltar para casa. Por sorte, não fez nada disso e resolveu empreender sozinho a viagem até a Cidade Condal.

Tudo porque um marinheiro o iludiu com a proposta de levá-lo a Barcelona, pela metade do preço da passagem de trem, escondido a bordo do vapor *Játiva*. Ele aceitou, todo contente, mas, na verdade, a embarcação estava indo para Cádiz com um carregamento de tecidos, maquinarias, quinquilharias, embutidos, queijos, calçados e pássaros canoros. Denunciado como clandestino pelo mesmo marinheiro que o havia enganado, foi obrigado a trabalhar para pagar a passagem até a cidade andaluza (aonde não queria ir), sob pena de ser lançado ao mar se criasse muitos problemas. Resultado: Eustaqui Guillaumet viajou em piores condições que os próprios ratos que, à noite, passeavam tranqüilamente pelo convés sob a luz da lua do Mediterrâneo. Quando chegaram a Cádiz, disseram-lhe que não podia desembarcar porque, legalmente, não existia. Mas que, se esperasse 48 horas, o *Játiva* zarparia para Barcelona e poderiam levá-lo consigo. Mas, é claro, trabalhando mais ainda do que na vinda até ali. Eustaqui aceitou a proposta e foi assim que passou os últimos dias de 1908, tremendo de frio e acordando aterrorizado à noite porque sonhava que era enganado novamente, só que, desta vez, deixavam-no abandonado na ilha de Fernando Poo.

O movimento marítimo do porto de Barcelona no dia 1º de janeiro de 1909 registrava a chegada, entre outros, do vapor *Eugenia*, com bandeira austro-húngara, procedente de Savannah e que trazia, obviamente, algodão (2.850 fardos). Atracou ali também o falucho *Pepito*, de Palamós, com diversos volumes e, naturalmente, um caixote de camarões. No meio da manhã, o vapor *Játiva*, vindo de Cádiz, fundeou junto ao molhe. Trazia 532 itens, entre os quais vinho, farinha, sardinhas salgadas, farelo, grão-de-bico, conservas, azeitonas, uvas-passas e diversos objetos pessoais. Além da tripulação, a embarcação também transportava uma família de Sabadell que voltava para casa depois de vinte anos de aventura comercial na Andaluzia, e Eustaqui Guillaumet.

Portanto, o rapaz chegou ao porto junto com a família de Sabadel, que fazia acenos frenéticos com lenços e luvas. “Quem estariam cumprimentando?”, perguntou-se Eustaqui. Ainda estavam bem longe. Além disso, não via ninguém esperando por eles... Foi interrompido pelo capitão que, ao ver que chegavam ao seu destino, queria convencê-lo a seguir viagem com eles. Tinha se barbeado e perfumado, usava um uniforme lavado e passado para descer à terra firme. Há tempos não encontrava ninguém como Eustaqui, capaz de trabalhar tanto por tão pouco. O rapaz, que não via a hora de abandonar o *Játiva*, agradeceu muito, mas recusou a proposta, dizendo que ia desembarcar. E aproveitou para perguntar a quem a tal família de Sabadell estava cumprimentando.

— Muita gente faz isso — respondeu o capitão. — Não estão cumprimentando ninguém. É uma maneira de demonstrar que estão contentes por terem chegado sãos e salvos. O mar dá medo. Às vezes, há passageiros que se viram para nós e começam a aplaudir. Tem certeza de que não quer ficar? Se for uma questão de dinheiro, podemos conversar...

Mas não houve jeito e o homem, aborrecido, o mandou literalmente à merda e deixou claro que, assim que tivessem atracado, davalhe cinco minutos para sumir da sua frente.

Não foram precisos nem três. Eustaqui desceu pela passarela com sua trouxa e seus poucos tostões. Já que não tinha bolsos, ou estavam furados, guardava o dinheiro num nó na fralda da camisa. Tirou o gorro, coçou a cabeça. Algumas gaivotas circulavam pelo ar e o rapaz ficou com medo de ser confundido com os montes de lixo que havia naquele trecho do porto. "Lá do alto, tudo deve ser igual, pessoas e coisas", pensou ele. E as gaivotas não são exatamente espertas...

Movimento de gruas, polias, estivadores que corriam para descarregar as embarcações (com ou sem carroças), barulho de correntes, carros que chegavam, charretes que iam embora, gente gritando, montes de tonéis, guaritas com vigias fumando em silêncio, cinqüenta postes telegráficos empilhados uns sobre os outros, trilhos e troles enferrujados, poeira negra espalhada pelo ar, e um imenso vagão parado, repleto de carvão. E os cartazes das companhias de navegação fincados no chão, marcando o setor de cada uma delas no cais: a Sociedade Anônima de Navegação Transatlântica, que fazia a linha da América do Sul. Agente em Barcelona: Gallart & Cia. Rambla Sta. Mònica, 21; a Linha de Vapores de Mr. Sloman Jr. De Barcelona a Stettin, Danzig, Königsberg e Riga. Agente: Sr. Torrevedella. Rera Palau, 4; a Companhia Transatlântica, Nova York, Fernando Poo, Tampico. Agente: Ripoll & Cia. Dormitori de Sant Francesc, 25...

Todos aqueles nomes o hipnotizavam e ficavam dançando diante de seus olhos, tão magníficos quanto pequenas pérolas negras de um tesouro. Já estava em Barcelona.

Passou entre duas fileiras imensas de fardos de tecidos e algodão, mais altas que ele. No fundo, uma grade cercava o perímetro do molhe. Sem pensar duas vezes, aproximou-se dela e pulou.

Estava exultante: mais carros, mais gente, veículos, bondes, uma avenida cheia de palmeiras e, ao fundo, à esquerda, a altíssima estátua de Colombo com o braço esticado apontando para o mar. Gostou dela e para lá se dirigiu. Parecia mentira. "Eustaqui", disse ele com seus botões, "você viajou de Tarragona até Barcelona passando por Cádiz, mas valeu a pena".

Comprou um cartucho de tremoços de uma velha vendedora de castanhas usando um lenço na cabeça e um avental bordado. Ela lhe disse que aquilo ali era a Rambla.

Sem se dar conta, Eustaqui passou o dia inteiro andando para cima e para baixo, no meio daquela multidão que não parava quieta: muitos homens de gorro e camisa abotoada até o pescoço, e também algumas crianças. Poucas mulheres. As que via eram, em sua maioria, criadas. Viu ainda algumas mulheres da vida. Podia reconhecê-las, pois, em Tarragona, tinha visto outras iguais àquelas. E mocinhas que saíam do trabalho em fabriquetas ou lojas. À diferença do que ocorria em sua aldeia, nenhuma daquelas mulheres parecia se ofender ao se sentir observada, muito pelo contrário, deixavam-se fitar. Se estavam em grupo, sorriam, como se não dessem a mínima importância para aquele público masculino que as seguia com os olhos. Lá iam elas, toc-toc, toc-toc, andando pela rua até o ponto do bonde.

No meio da Rambla, ouviu-se um tumulto, com a presença, inclusive, da força policial. Eustaqui perguntou do que se tratava e um homem lhe sussurrou que os guardas estavam obrigando as pessoas a aguardarem sua vez.

— Parece que é para entrar naquele café. Pelo que dizem, tem cerveja lá. Mas é evidente que a maioria só quer entrar para dar uma espiada. Dizem que o lugar é ótimo.

Eustaqui ficou boquiaberto. "Quando eu contar isso em Vilarodona, ninguém vai acreditar: em Barcelona as pessoas brigam e fazem fila para ver como é por dentro um novo café. E a polícia dá bordoadas para evitar que alguém fure a fila!"

Os bondes de cor abóbora e os carros Riperts verdes e vermelhos passavam superlotados. Mesmo assim, os vendedores de jornais subiam e desciam com os veículos em movimento. Na hora do almoço, um ou outro homem tomava um carro de praça para voltar para casa.

Viu garotos, de jaqueta e chapéu, que, cansados do trabalho, paravam nos quiosques para tomar um café. Com isso, deixavam terraços e balcões dos bares vazios. Havia também homens mais velhos que passavam para cima e para baixo carregando nos ombros cartazes de propaganda de sopa industrializada.

E os engraxates esperando os clientes com toda a dignidade, escova e graxa na mão.

Ao anoitecer, as lojas começaram a fechar as portas, os novos lampiões elétricos começaram a iluminar espaços já vazios. Fazia muito frio. Só se ouvia o chiado das rodas dos bondes, agora parcialmente cheios, ou parcialmente vazios.

De repente, seus joelhos começaram a tremer. Não tinha comido nada o dia todo e, agora, estava faminto. Estava na rua Gínjol. Ergueu os olhos, viu o letreiro "Café Gambrinus" e entrou. Pediu uma sopa quente.

— Com ou sem carne? — perguntou a mulher atrás do balcão.

Quis saber o preço. Percebeu que não tinha condições e disse "sem", com um fio de voz e com vontade de chorar: um gigante com cara de criança aflita.

Tomou a sopa e pagou. A mulher lhe perguntou se estava se sentindo bem.

— A senhora não vai acreditar, mas acabo de chegar de Tarragona, passando por Cádiz. Quero trabalhar. Posso fazer qualquer coisa, desde que seja trabalho honesto.

— Não duvido disso. Mas... você sabe ler?

— Um pouco.

— Então, leia.

A mulher pegou um jornal que estava debaixo do balcão, abriu numa determinada página e o pôs à sua frente. Eustaqui começou a ler em voz alta (só sabia ler assim) as letras grandes: "Existem hoje em Barcelona de oito a dez mil vagabundos que constituem uma verdadeira vergonha social." E, mais adiante: "Por mais doloroso que seja confessá-lo, é vergonhoso que milhares de adolescentes vaguem sem rumo pelas ruas de nossa grande cidade, maltrapilhos, mal alimentados, propensos a idéias insanas, mas também rebeldes e avessos a qualquer forma de disciplina..."

Parou. Ler mais de sete ou oito linhas o deixava enjoado.

— Entendeu? — perguntou a dona do café.

Eustaqui fez que sim com a cabeça. A mulher raspou a panela, e despejou no prato dele mais uma colherada do caldo e um pedaço de carne. E, apontando com a colher, disse:

— Tome, coma um pouco de carne. É oferta da casa. E aceite um conselho, meu jovem... Você não deve ter dinheiro para pagar uma pensão decente, não é? — Sem esperar resposta, prosseguiu: — Não longe daqui, na rua El Cid, tem um albergue municipal. É só para homens. Pode-se dormir ali por 15 cêntimos. Vá até lá e tenha uma boa noite de sono. Amanhã, levante bem cedo e vá à casa de banhos que fica na rua Mina, bem pertinho. Lave-se e troque de roupa. Depois, vá fazer a barba num barbeiro. Pode acreditar que será um dinheiro bem empregado. Só então saia para procurar trabalho. Hoje em dia, em Barcelona, o primordial é que não achem que você é um vagabundo de rua, a polícia anda nervosa.

— Os ricos andam nervosos — disse um cliente que ouvia a conversa.

Ambos se viraram. Era um homem de meia-idade, de bigode, barbicha e usava um vistoso lenço negro amarrado ao pescoço. Pelo visto, levou uma bela surra. Tinha a cabeça enfaixada, o olhar penetrante apesar de seu olho direito, intumescido e com dois ou três tons de roxo, mal poder se abrir de tão inchado. Havia posto o chapéu sobre o curativo, o que produzia um efeito quase cômico. Usava um terno fora de moda, relativamente elegante, de uma cor indefinida, com uma das mangas toda rasgada. Apontou para Eustaqui com um dedo trêmulo e chamou:

— Ei, você!

O rapaz estava com a boca cheia de grãos-de-bico e um pedaço de carne preso ao garfo. O homem do lenço negro insistiu, falando com certa dificuldade:

— Você, criatura ingênua, fadada à autodestruição pela ignorância...

Eustaqui Guillaumet ficou olhando para o sujeito de queixo caído: em Barcelona, os simples clientes de um café falavam assim, por enigmas!

— É, você mesmo. Ouvi que está procurando trabalho?

— Estou, sim, senhor.

— Não me chame de senhor. Que tipo de trabalho?

— Qualquer um.

— Claro! Trabalho de besta de carga por um salário de fome, não é? — Eustaqui não sabia exatamente se aquele homem o estava insultando. — Por sorte nem todos os trabalhadores são tão conformistas quanto você. Como as coisas vão mudar quando o *signore* Errico estiver de volta...

— Quem?

— Errico Malatesta, uma das cabeças mais lúcidas de nosso jovem século. Este que lhe fala teve a honra de conhecê-lo pessoalmente, aqui mesmo, em Barcelona, em dezembro de 1891. Ele não parou de fazer conferências...

— Conferências? O que está querendo dizer, que ele pregou...?

— Pregar? Errico Malatesta fazendo pregações? Mas você não entende nada, desgraçado? Ou será que está debochando?

O homem quis brandir a bengala, mas estava tão fraco que não conseguiu erguê-la nem a um palmo do chão. E ficou resmungando:

— Pregar... Quem prega são os padres, seu tapado! Pois está bem, pregou! E são muitos os corações em que a sua sabedoria germinou.

Eustaqui deu de ombros e continuou a tomar sua sopa. O homem do lenço negro se aproximou a duras penas. Não se dava por vencido.

— O que você pretende da vida? — perguntou.

Tomado de surpresa, o rapaz ficou sem saber o que dizer. Fez um esforço e respondeu:

— Dinheiro.

— Dinheiro? Vai chegar um dia em que ele não servirá para nada!

— Quer um pouco de carne? — indagou Eustaqui.

O homem ficou em silêncio por um instante, incapaz de assimilar uma interrupção tão inesperada quanto aquela:

— Hã? Bom, vou aceitar um pouquinho... — agora era ele que falava de boca cheia. — As pessoas vão entrar nos bancos, vão pegar boladas de dinheiro e vão usar as notas como confete para as festas de criança!

— Mas, por enquanto, você leva bordoadas... — disse a dona do café em tom de brincadeira.

O homem tentou erguer a voz, mas o que saiu foi apenas um falsete:

— Minha senhora, se for para levar, levo mesmo. O próprio *signore* Errico, pessoa de condição superior, tem sido tratado ignominiosamente como um pária...

— Como o quê?

— Como um pária, cacete! Mas de onde diabos você vem, da Lua?

— Não. De Vila-rodona.

O sujeito do lenço o fitou por alguns segundos com o olho bom, incapaz de decidir se aquele rapazinho era muito esperto ou muito idiota. Enfim, retomou:

— Você acredita que o *signore* Errico teve de vender sorvetes pelas ruas de Londres para sobreviver? Veja bem, as greves gerais de sete ou oito anos atrás fracassaram, mas serviram de lição. Agora...

De repente, o olho bom se dilatou. O sujeito tirou o chapéu da cabeça enfaixada para cumprimentar os clientes do café, tornou a enfiá-lo na cabeça e, com uma agilidade espantosa, saiu correndo pela porta dos fundos que dava para a cozinha. Eustaqui reparou que ele usava uns sapatos abotinados de camurça com sola de couro. Conhecia aquele tipo de sapato porque eram especiais para pés delicados e um tio seu, lá de Vila-rodona, usava isso. "Vejam só", pensou consigo mesmo, "um revolucionário de pés delicados; uma coisa não impede a outra..." Da soleira da porta, o homem sussurrou:

— A polícia e eu somos incompatíveis, senhores. Boa noite...

E desapareceu. Entrou, então, no estabelecimento um homem de rosto moreno, usando um chapéu-coco, todo sério. Ostentava um bigode grande, talhado como estava na moda: maior sob o nariz e terminando em duas pontas fixadas com gomalina. Usava uma jaqueta, calças bem cortadas e umas botinas engraxadas. Passou os olhos pela sala e se recostou no balcão com um ar desinteressado. A dona do café, que já o conhecia, lhe serviu um cálice de anis.

Eustaqui Guillaumet perguntou como chegar ao albergue municipal, e, arrastando os pés, caminhou até lá com os 15 cêntimos bem agarrados na mão.

Na rua, a pouca névoa noturna fazia com que a luz dos lampiões adquirisse tons rosados. Parecia um sonho. Aquele frio horrível estava acabando com ele. Era um frio úmido que grudava no corpo de tal forma que não havia jeito de se livrar dele. Dava a impressão que seu próprio corpo estava gotejando. Bufou, enfiou as mãos nos bolsos das calças e percorreu o último trecho do caminho a passos rápidos.

O albergue ficava no andar térreo de um edifício residencial. O fedor de promiscuidade, de velho e de mijo reinava ali dentro, chegando até a rua. Mas Eustaqui Guillaumet nem ligou. Pagou e se viu numa sala com 20 ou 25 catres, cheios de doentes que gemiam ou insones que falavam sozinhos em voz alta. Notou que as escarradeiras de louça espalhadas pelo aposento, com serragem e água, estavam vazias e imaculadas, ao passo que o chão ao seu redor estava todo cuspido.

Já tinha se deitado quando ouviu uma espécie de ganido vindo de umas duas camas adiante.

— Que foi isso? — perguntou sussurrando ao seu vizinho. Era um homem de uns cinqüenta anos. Tinha reparado nele porque mantinha uma postura bastante digna. Tentava disfarçar que as mãos tremiam de vez em quando.

— É o sargento. Um repatriado da primeira guerra de Cuba — respondeu o outro.

Eustaqui se ajeitou um pouco e voltou os olhos para a direção de onde vinha o ruído. Viu alguém coberto até a cabeça.

— Mas ele está batendo uma...

— É — respondeu seu vizinho sem sequer se virar.

O rapaz voltou a observar o suposto sargento: o sujeito se dedicava àquela atividade com toda a calma e sem procurar se esconder. Ninguém dava a menor bola.

— Eu me chamo Eustaqui Guillaumet, seu criado...

— E eu, Tomàs Capdebrau.

O homem ficou quieto, com os olhos abertos, olhando-o fixamente. Não dizia nada. Eustaqui esperou um instante. O outro continuava do mesmo jeito. Quando o ouviu roncar, percebeu que era assim que ele dormia.

E com o fundo musical dos ganidos e os olhos de seu vizinho pregados em sua nuca, foi ficando com sono. “Que grande cidade, Barcelona, onde se pode dormir de olhos abertos e existem lugares como este para os que não têm um puto no bolso”, pensou ele.

Lembrando-se que vinha de Tarragona, mas passando por Cádiz, disse a si mesmo que era um sujeito de sorte. Inalou profundamente aquele cheiro azedo de suor e adormeceu.

No dia seguinte, Eustaqui Guillaumet se levantou disposto a seguir o conselho da dona do Café Gambrinus. Tomou banho, pôs a única camisa limpa que tinha e voltou à Rambla. Por sua cabeça passavam livremente coisas como: “É tão agradável passear por Barcelona no inverno, se o dia está bonito e faz sol ao meio-dia.” Logo se deu conta, porém, que aquela idéia se aplicava a qualquer cidade do mundo e ficou todo confuso. Parou na primeira barbearia que encontrou. Depois de pagar, perguntou ao barbeiro:

— Estou procurando trabalho. Sabe de alguém que precise de empregados?

— Depende. Você quer um bom trabalho, um trabalho ruim ou um trabalho asqueroso?

— Tanto faz. Vim a Barcelona para trabalhar.

— Melhor assim, porque, na verdade, só há empregos da terceira categoria.

O barbeiro lhe deu o nome de um amigo, no porto, e, uma hora e meia depois, Eustaqui Guillaumet tinha se transformado no mais bem penteado, perfumado e barbeado de todos os rapazes que carregavam caixotes de peixe. O barbeiro não tinha mentido: aquele trabalho era mesmo asqueroso, por causa do fedor de peixe que entranhava na pele, mas também porque era preciso vender a alma em troca de pouquíssimo dinheiro. Mas Eustaqui se resignava com facilidade. E mais, estava contente e achava natural que, no começo, precisasse se esfalfar para ganhar uma diária minguada.

Na verdade, com o que ganhou naquele dia, só pôde pagar mais um prato de sopa no Café Gambrinus e dormir no albergue municipal. Mas pouco se lhe dava. No dia seguinte, foi o primeiro a chegar ao porto. Ainda era noite.

E assim começou a rotina daqueles primeiros dias, trabalhando de sol a sol. Ao fim de cada jornada, passeava pela Rambla. Mas não ousava atravessar a esplanada da praça Catalunha. Era como uma fronteira. Em Vila-rodona, tinham lhe dito que Barcelona era muito grande, e o rapaz acreditou piamente. A verdade, porém, é que não tinha a menor pressa de tirar isso a limpo.

Voltava, então, a descer pela Rambla e, como estava bem cansado, ia direto ao Gambrinus para tomar a sopa com carne. Quando acabava, ia dormir no albergue.

Em poucos dias, já tinha feito amizade com o encarregado do estabelecimento municipal. Era um garoto magro, de ombros estreitos, pele branca e orelhas vermelhas, que se chamava Ferran Baldó. Logo se entenderam porque, à diferença de 99 por cento dos ocupantes do albergue, Eustaqui não era um trapo humano, tampouco um vagabundo. Além do mais, tinham a mesma idade; ambos sorriam com facilidade e não complicavam demais as coisas. Toda noite, conversavam um pouco sobre a sua vida. Quase sempre, falavam de mulheres. As mulheres de Barcelona deixavam Eustaqui deslumbrado:

— Ferran, quanto custa uma dessas mulheres da Rambla?

— E eu lá sei? Não faço a menor idéia. Sou um homem prestes a se casar, não me interesso por isso. Logo vou estar bem servido... Seja como for, é muito mais do que você poderia pagar. Nem pense nisso. Quando for rico, não vai precisar fazer essa pergunta. Além do mais, não dou muito tempo para você encontrar uma moça bonita que...

— Ninguém vai me querer — respondeu o jovem num murmúrio.

— Por que você não vai à Boêmia Modernista no domingo? Assim, fica conhecendo minha namorada. Nessa época, tem os bailes especiais de Carnaval. Um verdadeiro luxo, Eustaqui. As murcianas de Poble Sec, as mulheres mais lindas da Espanha, estão sempre lá. Basta esperar na porta e elas logo vêm correndo, como se fossem pombinhas atraídas pelo milho.

— Mas eu não sei dançar...

— E daí? Vou pedir emprestada a máscara do meu futuro cunhado. Você põe a máscara e convida uma para dançar. Elas vão com as mães, tias ou cunhadas, mas nunca se sabe! Anime-se...

Estavam ao lado do fogareiro, beliscando passas e amendoins de uma tigela, descontraídos, ouvindo o relógio de parede bater os quartos de hora.

Quando ficava com sono, Eustaqui se levantava e ia para o dormitório que, além de naturalmente quente, era ainda mais aquecido por todos aqueles corpos que tentavam dormir ali. Pensando no frio que fazia lá fora, chegava quase a sentir arrepios de bem-estar. Uma única lâmpada elétrica brilhava na escuridão do aposento sem iluminar praticamente nada. Tomando cuidado para não pisar nas cuspidelas espalhadas pelo chão, ia até sua cama e se despia sem fazer barulho.

Às vezes, na cama ao lado da sua, estava o homem que dormia de olhos abertos. No escuro, destacavam-se como duas manchas brancas.

Do outro lado do aposento, ouvia-se, a intervalos regulares, a tosse de algum doente e também a fala incoerente de alguém sonhando em voz alta.

Fora do albergue, a noite gelada se arrastava Rambla acima encolhida pelo frio de fevereiro. Noite de inverno no albergue municipal masculino da rua El Cid. Noite fria em Barcelona e no mundo.

6

A GRAVIDEZ AVANÇAVA, BEM COMO o desassossego que a acompanhava. Dentro de uma semana, Nonnita Serrallac encerraria as apresentações do número "A bela e a foca", e haveria duas estréias simultâneas. Uma cantora francesa, chamada Miss Morrissini, e um número exótico com nove negros dançando como índios ao redor de uma moça amarrada a um poste. Dependendo do êxito obtido, em fins de março ou começo de abril, Nonnita voltaria a se apresentar com uma nova atração que já tinha começado a preparar: seria Tina Parri, a moça sensual, famosa em toda a Europa por suas transformações. O problema era bem claro: grávida de quase cinco meses, não teria muitas possibilidades de se transformar. Os irmãos Soriano ainda não sabiam da gravidez, e ela não conseguia encontrar o momento oportuno para lhes dar a notícia. Temia que a acolhida que, de forma tão generosa, eles lhe tinham oferecido acabasse de uma hora para outra. Seu estabelecimento era um teatro, não uma casa de caridade. E já tinham sido bastante bons com ela. Não podia exigir que oferecessem uma atração protagonizada por uma grávida. Se perdesse o trabalho, era quase certo que o mesmo aconteceria a seus protegidos: Tomàs, o papagaio, a foca, a mula e a carroça.

De repente, à angústia da gravidez veio se somar algo mais inesperado: os irmãos Soriano, sempre em busca de novas atrações, fizeram uma viagem-relâmpago a Paris para contratar a nova cantora. De volta a Barcelona, contaram a todos, com o maior orgulho, que tinham tido a surpresa de encontrar os ciclistas russos. Estes estavam fazendo grande sucesso na capital francesa com o número das bicicletas cômicas que estrearam em Barcelona. Nonnita Serrallac mal pôde esperar para perguntar pelo italiano que os acompanhava.

— O italiano? Ah, claro. Não estava com eles. Disseram que ficou em Barcelona — declarou o senhor Ricardo Soriano.

Ao ouvir isso, o coração da moça teve um sobressalto. Já tinha se acostumado à idéia de que Emidio Forlì havia sumido de sua vida, como se tivesse morrido. E descobria, agora, que ele não tinha ido embora. Voltava, então, aquela pergunta inevitável: por que não lhe disse nada? Talvez não estivesse bem de saúde. Ou talvez simplesmente não quisesse mais saber dela. Acontece, porém, que estava grávida... E uma segunda pergunta, relacionada à primeira, começou a martelar em sua cabeça: se não tinha ido embora, talvez ainda estivesse por ali. Afinal, não fazia tanto tempo que... Se estivesse em Barcelona, teria de encontrá-lo. Só queria estar perto dele por um instante e olhar em seus olhos. Saberia, então, se lhe diria ou não que estava grávida... Só isso. Não lhe pediria nada, não reclamaria de nada. No fundo, tinha um coração de saltimbanco, e os amores dessa gente eram geralmente efêmeros. Amores momentâneos, de sobrevivência, que duravam o tempo de uma turnê. Da época do circo, lembrava a história de uma mulher com quem convivera durante uns quatro ou cinco anos. Chamava-se Maria, lia o horóscopo, a sorte nas folhas de chá, na borra de café, nas cartas do tarô e nas mãos. Ainda era moça, tinha uns 35 anos, e viajava com os cinco filhos. O mais velho tinha vinte anos, o menor, meses, todos de pais diferentes. Todo mundo gostava de Maria e lhe perguntava como, sabendo ler a sorte, nunca tinha adivinhado que seus maridos seriam bons ou maus.

Portanto, não pediria nada a Emidio. Mas queria encontrá-lo. Não tinha nada a esconder e, além disso, orgulhava-se de ter gostado daquele italianinho magricela e sem-vergonha.

Por isso, com a energia tão característica das empreitadas inúteis, Nonnita, todo dia se levantava relativamente cedo e, muitas vezes, passava a manhã procurando por ele em Barcelona. Depois do almoço, no início da tarde, ia para o teatro ensaiar e lá ficava até a noite, onde fazia o número com a foca.

Era quase uma rotina cheia de falsas esperanças. Começou a busca com um certo método, seguindo os passos mais lógicos. Percorreu todos os teatros de Barcelona. Com a carroça, ia até os mais distantes. Perguntava pelo italiano aos gerentes, aos bilheteiros, aos garçons, mas ninguém sabia dele. Mais tarde, contava tudo a Tomàs, se ele estivesse dando acordo das coisas. Caso contrário, esperava a hora de voltar para casa: pelo menos os mortos do bairro, que geralmente a esperavam em pequenos grupos, a ouviam com alguma atenção. Durante aqueles dias de procura enlouquecida, houve um que encontrou por acaso. Aquilo já era demais, quase tropeçou nele: entre as pessoas que olhavam as obras da Reforma, havia um morto. Um dos seus. O problema é que sua aparência não era pior que a dos vivos que o cercavam. Ela não queria se confundir novamente, pois os barceloneses, deste mundo ou do outro, sempre foram muito suscetíveis e se ofendem por qualquer coisa. Tentou disfarçar; tinha esperanças de não ser vista. Os mortos são muito chatos e sempre param para conversar. Além disso, que sentido tem um defunto ficar olhando as obras da rua? Passou atrás dele na ponta dos pés. O morto a viu perfeitamente, mas nem deu bola. Sabia detectar quando não era bem-vindo.

Depois de indagar nos teatros, teve a idéia de ir à prefeitura. Quando disse que estava procurando um saltimbanco italiano sem eira nem beira, mandaram que fosse a uma das repartições destinadas aos pobres. O guarda de plantão a olhou dos pés à cabeça. Apanhou uma folha e saiu recitando uma lista.

— É italiano, não é? Os únicos estrangeiros que deram entrada aqui nos últimos tempos foram um mendigo francês que atacou os guardas com umas tesouras de podar...

— Não.

— Que idade ele tem? Porque recolhemos um velho que vive sozinho num casarão em ruínas na rua Jaume Giralt e que diz ter uma filha casada, com boa situação financeira, mas não lembra onde ela mora...

— Não...

— E um outro, meio louco, que diz que é Isidro Leyva, o famoso vigarista de Badajoz...

— Também não.

— Temos ainda...

— Deixe para lá.

— Ele é italiano, não é? É mendigo, vagabundo?

— Não, artista.

— Claro. Artista pobre pelas circunstâncias ou artista pobre pura e simplesmente?

Nonnita virou a cabeça e passou os olhos pelas pessoas que esperavam ali. O guarda estava debochando. Sentia-se seguro, com aquela cara redonda e os lábios brilhando de saliva. Do outro lado, sentados nos bancos de madeira, ou de pé, e com os lábios secos, os homens e as mulheres que esperavam tinham o rosto inexpressivo, podendo ser tanto indigentes quanto trabalhadores. Em Barcelona, no ano de 1909, a diferença entre uma categoria e outra era quase inexistente. Nonnita sabia muito bem disso por causa daquelas pessoas expulsas das casas desapropriadas do seu bairro. Passavam da pobreza à miséria em questão de minutos. Era bem fácil ser indigente em Barcelona: bastava cair doente ou envelhecer.

E ela, era o quê, afinal?

De madrugada, a caminho de casa, fez essa mesma pergunta a Severí da casa Blauet. Lembra-se dele desde pequena; deve estar morto há anos, mas isso quase não se nota à primeira vista. Severí da casa Blauet, nem jovem nem velho, magro e lépido, com umas sobrancelhas ralas e finas como de mulher, era bobo de nascença. Ao que parece, continua assim depois de morto. Anda pela rua tricotando um cachecol, com lã e agulhas, no inverno ou no verão. Passa pelas lojas oferecendo o cachecol aos clientes, sempre com a maior educação. Ninguém compra o tal cachecol porque todos sabem que Severí precisa dele para desmanchar tudo e começar a tricotar novamente. Em seu estado, naquele momento e naquele lugar, Nonnita se sente quase acompanhada. E o morto lhe diz que, quando o meteram na sepultura, o coveiro se atrapalhou e não gravou o seu nome. Depois, como não apareceu ninguém para reclamar, as coisas ficaram assim mesmo. Severí confessa que não se importa de não ter seu nome gravado na sepultura; o pior de tudo foi ter ido para o outro mundo e não ter encontrado sua mãe. Nonnita lhe disse que procurasse bem, pois ela mesma, sem estar morta, vira e mexe encontra seus pais. "Já que os mortos me aborrecem, que sirvam ao menos para alguma coisa", pensou ela.

— O fato de Emidio não ter ido embora com os russos não significa que tenha ficado em Barcelona. Pode ter voltado para a Itália no primeiro trem. Não sou idiota... Faz 15 dias que procuro por ele. Se, dentro de mais 15 dias, não tiver encontrado nada, deixo tudo para lá... O que acha, Severí? — perguntou ela então.

A princípio, o morto não disse nada porque, morto, continua tão bobo quanto em vida. Mas Severí, que nunca a tinha visto daquele jeito, mesmo morto percebeu que precisava colaborar com a moça, e respondeu:

— Acho boa idéia. — E, chato como todos os mortos, repetiu que, para ele, o pior não era ter uma sepultura sem seu nome, mas ir para o outro mundo e não encontrar a mãe. Mais uma vez, Nonnita é forçada a admitir que não deve esperar nada dos defuntos, nem companhia, nem compreensão, nem coisa alguma. Afasta-se, então, e o deixa plantado ali, com o cachecol pela metade. Durante todo o percurso até em casa, ouve Severí gritando às suas costas, chorando por sua imbecilidade de morto.

Nesse meio tempo, a moça repete consigo mesma: "Mais 15 dias, e deixo tudo para lá."

Numa daquelas noites, Tomàs Capdebrau teve uma crise de ansiedade bem forte. Entre um espetáculo e outro, ficou quieto num canto e não queria nem se mexer. Não queria ir a lugar nenhum. Enfim, como tantas outras vezes, Nonnita conseguiu convencê-lo a ir dormir no albergue da rua El Cid. Era incrível como conseguia se acalmar no meio de toda aquela gente, de todo aquele fedor, de toda aquela miséria... Vestiu-se, então, fez com que ele pusesse o casaco e o levou até lá. Eram quase nove e meia. Nonnita já sabia que ia criar problemas para o encarregado, pois só se admitiam pessoas para dormir até as nove em ponto. E essa regra era sagrada num estabelecimento como aquele, com tanta gente estranha circulando pelas ruas. Mas o rapaz tinha particular afeição por Tomàs, e, como um amigo é um amigo, sempre o acolhia. Só pedia que fossem discretos.

Como era tarde, e a essa hora não esperava por mais ninguém, o rapaz veio abrir a porta com um porrete na mão. Quando viu que, como em tantas outras ocasiões, era o pobre Tomàs Capdebrau, acompanhado de sua amiga, escondeu o porrete no bolso e os deixou entrar sem fazer barulho.

Cumprimentaram-se e o encarregado do albergue apresentou a moça a Eustaqui Guillaumet, que, como fazia quase toda noite antes de ir dormir, estava conversando um pouco com ele. Não precisava apresentar Tomàs, pois já se conheciam.

A moça lhe deu boa-noite e Eustaqui foi incapaz de responder, boquiaberto diante daquela aparição feminina. Nonnita pôs Tomàs, que ainda estava calado, sentado numa cadeira e disse:

— Entre um espetáculo e outro, ele começou a dizer que queria dormir aqui esta noite. Caso contrário, não dormiria. E, se não dorme, é impossível controlar o tremor de suas mãos no dia seguinte.

Contou tudo isso na frente de Tomàs, como a mãe que explica ao médico a doença do filho com ele presente.

O encarregado coçou a cabeça e respondeu:

— Não tem problema. Não se fala mais nisso. Vamos entrando. Mas, quando me mandarem embora por descumprir o regulamento, e minha mulher me abandonar porque fiquei desempregado, você vai me deixar dormir com Tomàs, o papagaio e a foca?

— Não se esqueça da mula... — disse Nonnita sorrindo.

Todos riram. Nesse instante, os olhos da moça encontraram os de Eustaqui Guillaumet. Orgulhosa como era, fez questão de explicar ao rapaz:

— Fique sabendo que Tomàs não tem apenas um, mas dois lugares decentes para dormir. Um deles é no Soriano, lá na avenida Paralela... O problema é que tem de dividir o espaço com uma mula, uma foca e um papagaio. E tem dias que se enche de ficar deitado ali, no meio dos bichos.

Eustaqui a ouvia fascinado. Repetia mentalmente as palavras "foca" e "papagaio".

— E o outro? — perguntou.

— Que outro?

— Você disse que eram dois lugares...

— Ah, claro! Se ele quisesse, teria um quarto e uma cama de verdade na minha casa...

— E por que ele não vai para lá? — indagou Eustaqui.

— Porque não quer. Tem medo de morrer soterrado se a casa cair durante a noite.

O rapaz, que estava aprendendo a duras penas que, em Barcelona, as pessoas dizem as coisas mais estranhas do mundo com a maior naturalidade, respondeu que achava isso muito normal. Estava impressionado pelo impacto dessa aparição luminosa num lugar como aquele, um antro de miséria e imundície. Os três olharam para Tomàs que comia uns amendoins todo sério. E sentaram-se perto dele.

— E você, Nonnita? Afora isso, alguma novidade? — perguntou o encarregado do albergue.

— Claro que tenho. Não trabalhamos mais no pavilhão Soriano!

— Não me diga!

— É exatamente isso. Agora estamos trabalhando no... Teatro Soriano! Os proprietários acabam de chegar de Londres e Paris e, a primeira coisa que fizeram foi mudar a categoria do estabelecimento... Viu só que novidade!... Venha, Tomàs, está na hora de dormir...

Tomàs Capdebrau se levantou e foi se dirigindo para o dormitório acompanhado pelo encarregado. Quando este voltou, viu Eustaqui ainda petrificado, fitando a moça com um ar completamente atordoado. Já Nonnita nem percebia e estava se arrumando para ir embora.

Para chegar até ali, embora não fosse longe do teatro, tinha posto cachecol e mantô. Pagou os 15 cêntimos do pernoite de Tomàs e, com um suspiro, comentou:

— Hoje não vou ficar aqui de conversa, Ferran. Estou morta e ainda tenho o espetáculo noturno, daqui a vinte minutos.

Enquanto acabava de ajeitar a roupa, voltou a olhar para Eustaqui. Como o rapaz era incapaz de articular uma palavra, o encarregado lhe disse:

— Eustaqui é meu amigo, como já disse antes.

— Os amigos de Ferran são meus amigos. O que é que você faz?

Eustaqui Guillaumet pareceu despertar. Tinha à sua frente uma mulher fenomenal que, ainda por cima, estava falando com ele. Com ele! Não sem algum esforço, conseguiu articular:

— Estou em Barcelona há uns dois meses. Descarrego sacos no porto: trigo, carvão vegetal... Anteontem carreguei uma carroça com sacos de alfarrobas até a praça del Nord. Às vezes também descarrego vigas de madeira... Agora mesmo estou trabalhando na praça Sant Jaume puxando mulas...

— O que você disse que faz? — perguntou Nonnita cheia de curiosidade.

Eustaqui se ajeitou na cadeira e lhe mostrou as mãos grandes, cheias de calos. Mãos que poderiam matar um boi com um soco na cabeça. E prosseguiu, sorrindo:

— Tem uma linha de bondes puxados por mulas, que vem lá do arco do Triunfo. É preciso subir pela rua Jaume I, desde a praça Àngel, para chegar à praça Sant Jaume. É uma ladeira e tanto. E quando o bonde está cheio, a parelha não consegue subir. Então, é preciso pôr uma terceira mula. Sou eu que faço isso: fico na frente dela e, com uma corda, vou puxando. Quando chegamos na praça Sant Jaume, desamarro a mula e volto a descer para esperar a chegada do outro bonde.

— E você gosta de bancar a besta de carga?

— Você é uma revolucionária?

— Que besteira é essa?

— Estou em Barcelona há quase dois meses e já conheci alguns deles, a maioria colegas de trabalho no porto. Sempre começam seu discurso desse jeito.

— Está maluco? Não quero convencê-lo de nada.

— Melhor assim. Por enquanto, só quero trabalhar. Encontrar um bom serviço... E, se não conseguir, vou para a América.

— Por quê? — perguntou a moça.

— No porto, só se fala disso. É a terra das oportunidades. Ninguém pergunta de onde você vem; só querem saber se está disposto a dar duro. Por que não? Ir até a América deve ser como fazer o trajeto de Tarragona a Cádiz umas tantas vezes...

— Mas você acabou de chegar a Barcelona e já quer ir embora?

— Não. Mas não vejo problema nisso.

Nesse momento, Ferran Baldó interveio, com a boca cheia de amendoins:

— Nonnita, você não me disse que estava procurando alguém para trabalhar com a carroça? Pois encontrou...

— Não acho que ele queira. — E, dirigindo-se a Eustaqui, que não conseguia tirar os olhos daquela magnífica mulher parada a um metro de distância, perguntou: — Gostaria de mudar de emprego? Tenho uma carroça e uma mula paradas. Pensei em usá-las para fazer transporte. E, nesse meio tempo, circular pelas ruas, recolhendo o que as pessoas jogam fora, para revender tudo depois. Ou leiloar na barraca dos Soriano aos domingos de manhã. Um fornecedor do teatro me disse que umas freiras pagariam um quantia fixa para que levássemos lenha e carvão regularmente. Também comprariam roupas usadas para os pobres que ajudam. Em suma: uma espécie de mascate. Seria ótimo ter um ajudante, principalmente alguém forte como você...

Não lhe disse que, na verdade, toda aquela história de usar a carroça e a mula para trabalhar tinha lhe passado pela cabeça enquanto andava para cima e para baixo em Barcelona, em pleno inverno, à procura de um saltimbanco italiano que a tinha engravidado. E que era exatamente por isso que precisava de ajuda. Deixaria esse detalhe para depois...

— Talvez você não ganhe tanto quanto puxando a mula, mas será menos cansativo, entende? — acrescentou.

— Entendo.

— E então?

A perspectiva de deixar o trabalho no porto era tentadora; de parar de puxar a mula também; o mais tentador, porém, era a idéia de estar perto daquela mulher.

— Poderia me interessar.

— Passe então no Teatro Soriano, na Paralela. Pergunte por Nonnita Serrallac. Você pode até dormir no galpão de vez em quando, se não se importar em dividir o espaço com três animais e a cama de palha com Tomàs, é claro. Só não vá se embebedar nem levar amigos ou mulheres para lá. Os irmãos Soriano estão me fazendo um favor e quero que as coisas continuem assim...

Eustaqui estava de queixo caído. Tudo o que conseguiu dizer foi:

— Barcelona é fabulosa.

— ...por muitos anos. Quando pretende passar lá? Espero que não demore muito. Quero começar o quanto antes. Até logo.

Deu um sorriso cúmplice e saiu a toda.

O encarregado do albergue cumprimentou o rapaz como se ele tivesse conseguido o emprego de sua vida. Antes de ir para o dormitório, Eustaqui virou-se para o amigo e anunciou, solenemente:

— Acho que não vou mais para a América, Ferran.

7

Rafel Escorrigüela, um sujeito de 31 anos bem vividos, mais esguio que alto, seco, de cabelos lisos, tossia, bafejava nas mãos para aquecê-las e nem olhava por onde andava. Estava esfarrapado e parecia mais velho do que realmente era. Há dias, o frio tinha penetrado em seu corpo e não havia meios de espantá-lo. Ficou na estação Nord olhando os trens. Os que chegavam de longe tinham os vidros das janelas cobertos por uma fina camada de gelo.

Por volta do meio-dia, animou-se a percorrer as ruas onde batia sol. Desceu até a Ciutadella e foi andando até o Born. Entre lojinhas de óleo e sabão, especiarias e peixe seco, chegou à esquina da rua Montcada. Ouvia-se música e ruídos; de repente, apareceu um grupo de ativistas. Eram estudantes que pediam ajuda para as vítimas dos terremotos na Itália. Vinham da rua Montcada, desfilando em ordem, com charretes, uma banda de música e os estandartes próprios de cada faculdade. Eram umas vinte ou 25 pessoas. Rafel Escorrigüela tinha tanta fome que se aproximou de um rapaz que vinha à frente da comitiva e perguntou se, já que estavam dispostos a ajudar, não poderiam começar por ele, que era catalão e estava ali mesmo, à mão... Espantado, o rapaz olhou para trás, à procura da guarda municipal. Deve ter achado que iam lhe tirar a caixa das contribuições. Ao perceber isso, Rafel Escorrigüela afastou-se imediatamente. Só lhe faltava um guarda derrubá-lo com uma bordoada; com toda certeza, nunca mais conseguiria se levantar. Sentou num portal e ficou vendo o cortejo se dirigir à igreja de Santa Maria del Mar, com toda aquela algazarra.

— Pelo amor de Deus, que barulho eles fazem! Acho que valeria a pena lhes dar dez centavos só para se calarem...

Curioso, Rafel Escorrigüela virou a cabeça em direção àquela voz. Era uma moça rechonchuda e de uniforme: sob o casaco, a blusa e o avental, tudo tão branco, tão roliço; na cabeça, uma touca deixando à mostra o coque preso por dois pauzinhos, uns dedos gorduchos e um leve buço... Devia ser a criada de alguma casa rica dos arredores. Estava carregando duas vasilhas de leite, das grandes, e tinha cara de poucos amigos. No chão, ao seu lado, havia um saco de aniagem que se mexia, de vez em quando, como se tivesse vida própria.

Quando Rafel Escorrigüela se levantou, tropeçou no tal saco. O susto foi tão grande que o rapaz se estatelou no chão. E levantando a cabeça deu de cara com um leitãozinho de olhos cinzentos que o olhava bastante irritado. Em questão de segundos, o porquinho já estava correndo para a liberdade. A moça começou a berrar e, furiosa, deu um belo chute nas costelas de Rafel Escorrigüela:

— O que está esperando? Corra atrás dele!

O rapaz precisou gastar as poucas forças que lhe restavam para se pôr de pé e perseguir o leitão. Em vez de ajudá-lo, as pessoas se afastaram, formaram uma roda, gritando, aplaudindo e dando boas gargalhadas. Rafel tossia, cuspia escarros ensangüentados e perguntava o que estava fazendo em Barcelona, tão longe de casa, perseguindo um porquinho poucos minutos antes de morrer (ele, não o porquinho). Porque disso tinha certeza: cada vez que tossia tinha a impressão de que seus pulmões iam sair pela boca. Por fim, o leitão se meteu debaixo de uma carroça, em frente a uma cestaria, na rua do Rec. O carroceiro o expulsou de lá a vassouradas e, embora só visse o focinho do animal, Rafel se atirou em cima dele e conseguiu capturá-lo. De início, o leitão não se mexia e o rapaz teve medo de tê-lo esmagado. Abriu um pouco os braços, mas o porquinho tentou fugir novamente. Rafel berrou, tossiu, limpou a garganta como se acabasse de limpar os esgotos de meia Barcelona e lhe deu uma cusparada monumental entre os olhos. O animal, surpreso, hesitou por um instante e logo voltou a ficar quieto. Eis o poder de um escarro, de um escarro alcagarense. "Viva os escarros d'Alcagaire!", pensou Rafel todo orgulhoso: com seu poder hipnótico, majestoso e sobretudo contundente, muito contundente.

A criada veio correndo com o saco aberto e, juntos, meteram o leitão ali dentro sem piedade.

Rafel tentou se desculpar, mas de sua boca saiu apenas um estranho balbucio. Nem percebeu que não precisava dizer nada, pois a moça estava lhe agradecendo e se desculpando pelo chute que tinha lhe dado nas costelas. Mas Rafel não ouvia nada, estava perdendo o mundo de vista. Só sabia que tinha a boca seca. E a última coisa que viu antes de desmaiar foi a moça o abanando com as abas do casaco.

Há alguns dias Rafel Escorrigüela perambulava pelas ruas sem comer nada. No final de fevereiro de 1909, isso já não era nada de extraordinário, pois havia centenas de pessoas na mesma situação. A diferença era que ele se sentia mal, estava doente.

Quando abriu os olhos, estava cercado pela moça e toda aquela gente que o fitava.

— Como está se sentindo?

— Não muito bem. Faz dois dias que não como.

Aquelas palavras tiveram o efeito mágico de fazer com que os curiosos desaparecessem: um morto de fome? Até logo. Já não tinha graça nenhuma. A moça o ajudou a se refazer.

— Não é de estranhar que tenha desmaiado, homem de Deus... Obrigada por ter caçado o porquinho para mim; se o tivesse perdido, minha patroa descontaria do meu salário e... — de repente, ela se calou para escutar o som de uns guizos e acrescentou, séria: — Lá vêm as mulas...

Das bandas da igreja de Santa Maria del Mar vinha um indivíduo com três mulas pretas. Cada uma tinha um guizo pendurado ao pescoço. Andavam empertigadas, tranqüilas, com um repicar um tanto abafado. O homem as tangia com uma vara comprida de cânhamo. Na verdade, porém, nem precisava fazer isso, pois os três animais eram tão obedientes quanto um cachorrinho. Ia gritando: "Moçada, o leite!" Quando já estava bem perto deles, Rafel Escorrigüela observou que o leiteiro, um sujeito gordo e vermelho, meio grosseirão, fumava um cigarro barato e estava usando uma suéter grossa de lã toda manchada. O boné preto, com uma aba muito grande, parecia ter sido enroscado em sua cabeça. Sentiu até inveja das mulas agasalhadas com uma manta vermelha e bem grossa no lombo. O homem o fitou desconfiado e cumprimentou a moça, que o recebeu com os braços estendidos, segurando uma vasilha em cada mão.

— Ande, Jaumet! Já é tarde e vai chover. Por que se atrasou tanto?

O homem se limitou a fazer uma espécie de estalido com a boca e as mulas pararam imediatamente. Em seguida, tirou da sacola uma jarra medidora, agachou-se e começou a ordenhar. Quando atingia um quarto de litro, despejava o conteúdo da jarra na vasilha. A criada não tirava os olhos do que ele fazia, e Rafel, do leite. Logo, logo tinha enchido as duas vasilhas. Cobrou o dinheiro devido, acertou de voltar na semana seguinte, deu um outro daqueles estalidos e foi embora por onde tinha vindo. Tinha se afastado apenas uns poucos metros quando se ouviu um assobio estridente. Era a moça que, com um ímpeto inesperado, tinha se virado para o leiteiro e, enfiando os dois indicadores na boca, acabava de assobiar de um jeito tão escandaloso que todos na rua ficaram olhando para ela. Fez o sujeito voltar enquanto segurava Rafel pelo ombro para impedi-lo de ir embora. Sem o fitar, disse:

— O leite de mula é excelente para as crianças e os doentes. Minha patroa diz que conserva a juventude. Não sei se é verdade, mas sempre me manda comprar uns dois ou três litros. Não acredito que chegue a tomar banho com ele. Agora, lavar o rosto... Não, não tenho tanta certeza assim...

O leiteiro ficou esperando, na expectativa. A moça mandou que ele tirasse um pouco mais de leite. Depois, obrigou Rafel Escorrigüela a beber na própria jarra medidora. O rapaz tomou tudo de um gole só. Bebeu bem depressa, depressa demais, sentindo o líquido morno descer ao seu estômago e a espuma fazer cócegas em seu bigode.

Ficou com um nó na garganta. Era tão reconfortante... Quando a moça pagou ao leiteiro o quarto de litro extra, percebeu que Rafel Escorrigüela chorava agradecido:

— Ora, vamos, não chore, comporte-se como um homem...

O rapaz fungou, enxugou as lágrimas com a manga da camisa e conseguiu balbuciar:

— Já estou um pouco melhor...

— Eu não disse? O leite de mula faz milagres. Está desempregado?

— No momento, estou.

— Vamos fazer uma coisa, eu lhe dou cinqüenta cêntimos se você carregar o saco com o leitão até a casa da minha patroa. Ela me mandou ir buscá-lo sem se lembrar de que hoje era o dia das mulas do leite. Achei que podia carregar as duas vasilhas e o porquinho, mas não posso. O que acha?

— Não sei se vou conseguir... Estou sem forças...

— Não sabe se vai conseguir? Ora essa, que ingratidão! Eu lhe ofereço trabalho e você o despreza? Venha, vamos lá...

Obrigou-o a estender os braços para a frente e pôs ali o saco com o porquinho que, talvez consciente do destino que o aguardava, não parava de se remexer. Tentando controlá-lo, Rafel Escorrigüela começou a tossir. Na verdade, naquele instante, um observador imparcial não saberia dizer quem era mais digno de pena, o homem ou o animal. Afinal, a moça decidiu carregar o saco com o leitão e, literalmente, pendurou as vasilhas cheias nas pontas dos dedos de Rafel Escorrigüela. Achou que seria mais garantido.

Começaram, então, a caminhar lado a lado, subindo a rua Montcada em direção à rua da Barra de Ferro, que era para onde iam. Nesse meio tempo, ele lhe contou que se chamava Rafel Escorrigüela, era natural de Alcagaire de la Roca, na região do Ebro, que seus pais eram camponeses e plantavam beterrabas. Falava e falava porque tinha medo de cair no chão e nunca mais se levantar se parasse de falar. Ou pior, que o leite de mula, único alimento consistente que havia ingerido nas últimas horas, saísse do seu corpo com a mesma facilidade com que tinha entrado. Diarréia, por exemplo.

Não queria ficar outra vez em jejum e a simples perspectiva de receber os cinqüenta cêntimos dava-lhe forças para seguir em frente. A moça não parava de observá-lo de rabo de olho. Não via muita coisa e não conseguia confiar nele. Não queria que, depois de tudo, aquele trapo de homem fugisse com as vasilhas de sua patroa.

— Não sei o que tem feito em Barcelona, mas veio para o lugar ideal. Começando por mim e acabando pelo primeiro indivíduo que encontrar ao dobrar a esquina, todo mundo aqui é de fora... Barcelona é horrorosa. Não gosto nada dela. Não se conhece ninguém. Vim de Sant Gervasi há seis anos, acompanhando a minha patroa. O que você acha de Barcelona? — indagou ela.

A pergunta o surpreendeu. Não achava nada. E isso, para ele, não tinha a menor importância.

Subiram ao primeiro andar pela entrada de serviço. O calor que vinha lá de dentro era quase insultante. A moça lhe mostrou onde ficava a cozinha. Pegou um pedaço de queijo numa tigela e cortou uma fatia. Com um naco de pão da véspera, um pouquinho de azeite, uma pitada de sal e um copo de vinho, preparou uma bela refeição.

— Vamos, coma... Não tenha medo, pois não vou descontar isso dos cinqüenta cêntimos...

O rapaz não precisou de segunda ordem: pôs-se a comer, engasgou e... mais uma vez, engoliu tudo depressa demais. A moça entrava e saía da cozinha. Amarrou o leitão na área de serviço. Atiçava as brasas do fogão com um leque de palha. O fogareiro deixava o aposento agradavelmente aquecido. Às vezes, a moça se sentava por um instante, olhava para o rapaz e fazia algum comentário:

— Você é casado? — indagou ela.

— Não.

— Nem eu. Mas tenho namorado. Ele está fazendo o serviço militar.

Quando a criada se cansou de olhar para ele, tirou-o de lá sem a menor cerimônia.

— Ande, agora chega! Você é bem capaz de ficar plantado aí bem no meio da minha cozinha. E não quero problemas com a patroa.

Rafel Escorrigüela assentiu humildemente. Aquela moça já o tinha ajudado bastante, e, além disso, estava com toda a razão. Levantou-se, guardou no bolso um pedaço de pão que tinha ficado em cima da mesa e estendeu a mão. A moça lhe deu os cinqüenta cêntimos, recomendando-lhe que não os gastasse com vinho.

Estava de novo na rua, só que, agora, de barriga cheia, e com algum dinheiro no bolso, o que fazia uma enorme diferença. De qualquer forma, que ironia! Logo ele que já tinha tido uma situação tão boa. Quem te viu, quem te vê! Porque Rafel era um jovem catalão ambicioso, feliz por ser catalão e feliz por ser ambicioso. A vontade de ser rico estava em seu sangue... mas, ultimamente, todos os negócios vinham dando errado.

Quando o dinheiro acabou, saiu da pensão onde estava hospedado e começou a perambular por Barcelona sem nenhuma intenção definida. Além disso, estava doente. Tudo o que comia ia embora em poucos minutos sob a forma de uma diarréia fluida e humilhante. Nessas condições, era impossível conseguir trabalho.

Agora, porém, tinha cinqüenta cêntimos no bolso e o estômago parecia não reclamar.

Foi buscar a maleta numa loja de pianos da rua Ample, onde a guardavam por uma diária de dez cêntimos. Quando o viram entrar daquele jeito, deram-lhe a maleta em silêncio, sem cobrar nada. Rafel Escorrigüela conseguiu chegar à pensão da Barceloneta, onde tinha se hospedado antes. Com aquele dinheiro poderia convencê-los a deixá-lo dormir ali. Não se enganou, mas foi instalado no terraço, num catre junto a um antigo tanque. Rafel achou aquilo melhor do que a rua: um teto e algumas cobertas, o que mais poderia querer?

Fazia um frio incrível. Agasalhou-se e debruçou-se no parapeito para ver o mar. Só precisava de uns cinco minutos de calma para pensar. Cinco minutos antes de ir se trancar naquela lavanderia infecta que tinham lhe dado como quarto. O importante era não se resfriar e voltar a tossir. Porque, quando tossia, acabava se borrando todo. E tudo recomeçava. A claridade do pôr-do-sol se refletia nas vidraças das sepulturas do cemitério de Montjuïc, ao longe. Mais perto, a luz fazia brilharem os lampiões e as janelas das barcas dos pescadores, e lançava faíscas avermelhadas na água escura do porto... Não se ouvia nada. A calma era total, quase irreal. Uma sirene soando no cais o trouxe de volta à realidade. Teve vontade de ir até lá e sentar com os pés balançando sobre aquela água oleosa e espessa. De repente, sentiu uma reviravolta no estômago e um calafrio. Pôs a mão na testa e viu que estava muito quente. De relance, avistou um bergantim que zarpava com as velas infladas. Viu também um vapor bem estranho, pequeno, mas com chaminés compridas e finas de onde saía uma fumacinha branca. Ainda não era tarde, mas sentia necessidade de se deitar e se cobrir. O ar estava tão suave que Rafel tinha a impressão de que a morte estava a dois passos de distância. Sua cabeça girava e tinha as pernas bambas. Passou ao lado da porta da escada e um cheiro doce de pão saído do forno penetrou em suas narinas. Entrou na lavanderia, meteu-se na cama e se cobriu. Estava tremendo. Já não agüentava mais. Enquanto tentava controlar os dentes, que batiam como castanholas, e o esfíncter, num último esforço para evitar o inevitável, descobriu que estava com uma imensa vontade de entrar numa taberna e pedir um vermute tinto bem gelado, isso mesmo, bem gelado em pleno inverno. Tirou as cobertas, levantou-se e voltou para o terraço. Já era quase noite. Estava enjoado. Continuava com febre bem alta. Mas só pensava no gosto do vermute tinto, geladíssimo, aromatizado. Sem pensar duas vezes, passou as pernas pelo parapeito e sentou-se ali. A mureta era de cimento e estava gélida. Olhou para baixo, para a rua. Sentiu mais uma reviravolta no estômago e foi um jorro só, pestilento, irrefreável. Apanhado de surpresa, Rafel Escorrigüela perdeu o equilíbrio e caiu sem sequer gritar.

Os hóspedes da pensão estavam jantando e ouviram o baque surdo do corpo se estatelando no chão. O dono do estabelecimento não teve dúvida alguma: aquele rapaz esquisito tinha se jogado lá de cima.

O padre Maroto, da paróquia de Sant Miquel, que estava sentado à mesa, segurava um pequeno crucifixo numa das mãos, e, na outra, um naco de pão. O crucifixo era entalhado em madeira, feito mais com boas intenções do que com arte por um pescador da

Barceloneta que lhe deu aquilo para pagar uma promessa. Pegou uma fatia de queijo da mesa e a mordeu; mordeu também o pão, e, mastigando, voltou a examinar o crucifixo. Tinha de encontrar um lugar para botá-lo. O padre Bonaventura Maroto era um sacerdote muito digno, com umas batinas que brilhavam de dar gosto, gordo, roliço e forte, que fumava charutos. Sofria de bronquite e, quando começava a tossir, não havia jeito de fazê-lo parar. Irritava-se com freqüência e havia até quem o tivesse ouvido blasfemar. Estava prestes a tomar um gole de vinho do jarro, para acompanhar o queijo, quando vieram bater insistentemente à sua porta. A uma hora daquelas, só podia ser trabalho extra. Abriu a porta e a dona da pensão entrou na sacristia. O padre a conhecia de vista, pois a mulher quase não ia à missa.

— Corra, padre. Aconteceu uma desgraça! — exclamou a mulher. — Alguém caiu lá de cima do terraço!

— Pois que vá para os quintos dos infernos! — murmurou o padre jogando fora o pedaço de pão.

— O quê?

— Nada não. Nada não. Vá bater aqui do lado, na casa do Baró.

Imediatamente fez o sinal-da-cruz, murmurou um "perdoai-me, Pai", sinceramente arrependido pela reação brusca, pôs o agasalho e saiu para a rua. A mulher estava batendo à porta de uma casa térrea ao lado da entrada da sacristia. Um homem baixo e gorducho, de boca cheia, veio abrir. Ficou parado ali, olhando para os dois em silêncio, sem convidá-los a entrar. Às suas costas, via-se um cômodo bem pequeno, com seis ou sete pessoas sentadas em torno de uma mesa redonda sem toalha. Diante de cada uma, um prato de sopa fumegante e, no meio, uma bandeja com batatas, cenouras e alguns nabos. O homem continuava a fitá-los com ar interrogativo.

— Que Deus os proteja, Baró, a você e a sua família... — disse o padre.

Todas as seis cabeças se viraram para olhá-lo, meio sorridentes, em silêncio. Eram a esposa e os cinco filhos.

— Você precisa me ajudar, Baró. Acompanhe essa mulher que diz que alguém caiu do terraço. Corra até lá para ver se é possível fazer alguma coisa... Vou indo atrás, mas, como sabe, logo perco o fôlego...

Sem alterar a expressão do rosto, o homem entrou por um momento e voltou a sair envergando gorro, casaco e cachecol. Juntamente com a mulher, saiu correndo e desapareceu na névoa noturna. O padre se despediu da família de Baró, que continuava sem abrir a boca, desejou-lhes uma boa noite e fechou a porta. Quando chegou ao local, ofegante, vermelho e tossindo, tinham acabado de virar o corpo de Rafel Escorrigüela de barriga para cima no meio do corredor da pensão. O rapaz tinha os olhos abertos e vidrados, e seu braço esquerdo estava dobrado no sentido contrário ao natural. O fedor era considerável, mas ninguém dizia nada em consideração ao acidentado. O padre Maroto, franzindo as sobrancelhas com ar irritado, tirou, sem perceber, um pedaço de queijo do bolso da batina. Mas, como uma menina o observava, logo voltou a guardá-lo.

— Ainda está vivo, Baró?

— Está, padre — respondeu ele. — Teve sorte, pois um varal de roupa amorteceu a queda. Mesmo assim, bateu a cabeça com toda a força. Não sei se sairá dessa.

O padre Maroto mandou que Baró fosse buscar um médico para cuidar do corpo daquele infeliz, já que, da alma, ele próprio se encarregaria. Discretamente, cheirou as mãos e viu que estavam fedendo a queijo. Apesar disso, foi se ajoelhar ao lado de Rafel Escorrigüela: imagine só se o sujeito morre e ele é apanhado de surpresa! Fez o sinal-da-cruz na testa e imediatamente começou a rezar um responso acompanhado, na escuridão, por alguma alma caridosa daquela pensão que contemplava a cena sem nenhuma motivação especial.

8

NEVOU DURANTE A MADRUGADA e Barcelona acordou literalmente branca. Na sexta-feira, 26 de fevereiro de 1909, nevou como nunca antes. Pelo menos era o que diziam os mais velhos do grupo de indivíduos que, sob o frio intenso daquele sábado, cercavam Felip Dalmau, guarda municipal. Este era um homem alto, beirando os cinqüenta anos, um tanto cheio de corpo e de ombros avantajados. Tinha cara de rato, e, por baixo do chapéu, seu cabelo liso era penteado para trás, bem colado à cabeça. Segundo consta, o guarda Dalmau era de meter medo.

Enquanto as famílias que podiam se dar a esse luxo pegavam o bonde até Tibidabo, para apreciar o espetáculo da nevasca, o guarda Dalmau algemava um infeliz na rua Montjuïc de Sant Pere. Acompanhado de um inspetor da Concessão de Tabaco, acabava de revistar a casa onde vivia o detido. Era uma construção de um só andar que fazia parte da antiga oficina de um sapateiro. Bem diante da porta, o inspetor enrolava o bigode com a mão enluvada e, com a outra, segurava um envelope com os documentos do ato oficial. O traficante, um jovem franzino de olhos baços, não ofereceu resistência. Felip Dalmau era um guarda de muita presença e só precisou lhe dar uma boa bofetada para estabelecer as bases da relação que se travaria entre ambos durante os próximos minutos. Com todo aquele frio, a dor tinha sido duas vezes maior e o rapaz ficou calado, imóvel, o mais encolhido que pôde. A casa era pequena e mal ventilada. O chão, sem revestimento, era úmido como as paredes, que chegavam a ficar molhadas. E logo passaram à revista. Como era de se esperar, não havia motivo para tanto. Era comum acontecerem denúncias anônimas que enganavam a polícia sobre a importância de um delinqüente. A revista levou ao resultado mais ridículo dos últimos tempos: foram apreendidas duas libras de fumo de rolo e uma dúzia e meia de charutos havana. Era tão pouco que chegava a dar vergonha. Também encontraram um saco com 345 fósforos de madeira. Nada de excepcional. Tanto trabalho para isso! O guarda Felip Dalmau, que não chegava a ganhar nem as 2.500 pesetas por ano — que era o que recebia o agente administrativo com quem lidava em geral na prefeitura —, não gostava de sair por aí esbofeteando uns pobres coitados nem de ter que contar, um por um, os fósforos contrabandeados que estavam dentro de um saco. Gostava menos ainda quando inspetores como aquele registravam o ocorrido sem tirar as luvas. Dalmau observava tudo e, de quebra, deu um cascudo no traficante de meia-tigela para que parasse de chorar e se deixasse algemar no trinco da porta enquanto concluíam os trâmites legais.

Tinha juntado gente. A rua Montjuïc de Sant Pere era pequena e todos se conheciam. Ninguém tinha vergonha de perguntar por que estavam levando seu vizinho. Nas varandas, as mulheres sacudiam tapetes, lençóis e colchas, e iam passando as informações umas às outras. Em dez minutos, a curiosidade tinha se espalhado. O agente municipal Dalmau se mantinha alerta porque tinha ordens para proteger a integridade física do inspetor. “Isso é Barcelona”, pensava o guarda, “seus ladrões e vigaristas são tão pés-rapados que nem merecem ser chamados assim”. Será que o valor de uma cidade deve ser medido também pela importância dos seus ladrões? Se fosse assim, naquela época a orgulhosa cidade condal era um zero à esquerda. Só naquela manhã, por exemplo, já tinha prendido um indivíduo que, aproveitando-se da queda de postes telefônicos por causa da neve, estava tratando de roubar os cabos. Além disso, o que era de enlouquecer, as pessoas se metiam em encrenca para roubar as coisas mais estranhas: sacos de ossos de vitela, tampas de bueiros, correias de máquinas de serrar, pneus de bicicleta... Roubava-se de tudo. Ainda agora, na rua do Arc del Teatre, Felip Dalmau quis prender um velho que tinha roubado peixe e tentou vendê-lo apenas duas ruas adiante, e que, ainda por cima, usava balanças adulteradas e dava o troco em dinheiro falso. Em plena Rambla, ele mesmo tinha visto três sujeitos tentando roubar os arreios de um cavalo... ainda preso a uma carroça e com o dono, de costas, logo ali ao lado! Isso não era normal.

— Vamos, Dalmau! — exclamou o inspetor.

Ao que parecia, o trabalho estava terminado. Só faltava o guarda municipal assinar o documento como testemunha. O inspetor tirou os papéis de uma pasta de couro. Ainda estava de luvas e o policial admirava a habilidade com que mexia em papéis, documentos, selos etc., apesar do nariz vermelho que não parava de escorrer. Pôs o tabaco e os charutos no mesmo saco onde estavam os fósforos e ficou à disposição do inspetor.

— Quantos charutos eram, Dalmau? — perguntou este.

— Uma dúzia e meia. Dezoito.

— Tem certeza?

— Absoluta.

— Pode fazer o favor de vir aqui um instante?

Voltaram a entrar na casa. Seis ou sete pessoas ficaram esperando do lado de fora. Uma delas gritava com o preso. Não o repreendia por sua atividade ilegal, mas sim por ter se deixado apanhar como um imbecil. O inspetor, que era uns dez centímetros mais alto que o guarda, segurou-o pelo ombro com a mão enluvada e lhe disse, todo sorridente:

— Pois tenho a impressão de que eram 14 charutos...

Tirou a caneta e o tinteiro do bolso, pôs as folhas em cima da pia de mármore e acrescentou:

— Ora, homem de Deus, assine...

O agente Dalmau assinou o original e a cópia quase maquinalmente. Depois, o inspetor piscou para ele, meteu a mão no saco e tirou quatro charutos. Enfiou dois deles no bolso do guarda e, quando fez isso, Dalmau sentiu o cheiro das suas luvas. Eram novas. O inspetor guardou os outros dois na pasta e observou, dando-lhe uns tapinhas amistosos nas costas:

— Está vendo, homem de Deus, como eram 14?

E foi embora se perguntando como alguém podia viver numa casa tão fria e suja como aquela. E como era possível alguém se tornar guarda municipal em troca de um salário de fome, tendo que patrulhar as ruas na neve, com sapatos de solado vagabundo, e, ainda por cima, tendo de agüentar que lhe mandassem contar palitos de fósforo. "A vida é assim mesmo", concluiu o senhor inspetor com um suspiro, "fundamentalmente injusta". E desapareceu na esquina da rua Més Baix de Sant Pere ajeitando o chapéu e podendo enfim assoar o nariz longe de testemunhas tão indignas quanto aquela corja que deixava para trás. Para ele, o guarda municipal fazia parte dessa corja, e esta não valia muito mais que o jovem traficante.

O agente Felip Dalmau não reagiu rápido o bastante. Leu o documento que havia assinado: "também foram apreendidos 14 charutos havana...". Não teve coragem de chamar o inspetor e obrigá-lo a voltar atrás. Por sorte, nas horas de folga, trabalhava como secretário e homem de confiança de uma senhora de classe que lhe havia prometido que, em breve, o empregaria em horário integral. Só em pensar que poderia deixar a polícia, já se animava. Ser guarda municipal em Barcelona era deprimente. Estava cada vez mais farto disso.

Chegando à rua, pôs-se a gritar como um louco:

— Circulando, circulando! Não há nada que possa interessar aqui!

Nonnita Serrallac sentiu o guarda segurá-la pelo braço, dizendo:

— A senhora não me ouviu?

A moça ficou mais impressionada com a palavra "senhora" do que com o leve empurrão que lhe deu aquele guarda tão mal-educado. Era a primeira vez que alguém a tratava assim, e não de "moça" ou "senhorita". Tinha parado ali por curiosidade, a caminho da estação Nord. Ainda estava procurando Emidio Forlì. Os 15 dias do prazo que tinha estabelecido para encontrá-lo já estavam acabando. Considerando o destino dos trens que partiam da estação Nord, não tinha esperança nenhuma. Era muito mais lógico tentar descobrir alguma coisa na estação de onde partiam os trens para a França, mas preferiu deixá-la para depois a fim de prolongar um pouquinho que fosse as suas esperanças.

Tinha mudado de tática. Disse consigo mesma: "Vamos fazer o contrário, suponhamos o mais lógico: que quisesse voltar para casa, pois tinha algumas economias... Ora, pode-se ir para a Itália por trem ou por mar... Vou perguntar no porto e nas estações. O seu baú chamava muita atenção, talvez alguém se lembre dele e diga: 'Claro, embarcou naquele vapor de Gênova... Ou pegou o trem para Port-bou...' Assim, ficarei tranqüila e me darei por satisfeita."

E aqui entrava em cena Eustaqui Guillaumet. Ela lhe ofereceu trabalho num dia e, logo no dia seguinte, ele se apresentou para começar. A princípio, a moça não gostava da idéia de confiar naquele rapaz que não parava de olhá-la com olhos de cordeiro degolado, mas não tinha escolha:

— Muito bem, venha e vou lhe mostrar a carroça. Não lhe disse isso ontem, mas, antes de contratá-lo, vamos fazer alguns dias de experiência. Sem pagamento, é claro. Como posso saber se você é de confiança, se não vai sumir com a carroça e a mula e nunca mais voltar?

Eustaqui fitava incrédulo a carroça lilás e a mula raquítica.

— Não se preocupe, patroa. E esse sininho?

— Era do circo. Pus ali para alertar os vizinhos da rua. Sempre que Tomàs estiver em condições, você vai trabalhar com ele. Isso o distrairá.

— Claro, patroa.

— A experiência consiste no seguinte... — e mandou que ele se informasse sobre Emidio Forlì junto às companhias de navegação e também no porto, com os trabalhadores. — Tenho muito interesse em saber o que foi feito dessa pessoa. Se conseguir alguma pista, ficarei muito grata.

— Pode deixar, patroa.

Ela mesma procuraria nas estações de trem.

Com a neve, a estação Nord gotejava por todo lado e o cheiro de umidade vinha se juntar ao fedor habitual. Nonnita Serrallac entrou a tempo de ver um trem chegando com o teto coberto por uma crosta branca bem grossa. O chefe da estação estava parado no meio da plataforma, controlando a chegada da composição. Preferiu não distraí-lo de sua tarefa, indo diretamente ao escritório para esperá-lo ali. Era um aposento minúsculo com janelas de vidro rachado, esquadrias de metal azinhavrado, uma cadeira de mola que rangia e, em cima da mesa, uma pena gasta com o cabo encharcado, manchado de tinta preta. Ao lado dela, um tinteiro Stephens destapado. O fogareiro não estava aceso e fazia mais frio ali dentro do que lá fora, no vestíbulo. Pela porta aberta, viu um empregado da estação, sem ter o que fazer, rindo das gracinhas de um menino que tinha metade do rosto espantosamente queimada. A criança estava jogando diabolô e mais se atrapalhava do que qualquer outra coisa. O homem percebeu que a moça o olhava:

— Está vendo? Ninguém pode tomar conta do menino e tenho que trazê-lo comigo para o trabalho. O pobrezinho não é muito bom da cabeça. É da minha irmã. Ela é mãe solteira. Melhor seria que tivesse nascido morto. Minha irmã não o queria e, assim que nasceu, atirou-o na lareira... Como chegamos a tempo, ele só se queimou em parte, mas, pelo visto, o choque prejudicou a sua inteligência. A mãe dele diz que não, mas eu acho que o menino ficou com cheiro de queimado impregnado no corpo. Cheire só...

Nonnita recusou com um gesto. Nesse meio tempo, a criança, com as duas varetas e o barbante, fazia o carretel rodar, atirava-o para cima e, com muita habilidade, o pegava quando bem queria.

De repente, desapareceram. O chefe da estação estava chegando.

Envergando boné e uniforme, o homem foi desagradável, como era de se esperar. Parou na porta e, sem entrar, quase sem olhar para ela, perguntou o que desejava: era mais que evidente que a presença de Nonnita Serrallac era tão desagradável quanto a do menino desfigurado que não parava de aborrecê-lo. A moça lhe contou tudo em poucas palavras.

— Não sei de nada; não me lembro de nada. Como quer que me lembre de um passageiro em particular? — Entrou na sala, sentou-se em sua cadeira e começou a brincar com a tampa do tinteiro. — Se todos os dados que possui são esses — prosseguiu ele —, eu lhe aconselho a desistir. Não vai encontrá-lo nunca.

Sujou o dedo com um pouco de tinta acumulada na tampa. Aquilo o deixou irritado. Levantou-se bruscamente e ficou olhando para a moça:

— Tenho muito trabalho, senhorita. Mais alguma coisa?

Nonnita Serrallac estava acostumada a circular pelo mundo, a suportar as pessoas, mas nunca conseguiu se habituar à estupidez e à falta de educação.

Chegou à esplanada à frente da estação desapontadíssima e com vontade de chorar. No ponto, havia oito ou dez charretes puxadas a cavalo esperando que os passageiros do próximo trem viessem correndo para pegá-las. Nonnita ficou olhando a neve que cobria o chão todo. De repente, o carretel do menino passou entre suas pernas. Atrás do carretel, o próprio menino, com seu arzinho de rã. Quase tropeçou, mas não disse nada. O garoto recuperou o carretel e ficou olhando para ela com o olho e meio que a queimadura tinha lhe deixado. Não parecia saber que a mãe o tinha atirado à lareira assim que ele nasceu. Apesar de tudo, parecia rir. Mas Nonnita não estava com disposição para nada. Passou-lhe a mão pela cabeça, retribuiu o sorriso e saiu da estação. O sol a atingiu em cheio. Foi andando depressa, mas com passos curtos por causa da saia justa. Sentiu alguém puxá-la pela manga e levou um susto. Quando se virou, viu o menino-rã outra vez. Ele abriu a mãozinha e lhe mostrou seu conteúdo: uma moeda.

— Foi ele que me deu. Me ensinou a jogar diabolô.

A moça fitou a moeda com mais atenção. Era uma moeda italiana. Tudo o que conseguiu foi perguntar:

— Quem deu isso a você?

— O saltimbanco. Ouvi você falando no escritório...

Nonnita o segurou pelos ombros, e, sem querer, o sacudiu.

— O que sabe sobre ele? Quando foi que o viu?

Voltaram à estação para falar com o funcionário, tio do menino. Ao vê-la com o sobrinho, o rapaz lhe disse, sorridente:

— Não resistiu, não é?

— A quê?

— A cheirá-lo. Tem ou não tem cheiro de queimado?

Nonnita respondeu que sim para que ele parasse de falar. Pediu ao menino que dissesse ao tio o que tinha acabado de lhe contar. O rapaz se lembrava perfeitamente:

— Claro! O Jordi! Morou por uns dias aqui na estação. — E acrescentou: — Fazia truques para o menino. Falava italiano e todo mundo morria de rir. Fazia malabarismos lá fora, na porta da estação, e, depois, passava o chapéu entre os passageiros que entravam e saíam. Ao que parece, os colegas o tinham abandonado e, ainda por cima, levando o seu dinheiro. Estava louco para voltar para casa. Dizia que Barcelona era como todas as cidades do mundo. Enquanto temos dinheiro, tudo vai bem, todos nos respeitam, mas, quando o dinheiro acaba...

Nonnita Serrallac sentiu tudo girar ao seu redor. Quase perdeu o fôlego.

— Por que está falando no passado? Quando ele vai voltar?

— Para cá, acho que nunca.

— Por quê?

Confuso com a reação da moça, o homem prosseguiu:

— Sozinho, ele nunca teria conseguido juntar dinheiro para voltar para a Itália. Foi tão carinhoso com o garoto, e eu o via tão triste que consegui embarcá-lo escondido num trem de carga que estava indo para a fronteira da França. O maquinista era meu amigo e, com uma gorjeta, aceitou levá-lo. Ele parecia contente de voltar para casa... Foi poucos dias atrás... Tem certeza que está bem, senhorita?

Nonnita fez que sim com a cabeça. Esperança e desânimo. Tudo e nada num piscar de olhos. Agradeceu ("eu o via tão triste") e saiu correndo ("parecia contente de voltar para casa"). Não conseguia acreditar no que tinha acontecido.

Foi andando pela cidade sem ver nem ouvir nada. Do frio surgiam ruas, lojas, barceloneses bem vestidos ou não, de chapéu de palha, de chapéu-coco ou de gorro, barcelonesas de espartilho e chapéus presos por alfinetes gigantescos; velhos que varriam a neve suja com vassouras de gravetos. Nonnita desviava de bondes e carroças, carrocinhas e carroções. Atravessou a Ciutadella com o vento soprando em seu rosto e trazendo o cheiro das árvores polvilhadas de neve. O parque estava branco, com os canteiros encobertos. Os bancos ao sol estavam todos ocupados. Havia fotógrafos, com seus tripés, retratando aquela paisagem inédita. A moça abriu caminho até a estação dos trens para a França e dali até a praça de López. Achou que tinha sido uma boa idéia não cortar caminho pelo seu bairro, pois não queria que nenhum fantasma viesse atrapalhá-la: na praça, bem junto do bairro e local onde começavam as obras da Reforma, avistou três deles. Estavam em fila e cumprimentavam-na. Apressou o passo sem lhes dar atenção.

Tinha a sensação de estar puxando uma corda que não acabava nunca. Ficou enjoada por um instante e se apoiou num poste. Ouviu um pocotó-pocotó e virou-se para a rua: um homem estava passando, lentamente, num ritmo cadenciado, montado num cavalo branco de crina cinzenta, comprida e sedosa. Usava um agasalho de marta-zibelina, que lhe batia nos joelhos, chapéu, botas negras reluzentes e luvas de couro pespontadas. Lá ia ele, altivo, com uma das mãos segurando a rédea e a outra apoiada na sela... Pocotó-pocotó...

Nonnita sentiu a cabeça girando. Precisou se sentar.

Ora, já o havia encontrado. Desde o princípio, seu coração lhe dizia que Emidio Forlì não tinha ido embora. E não estava enganado. Mas o que acabava de descobrir talvez fosse ainda pior: Emidio estivera em Barcelona por muitos dias, sozinho, jogando os malabares exclusivamente para juntar uns tostões e poder voltar para a Itália... E achou que era melhor não contar com ela.

Ia andando pelo meio da rua quando ouviu umas rodas pesadas sobre o calçamento. Devia ser uma carroça grande, carregada, com um cavalo lento. Não saiu da frente até o último instante, como fazia com os bondes, mas o carroceiro devia ser novo, pois xingou o animal e não ela. Justamente quando mais queria que alguém lhe dissesse alguma coisa.

Aquela noite, voltou do teatro triste, caminhando bem devagar. O amor era uma coisa muito estranha... De repente, ficou com raiva, aquela sua raiva tão antiga e tão concentrada: estava bancando a idiota? Estava ficando abobalhada como Tomàs? Será que idiotice pega? O que andou fazendo? Na verdade, o que pretendia com aquela busca? Ia andando e repetindo para si mesma: idiota, idiota, idiota... O que aconteceu era o mais lógico. E ainda teve a imensa sorte de procurar por dias e dias aquilo que não podia encontrar, e, ainda por cima, obter como resposta "O maquinista era meu amigo e, com uma gorjeta, aceitou levá-lo. Ele parecia contente de voltar para casa..." Parecia contente... E ela parecia burra. Pronto, estava tudo acabado.

Sem se dar conta, tinha feito o caminho de sempre. Via-se muito pouca gente circulando pela rua: a região da Reforma estava mal iluminada e, por isso, os acidentes por escorregadelas, tropeços e quedas eram mais freqüentes. Havia escavações profundas separadas dos passantes apenas por algumas tábuas que mal se agüentavam em pé. Um homem descia a rua Basea assobiando; era um operário barcelonês, sozinho, que tristeza, tão distante das coisas da vida. E, naquele trecho, a rua Basea já não existia. Nonnita olhou para a direita, onde ficava a sua palmeirinha, miraculosamente intacta, miraculosamente só no meio do terreno. Uma velha vagava meio a esmo pelas vielas do bairro e a noite caía em seus ombros mirrados como um saco de terra. Nonnita reparou que os mortos não a perdiam de vista, mas não se manifestavam temendo incomodar. Afinal, até o mais estúpido dos mortos sabia que aquele não era um bom momento.

Mas seus pais não podem concordar com isso. Vendo a filha que se aproxima, mostram-se a ela. Nonnita também os vê e vai ao seu encontro. Pouco importa que a surpreendam de papo com mortos. Sua mãe está segurando o limão, como sempre. Vai mordendo a fruta, com casca e tudo, porque limpa por dentro, segundo diz. A mãe sabe que a filha quer lhes confiar que aceitará a morte, quando chegar a hora, desde que haja alguém para acompanhar sua agonia. Foi o que lhe pediu a bailarina do circo. Como podia entendê-la, agora! Não queria morrer sozinha. A bailarina teve ela e Tomàs ao seu lado.

E Nonnita, teria quem? A mãe se volta para o marido, resmungando em sinal de desaprovação, mas nem tanto, pois, se, em vida, nunca compreendeu a filha, menos ainda poderia entendê-la agora, que está morta. Seu pai, sentado no banquinho de três pernas debaixo da palmeira, fuma o charuto que lhe pende da boca sob o bigode branco, amarelado por causa do tabaco ou da morte. Começa a rir pelo nariz, levanta do banquinho para comunicar aos vizinhos mortos que sua filha está prestes a fazer uma declaração transcendental. De repente, inúmeros olhos de mortos aparecem entre os escombros, curiosos, olhos de barceloneses falecidos que, há muito tempo, ficam só ruminando tudo o que deixaram de fazer em vida, as tantas coisas que começaram e não acabaram... Nonnita olha para eles e diz com toda a simplicidade: "Vou me lembrar de tudo!" E esse sopro de vida os faz tremer. Queixam-se, fogem, escondem-se. Pela primeira vez, umas poucas lágrimas lhe escorrem pelo rosto. Lágrimas de raiva porque, querendo ou não, por um segundo, os mortos a fizeram perceber, ver e ouvir, quase em detalhe, a vida inteira que não viveu com Emidio Forlì. Quer perguntar outra coisa a seus pais, mas, egoístas como a maioria dos mortos, eles ficam conversando sobre seus assuntos, e sequer a ouvem. Nonnita decide então ir para casa. Quando começa a andar, ouve chamarem por ela; é seu pai, perguntando: "Ei, aonde você vai?" Ela responde que vai para casa. E ele retruca que é muita falta de educação deixar os mortos plantados assim. Sua mãe, segurando o limão, lhe diz: "Não se aborreça, filha. Ouvimos você sim. É que os mortos têm a vantagem de poder fazer duas ou três coisas ao mesmo tempo." E dá uma última mordida no limão. Nonnita quase sente as gotas que brotam daquele limão inexistente. A mulher ri, e diz: "Nonnita, não se preocupe, filha, ouça o que diz sua mãe: se o seu homem, aquele saltimbanco italiano que andou atrás de você, algum dia voltar por aqui, prometo que o levarei ao seu encontro." Nonnita estremece, pois não quer ouvir essa declaração macabra. E sua mãe, confusa, volta a ver na filha uma espécie de desespero e determinação que não consegue decifrar. Mesmo morta, sente um calafrio quando vê a filha desaparecer na escuridão.

Um grupo de operários da Reforma estava fazendo hora extra, embora já fosse noite fechada: a neve danificou umas estruturas e era preciso consertá-las rapidamente para recuperar o tempo perdido. Trabalhavam com holofotes elétricos. Um ou dois pedreiros varriam absurdamente a entrada do canteiro de obras que era pura lama por causa da neve da noite anterior e da chuva que caiu durante o dia. A empresa fornecia cachecóis, gorros e luvas. Pararam o trabalho, apoiaram-se na vassoura e tentaram adivinhar quem seria aquela mulher. Riram descaradamente. Estavam loucos para que alguém os distraísse um pouquinho daquele trabalho. Nonnita percebeu que eles a olhavam da cabeça aos pés. Àquelas horas, uma moça tão bonita e sozinha só podia ser uma coisa. Ficaram quase babando, como cachorros; teria bastado que ela estalasse os dedos... Mas esse não era um dos melhores dias para se resolver enigmas da vida. Nonnita entrou pela rua Tapineria e dois cachorros que andavam atrás dela quiseram cheirá-la. Nas casas, ainda havia algumas janelas acesas. Por sorte, naquela noite, os gêmeos da casa Tarrida também não estavam lá, quietos e sérios, com suas carinhas de mortos. Normalmente não diziam nada, só a seguiam com os olhos. Uma garota de rosto redondo e vestido verde-claro tentava abrir uma porta com uma chave maior que a sua mão, mas não conseguia. E, quando Nonnita passou ao seu lado, ela sorriu.

Nada disso, porém, era suficiente para desfazer a obsessão de Nonnita Serrallac: não tinha encontrado o pai de seu filho e, além disso, acabava de perceber, com raiva, que não agüentava mais. Estava cheia.

9

BATERAM À PORTA DO QUARTO e, pela batida, Miquela Gambús logo adivinhou quem era. Deu permissão para que entrassem e à sua frente surgiu a velha criada, uma mulher pequena e encurvada:

— Dona Miquela, há um soldado lá embaixo, esperando na porta. Trouxe uma carta para a senhora.

Miquela Gambús olhou as horas. Tinham se passado vinte minutos. Havia adormecido. Ultimamente, dormia pouco à noite, mas, durante o dia, tirava vários cochilos. Ela, que sempre foi uma mulher cheia de vigor físico, agora, depois de velha, tudo dependia de como se levantava. E já que só ela sabia como tinha se levantado, tanto os criados como o filho e os amigos nunca sabiam quem iam encontrar pela frente. Em geral, porém, tendia a ser ríspida. Mesmo quando ficava sentimental era ríspida, sem muita ternura.

A criada aparentava um nervosismo que a patroa atribuiu a mera cortesia:

— O soldado disse que vem a mando do Ministério de Estado!

Se não era comum falar em ministérios na casa dos Gambús, mesmo se tratando do Ministério de Estado, também não era algo exatamente estranho.

— Está certo, obrigada. Dê a ele uma gorjeta, devolva-lhe a carta e diga que houve um engano...

— Mas o nome da senhora está no envelope e...

— Já nos conhecemos há tantos anos, Carmeta, e até hoje não sabe qual é o seu trabalho? Seu trabalho é obedecer e ficar calada.

— Pois não, senhora.

A criada saiu ofendida. Era o máximo que podia se permitir. A senhora Miquela não a mandaria embora, nem ela sairia dali nunca.

Miquela Gambús molhou o rosto no toucador para despertar um pouco. Não precisava ter a carta nas mãos para saber qual era seu conteúdo: devia ser Ossorio, o governador civil, confirmando presença na sua festa. Perfeito! Ora, o fato de o pobre homem ser tão presunçoso a ponto de fazer circular uma carta com indicações precisas e exatas de onde estaria em determinado dia e em determinada hora dava bem a medida do caráter de certa classe política... Era por isso que muitos homens públicos morriam estupidamente. O que ela queria era que o sucesso da sua festa fosse comentado nas altas rodas da sociedade, não nas páginas policiais porque um doido anarquista deu um tiro na cabeça do senhor governador civil de Barcelona bem diante do seu portão. Por culpa dele, teria de trocar a data da festa e começar tudo de novo. Mas isso não tinha importância. Estava acostumada à tensão das grandes ocasiões e por isso sabia que, no que dependesse dela, tudo acabaria dando certo, contanto que não baixasse a guarda.

A atitude vaga de Deogràcies-Miquel era a única coisa que a afligia um pouco. Infelizmente, aquela preocupação com relação ao filho não lhe saía da cabeça. Demi não tinha a firmeza nem a energia do avô, do bisavô ou até mesmo dela própria. Era mais inteligente, mas justamente naquele ofício inteligência não era garantia de sucesso. A cidade o havia amolecido. Por isso quis lhe impor uma prova inicial, uma espécie de legitimação, com a esperança, não sem fundamento, de que se sairia bem: afinal, seu filho era um Gambús da cabeça aos pés, como já havia demonstrado em várias ocasiões. Mas ela era a única a saber disso: mesmo agora, nove longos anos depois de sua chegada a Barcelona, vivia muitíssimo bem mantendo o mistério ao seu redor.

Os Gambús não vieram até ali para fazer fortuna. Não. À diferença do que acontecia na época, não vieram para ganhar a vida, mas para desafiá-la, tal como dizia a matriarca, "pois ela que nos ganhe".

Esse tipo de presunção estava no sangue da família Gambús. Na verdade, ela acabou custando a vida de seu pai apelidado de "o Merda" por razões óbvias. À própria Miquela essa característica familiar valeu a humilhação de perder uma questão judicial com o bispado, no momento do funeral de seu pai. Foi em fins de 1899 e a matriarca ainda era uma mulher empreendedora e inquieta: aos 53 anos sentia-se forte como um carvalho. Precisou fazer uma retirada estratégica. No dia seguinte ao enterro do pai, em pleno almoço, levantou-se e anunciou:

— Todo deus rumo a Barcelona.

A frase em si era pouco clara, não vamos nos enganar. Podia significar várias coisas. Foi por isso que os presentes à mesa naquele almoço fizeram um silêncio total. Estavam ali Deogràcies-Miquel, seu único filho, uma tia de 89 anos, o procurador responsável pelos principais negócios familiares e padre Jeroni, pároco do vilarejo. O silêncio se prolongou por alguns segundos. Todos esperavam que a chefe da família voltasse a se manifestar para esclarecer o que tinha dito. Deogràcies-Miquel ficou de boca aberta e ainda não a tinha fechado; a velha tia ficou petrificada com um sorriso apalermado, uma espécie de nem sim, nem não; o procurador não tirava os olhos do prato e o padre decidiu tossir como se um osso de frango tivesse descido pelo lugar errado. Por fim, a senhora Miquela repetiu:

— Todo deus rumo a Barcelona.

E tocou a sineta. Quando Carmeta, a governanta de sempre, apareceu, a matriarca lhe disse:

— Carmeta, quero todo o pessoal na biblioteca daqui a meia hora. Todo mundo. Vamos para Barcelona e preciso saber quem quer vir comigo. Ande logo!

Carmeta saiu às pressas e, quando voltaram a ficar a sós, a chefe da família disse que já tinham feito de tudo em Alcagaire, que estava bem de ânimo e de saúde, que a carreira política não a atraía, que o velho Gambús acabava de morrer e que em Barcelona encontrariam novos horizontes.

Ninguém compreendeu o que dizia, exceto o jovem Demi, que interpretou aquela atitude corretamente: sua mãe precisava de distância, tempo e tranqüilidade para planejar a vingança. A morte do pai e, sobretudo, a humilhação do enterro, não ficariam impunes. Sorriu e saiu da sala. Conhecia a mãe que tinha, ela não aceitava a derrota tão facilmente. Aquela mudança era apenas o primeiro passo em sua estratégia de revanche.

Os membros da família Gambús eram práticos e o que contava era o resultado final. Por isso há muito tempo já tinham aprendido que, às vezes, é preciso engolir um insulto. Só assim até mesmo a mais humilde das criaturas pode se vingar dos mais poderosos. Mas não havia a menor dúvida que a vingança de dona Miquela viria. Podia demorar um ano, dez anos ou cem, mas viria. Ela sempre achou um disparate de covardes essa idéia de que a vingança é um prato que se come frio. O importante era que se comesse bem, fosse frio ou quente. Era preciso esperar o melhor momento. E então desfechar o golpe sem hesitação. Seus inimigos teriam sua resposta quando menos esperassem, sem saber como nem por quê, uma resposta brutal e definitiva.

Combinou com o padre que ele cuidaria da velha tia. Depois, dirigindo-se ao procurador, declarou:

— Você não virá. Ficará aqui, em Alcagaire. Continuarei sendo a prefeita, embora morando em Barcelona. Mas não quero saber de nada: estou nomeando você nosso vice-prefeito. Ficará encarregado do vilarejo e do patrimônio familiar... E virá despachar comigo uma vez por mês.

— Às suas ordens, dona Miquela.

Iria para Barcelona com o filho. Ele era como ela, como seu pai, como o pai de seu pai. Tinha quase todas as qualidades negativas que normalmente condenam qualquer mortal ao fogo eterno, mas que, naquela família, eram consideradas virtudes imprescindíveis. A matriarca percebeu isso quando chamou o filho, ainda adolescente, para junto de si e lhe disse:

— Demi, você logo será homem. Chegou a hora de lhe contar em que espécie de família você nasceu, caso ainda não tenha percebido. Você é meu único filho; mesmo assim, quero que tenha a possibilidade de refletir sobre o que quer fazer da vida... E agora ouça bem: já notou que mandamos muito no vilarejo e na comarca, não é?

— Já, mãe.

— Já reparou que, apesar de não termos grandes fábricas nem sermos grandes banqueiros ou grandes comerciantes, somos muito ricos?

— Já, mãe.

— Pois bem, sem meias palavras: tudo isso se explica porque nós, os membros da família Gambús, somos aquilo que a sociedade chama de criminosos.

Neste ponto, parou para observar a atitude do jovem Demi. O rapaz não havia movido nem uma sobrancelha. Espantada com a passividade do filho, a mulher limpou a garganta e repetiu de outra forma o que já tinha dito:

— Somos uma família de ladrões. O que acha disso?

Ainda sem se alterar, o rapaz também a olhou e retrucou:

— Não exatamente.

— Como?

— Não é bem o que você disse. Somos criminosos, mas não somos ladrões comuns, mãe. Somos piratas. Da terra, mas piratas. Poderíamos ser ladrões quase sem sair de casa. Mas não, sempre que foi preciso, a família se deslocou, indo por vezes muito longe, para conseguir um bom saque. Até mesmo por mar, como os piratas de verdade. E roubamos com violência, se necessário, os interesses de particulares e do Estado. Mais de uma vez, chegamos a pôr em risco as principais rotas de comércio, marítimo ou terrestre. Somos piratas da terra: o nosso vilarejo é como um reduto inexpugnável onde ninguém se atreve a entrar... E como atuamos às vezes com a permissão do próprio Estado, também somos corsários...

Dona Miquela ficou paralisada. Onde seu filho tinha aprendido a falar daquela maneira? Parecia um advogado. Mas Demi, sério e ao mesmo tempo despreocupado, prosseguiu:

— Ninguém ousaria nunca nos confundir com simples bandoleiros.

— Tem razão — disse ela, toda emocionada. — Os bandoleiros são uma corja, uns desavergonhados. Nós somos uma família, estamos organizados...

Não pôde continuar com a conversa porque seus olhos se encheram de lágrimas de orgulho. Pôs a mão nos ombros do filho, soltou uma espécie de gemido e saiu depressa. O avô Gambús, que cruzou com ela num dos corredores, ficou tão assustado que resolveu mandar chamar o médico: ninguém jamais tinha visto dona Miquela chorar. Agarrou o neto pela orelha:

— O que você fez com sua mãe?

— Nada, avô, pode perguntar a ela.

— Melhor assim, garoto. Porque sou como os ursos. Sabe o que eles fazem?

— Não...

— Comem as próprias crias! — gritou o velho.

— Mas não fiz nada, avô!

— Isso quem vai decidir sou eu. O mais importante, por enquanto, é que não diga nada a ninguém. Não nos interessa que o povo saiba que sua mãe chora.

Em fins de 1899, porém, Miquela Gambús resolveu abandonar o vilarejo e, como disse, ir para Barcelona. Isso aconteceu no dia de santo Estêvão. Celebraram a virada do ano e, antes que o mês de janeiro de 1900 acabasse, ela e toda a sua comitiva estavam instaladas num palacete da praça de la Mercè comprado à vista com dobrões de prata saídos de uma arca cheia. Mais uma vez, como os piratas... Era um casarão grande e decadente que pertencia a um nobre arruinado. Tinha entrada própria para charretes e automóveis, garagem e dois andares, onde, além dos quartos dos donos e das dependências de serviço, destacavam-se uma grande sala de jantar de teto belamente decorado e um salão ainda maior, cheio de espelhos, perfeito para se tomar um café, rezar um rosário em grupo ou celebrar um grande baile de carnaval.

No princípio, muitos pensaram que os Gambús eram uma família de ricos repatriados da América ou das Filipinas. Dias depois, porém, vendo a deferência com que altas personalidades do Estado, da província e do município tratavam Miquela Gambús, logo se deduziu que os recém-chegados não eram milionários oriundos das colônias. Eram muito mais que isso, o problema era que ninguém sabia o quê. A fina flor da cidade de Barcelona viu com seus próprios olhos como, apenas cinco meses depois de a família se instalar ali, o próprio senhor Eduardo Dato, ministro do governo em visita oficial a Barcelona, abraçava efusivamente Miquela Gambús entre as tantas personalidades que vieram saudá-lo. Era o mês de maio de 1900 e a visita de Dato, em princípio provocadora, pois a repressão a comerciantes e industriais por conta de seu protesto contra as medidas econômicas do governo ainda era recente, acabou sendo efetivamente bastante tumultuada. Os membros do Centro Catalão haviam organizado uma vaia e quase chegaram às vias de fato com os militares. Pois bem, mesmo contrariando a opinião dos seus assessores de segurança, o ministro foi jantar na casa dos Gambús e lá ficou até altas horas da noite fumando charutos, tomando conhaque e recordando contendas com a anfitriã. Dias depois, quando as coisas começaram a se acalmar, tanto amigos como inimigos se deram conta de algo: a senhora Miquela Gambús, uma recém-chegada cheia do dinheiro, havia sido a única a receber o ministro Dato, coisa que nenhum de seus mais fiéis seguidores de Barcelona havia logrado fazer.

Tanto catalanistas quanto monarquistas, conservadores, radicais, republicanos ou liberais faziam a mesma pergunta: quem seria aquela senhora? Era simplesmente a matriarca da casa Gambús, ladrões de marca, de linhagem, de proverbial sangue-frio. E com um grau de audácia diretamente proporcional à eficácia de cada operação. Miquel Gambús I, o Homem do Rei, havia deixado escrito: "O verdadeiro mérito do ladrão há de ser julgado segundo a hora e o local escolhidos para cometer o delito. A arte de roubar um homem no meio da rua cheia de gente, em plena luz do dia, aparece quando o ladrão consegue escapar sem ser visto..."

Antes de Miquela Gambús chegar a Barcelona, o prestígio dos longos anos dedicados ao desenvolvimento da sua especialidade delituosa já a precedia entre os membros da classe política: a adulteração de resultados eleitorais. Ficou conhecida, de início, na Catalunha, depois por toda a Espanha e mais tarde por meia Europa como a Raspa-Panela. Certa feita, quando um delegado de um governador civil, em pleno ataque de nervos porque estavam perdendo as eleições, gritou: "Haveremos de ganhar. Se preciso for apanharemos a urna e a quebraremos como se fosse uma panela", ela respondeu tranqüilamente:

— Nem pensar, senhor. Na panela não se toca. Raspa-se, quando é preciso!

Acontece que Miquela Gambús, a Raspa-Panela, fazia as coisas bem-feitas. Estudava cada caso e conforme a localidade aplicava um ou outro método. Cercava-se de um círculo compacto e fiel de colaboradores, e sempre contava com os conselhos de seu pai e seu próprio senso criativo. Às vezes o método era simples: proclamar a vitória de uma candidatura sem eleição prévia. Bastava parlamentar com cada um dos candidatos e convencê-los a se retirar do páreo, ao menos naquelas eleições. Onde havia três, sobravam dois. Onde havia dois, sobrava um. Primeiro enviava um de seus homens para conversar em particular com os candidatos. As vias utilizadas eram diversas, a mais habitual, porém, era o velho e eficaz suborno (além disso, mais barato do que financiar uma campanha eleitoral). Se isso não funcionava, dona Miquela intervinha pessoalmente. Com todo o seu sangue-frio, argumentava com o interessado as grandes vantagens que, segundo ela, sua proposta apresentava. Só era preciso falar, ser razoável, chegar a um acordo: ela sempre estava disposta a rever seu ponto de vista. Nunca fazia nenhuma ameaça. Nunca se mostrava zangada ou irritada. Nunca levava nada para o lado pessoal, mas sempre dava a entender quais eram as suas intenções. De forma clara e taxativa. Se tudo isso falhava, acabava explicando que havia prometido ao cliente que o seu candidato sairia eleito. E que lamentava, mas a família Gambús sempre cumpria suas promessas. Imediatamente se punha a estudar como conseguir a retirada dos concorrentes por meio do que ela chamava "a força do destino" (chantagens, sustos consideráveis, ameaças e raramente falecimentos, sempre dentro da legalidade...).

O resultado final era invariavelmente o mesmo: o candidato desejado tinha a certeza de sair "eleito". Sempre com a lei na mão, convertia-se em candidato único e era automaticamente proclamado vencedor.

O eco da eficiência de dona Miquela, a Raspa-Panela, atravessou as fronteiras e chegaram até mesmo a chamá-la dos Pirineus Orientais e da distante Sicília, onde pôde compartilhar sua experiência com um colega siciliano. Quando algum possível cliente se aproximava da casa da família em Alcagaire para contratar os seus serviços, dona Miquela Gambús o levava, toda orgulhosa, para visitar o Bairro das Almas: do alto da montanha que dominava Alcagaire, ao lado do castelo, viam-se ruas, casas, praças, fontes, uma granja, uma loja de secos e molhados, e até uma pequena paróquia com seu cemitério... Tudo ordenado, limpo, caprichado, com flores nas janelas e nas sacadas... O Bairro das Almas tinha de tudo... menos gente. Estava vazio. Esta era a idéia mais genial de Miquela Raspa-Panela Gambús. Não exatamente original, mas genial.

— Está vendo alguém? — perguntava com ar inocente ao desconcertado e futuro cliente.

— Não, ninguém.

— Pois está repleto, meu senhor. Tem gente por todo lado.

O tom de Miquela Gambús não sugeria brincadeira; assim, seus interlocutores ficavam esperando para interpretá-la corretamente enquanto ela prosseguia:

— Existem famílias inteiras de camponeses, existem os operários de uma pequena fábrica de papel; existem um ou dois policiais, um coveiro, um médico, um vigário, um pastor, um militar da reserva, um tratador de animais, dois bacharéis, um perito agrônomo... No total, são 899 pessoas recenseadas.

O convidado não entendia nada. Então ela chamava seu secretário e dizia:

— Ele tem o censo atualizado: de tempos em tempos, o refazemos. Há 21 anos. Os primeiros meninos nascidos aqui em breve serão convocados para o serviço militar...

De repente, a visita entendia, arregalava bem os olhos, exclamava "Virgem santa" e batia na testa com a palma da mão:

— É como uma estufa: plantam-se pessoas, inventam-se vidas e elas são utilizadas sempre que necessário.

— Exato. Cada habitante do Bairro das Almas tem sua própria biografia, que, como já lhe disse, é atualizada com todo o cuidado a cada seis meses. Podem me servir de eleitores, testas-de-ferro, culpados...

— O que quer dizer com isso?

— Muito simples. Se, por exemplo, um dos nossos é acusado por algum delito, fazemos com que um habitante das Almas se declare culpado. Ele é condenado e, dependendo do delito, "cumpre" a pena na própria prisão do vilarejo. Ou, se for conveniente, é eliminado pela polícia quando tenta escapar... Se o juiz não for dos nossos, nunca chegará a saber de nada.

— Extraordinário.

— Muito gentil de sua parte. Por vezes, faço uma mulher fictícia se casar com um rapaz de verdade. Ou ao contrário. É como uma espécie de serviço social pelo qual recebem um salário. Quando me interessa, faço a mulher ou o homem morrer. Enterramos o falecido no seu cemitério e todos ficam contentes. Cada personagem fictícia tem sua contraparte numa pessoa do vilarejo. Todo mundo está enquadrado. Um lugar qualquer está precisando de 15 pessoas para as próximas eleições? Sou contratada, inscrevemos essas pessoas na municipalidade e pronto. Na hora de votar, não há nenhum problema.

E continuavam a passear pelo bairro deserto, cheio de fantasmas, até a hora do jantar. Eram outros tempos aqueles. Dona Miquela se lembrava deles com freqüência. Quando deixou Alcagaire "matou" a todos. Num futuro próximo ou distante, quando a linhagem dos Gambús houver desaparecido da face da terra, se alguém der uma olhada no registro municipal verá que o censo do vilarejo se reduziu subitamente em quase mil pessoas. Como se uma catástrofe natural apocalíptica houvesse engolido um bairro inteiro. De certa maneira, Miquela Raspa-Panela Gambús foi Deus. E se acostumou à idéia. Por isso ficou quase louca de raiva por não poder fulminar do mesmo modo o bispo e todos os que os haviam humilhado, a ela e ao seu pai.

Dona Miquela foi para Barcelona e o apelido de Raspa-Panela ficou esquecido. Agora levava uma vida discreta e só saía para cumprir os compromissos sociais indispensáveis. Procurava receber todos que recorressem a ela. Acabava de subvencionar com 3.500 pesetas a viagem a Roma de cinco crianças da Academia da Juventude Católica para assistir à canonização do beato Josep Oriol; fazia doações regulares ao hospital das crianças pobres do doutor Vidal Solares; estava prestes a fazer uma doação especial à Cruz Vermelha em favor das vítimas do terremoto da Sicília e da Calábria... Passar por mulher caridosa era o melhor que podia fazer. Por outro lado, movimentava com inteligência a imensa fortuna que havia acumulado. Só de vez em quando se permitia pequenos caprichos. Há pouco, por exemplo, mandou vir o jovem violoncelista Antonio Sala para um recital. Exclusivo para ela, seu filho e, mais atrás, ao fundo, de pé, os criados da casa. O músico tocaria às dez, numa audição íntima, no Círculo do Liceu. No dia seguinte, partiria para Paris para completar a sua formação. Às seis em ponto, porém, tocou para Miquela Gambús a *Sonata* de Locatelli, o *Concerto opus 140* de Dvořák, o *Noturno* de Chopin e a *Rapsódia Húngara* de Popper. E tudo isso em absoluto anonimato, pois, se não fosse assim, teria chamado ainda mais atenção.

Fazia mais de nove anos que Miquela Gambús estava em Barcelona e o coração lhe dizia que o instante da vingança se aproximava. E quando chegasse a hora, ia se vingar em grande estilo. Porque a experiência havia lhe ensinado que o máximo que podia fazer com alguém era matá-lo. Mas, infelizmente, tinha a sensação de que não era o bastante. Por isso, às vezes pensava que a vida era injusta. Era essa a razão de sua melancolia.

A única esperança que tinha era a de que o inferno não existisse.

10

Os irmãos Soriano estavam na porta de seu teatro em companhia de um homem gordo, de ar circunspecto, que devia ter uns 41 ou 42 anos. Chamava-se Jordi Planas e era banqueiro. Usava um casaco grosso, com gola de pele, já um tanto inadequado para a época, e um chapéu-coco dos caros. Tinha olhos claros, cabelos castanhos e uma barba abundante. Na lapela do casaco trazia uma insígnia prateada do Banco Hispano-Colonial artisticamente trabalhada. Em suma, o homem tinha uma aparência distinta muito condizente com a tarefa que o havia levado à avenida Paralela: decidir se a sua instituição concederia crédito àquele estabelecimento.

— Os preços, como o senhor pode ver, são módicos, para que a classe operária e a classe média possam apreciar essas verdadeiras celebridades mundiais — disse Ricardo Soriano.

— Celebridades mundiais?

— Artistas de primeira categoria, senhor Planas. O senhor não encontrará nada igual em qualquer outro estabelecimento da Paralela — acrescentou Manuel Soriano.

— Mas isso dá lucro? Estou aqui para avaliar os riscos que o seu negócio envolve.

— Riscos? Mas não há nenhum! — exclamaram os dois irmãos em uníssono. — É melhor que o melhor investimento na bolsa.

— Se não me engano, vocês vendem entradas a dez e a trinta cêntimos. Multiplicando-se isso pela lotação total da sala e levando-se em conta as despesas que se tem com um local dessas proporções...

— Já sei aonde o senhor quer chegar, e tem toda a razão, mas temos uma boa notícia. Decidimos aumentar o preço das primeiras filas. Veja bem: da fila um à cinco, duas pesetas; as filas seis e sete, uma peseta; as filas oito, nove e dez, cinqüenta cêntimos; e da fila 11 até a última, trinta cêntimos. O poleiro custaria dez cêntimos. O que me diz? Faça as contas agora, faça as contas... Além disso, fizemos um sistema de assinaturas como no Liceu... E já vendemos cinco a pedido de uns cavalheiros de um círculo aristocrático desta capital.

O senhor Planas começou a tossir. Fumava desbragadamente. Sofria de bronquite. Como era um homem metódico, todo dia, antes de sair de casa, enrolava ele próprio dez ou 12 cigarros e os guardava na cigarreira. Apesar dos problemas pulmonares, não parava de fumar. E, é claro, tossia porque era pleno inverno e acabava de acender um cigarro. Os dois irmãos Soriano, baixinhos e gorduchos, pareciam dançar ao seu redor e, de início, cada vez que o senhor Planas tossia, exclamavam "saúde"; o banqueiro, embora tivesse tossido e não espirrado, via-se impelido a responder "obrigado". Por isso, Jordi Planas já estava ficando um tanto aborrecido. Sua atenção foi atraída pela figura fugaz de um cigano vestido como um marquês, que saiu discretamente por um portão e foi se afastando em direção à Ronda Sant Pau com alguma pressa. Seus anéis e pulseiras brilhavam. Quando o banqueiro deu por si, lá estavam os olhos esperançosos dos irmãos Soriano.

— Nossos balanços estão à sua disposição. O senhor não ignora que o nosso teatro, do ponto de vista legal, não passa de uma estrutura semelhante ao conceito de tenda de circo. Mesmo assim, instalamos um novo sistema de sanitários, os modernos *water closet*, importados da Inglaterra. E não é só. O nosso pavilhão oferece a seu respeitável público as instalações mais confortáveis de Barcelona: aquecedores para o frio, iluminação, não com dez, nem com cem, nem com quinhentas, mas com mil lâmpadas de 25 watts, diversas luminárias de 150 watts e oito refletores de trinta ampères. Além disso, e com toda a segurança em caso de incêndio, temos um serviço próprio de dois bombeiros com material da prefeitura. Fizemos um investimento considerável. Por isso gostaríamos de poder comprar o prédio, para acabar definitivamente com essa situação provisória.

Investimento? O que essa gente entendia de investimentos? Melancólico, o senhor Planas ouvia-os com cortesia, mas desanimado. Ele, sim, investia: era um dos principais colecionadores de moedas de Barcelona... Perguntava-se como aqueles dois saltimbancos de Salamanca tinham vindo parar em Barcelona. Como se já não houvesse bastantes perdulários nascidos na cidade... Sequer entendia como o banco pôde aventar a possibilidade de lhes fazer um empréstimo. É claro que, desde a perda das colônias, a instituição estava reorientando seus objetivos para o setor industrial. Mas que indústria era aquela? Seus olhos percorreram o cartaz da entrada onde se garantia que o "respeitável público" ia ver muitos mortos, fuzilaria cerrada, vulcões em erupção, dramáticos naufrágios, e até a presença de "um carneiro selvagem encontrado na selva amazônica". Quem poderia acreditar nisso? Sem dúvida aquele lugar era o divertimento de estudantes ociosos, operários imbecilizados, soldados pobres de espírito, depravados... "Vulcões em erupção..." Pelo amor de Deus! Uma moça atraente, de cabelos cor de mogno, estava olhando para ele e sorrindo. Tinha, nas mãos, um copo de café com leite coberto com um pires para que o líquido não esfriasse.

— Deixe-nos apresentar a senhorita Nonnita Serrallac, nossa atriz principal — disse um dos irmãos.

— Muito prazer, senhorita.

A moça o cumprimentou com outro sorriso e uma inclinação de cabeça, e entrou no teatro. O senhor Planas ficou olhando para ela. Anos atrás, tinha vindo à Paralela buscar uma ama-de-leite para seu filho. As amas-de-leite do Poble Sec eram famosas. Em geral, eram murcianas ou aragonesas. A não ser por essas mulheres, daquela região não saía nada que prestasse. Ele era de Sant Andreu, mas morava na rua Mallorca. Há pouco tinham começado as obras de instalação da luz elétrica no trecho em que ficava sua casa, entre o passeio de Gràcia e a Rambla Catalunha. Era o primeiro local de Barcelona a receber iluminação elétrica, serviço encomendado e pago com o esforço dos moradores. Planas estava orgulhoso disso. Essa era a Barcelona do futuro. O Eixample. E a região da Reforma, que o seu banco estava ajudando a financiar... Não aquelas barracas.

Os irmãos continuavam falando e ele, fingindo ouvi-los. Não conseguia acreditar: diante dos seus olhos, passava uma charrete lilás com sanefas douradas, conduzida por uma espécie de parvo grandalhão e sorridente. Um idiota que o cumprimentava? A ele? Isso mesmo, estava acenando com uma mão que dava duas das suas! Voltou-se para os irmãos Soriano e não escondeu seu espanto. Os dois lhe disseram, com uma ponta de orgulho:

— Ele se chama Eustaqui, e trabalha para nós.

De repente, toda a acidez de seu estômago subiu-lhe à boca e, sem dar sinais disso, naquele exato momento o senhor Planas compreendeu o que devia fazer com o tal empréstimo.

Jogou o cigarro no chão, despediu-se apressado, saiu correndo e esbarrou com um rapaz que estava prendendo um cartaz na parede. Tinha uma franja rebelde que lhe caía sobre os olhos. Quando se cansava de ajeitá-la com a mão, simplesmente soprava para afastá-la. Nos cartazes, todos eram convocados, em tom amistoso, a comparecer aos lanches populares de Lerroux, o "imperador" da Paralela.

— Quer vir lanchar conosco? — perguntou o rapaz.

O banqueiro Planas, irritado e com o sapato sujo de cola, bufou, afastando-o de seu caminho. Lanchar! Meu Deus, aquela manhã estava sendo uma espécie de pesadelo interminável.

No teatro, Nonnita Serrallac não parava de pensar. Os irmãos Soriano, desolados e abatidos, pois perceberam claramente qual seria o resultado de seu pedido de empréstimo, tinham se trancado no escritório. Tomàs estava dormindo. O pianista ainda não tinha chegado. Do fundo da sala, surgiu o papagaio Trinitat. Caminhando, como sempre. Bateu ligeiramente as asas para empoleirar-se no piano e ficou observando a moça. Diante de Tomàs, fazia e dizia todas as bobagens do mundo. Mas quando intuía que havia público, ficava inteiramente mudo. E não era só isso: imitando as crises de seu dono, aprendeu a se fazer de morto. Deixava-se cair no fundo da gaiola e ficava olhando para o teto com as patas estiradas e os olhos abertos. Tomàs lhe dizia: "Trinitat, finja-se de morto para Nonnita ver." E ele, nada. Nem bem a moça virava as costas, porém, fazia o que Tomàs tinha mandado. Passava a vida na gaiola comendo sementes e fazendo solilóquios. Ficou parado ali, esperando que Nonnita dissesse alguma coisa. Como ela nem o olhou, o animal, decepcionado, voltou para o chão e foi embora por onde tinha vindo. Era um animalzinho com elevado senso de dignidade...

Nonnita continuou sozinha, sentada na banqueta do piano, com o copo de café com leite fumegando sobre a tampa do teclado. Colocava o torrão de açúcar na colherinha para mergulhá-lo aos poucos no líquido. Às vezes, deixava-o cair, ou, como agora, levava à boca o torrão encharcado de café com leite. Gostava de apertá-lo com a língua contra o céu da boca e sentir bem o seu gosto.

No pátio dos fundos, ouvia Eustaqui para cima e para baixo com a carroça e a mula. Ele e Tomàs Capdebrau tinham se tornado inseparáveis. Levavam praticamente a mesma vida. De manhã, saíam com a carroça para percorrer Barcelona juntando trastes usados. Depois, à tarde e à noite, trabalhavam no teatro. Dependendo do dia, dormiam na carroça, no albergue municipal ou na casa de Nonnita. Eustaqui havia tomado a si a tarefa de cuidar de Tomàs, o que a liberava daquela responsabilidade. Agora, já dava para notar um pouco a gravidez da moça. Os irmãos Soriano logo tinham percebido. Nonnita compreendeu isso pela maneira como eles a tratavam. A essa altura, já deviam estar pensando no que poderiam fazer...

Ali, na penumbra, perto de um absurdo tanque gigantesco, onde cochilava uma foca velha, Nonnita, sentada ao piano e com a colherinha de açúcar encharcado na mão, deu-se conta de que, se não tomasse alguma providência, aquela criança que estava esperando seria tão desgraçada quanto ela mesma. Certas coisas seriam inevitáveis: nasceria com pouca saúde, viria ao mundo com uma pobreza de espírito que dificilmente se poderia remediar. Viveria com sofrimentos e dificuldades. Ela própria já podia antecipar para a criança um futuro bem preocupante. Estremeceu pensando que fosse o que fosse que estivesse crescendo no seu ventre seria uma criatura vulgar, comum, insossa, sem substância.

Nas mãos, meio amassado, segurava o cartão que Deogràcies-Miquel Gambús lhe tinha dado dois meses atrás. Aquilo era humilhante, mas não conseguia tirá-lo da cabeça. Talvez fosse a única solução: engolir o orgulho, nem que fosse pela última vez. Ainda um último esforço. Olhou para o grande relógio do salão: era cedo. Tinha tempo antes do espetáculo da tarde.

Levantou-se subitamente, vestiu o casaco e saiu para a rua. O sol brilhava convidando-a a ir a pé. Levou um quarto de hora até a Rambla e mais cinco minutos para chegar à porta principal da casa da família Gambús.

A criada torceu o nariz, aproximou-se dela e perguntou se o patrão a estava esperando. Nonnita respondeu que não, mas lhe mostrou o cartão. A moça mandou que esperasse um momento. Bateu a porta na sua cara e foi embora. Cinco minutos mais tarde, a porta voltou a se abrir e Deogràcies-Miquel em pessoa apareceu, mais magro que dois meses atrás. Levou alguns segundos para reconhecê-la, sorriu, estendeu a mão para cumprimentá-la e disse que lamentava que a tivessem deixado esperando na rua. Também torceu o nariz. Por que todos faziam isso? Cheirou-se discretamente: não havia notado, mas tinha cheiro de fumaça, de madeira queimada, o mesmo cheiro dos ciganos que circulavam pelos descampados da Paralela. Se tinham lenha, acendia uma fogueira no pátio do teatro, junto com Eustaqui e Tomàs, para se aquecerem, já que, no salão, a calefação só era ligada na hora dos espetáculos. A roupa ficava impregnada com o cheiro da fumaça e, mais que suja, parecia coisa de mendigo. Por outro lado, ele tinha aquele cheiro de limpeza que têm os lençóis recém-passados. Entrou no palacete, subiu as escadas atrás dele, atravessou salas, salões, corredores e galerias. Finalmente, ele a fez entrar em seu escritório. Reparou que Demi Gambús se apressou a pôr, entre ambos, a distância correspondente à sua mesa de trabalho.

— Nonnita... É um nome bem curioso... A última vez que nos vimos, combinamos não recordar aquele fato tão desagradável de nove anos atrás, e também que a senhorita não me pediria dinheiro... Continua pensando assim?

— Sim e não. A minha simples presença à sua frente já basta para lembrar o ocorrido, mesmo que eu não abra a boca. Por outro lado, há coisas que não se resolvem com dinheiro...

— Muito bem. Agrada-me ouvi-la dizer isso. Quando lhe dei meu cartão prometi que, se me procurasse, eu a ouviria. O que deseja?

Nonnita Serrallac estava um pouco desnorteada. Aquele comportamento atrapalhava todos os seus planos. Esperava encontrar o mesmo homem agressivo e desagradável do passado; em vez disso, porém, encontrava alguém amável e disposto a ouvi-la. E fazia isso muito bem. Além do mais, ela estava com cheiro de mendiga. Foi perdendo o ânimo e nem a lembrança de sua missão conseguia fazer com que, embora com alguma dificuldade, ela erguesse os olhos para fitá-lo, pois sentia-se incapaz de superar a vergonha de conversar com ele como uma desleixada.

Sequer conseguiu se mostrar feliz quando lhe comunicou a notícia:

— Estou grávida.

Viu claramente como a expressão no rosto de seu interlocutor se modificou.

— Por que está me contando isso?

— Porque...

— A senhorita está grávida e eu, uma bela manhã, descobri que tinha pêlos nas orelhas.

Nonnita ficou parada, de boca aberta. Não podia acreditar.

— Acabo de lhe dizer que estou grávida...

— Eu sei. E a senhorita ouviu o que eu disse? — De repente, o rapaz elevou o tom da voz e deixou de lado o tratamento mais formal. — Pode acreditar, nunca tive pêlos nas orelhas antes. E agora que estou com trinta anos, eles surgem assim sem mais nem menos! O que você acha disso?

— Talvez esteja se olhando demais no espelho...

— Ah, que ótimo! Você me diz que está grávida e eu, que estou com pêlos nas orelhas. Cada qual com seu problema. A diferença é que, se quiser, posso arrancá-los com uma pinça. Melhor ainda: posso chamar alguém para arrancá-los. Já o seu problema não me importa a mínima, e é um pouco mais difícil de resolver. No entanto é parecido com o meu: tudo pode ser arrancado, como os pêlos das orelhas.

Aquele homem a estava deixando louca. Se era assim que fazia seus negócios, não seria de estranhar que fosse bem-sucedido. Ele a jogava de um lado para o outro, como um gato brincando com um rato.

— Não quero arrancar nada.

Nonnita Serrallac estava tão arrasada que mal podia falar.

— Você está grávida e quer ter a criança. Pois muito bem, então, felicidades. Não deve ter vindo até aqui me convidar para ser o padrinho, não é?

Nonnita baixou ainda mais a cabeça. Não queria chorar na frente dele. Demi Gambús retomou o tratamento formal tão bruscamente quanto o havia deixado:

— Veja bem, senhorita, hoje estou muito mal-humorado. Amanhã tenho de tomar uma decisão importantíssima e não me sinto positivo, magnânimo ou caridoso. Vou ser franco: só lhe dei o meu cartão porque o nosso encontro outro dia despertou em mim um pouco da morbidez daquela noite. Mas isso foi há dois meses, não agora. Vou logo avisando que não tenho a intenção de lhe dar dinheiro. Não me orgulho nada do que lhe fiz nove anos atrás, mas não me sinto em dívida para com a senhorita, entendeu?

— Ajude-me...

— Não sei como poderia ajudá-la. Fale com meu secretário, talvez ele possa lhe arranjar trabalho. Sabe fazer alguma coisa além de nadar pelada com uma foca? Para mim tanto faz...

Escreveu algumas linhas num papel, entregou a folha a ela e lhe disse, sem nenhum tom de ironia:

— Foi um prazer, mas espero não voltar a vê-la... Quando sair, entregue esse bilhete à governanta. Tenho certeza que lhe arranjarão uma coisa ou outra. E, a partir de agora, entenda-se com ela... Bom dia e boa sorte.

Nonnita Serrallac levantou-se sem muita convicção. Um espelho lhe mostrou uma imagem que parecia a de uma criança envelhecida.

"Não consegui comovê-lo provavelmente porque ele decidiu que eu tinha o que merecia, que era uma pobre coitada. E decidiu assim, sem mais nem menos", pensou a moça.

Da escada pôde ouvir Gambús mandando que a criada abrisse as janelas e a varanda para arejar o escritório.

Nonnita estava desolada. Curiosamente, porém, não se sentia humilhada. E não entendia por quê. Não entregou o bilhete a ninguém.

Fez as duas apresentações do dia como um autômato. À medida que o tempo ia passando, percebia que se recuperava. Também sem saber por quê. O coração lhe dizia que a solução de seus problemas passava por Demi Gambús. E não se tratava absolutamente de ir falar com a governanta para arranjar trabalho de criada.

Quem lhe mostrou a solução, naquela madrugada, foi Joana, da travessa de l'Infern, conhecida como a Pimenteira.

No caminho de volta para casa, Nonnita ouve um ruído entre os arbustos de um jardim e o lamento insatisfeito de um gato não-correspondido. Olha e não há nenhum jardim, nenhum gato. Só a Pimenteira aquecendo-se numa fogueira apagada. Reconhece Nonnita imediatamente, embora, em vida, quase não se vissem. Lembra da noite em que a viu se apresentar no Gran Salón Doré, onde a deixaram entrar de graça. E de graça quer dizer sem pagar, mas também sem ter de dar nada em troca. Estava sentada na primeira fila, massageando os pés porque a noite estava fraca e mais andava do que trabalhava. Naquela época, Nonnita era ajudante temporária de *monsieur* Harmant, "célebre calculador, único rival do não menos célebre Inaudi". Quando terminou o espetáculo, estavam conversando e permitiram que ela ficasse com eles. Chegaram até a dividir o prato de comida que o Gran Salón Doré punha à disposição dos artistas como parte de seu pagamento. O fato em si não tinha importância, mas a Pimenteira interpretou aquilo como um gesto de amizade de Nonnita para com ela. E esse tipo de gesto era muito raro, ficou muito agradecida. Agora, sentada naquele caixote, junto de uma não-fogueira, parecia tão jovem e tão bonita que ninguém diria que está morta. E faz tão pouco tempo que a viu... Nonnita pergunta quando ela morreu e a outra, prostituta e adolescente, lhe responde que foi há uns dois meses, na época do Natal. Apesar de ser jovem e bonita, agora está morta, por isso só faz o que bem entende, como todos de sua espécie, e conta que machucou um dos pés e ficou andando para cima e para baixo puxando da perna, morta de fome e sem trabalho, pois os homens não querem nada com mancas fedidas. Acabou então brigando com uns idiotas perfeitos para ter o direito de revirar o lixo dos restaurantes. "A guarda municipal me apanhou", disse Joana, "quando eu estava saindo de uma paróquia da Barceloneta com um saco cheio nas costas. Durante a noite, fiquei escondida lá dentro. De madrugada, abri a porta do sacrário. Meti no saco um cálice e duas taças de prata. Comi as hóstias e bebi o vinho: foi um banquete. Os guardas me obrigaram a devolver as coisas roubadas e pedir perdão aos frades. Depois, me levaram até a praia..." Nem era preciso continuar. Nonnita já imaginava o que tinha acontecido com essa preciosidade de 18 anos, com um corpo tão bonito e a cabeça vazia. "Fizeram de tudo comigo", prosseguiu a morta, "e, quando acabaram, me deram uma boa surra para que eu não voltasse a fazer aquilo. Me deixaram estirada na areia. Estava com tanta raiva e sentia tanta dor que, quase sem perceber, entrei no mar e me afoguei. Quando a polícia me identificou, o vigário da paróquia de Sant Miquel, padre Maroto, não quis me enterrar porque eu era puta, profanadora, ladra de objetos sagrados e suicida". Agora, com o cabelo encharcado de água do mar, voltava a ver Nonnita e, por isso, pediu que se aproximasse. "Uns pescadores me tiraram do mar ainda com vida. Me penduraram de cabeça para baixo para ver se eu cuspia a água, mas não adiantou nada. Me deixaram lá, pendurada como um bacalhau. Os guardas, sabendo que eu estava viva, tiveram a cara-de-pau de tentar repetir a façanha... Como foi tudo muito rápido, pelo menos não fiquei inchada nem azul." Percebe que Nonnita continuava às voltas com suas preocupações e que, de repente, seus olhos se iluminaram. "O que você tem, Nonnita?" A moça não responde e vai embora sem se despedir nem agradecer. A Pimenteira fica só olhando, mas não se ofende porque, mesmo que não tenham outras qualidades, muitos defuntos — principalmente os de Barcelona, reduto de cortesia até no outro mundo —, fazem o que querem e deixam que os outros também façam sem qualquer problema. Ela fica lá, fazendo caretas, com o rosto iluminado pelo brilho de uma fogueira inexistente.

Nonnita Serrallac sobe ao seu apartamento na maior excitação porque a Pimenteira acabava de lhe mostrar uma solução.

Enrolada nas cobertas, pensava sem parar. Lá fora, o silêncio era absoluto, total, como num cemitério de luxo. Ouviu ao longe o latido de um cachorro triste. A Pimenteira tinha dito: "Os guardas tiveram a cara-de-pau de tentar repetir a façanha..." Não conseguiram evitar. Assim como, naquela tarde, Deogràcies-Miquel Gambús não conseguiu deixar de lhe dizer: só lhe dei o meu cartão porque o nosso encontro outro dia despertou em mim um pouco da morbidez daquela noite. Os sinos da catedral bateram três badaladas, tão solenes àquela hora da madrugada, como se estivessem chamando vivos e mortos para o Juízo Final.

De repente, começou a dar forma à idéia que estava rodando em sua cabeça. Era uma idéia meio mirabolante que, se desse certo, lhe permitiria prejudicar Demi Gambús e, ao mesmo tempo, ganhar dinheiro (única maneira de atalhar a inevitável linha medíocre de sucessão que daria ao mundo com aquela sua gravidez).

Não era uma idéia muito fácil nem agradável de se levar adiante. E nem ao menos era permitida por lei.

SEGUNDA PARTE

11

Rafel Escorrigüela se considerava a própria fênix, uma criatura única em sua espécie. A ave sagrada era famosa porque punha fogo no ninho estando dentro dele. E das cinzas, renascia uma nova fênix. Exatamente como Rafel: das cinzas do antigo, sempre renascia um novo, com a experiência do anterior e as forças do recém-nascido.

Como tantas outras vezes teve sorte: o acidente foi mais espetacular que grave. Sofreu uma comoção cerebral severa, quebrou o braço direito e umas duas costelas. Por isso a fênix: bastava ver sua recuperação. Até a diarréia parou. Deixou todo mundo estarrecido. Padre Maroto o acolheu em sua casa por caridade. Na verdade, achava que o rapaz não sobreviveria nem dois dias. Mas curou-se da comoção depois de duas semanas com vômitos e dores de cabeça. As fraturas demoraram um pouco mais, com o gesso e coisa e tal. Graças, porém, à paciência do padre Maroto, resignado em ter que compartilhar casa e queijo com aquele jovem, e aos caldos concentrados com gema de ovo e conhaque feitos pela sua governanta, Rafel Escorrigüela ressuscitou. De início, muito fraco e um pouco estropiado. Depois, em plena forma. Não era a primeira vez que ia ao fundo do poço, que descia aos infernos e, como a ave sagrada, voltava a nascer. Isso lhe infundia uma autoconfiança praticamente indestrutível. Achou portanto quase natural que o padre Maroto escrevesse uma carta de recomendação a um amigo que tinha uma empresa de transporte marítimo. O proprietário, senhor Gatell, perguntou-lhe o que sabia fazer e Rafel Escorrigüela respondeu que o seu setor era o administrativo. Gatell acreditou e, apesar de o rapaz estar ainda engessado, não hesitou em contratá-lo.

Foi assim que Rafel Escorrigüela começou sua carreira de escriturário.

Com algum dinheiro emprestado pelo padre Maroto e enquanto esperava o primeiro salário, instalou-se na Pensão de França, no primeiro andar de um prédio da rua de Bergara. Era uma pensão modesta, de trânsito, bem central, especializada em acolher chefes de família temporariamente sozinhos. Um caso típico era quando a esposa e os filhos viajavam de férias e o marido era incapaz de arrumar a casa. Ou então homens que vinham para Barcelona a trabalho e precisavam de um local para ficar até encontrarem um apartamento para acomodar a família. Nunca solteiros. A pensão era dirigida por um casal que, aos olhos de Rafel, parecia saído de uma zarzuela: ela, gorda, expansiva, natural de Torroella de Montgrí, operava o timão daquele navio com mão firme; ele, pequeno, moreno, magro, andaluz de Jerez de la Frontera, chamado Paco, quase não falava e quando o fazia não se entendia nada porque ele tinha perdido quase todos os dentes. A mulher trabalhava como governanta e ele, na cozinha, fazia peixinho frito e se deixava dominar pela saudade da sua terra. Rafel Escorrigüela, engessado, os enganou com o seu aspecto sofrido, fazendo-se passar por viúvo recente:

— Vocês acolhem maridos temporariamente sozinhos e, por cortesia, por urbanidade, nunca por hipocrisia, perguntam a eles onde está sua família. Uns os respondem que em Caldetes, de férias, outros, que em Puigcerdà, para resolver problemas jurídicos de herança... Senhores, perguntem onde está minha família, e eu responderei: no Céu...

Houve aplausos dos clientes e alguma lágrima furtiva rolou de uma recém-casada que havia ido levar o seu jovem marido. Diante disso, os donos se entreolharam e cederam: admitiram Rafel provisoriamente em sua pensão, por alguns dias.

Dois meses mais tarde o rapaz ainda estava lá, em regime de pensão completa. Pagava religiosamente as suas 35 pesetas semanais e procurava não dar motivo para nenhuma espécie de queixa ou comentário. Tratava de não incomodar ninguém com o gesso monumental que lhe espartilhava metade do corpo e convidava todos para comer um bolo em datas festivas. Sempre que o dono da pensão evocava a sua condição de hóspede provisório, ele exclamava que se considerava seu filho adotivo, e lhe dava uns dois charutos. E funcionava: o homem renovava sua autorização. Isso se passou nas quatro ou cinco primeiras semanas. Agora já não lhe dizem nada.

Enquanto isso, Rafel Escorrigüela foi se recuperando do acidente. Trabalhava na Transportes Gatell e tinha um comportamento exemplar. Muitas vezes, no quarto da pensão, olhava os seus tesouros, restos da vida anterior: o seu colarinho engomado e os seus punhos redondos de celulóide, que no futuro lhe serviriam para se vestir adequadamente quando fosse necessário. Por ora, usava os ternos que o próprio padre Maroto havia conseguido para ele entre as roupas doadas aos pobres, mas no coração guardava o orgulho.

Os escritórios da casa Gatell ficavam no último andar de um prédio no passeio Colombo. A cada andar havia uma firma relacionada com a atividade portuária, coisa muito normal naquela zona. Além dos escritórios da administração, havia as sedes das companhias navais, as agências da alfândega e de transportes, os armazéns de mercadorias, os abastecedores de efetivos navais, as seguradoras etc. etc. A Transportes Gatell brilhava com luz própria. Seu lema era: "Gatell e Cia. Fundada em 1801. De Barcelona para o mundo e do mundo para Barcelona. Correspondentes em Dover, San Juan, Buenos Aires e Manila."

Do escritório do senhor Gatell se tinha uma das melhores vistas do porto de Barcelona. E, quando o patrão não estava, o jovem, dinâmico e, sobretudo, renascido Rafel Escorrigüela entrava ali às escondidas, sentava-se na poltrona, ficava olhando o mar e fantasiando sobre o seu futuro. Fazia quase três meses que trabalhava ali e, se fantasiava, era porque estava começando a ficar inquieto. A maior parte do movimento da empresa acontecia no seu armazém do cais. Era lá que o patrão passava a maior parte do tempo com o resto do seu pessoal. Já Rafel Escorrigüela ficava sozinho no escritório fazendo o trabalho administrativo. Livre do gesso, sentia-se cada vez melhor e achava que estava sendo desperdiçado. Dia após dia, das oito da manhã às oito da noite, ancorado numa mesa e uma cadeira, por trás do balcão de atendimento ao público, entediava-se. Olhava à sua volta e murmurava: "Trabalho patético, salário patético, tinteiro patético, pena patética, mata-borrão patético e eu mesmo patético..."

"Já fui incumbido de tarefas mais nobres", dizia consigo mesmo. Parecia não se lembrar que, meses atrás, morto de fome, doente, teve de perseguir um leitão pelas ruas de Barcelona em troca de míseros cinqüenta cêntimos. Agora, seu ídolo era o grande Eusebi Güell. E não por ser marquês consorte de Comillas, mas por ser industrial, mecenas da cultura, estudioso, político respeitado... e rico. Quando saía alguma nota sobre ele no jornal, Rafel Escorrigüela a recortava e guardava. Há pouco, por ocasião do oitavo aniversário da fundação da fábrica de cimento Asland, em Pobla de Lillet, Eusebi Güell havia dito que seu mérito não era ter sido o primeiro a trazer o cimento *portland* para a Catalunha, mas sim de ter feito as coisas direito. E isso significava, segundo ele: "Aumento da produção, redução dos custos, incremento de benefícios e, portanto, incremento dos salários e destruição da semente da revolta social..." Rafel Escorrigüela anotou aquilo a lápis, numa folha à parte, como se fosse uma revelação divina. O seu grande sonho, então, era ser rico e ao mesmo tempo meio intelectual. Queria ser como o senhor Güell.

Por ora, limitava-se a desviar o máximo que podia da empresa e economizar tudo para poder jogar no lixo os ternos de caridade do padre Maroto.

Havia, porém, dias cinzentos, em que lhe parecia que a sua chance jamais chegaria, e Rafel ficava andando pelo escritório do senhor Gatell como um leão enjaulado.

Naquele dia em especial, o senhor Gatell não estava, só deveria voltar no dia seguinte e havia deixado as chaves do escritório com ele. Como tantas outras vezes, Rafel Escorrigüela tomou posse da cadeira estofada do patrão e a girou para ficar de frente para a janela (e, por extensão, de frente para o mar). Inclinava a poltrona para trás até deixá-la apoiada em duas pernas apenas e com o espaldar encostado na mesa, com o risco de estragá-la um pouco.

Ensaiava discursos cheios de dignidade nos quais apresentava suas reivindicações pessoais e trabalhistas. Dependendo do dia, a raiva o consumia: "Quando eu for embora, esse negreiro vai se lembrar de mim. Uma bomba bem posta. Aqui mesmo, debaixo da bunda. Isso é algo que os anarquistas não sabem fazer direito. Se me deixassem..."

Dependendo do dia, eram as dúvidas que o consumiam: dava uma boa olhada ao seu redor e pensava que aquele trabalho nem era tão mau assim. E que, além disso, o senhor Gatell o havia acolhido, como se diz, ainda doente, do nada... Claro que era grato por isso, mas uma coisa não impedia a outra. Aquilo não era trabalho para um jovem como ele. E tinha de pensar no seu futuro...

Ergueu os olhos para a parede, mergulhado em seus pensamentos, mas logo os desviou: estava farto de ver, dia após dia, aqueles três retratos, quase cópias um do outro (pele pálida, olhos de ave de rapina, nariz fino e pontiagudo e cabelo repartido ao meio): Josep Gatell Campderà, 1779-1841; Josep Gatell Píguillem, 1839-1907; Josep Gatell Arrufo, 1876- . Este último detalhe o tirava do sério. Não suportava o espaço em branco depois do ano de 1876: que mau gosto, Gatell! Como podia conviver diariamente com a merda do seu retrato sabendo que aquela merda de espaço em branco só seria preenchida na merda do dia que morresse?

Ouviu os sinos da igreja de la Mercè tocarem as quatro horas e se assustou. Dirigiu-se a um dos armários do aposento e tirou o estojo do binóculo de baixo de um monte de pastas, plantas e documentos. Abriu a janela que dava para o porto. De repente, o silêncio do escritório foi quebrado: todos os sons da vida da avenida, lá embaixo, e, mais ao longe a vida do cais; ruídos que o ar carregava violentamente, como se houvessem se grudado nele e não soubesse como se livrar daquilo. Tudo entrou de chofre, junto com uma rajada de ar frio e salgado. Rafel Escorrigüela abotoou o casaco, ajeitou o cachecol e começou a focalizar o binóculo na direção do cais que lhe interessava. Esperava a chegada do *Diana*, um vapor procedente de Cartagena. A carga do *Diana* consistia apenas em cem barris de piche, mas o navio trazia o senhor Rodrigáñez, cliente que devia fechar um dos contratos mais vantajosos dos últimos anos com a Transportes Gatell. Tratava-se de uma nova linha de comércio Barcelona–Porto Rico, passando por Cartagena, graças aos contatos que o senhor Rodrigáñez tinha nas ex-colônias do Caribe. E o senhor Gatell queria exclusividade, é claro. Atacado por uma lombalgia fulminante, o patrão havia encarregado Rafel, por telegrama, de se apresentar no cais para receber o cliente, acompanhá-lo ao hotel e estar disponível sempre que necessário.

O rapaz tinha, então, toda a sua atenção dirigida ao cais. Reconheceu a silhueta tranqüila de um outro vapor, chamado *Sagunto*; mas nem sinal do *Diana*. Já deveria ter chegado. Ficou um momento entretido espiando como descarregavam placas de ferro no cais dos Pescadores; mais adiante, uns imigrantes negociavam com um charreteiro para que os levasse — um homem, uma mulher e a filha gorda de uns 13 anos — além de um baú; e o charreteiro apontava a mula e parecia indicar que a pobrezinha já não tinha idade para isso... Desviou o binóculo até o bonde que passava pela rua naquele momento, bem diante dele. Era um binóculo de categoria: via o bigode do condutor com toda a nitidez. Voltou a focalizar o mar, até o Llobregat. Deparou com a fumaça grossa e branca que indicava a presença de um vapor. Observou-o por mais de cinco minutos. A silhueta foi-se fazendo cada vez maior. Era um vapor com uma grande chaminé verde-clara. Só podia ser o *Diana*. E o barco não levaria mais de meia hora para fazer as manobras de atracação.

Com o binóculo pendurado no pescoço, desceu para falar com o porteiro do prédio, encarregado de chamar as charretes de aluguel.

Novamente no escritório, dobrou o jornal e o meteu num dos bolsos do paletó, pôs o sobretudo, ajeitou o chapéu e as luvas, cuspiu no retrato de Gatell, viu o cuspe escorrendo, enxugou-o com o lenço e, já mais tranqüilo, fechou a porta com duas voltas e desceu a escada. A charrete de aluguel já esperava na porta. Era um fiacre conduzido por um cocheiro usando gorro, luvas de lã e um cachecol que cobria até o nariz. Estava fazendo um frio de rachar. O cavalo, impaciente, não parava de bufar, soltando pelas narinas um bafo tão branco que parecia sólido. Deu uma gorjeta ao porteiro, indicou o caminho ao cocheiro e subiu. Ouviu o estalo do chicote e partiram.

Pararam em frente à porta do escritório da empresa de navegação. Entrou no prédio em companhia do cocheiro. A porta também tinha um vidro esmerilado e uma maçaneta niquelada já meio gasta, como todas. Confirmaram-lhe que o *Diana* acabava de chegar. Perfeito. O cocheiro, indiferente, pôs-se a fumar diante do aquecedor. Rafel sentou-se para esperar. Ao seu lado havia dois homens de meia-idade. Um deles, com um dente de ouro e um colete quadriculado, tentava convencer o outro:

— Já faz dez anos que os fabricantes de cortiça de Empordà não conseguem progredir. Os alemães entraram com suas máquinas em Empordà, em Garrotxa... Fazem mais rolhas, mais depressa, e, como não precisam tanto de pessoal, seu produto é mais barato. Além disso, vendem as rolhas sem intermediários. Faz três anos que estão se fartando de ganhar dinheiro. É uma oportunidade de ouro para investir. Você mesmo...

— Não sei, não, Fonollosa. Além disso, quem me garante que as rolhas de cortiça não vão desaparecer da noite para o dia e as garrafas vão ser tapadas de outra maneira?

— Antes disso, Barcelona afundará debaixo da água...

Rafel Escorrigüela cansou de escutar seus companheiros de banco e voltou a abrir o jornal. A prefeitura de Barcelona estava publicando a lista dos duzentos contribuintes mais importantes do município. Segundo a lei, só eles tinham direito a escolher delegados para a eleição de senadores. Verificou que o rico número duzentos contribuía com 2.413 pesetas e 42 cêntimos! Só com os impostos do mais pobre dos ricos uma família inteira podia viver comodamente durante um ano todo. Gostava de analisar listas como aquela porque já se via incluído ali num futuro não muito distante. Em sua maioria, os nomes eram mais ou menos conhecidos. De repente, seu dedo estancou no alto da lista. Não podia acreditar no que via: Miquela Gambús i Vilagrassa. Aquela não era a lista dos contribuintes barceloneses? O que ela fazia em Barcelona? E se fosse ela mesma, talvez o seu filho Demi estivesse ali também...

Transtornado, agasalhou-se e saiu para andar pelo cais. Tropeçou numa corda grossa como um braço e caiu em cima de um caixote de madeira reforçado: "Frágil. Material de precisão. Casa Bassó e Alsina, praça Palau, 13. Depositários de Richter & Cia. Chemnitz." O fedor rançoso que vinha da água, um fedor como de tanque, o atingiu em cheio. Inspirou, levantou-se maquinalmente e limpou a roupa. Alguma coisa tinha começado a rodar em sua cabeça. Não sabia muito bem o quê. Precisava descobrir onde moravam!

— Ei, meu rapaz!

Era um senhor todo elegante que falava castelhano. O senhor Rodrigáñez em pessoa, de cartola e bengala de castão dourado, o chamava da sala de espera. Ao seu lado, o cocheiro carregava uma maleta. Envergonhado e confuso, Rafel Escorrigüela correu para saudá-lo e desculpou-se pela ausência do senhor Gatell, por motivo de força maior. Durante o trajeto até o hotel — um percurso breve, pois iam somente até o hotel Orient —, o senhor Rodrigáñez foi lhe fazendo perguntas de cortesia sobre o senhor Gatell, que ele só respondia com um sim ou um não. Não tirava da cabeça o que acabara de ler no jornal. Estava atordoado. Chegaram ao hotel e o homem, aborrecido e estranhando o comportamento daquele subalterno, optou por entrar pomposamente, sem se despedir. Logo acertaria as contas com o patrão. Rafel nem percebeu. Seguiu pela Rambla a passos rápidos: o pessoal do Comitê de Defesa Social, encarregado das questões de contribuição, na praça Catalunha, lhe daria o endereço.

Demi Gambús!

O pai de Rafel Escorrigüela havia sido o braço-direito de Miquel Gambús II, o Merda. Ser o homem de confiança de um cacique era mais que ser seu próprio irmão. A prova disso é que morreram lado a lado.

Não era, pois, de se estranhar que Rafel e Demi tivessem crescido e estudado juntos. Compartilhavam tudo, até as namoradas. A presença do pequeno Rafel Escorrigüela no casarão familiar era habitual. Com freqüência acompanhava Demi à entrada do vilarejo para esperar a tartana de dona Miquela que voltava de suas viagens de trabalho. Eles a viam de longe com seu vestido preto e sua bolsa de couro. Naquela época, dona Miquela era alta, magra, de cabelos pretíssimos, com os olhos claros e duas rugas verticais que lhe marcavam o rosto como se fossem duas cicatrizes. Só de se lembrar sentia um calafrio.

Fazia mais de dez anos que não via Demi Gambús, mas tinham ficado muito amigos... É claro que havia aquele pequeno detalhe que o obrigou a fugir correndo de Alcagaire de um dia para o outro. Muito tempo, porém, já tinha se passado, e, além disso, podia considerar que havia cumprido uma espécie de pena de exílio...

E se aquele fosse o sinal que estava esperando?

12

VAMOS! VAMOS! Vamos!

Eustaqui Guillaumet gritava consigo mesmo e soltava mais vapor do que a mula. Era madrugada, as ruas estavam encolhidas pelo frio, enrijecidas pelo frio como ferro fundido.

Vamos! Vamos! Vamos!

E pensava com seus botões que em Vila-rodona, àquela hora, naquela época, quase chegando o mês de abril, a claridade já se espalha por todo lado. Em Barcelona, porém, dependendo do dia, parecia que a luz tinha de pedir permissão para se instalar. Pois bem, mas isso não o impedia de ver as coisas extraordinárias e positivas que continuavam a lhe acontecer naquela cidade. Era preciso que isso ficasse bem claro. Olhou para um lado e para o outro disposto a gritar aquilo bem alto caso fosse necessário.

Acabava de realizar um trabalho em plena noite. Pagavam bem e não havia por que recusar: tratava-se de transportar uma palmeira do depósito municipal de árvores da praça d'Espanya até Sant Boi. O filho de um sujeito natural das colônias queria plantá-la diante de sua casa em homenagem ao pai. O homem estava morrendo e o filho quis lhe fazer essa surpresa: prometeu que, numa bela manhã, ao se levantar, descobriria que, da noite para o dia, tinha crescido uma palmeira em seu jardim.

Depois de dar um bocejo que quase assustou a mula, Eustaqui decidiu que podia se dar por satisfeito: tinha trabalho fixo no Teatro

Soriano, substituindo Tomàs Capdebrau, cujas crises eram cada vez maiores e mais fortes. Fazia um pouco de tudo ali: ajudava na bilheteria, respondia às perguntas do público concentrado na rua, dispersava os grupos de bisbilhoteiros... Não raro o público que já havia entrado começava a assobiar e bater os pés na arquibancada de madeira quando ainda estavam vendendo entradas para o espetáculo. Então, a barulheira lá de dentro atraía ainda mais gente de fora e ele precisava pôr um pouco de ordem na situação. O que mais gostava, porém, era de trabalhar como animador, na porta do teatro. Lembrava de sua primeira noite na Paralela. Percorreu a avenida de cima a baixo, de ambos os lados, e não conseguia acreditar no que via. Parecia um outro mundo. Só no pequeno trecho onde ficava o Soriano, havia mais teatros e *music-halls* do que residências: subindo do porto, à direita, tinha o Gayarre, o Arnau e o Espanyol. Defronte ficavam o Apolo, o Nou, o Soriano e o Onofri. Além disso, cada teatro tinha, ao lado, um café ou um *music-hall*... Daquela primeira noite, lembrava como tinha ficado fascinado pelos animadores, por aqueles sujeitos gritando, prometendo mundos e fundos, e que, por si sós, já eram um espetáculo. Era uma infinidade de sons circulando em meio ao mar de chapéus que esperava diante da porta, mais um ruído somando-se à balbúrdia geral e que chegava aos seus ouvidos como a melodia de um encantador de serpentes. Agora também fazia esse trabalho. Subia no estrado de madeira e gritava: "Uma, duas, três, quatro, cinco, seis, sete e até oito vezes as cortinas vão subir a pedido do público hipnotizado pela magia deste espetáculo épico!" E já que ele próprio não compreendia o sentido de termos como "hipnotizado" ou "épico", e o seu castelhano com sotaque de Alt Camp tinha de passar por um tubo que fazia as vezes de alto-falante, não se entendia uma palavra do que ele dizia.

Isso sim é que era vida! Isso sim é que era a vida! E ele ali no meio. No meio... e perto de Nonnita Serrallac, sua patroa, por quem estava perdidamente apaixonado.

De tarde e de noite, então, trabalhava no teatro, e, durante o dia, bancava o mascate, andando para cima e para baixo em Barcelona, naquela carroça tão espalhafatosa. Isso sim é que era trabalho, com uma independência quase completa. A maior parte do que ganhava era para ele mesmo, e, além disso, se quisesse podia pernoitar de graça na lavanderia do pátio atrás do teatro ou na casa da patroa, no chão, junto com Tomàs. Em troca, tinha que manter o veículo em boas condições, alimentar a mula e cuidar dela e do apalermado Tomàs Capdebrau. Não necessariamente nessa ordem.

"Se nesse tempo em que estou em Barcelona, que é bem pouco, aliás, já me aconteceram tantas coisas, e todas elas tão boas, o que será que o destino ainda me reserva?", pensava ele. Assim, Eustaqui Guillaumet vivia mais feliz que nunca. Como se diz, tinha um negócio próprio e, acima de tudo, havia perdido o medo da cidade. Em dois meses, a tinha percorrido de cabo a rabo, e de trás para frente. Tinha ido até ao Tibidabo! Por outro lado, não passavam exatamente despercebidos. Circular para um lado e para o outro com aquela carroça era um verdadeiro espetáculo. Eustaqui tentou convencer Tomàs Capdebrau a pintá-la de outra cor, pois uma carroça lilás com sanefas douradas chamava muita atenção. Mas não houve jeito: ela decerto lhe trazia lembranças dos velhos tempos, quando sua cabeça ainda funcionava bem.

Tomàs se aboletava na parte de trás da carroça, com o papagaio Trinitat, e os três ficavam circulando por Barcelona. Melhor dizendo, os quatro, se contarmos a mula. Tomàs tinha visto um anúncio, no *Vanguardia*, que dizia: "Compramos por bom preço papagaios ou periquitos que saibam dizer bem nitidamente: SABOROSO CAFÉ TUPINAMBÁ. c/ Gran, 74-76. Gràcia." Pensou muito a respeito, mas, embora com dor no coração, decidiu que precisava ensinar isso ao papagaio. Percebia que era um fardo para seus companheiros e queria contribuir para as finanças do grupo adestrando a ave:

— Não que eu queira vendê-lo, juro, mas se ao menos conseguir ensiná-lo a dizer "Saboroso café Tupinambá", mais que um papagaio, ele será uma espécie de investimento para um momento de desespero...

De modo que, quando o tempo estava bom, Eustaqui levava Tomàs e Tomàs levava o papagaio Trinitat. Saíam com a carroça, subindo ou descendo a Paralela, conforme o dia. Enquanto Eustaqui Guillaumet ia matutando, o outro, lá atrás, agarrava o pássaro e começava a repetir "Saboroso, saboroso, saboroso". O papagaio o fitava e respondia: "Filho-da-puta" e "Vá para o inferno". Dependendo de onde fosse dita, na Barcelona de 1909, essa última expressão podia se tornar muitíssimo problemática, como se verificou no dia em que eles encontraram uma procissão e foram obrigados a parar para deixá-la passar.

Era um cortejo de homens usando umas faixas azul-celeste, vermelhas e douradas atravessadas no peito em diagonal e levando umas varas bem vistosas que apoiavam no chão todos ao mesmo tempo. Os que não tinham varas vinham mais atrás tocando um pequeno tambor. Encabeçando a procissão, enfrentando bravamente o frio, agüentando firme o estandarte de são João Crisóstomo, ia um cavalheiro de uns oitenta anos, rosto encovado, cabelos e barba brancos. Com atitude devota e voz rouca, o homem recitava alto e bom som os êxtases do santo. Era tão velho e esquálido que parecia que ia se quebrar a qualquer momento. Muita gente da rua o conhecia e todos saudavam com respeito a passagem da procissão. Ele respondia, circunspecto, com um aceno de cabeça e continuava recitando a meia-voz para poupar suas forças. Seus lábios eram de um vermelho intenso e a idade acentuou nele o hábito de umedecê-los constantemente com a língua, o que fazia com que estivessem sempre brilhantes.

Fez-se um instante de silêncio e, de repente, ouviu-se bem claramente: "Filho-da-puta", "filho-da-puta", "vá para o inferno", "vá para o inferno".

Essas blasfêmias caíram como uma bomba naquele clima de recolhimento. Depois de um momento de estupor, o velho foi o primeiro a reagir. Abandonou o cortejo com a intenção mais que evidente de partir a cabeça do autor de tais imprecações com o estandarte de são João Crisóstomo, que era de ferro fundido. Ergueu-o e desfechou um golpe com toda a força no corpo do covarde blasfemador que tinha se escondido debaixo da lona de uma carroça espalhafatosa. Ouviu-se um gemido e surgiram um indivíduo com cara de idiota e um papagaio. Os guerreiros de são João Crisóstomo os detiveram, juntamente com o condutor do veículo, até a chegada da polícia.

Cego de raiva, o irascível ancião denunciou todos eles como blasfemadores e terroristas.

No fundo, mais do que a ofensa ao santo, o que mortificava o velho acima de tudo era a sabotagem feita à procissão que ele havia pago de seu próprio bolso. Desde que se retirou do nobre mundo do comércio, tinha se dedicado àquele santo, padroeiro dos pregadores, e, por extensão, segundo seu ponto de vista, dos políticos. Para ele, era muito claro: em pouco tempo, o povo de Barcelona, uma imensa massa de trabalhadores analfabetos, sujos e de pouco discernimento, com sede de revolução, iludidos por indivíduos da laia daquele charlatão do Lerroux, teriam de ir votar de má vontade. Encheriam as sagradas urnas com votos em branco ou, o que seria ainda pior, contendo piadas e deboches escatológicos anticlericais. Por isso, era preciso ter bons políticos, católicos e íntegros. E se dependesse apenas de seu dinheiro, todo aquele bando de maçons que dominava e manchava o panorama político podia ter a certeza de que ele faria tudo o que estivesse ao seu alcance — e também ao de são João Crisóstomo, naturalmente — para deixar esta existência tendo lutado até o fim.

Eustaqui Guillaumet perguntou a um dos guardas que o escoltavam à delegacia quem era aquele velhote tão furioso. O homem o fitou espantado e lhe disse que era um verdadeiro exemplo de integridade e consciência cidadã: o senhor Bonaventura Bandolí, antigo dono da casa Bandolí. Sua loja de sabões, em plena rua Princesa, é muito famosa, acrescentou o guarda. Eustaqui ficou boquiaberto, pois já não tinha como assimilar tantas surpresas. Quer dizer que, em Barcelona, quem fabrica sabão se torna um exemplo? Sabão para lavar...?

— Por acaso está zombando da autoridade? — perguntou o guarda com a pulga atrás da orelha. Eustaqui lhe garantiu que não e o policial, exemplo de paciência, lhe disse que a casa Bandolí devia sua fama a seu sabonete de toucador, que os produtos do senhor Bandolí criavam problemas de ordem pública no Natal e em outras ocasiões festivas. As filas que se formavam na porta da loja eram dignas de ser vistas, e a rua inteira ficava impregnada com os aromas das essências. — E isso sem falar do santo padre — acrescentou ele. Observou seu interlocutor que o fitava com um olhar vago e inexpressivo. Suspirou e prosseguiu: — Há mais de trinta anos ele esculpiu um bloco de sabão no formato do papa de Roma. Em tamanho natural. E a escultura ficou na vitrine por três anos inteiros...

Chegaram enfim à delegacia. O senhor Bandolí começou a falar. Falava aos solavancos, mas dava para entender tudo.

— Acuso formalmente este papagaio de ser um agente disfarçado fazendo propaganda da Solidariedade Operária, do Partido Radical e da Esquerda Solidária. E a seus donos de serem uns provocadores e cúmplices do veneno anticlerical despejado na mente dos trabalhadores pelos jornais e livros escritos por intelectuais desalmados, promovidos pelas chamadas escolas laicas e, mais particularmente, por Ferrer e Guàrdia.

Disse isso e precisou sentar-se para recuperar o fôlego. Estava inflamado e indignado.

— Mas, senhor Bandolí, tem certeza de que quer que conste da ocorrência esta conexão entre um papagaio e as escolas laicas? — perguntou hesitante um dos policiais.

Tomàs, que gostava do papagaio quase como de um filho, já o imaginava com as patinhas algemadas, a caminho de Montjuïc para aguardar o julgamento. Por sorte, naquele dia, a névoa que toldava seu juízo não tinha aparecido e durante o interrogatório ele pôde jurar e perjurar que nunca havia ensinado aquelas barbaridades à ave, que esta havia aprendido tudo pelas ruas, e pediu humildemente perdão, em nome do animalzinho, um papagaio inteligente e muito boa pessoa, e pediu ainda que levassem em consideração o fato de essa ave ter salvado a sua vida...

O comissário interrogou com os olhos o senhor Bandolí que, apoiando-se em seu bastão, levantou-se e declarou:

— É próprio de um bom católico perdoar. Como os insultos seguiram apenas a linha anticlerical, não direi que o papagaio seja anarquista ou socialista... Mas é evidente que se trata de um papagaio do Partido Radical! E quem sabe até maçom! Como já afirma o nosso sapientíssimo Santo Padre, na encíclica *Humanus genus*, a maçonaria é autora da maioria dos males que afligem a Igreja nos tempos atuais. Se a ação do papagaio foi satânica, a reação há de ser divina. Para tanto, é preciso começar a recorrer a Deus para reparar as ofensas que Lhe foram feitas.

Na prática, isso representou uma espécie de condenação a trabalhos forçados. Como o senhor Bandolí era um homem prático, as condições que impôs para perdoar não podiam ter sido mais claras: o papagaio teria de ser borrifado com água benta e Eustaqui Guillaumet, como responsável pelo grupo, teria de se comprometer a pôr a carroça e sua força de trabalho a serviço de uma congregação católica que, no dia seguinte, estaria enviando duas religiosas às missões. Tratava-se de transportar baús e freiras do alto da Horta até o cais, bem perto do vapor. Ou fazia isso ou a denúncia tramitaria na justiça com todas as suas conseqüências. Não é preciso dizer que Eustaqui aceitou.

Depois que o velho saiu, o comissário disse a Eustaqui: — O fato de o senhor Bandolí ter nascido em Calaf não impede que ele seja um digno cidadão de Barcelona. — Enquanto ia buscar a carroça, Eustaqui Guillaumet ia pensando que só em Barcelona podiam condenar alguém por culpa de um papagaio e era possível ser um digno cidadão local tendo nascido em Calaf.

No dia seguinte, na hora de ir para a Horta cumprir a obrigação assumida com o senhor Bandolí, houve uma certa discussão. Tomàs queria levar o papagaio e Eustaqui achava que, por precaução, era melhor que a ave ficasse em casa. Afinal, sabe-se lá se, no meio da viagem com as freiras, o papagaio não resolveria repetir a cena da véspera... A ave acabou ficando no teatro, em sua gaiola. E, antes mesmo de saírem, Tomàs já se queixava de saudades. O sol estava radiante. Muitas vezes, ao fazer estalar o chicote em suas mãos, Eustaqui o enroscava nas orelhas da mula que já estava mais para gente do que para bicho. O destino era o mosteiro de São Jerônimo do Vale de Hebron, em plena montanha Horta. Foram seguindo a linha do bonde que ligava o centro de Barcelona à Horta, passando pelo Eixample.

Passaram pela Sagrada Família, cercada de campos onde se via um acampamento de ciganos com carroças, tendas, animais e tudo.

Mais à frente, num terreno cercado, alguns indivíduos matavam ratos. Faziam pontaria com a espingarda e deixavam os animais mortos apodrecendo ao sol. Passaram por uma propriedade onde, por algum motivo, havia um guarda. O homem morava numa casinhola, tinha uma criação de galinhas e coelhos, evacuava numa latrina móvel e não dava para saber muito bem o que estaria vigiando. Na verdade, isso era o que mais encantava Eustaqui: quase todos os quarteirões do Eixample estavam apenas traçados no chão, vazios, mas tinham calçadas e árvores. A prefeitura investia quantias consideráveis na abertura e na urbanização das ruas em lugares onde não havia absolutamente nada. Mesmo assim, mandava pavimentar ou asfaltar, e iluminar. Um sonho de futuro, uma espécie de brincadeira de mau gosto feita por um ilusionista para impressionar almas frívolas. Como a de Eustaqui Guillaumet que, já na estrada velha da Horta, não pôde se impedir de comentar com seu companheiro que, em Barcelona, ao contrário do que afirmava o ditado castelhano, tinham conseguido pôr portas nos campos.

O senhor Bandolí estava esperando por eles com o relógio na mão e uma cara de poucos amigos. Foi um verdadeiro vaivém de freiras e baús pelas ruas calçadas de pedras roladas. Trabalharam muitíssimo durante todo o dia. Foi preciso fazer duas viagens e, no cais de Espanya, despediram-se das irmãzinhas com um lenço e o chapéu. Elas diziam "Adeus! Adeus!" e acenavam com a mão enquanto o seu leve bigodinho reluzia e o toucado do hábito tremulava ao vento. Embarcaram no bergantim de guerra italiano *Palinuro*, em manobras na região, rumo à África negra. Os italianos, generosos, arranjaram espaço a bordo para as intrépidas religiosas. O velho apertou emocionado a mão de Eustaqui e de Tomàs, declarou que os perdoava de todo o coração e, como prova disso, presenteou-os com um sabonete à base de verbena e calêndula, o grande sucesso do momento na casa Bandolí.

Vamos! Vamos! Vamos!

Curvado por causa do vento, coberto até a ponta do nariz, com o queixo encostado no pescoço, Eustaqui Guillaumet gritava consigo mesmo, mas, sempre que fazia isso, quando recuperava o fôlego, o ar gelado da madrugada arranhava sua garganta e seus pulmões como se ele tivesse engolido um punhado de cacos de vidro. Era a si mesmo que estava encorajando, e não a mula.

Naquela manhã fria, voltando ao teatro, Eustaqui Guillaumet percebeu que, a não ser por histórias como aquela, a rotina mais feliz e beatífica imperava em sua vida. O que era sem dúvida uma sorte.

Olhou para a mula. Com o esforço daquela madrugada, o pobre animal já tinha trabalhado o suficiente por um dia todo. Sentado outra vez na boléia, Eustaqui ia puxando a rédea e lhe dizia com doçura:

— Você já ganhou o dia, mula.

E lá iam os dois, calmamente, de casa em casa. A mula sacudia a cabeça como se concordasse ou como se estivesse espantada pela enésima vez com o rangido das rodas ou o toc-toc dos seus cascos nos paralelepípedos. A vida recomeçava na Paralela, a luz do sol nascente ia tingindo de dourado a parte mais alta das fachadas. Os descampados, para as bandas de Montjuïc, brilhavam com o orvalho, os cafés mais populares já estavam servindo bebidas há algumas horas, e as três chaminés ao fundo vomitavam uma fumaça branca... E a poeira. E o silêncio espesso que reinava entre a passagem de um bonde e outro.

Uma prostituta esfregava os braços numa esquina. Eustaqui ficou olhando para ela. Sempre ficava. Na verdade, isso era a única coisa que parecia imprimir um pouco mais de velocidade à atividade física e sensorial de Eustaqui Guillaumet: as mulheres da vida. Desde o primeiro dia, elas o tinham fascinado. E, já que o principal objeto de seu amor, Nonnita Serrallac, teimava em permanecer no campo da utopia, o comércio sexual o atraía inevitavelmente. Com quatro tostões queimando o seu bolso, mas incapaz de se aproximar delas, um dia conseguiu que Ferran Baldó, o vigia do albergue municipal, o acompanhasse. Continuava indo dormir lá de vez em quando e a amizade dos dois rapazes tinha se tornado mais forte. Ferran, que estava economizando para o casamento, só aceitou sua proposta porque Eustaqui jurou e perjurou que o convidava. Eram jovens, amigos, e animaram-se a ir à luta. Deixaram-se engolir pelo ambiente da

Rambla: os cafés, preguiçosos, soltavam baforadas de luz sempre que suas portas eram abertas ou fechadas, e permitiam entrever, por um instante, a atmosfera carregada de seu interior, a claridade amarelada dos objetos de latão, o brilho dos móveis envernizados e o reflexo dos espelhos. Na rua, diante deles, ao alcance dos rapazes, estavam as mulheres paradas sob a luz dos postes. Impossível não ceder à tentação. Eustaqui e Ferran, num sábado em fins de março, estavam dispostos a tudo.

Ficaram num bordel da região do portal de Santa Madrona, perto dos estaleiros. Como o quartel era quase ao lado, devia haver muitos soldados ali. Entre o material humano em oferta, Eustaqui viu uma menina que não devia ter nem dez anos, e mais duas que ainda não deviam ter 12. A vida em Barcelona, dependendo de como, e dependendo de quem, andava difícil.

O preço era mais alto do que imaginavam.

— Posso fazer um desconto se não se importarem em dividir um quarto — disse a dona do estabelecimento, com evidente desinteresse.

Os dois se entreolharam, e, sem muito entusiasmo, aceitaram. Passaram a uma sala onde havia um pequeno palco. As moças o usavam para desfilar e se exibir ao som de um piano que já estava naquela fase em que não se pode dizer se é antigo ou simplesmente velho. O pianista tinha uns setenta anos, usava o cabelo penteado todo para a frente e tinha uma cicatriz arredondada bem visível debaixo de um dos olhos, como se tivesse extirpado um sinal maligno.

Entre os clientes, havia um rapaz moreno, bem vestido, de rosto redondo e cabelos pretos, com um ar inexpressivo, um bigodinho emplastrado e um cravo na lapela; havia também um sujeito grande, nu da cintura para cima. Era ruivo, tinha a cara no formato de um oito e umas pestanas tão claras que eram quase invisíveis. Provavelmente um marinheiro estrangeiro. Além destes, putas dos mais variados aspectos, sentadas em *chaises-longues*. O piano começou a tocar e surgiu, no palco, uma moça gorda, toda risonha, usando apenas um roupão. E não perdeu tempo: virou de costas para o público e deixou cair o roupão. Ficou inteiramente nua. As putas e o nórdico riam como loucos. Deviam conhecer a moça do palco que, naquele momento, com um gesto gracioso, apontava a própria bunda. Eustaqui percebeu que ela tinha uma tatuagem: era como se tivessem desenhado a metade de um rosto em cada nádega. A gordinha pediu que qualquer uma de suas colegas apertasse sua bunda com as duas mãos. Aproximou-se de uma delas que estava morrendo de rir, mas que, mesmo assim, fez o que a outra pedia. E então se pôde ver como as tatuagens das duas metades da bunda se encaixavam formando um rosto risonho com a boca aberta. Segurando firme as nádegas da companheira, a ajudante chamou uma terceira prostituta:

— Venha, venha ver aquilo que eu disse...

Quando esta última, uma mulher magra e de olhos fundos, chegou perto do palco, a outra lhe disse:

— Encoste o ouvido...

E ela se aproximou para escutar aquela boca tatuada. Tão logo isso aconteceu, a puta do palco se concentrou... e soltou um peido. Dos bons, daqueles de concurso. Sonoro, modulado, demorado. Um senhor peido, em todos os sentidos. Todo mundo aplaudiu e ela, vestindo novamente o roupão, agradeceu encantada. Os dois amigos estavam tão fascinados pela cena que quase se esqueceram do motivo que os tinha levado até ali. Eustaqui se perguntava com quem teriam que dividir o quarto, com o almofadinha ou com o marinheiro. Foi com este. Os três entraram ali com três moças. Havia duas camas e um sofá. O nórdico sentou-se nele e pôs a moça no colo. Ria muito, parecia bêbado. Quando começou a falar, os dois rapazes perceberam que não entendiam nada do que ele dizia. Começou a fazer com a moça uma espécie de upa-upa-cavalinho. De repente, o homem se levantou e se deu conta da expectativa que havia criado. Cumprimentou alegremente os dois rapazes naquela língua estranha e, quando viu que eles não entendiam nada, soltou outra gargalhada, ainda mais forte que as anteriores. Deu-lhes as costas, baixou as calças e pôs mãos à obra. Os dois rapazes fizeram o mesmo. Pouco depois, ficaram sabendo que o sujeito se chamava Theo, era dinamarquês e zarparia no dia seguinte para Hamburgo, a bordo do vapor *Málaga*. Os três acabaram abraçados, cantando no porto até amanhecer.

As coisas, portanto, não podiam estar melhores. Eustaqui não ganhava muito, mas estava contente. Era nisso que pensava naquela manhã gelada no caminho de volta para o Teatro Soriano. Parecia que nada podia estragar aquela vida tranqüila de mascate durante o dia e de ajudante no teatro à tarde e à noite. Ele e a mula só queriam se recolher e dormir um pouco.

Naquela manhã, porém, encontrou Nonnita Serrallac à sua espera, acordada, na porta do teatro. Com o frio que fazia, aquilo não era normal. Os pés gelados doeram quando ele saltou da boléia. Pisoteou o chão com força para que o sangue voltasse a circular e foi guardar a mula e a carroça. A moça se aproximou dele. Tomàs e ela eram boa gente. Eram a sua segunda família. Nonnita o chamou. O rapaz percebeu que seus lábios tremiam como se fosse difícil começar a falar. Ela estava pálida e tinha olheiras, como se não tivesse dormido. Eustaqui ficou assustado, pois nunca a tinha visto desse jeito.

— Eustaqui...

— Pois não.

— Você está feliz aqui conosco?

— Claro que sim, patroa.

— Queria lhe pedir um favor.

— Qualquer coisa, patroa.

— Qualquer coisa, não. Tenho que lhe explicar tudo com calma e você tem que pensar nisso com calma. Não é tão simples assim. Hoje à noite, depois do espetáculo, nós três vamos jantar lá em casa para podermos conversar tranqüilamente. Quero que me ajude a fazer um serviço um tanto especial. Se as coisas não derem certo, você pode ser prejudicado...

Eustaqui se atreveu a interrompê-la. Nunca a tinha visto daquele jeito. Nem mesmo no primeiro dia, quando ela o obrigou a ficar dando voltas, com uma carroça absurda, por uma cidade que ele não conhecia, perguntando por um saltimbanco italiano que, como se viu depois, não estava mais lá. Aquela mulher sempre fazia seu coração disparar.

— Seja o que for, pode contar comigo, patroa — disse ele.

— Obrigada — respondeu ela tentando, em vão, controlar o tremor dos lábios. — Agora, trate de dormir um pouco...

Eustaqui Guillaumet entrou na antiga lavanderia onde agora a mula servia de fonte de calor. Num canto do chão, havia um monte de palha fresca coberto com umas mantas. Bem agasalhado, Tomàs Capdebrau estava dormindo ali. Na escuridão, seus olhos abertos brilhavam. Ao seu lado, o papagaio, quieto, solene. Como das outras vezes, Eustaqui se despiu e se deitou junto deles em silêncio.

— É você? — indagou Tomàs de repente. — Nonnita lhe deu trabalho, não é?

Eustaqui, que já estava meio adormecido, não conseguiu entender o que Tomàs tinha perguntado. Mas o outro insistiu:

— Não perguntou se você queria trabalhar para ela?

Cansado, o rapaz não teve forças para esclarecer que já vinha trabalhando para Nonnita há alguns meses. Não valia a pena. Só respondeu, quase dormindo:

— Perguntou sim. Boa noite. Ou bom dia. Quero dormir.

E Tomàs Capdebrau, no escuro, com os olhos fixos no teto, sussurrou com sua voz rouca e inexpressiva:

— Pois vou lhe contar uma história para você dormir. Era uma vez uma moça chamada Nonnita Serrallac. Era a estrela de um número exótico num pequeno circo itinerante e só ria quando estava em cena. Fora do trabalho, não ria nunca. E a história acaba aqui.

Impressionado, Eustaqui não ousou dizer nada. Virou-se, tirou uma das mãos de baixo das cobertas e coçou a nuca como se aquele gesto pudesse ajudá-lo a pensar. Ficou sabendo, então, que, em algum momento do passado, aquele homem que já roncava ao seu lado também tinha estado apaixonado por Nonnita Serrallac.

Bocejou, fechou os olhos e dormiu.

13

Rafel Escorrigüela ainda não tinha digerido a possibilidade de reencontrar Demi Gambús quando aconteceu uma coisa que veio lhe confirmar que algo estava se modificando em sua vida. Era sábado e tinha em mãos um convite para um baile de classe. Na verdade, não era para ele, mas para o senhor Gatell, que estava fora, em viagem de negócios. Só deveria voltar dentro de dois dias e o senso prático de Rafel Escorrigüela não admitia que um convite assim fosse desperdiçado. Entrou, portanto, no escritório para pegá-lo. O senhor Gatell nem chegaria a saber que aquele convite tinha estado em cima de sua escrivaninha... Tratava-se de um baile informal, organizado por uma família importante da cidade que havia alugado o Novetats por algumas horas. Era impressionante...

Naquele sábado, parou de trabalhar às seis da tarde, e foi correndo para a pensão. Subiu as escadas de três em três degraus, cumprimentou os presentes com um olá insignificante e mirrado, e se fechou em seu quarto. "Sou um rapaz bem-apessoado", dizia ele com seus botões, "Quem sabe até não vou de viúvo recente, com o colarinho e os punhos novinhos em folha; o chapéu, a bengala e as luvas do último Natal; quanto ao paletó, poderia alugar o de um dos hóspedes da pensão por uma peseta... E lá vamos nós para o Novetats!"

Os casais chegavam ao teatro em carros de aluguel, cumprimentavam-se, abraçavam-se, beijavam-se, riam e finalmente entravam. Era sem dúvida uma festa de classe. Para poder entrar, Rafel Escorrigüela precisou usurpar a personalidade do senhor Gatell, o que conseguiu sem maiores problemas: a classe alta de Barcelona era confiante e feliz. Especialmente quando, como nos últimos tempos, os anarquistas andavam atirando bombas nos bairros populares. Só assim era possível entender que alguém como ele, um pé-rapado um pouco mais arrumado, tivesse conseguido entrar ali sem nenhum contratempo.

O motivo da festa era a apresentação à sociedade de uma mocinha de família importante. Tinham retirado algumas fileiras de poltronas para converter a platéia num salão de baile e estendido um luxuoso tapete desde a entrada, na porta da rua. A sala estava esplendidamente iluminada e decorada com guirlandas e flores de papel de todo tipo, feitas com muito esmero. Havia flores presas às paredes com arame, em cima das mesas dentro de jarras e também em cestas carregadas pelos garçons. Tanto os homens quanto as mulheres pegavam flores dessas cestas para pôr na lapela, no vestido ou onde bem entendessem. Tudo isso assinado pela conceituada casa italiana dos Lazzoli. A orquestra, em uniforme de gala, era a banda militar do regimento de Mérida e estava afinando os instrumentos no palco sob a regência de um sargento de sobrancelhas espessas e bigode gomalinado. Rafel Escorrigüela estava atônito. A cada passo esbarrava com algumas das mais importantes personalidades políticas, industriais e culturais da cidade. Viu que um homem rechonchudo e muito elegante recebia os cumprimentos de vários outros senhores. Foi cumprimentá-lo também achando que era o anfitrião. Só depois de felicitá-lo efusivamente descobriu que era apenas o *maître*.

As pessoas dançavam, tudo corria bem, e ele estava ali. Um rapaz se aproximou e começaram a conversar. Precisavam falar quase gritando por causa do som da orquestra. Era um jovem herdeiro de uma família aristocrática de Barcelona. Perguntou-lhe em que trabalhava e Rafel respondeu que era dono de uma importante companhia de navegação:

— Importação e exportação, sabe o que quero dizer: temos representantes em Dover, San Juan, Buenos Aires e Manila... Atualmente estamos nos dedicando exclusivamente à exportação de cimento para a Itália. Com o terremoto, eles têm grande necessidade de material para a reconstrução. Temos contato direto com o senhor Güell, marquês consorte de Comillas...

— Sei quem é... — disse o jovem com um sorriso zombeteiro.

— Compramos cimento dele. É uma pessoa extraordinária. Sabe o que ele disse, não sabe? “Aumento da produção, redução do custo, incremento de benefícios e, portanto, incremento dos salários e destruição da semente da revolta social...”

Mentia melhor do que respirava. O rapaz o fitou dos pés à cabeça com um ar estranho e, dando uma desculpa, foi se juntar a um outro grupo. Rafel se aproximou então de uma mocinha que estava distraída e lhe sussurrou ao ouvido:

— Vamos dançar?

A moça disse não e foi embora. Rafel, porém, estava exultante, feliz da vida por estar naquele local, naquela hora, rodeado por aquela gente.

Provava os sanduíches, tomava ponche, circulava pelo salão com graça e desenvoltura. A orquestra não parava de tocar. Distribuíram máscaras de papelão que simulavam caras de animais e todos as usaram para dançar uma ou duas músicas. De repente, as máscaras caíram e os camarotes foram ocupados por belas damas e senhores distintos. Começaram, então, a voar pelo ar os primeiros confetes e serpentinas que cruzavam toda a sala e acabaram cobrindo completamente o chão. Era uma chuva de cores. O clima estava animadíssimo.

Por volta da meia-noite, o anfitrião se despediu convidando os mais notívagos a seguirem com a festa até as duas da manhã, já que tanto o salão quanto o pessoal e os músicos haviam sido contratados até aquela hora e não se devia desperdiçar essa oportunidade. Todos aplaudiram. Em seguida, a debutante se retirou com seus pais sob uma salva de palmas. Embora fosse sua apresentação à sociedade, já era tarde demais para uma mocinha de sua idade.

Não é preciso dizer que, entre os que ficaram no Novetats, estava naturalmente Rafel Escorrigüela.

Uma pequena orquestra substituiu a banda militar. E, entre uma dança e outra, alguns casais se perdiam pelos cantos do salão para iniciar galanteios mais ou menos discretos. Foi então que Rafel viu um homem de certa idade com o rosto escondido por trás de uma máscara de tigre e o braço passado na cintura de uma moça muito mais jovem que não usava máscara alguma. O sujeito a abraçava e lhe dava uns beijinhos atrás das orelhas. Aquela nuca, aquele jeito de andar... Resolveu segui-los sem ser notado. Ficou observando o casal de um local mais escuro. A moça, que devia ter uns 25 anos, tirou a máscara do companheiro para poder beijá-lo à vontade. O velho libidinoso que estava à sua frente era o senhor Gatell em pessoa! E aquela mocinha tão fogosa não devia por certo ser sua esposa... O rosto de Rafel se iluminou com um sorriso de orelha a orelha. Chegou quase a chorar. Aquele era um verdadeiro presente dos céus. Melhor que isso. Tinha de pensar rápido. O que fazer? O senhor Gatell estava quase devorando a jovem que dava risadinhas sem tentar detê-lo. Pense, Rafel, pense. Só agora percebia que era uma moça de boa família, pois a tinha visto com os pais durante a festa... Pense, porra! Seria a oportunidade que estava esperando? Decidiu que sim. Respirou fundo e se aproximou.

— Senhor Gatell, que surpresa!

O homem ficou branco. Tirou a moça do colo quase como se espantasse um inseto. Não sabia o que fazer nem o que dizer.

— Essa é minha sobrinha... — gaguejou Gatell.

— Não sabia que agora as sobrinhas enfiavam a língua na boca dos tios...

A moça gemeu e saiu correndo. O homem se levantou, apoplético, e o esbofeteou. Apanhado de surpresa, Rafel caiu para trás e ficou ridiculamente sentado numa poltrona.

— Como se atreve? Considere-se despedido! — esbravejou Gatell.

O rapaz se levantou muito sério e lhe disse:

— Como quiser, mas antes gostaria de conversar com o senhor. E não ouse encostar a mão em mim novamente.

— Conversar comigo? Sobre o quê? Não temos nada a dizer um ao outro.

— Tem razão. Talvez seja melhor eu ter uma conversa com sua esposa.

— Filho-da-puta! Logo eu, que tirei você da merda...

— O senhor escolhe. Amanhã de manhã, no escritório? — acrescentou Rafel com toda calma. — Quanto antes melhor, não acha?

Gatell fitou-o em silêncio e murmurou entre dentes:

— É, suponho que sim.

— Pois então, até amanhã. Boa noite, senhor Gatell. E prossiga, prossiga, a senhorita deve estar à sua espera escondida num canto qualquer...

E foi embora às pressas. Antes de sair, ainda teve tempo de marcar um encontro com uma das moças que tinha conhecido no baile. Ela se chamava Llucieta, era costureira e, nas horas vagas, trabalhava como garçonete.

Rafel Escorrigüela só se acalmou quando se viu na rua. Ainda fazia frio para aquela época do ano. Mesmo assim, respirou fundo e começou a andar de volta para a pensão sob aquela meia-luz artificial. Estava disposto a fazer a chantagem mais requintada de toda a história.

Deu o cravo que trazia na lapela para a dona da pensão, que ainda estava acordada, e lhe fez uma reverência. A mulher fitou-o, muito séria: em princípio, era um viúvo recente e ainda estava de luto. Ele, porém, já se considerava integrante de uma outra galáxia.

No dia seguinte, domingo, quando chegou ao escritório, o senhor Gatell estava esperando por ele. Com todo aquele silêncio, o ambiente parecia estranho. Rafel nunca tinha estado ali fora do expediente. Bateu à porta do escritório e entrou. O aposento estava na penumbra. O sol penetrava através das cortinas e iluminava de viés a fumaça do charuto que o senhor Gatell fumava sentado em sua poltrona.

Por um segundo, entrou em pânico: teve a impressão de que o senhor Gatell o recebia com um ligeiro sorriso nos lábios. Olhou ao seu redor: não havia mais ninguém ali. Respirou e foi em frente. Ele, de pé, Gatell, sentado, fumando e estranhamente tranqüilo como quando lidava com algum fornecedor. Escorrigüela atribuiu essa atitude ao nervosismo e começou a falar. Ouvia suas próprias palavras e se encantava: como se tivesse previsto aquela situação, expressou-se de forma clara, crua, um tanto cínica, de homem para homem, tentando convencer o senhor Gatell de que estava lhe oferecendo um excelente negócio.

— Por um tantinho de nada o senhor poderá continuar desfrutando da companhia daquela mocinha, coisa que, afinal, o senhor merece...

Gatell suportou até aquele instante. O sorriso irônico desapareceu e seu rosto se transformou numa careta. Levantou-se bruscamente, mas voltou a se sentar. Escorrigüela estava radiante.

— Ora, vamos, senhor Gatell. Isso não é uma ópera dramática... Faça jus ao espírito catalão: bom senso e loucura. A loucura o senhor já tem, na forma de uma beldade de vinte anos. Só falta acrescentar um pouco de bom senso. Por quase nada, teria a minha total discrição e o meu silêncio absoluto. Além disso, o senhor estaria contribuindo para lançar as bases da fortuna de um jovem, um funcionário seu, a quem a sorte sempre foi avessa. E que, não é necessário dizer, ficaria eternamente grato por isso. Se quiser pensar a respeito, tudo bem, mas só vejo vantagens em minha proposta. Pense na catástrofe que seria... Ela é uma moça comprometida, e o senhor... Não pode se permitir ter problemas com sua esposa que, pelo que sei, graças à sua fortuna familiar, é o principal baluarte desta empresa comercial. Ande, homem, não seja egoísta...

Gatell estava estupefato.

— Ouvi-lo me dá vontade de vomitar. Quanto está querendo?

— Mil e quinhentos paus.

— Nem pensar. Mil.

— O senhor pretende regatear sua própria felicidade?

— Não banque o engraçadinho. E agradeça a Deus por eu não mandar lhe darem uma surra.

Rafel viu o binóculo sobre a escrivaninha. Com todo descaramento, pegou-o e começou a examinar o escritório minuciosamente enquanto dizia:

— Pense bem, Gatell.

— Não tenho que pensar nada. Mil pesetas e, já que parece gostar tanto dele, pode ficar com o binóculo. É ótimo, custou caríssimo...

Rafel Escorrigüela, esperto por natureza, sabia muito bem até onde podia esticar a corda.

— O senhor me pegou num bom dia... Fechado.

Gatell lhe entregou imediatamente a quantia de cem pesetas em espécie além de um cheque de novecentas pesetas. O rapaz não estranhou o fato de tudo já estar preparado. Isso pouco lhe importava. Não era nenhuma fortuna, mas, comparado ao seu salário de cem pesetas por mês, aquele dinheiro o deixava satisfeitíssimo.

Quando já estava de saída, seu ex-patrão lhe disse:

— Não pense que vai ter sempre a mesma sorte que teve hoje, Escorrigüela.

O tom enigmático da frase o deteve por um momento.

— Não sei se deixei claro, mas espero nunca mais vê-lo na vida. Caso contrário, não respondo por mim — acrescentou Gatell.

— Não se preocupe, senhor Gatell. Vocês não vão me ver nunca mais.

— Vocês?

— Nem o senhor, nem a sua esposa, claro.

— Ponha-se daqui para fora!

À guisa de resposta, Rafel se disse "encantado por tê-lo conhecido" e o advertiu para que não tentasse nada contra ele, pois, àquela altura, já havia duas pessoas em Barcelona a par dessa história e sabendo o que fazer caso ele não desse sinais de vida.

Gatell se levantou da cadeira e lhe deu as costas. Ficou olhando por uma fresta da cortina da janela, adivinhando o mar lá fora, decididamente acabrunhado.

Indiferente, Rafel Escorrigüela foi embora batendo a porta. Enquanto descia as escadas até a rua, apalpava as cem pesetas que levava num dos bolsos e o binóculo em outro. Estava mais surpreso do que contente. Acabava de se transformar num marginal quase sem se dar conta. Na verdade, marginal mesmo ele já era, tecnicamente, há algum tempo. Mas os seus pequenos delitos do passado não deviam ser levados em conta. O mais importante era que acabava de cometer um delito de peso e não estava sentindo o mínimo remorso.

Desceu correndo as escadas e saiu para a Rambla. Apesar de ser domingo, o fato de ter vindo ao escritório o fazia sentir-se excitado e livre, exatamente como quando, em pequeno, matava aula. Era uma manhã incrivelmente ensolarada naquele final de inverno.

Respirou fundo e penetrou naquela maré de vida barcelonesa, como quem mergulha de cabeça na água com a certeza de encontrar o que está procurando. Quase sem perceber, chegou à Canaletes e, pouco depois, à rua de Bergara, onde ficava a pensão. Como não queria abusar da sorte, decidiu se mudar imediatamente. Quem sabe o senhor Gatell, aborrecido, não acabasse perdendo o controle e mandando alguém atrás dele com más intenções. Rafel improvisou um breve, porém sentido, discurso de despedida para os donos da pensão, avisou que enviaria alguém para buscar as suas coisas e foi embora com a maior pose. "O senhor Eusebi Güell não teria feito melhor", pensou com seus botões. Depois do almoço trataria de se hospedar em outro estabelecimento, e ficaria lá até encontrar um bom apartamento para alugar no Eixample. Ah... Na segunda-feira de manhã passaria na alfaiataria L'Aranya, na praça La Llana, e mandaria fazer um terno sob medida. Agora podia se dar a esse luxo, ao menos por um bom tempo.

Decidiu também que tinha chegado a hora de reencontrar seu amigo de juventude, Deogràcies-Miquel Gambús. Passou alguns dias bisbilhotando os arredores do endereço que tinha conseguido no Comitê de Defesa Social. Logo pôde confirmar que, como esperava, aqueles Gambús eram os seus. Numa certa manhã, viu dona Miquela na rua. Estava mais velha, mas tinha o mesmo olhar de cobra de anos atrás. Só a avistou por um segundo, até ela entrar no carro que a aguardava na porta, mas foi o bastante. Uma tarde, viu Demi saindo de casa. Foi atrás dele sem ousar chamar sua atenção. Fez a mesma coisa mais umas duas vezes, mas continuou sem se revelar. Algo lhe dizia que ainda não era hora.

Agora, as coisas eram bem diferentes, e sabia por quê: tinha dinheiro no bolso.

Atravessou o espaço aberto e movimentado da praça Catalunha. Era um domingo frio, mas ensolarado, um domingo pela manhã: bonés de marinheiro, chapeuzinhos estilo *parisien*, com fitas cor-de-rosa, chapéus emplumados das senhoras, atravessados por alfinetes homicidas, sisudos chapéus de cavalheiros, gorros de todo tipo, lenços amarrados na cabeça de mulheres de pele escura, boinas e barretes severamente eclesiásticos... Os casais se diziam frases misteriosas à sombra das palmeiras. Algumas famílias estavam indo comprar rocamboles, outras já traziam o seu embrulhado e voltavam para Gràcia ou Sant Gervasi onde esperavam a hora de subir nos bondes parados no ponto. As babás, que levavam as crianças a passeio em seus carrinhos, apontavam os velhos Riperts verdes, vermelhos ou alaranjados, repletos de passageiros e puxados por cavalos resignados. Velhos pegavam sol com gaiolas de pardais... Na altura da Ronda de Sant Pere viu um círculo de pessoas e se aproximou. Um indivíduo de uns quarenta anos estava armando o maior escândalo, pois a carrocinha da prefeitura tinha apreendido o seu cachorro. Os funcionários diziam que o animal parecia abandonado e estava sem focinheira. O cidadão escandaloso queria impedir que levassem o cachorro e não o largava: puxava o bicho por um lado, enquanto os funcionários não soltavam o laço. O pescoço do pobre cão se quebrou e ele morreu. Seu suposto dono, enfurecido e encorajado pelos gritos dos curiosos, começou a sacudir a carrocinha e dar-lhe socos e pontapés. Os funcionários da prefeitura o laçaram pelo pescoço, coisa que indignou ainda mais as pessoas ao redor, especialmente duas mulheres que atacaram os sujeitos. Quando Rafel se afastou, todos os cachorros da carrocinha tinham sido soltos e os funcionários é que estavam lá dentro, despidos e com pés e mãos amarrados. Quatro guardas municipais já tinham chegado a cavalo para restabelecer a paz e a ordem.

Aquilo era Barcelona.

Tudo tinha corrido às mil maravilhas, tal como havia previsto. Tanto que chegaria bem na hora ao encontro com a costureirinha tão simpática que tinha conhecido no Novetats, na noite anterior.

Tinham combinado de se encontrar diante de um café da moda no passeio de Gràcia.

Rafel Escorrigüela era um homem feliz: de repente, as nuvens negras de sua vida tinham desaparecido e o seu bolso estava cheio.

Tirou da cigarreira um daqueles charutos achatados e impossíveis de se fumar, que custam 12 cêntimos e meio, cortou uma das pontas com os dentes e o acendeu. Deu uma boa tragada e tossiu, como sempre. Ergueu o braço para cumprimentar alegremente com o chapéu a mocinha que, aflita, já estava à sua espera na esquina da rua Casp com o passeio de Gràcia.

— Llucieta — gritou ele.

Jogou por terra o charuto que mal acabara de acender e pisou nele com uma mescla de raiva e prazer: "Já chega de fumar essas porcarias!"

14

No ano de 1899, o excêntrico número de Nonnita Serrallac era esperado com ansiedade onde quer que se apresentasse. Como, porém, implicava o sacrifício de animais, e aquele era um circo pobre, só podia ser exibido de tempos em tempos. Por isso, as pessoas se deslocavam de um vilarejo a outro, acompanhando o trajeto do circo, e se aglomeravam na entrada da tenda para vê-lo. E não era para menos: a impressão de testemunhar como uma moça delicada decapitava frangos e pombos com uma dentada no pescoço das aves deixava a todos pregados aos bancos. O número, concebido pela própria Nonnita, iniciava-se com as notas de uma melodia vagamente oriental, interpretada ao violino por Tomàs Capdebrau. Ao som dessa música, a jovem hipnotizava os animais um a um, deixando-os imóveis, como se estivessem em transe, estirados sobre um estrado de madeira, parecendo dormir com a cabecinha pendurada. Lá pelas tantas, a música parava e, tendo ao fundo o repique dos tambores, Nonnita pegava delicadamente uma das aves, acariciava-lhe a cabeça, lambia-lhe a crista, quando se tratava de um frango... e, de repente, dava-lhe uma dentada no pescoço! Arrancava a cabeça dos pombos de uma vez só, e, depois de cuspi-la num canto, toda sorridente, com o animal ainda se debatendo, fazia com que ele caminhasse agarrado pelas asas enquanto o sangue jorrava do pescoço mutilado. As camponesas, acostumadas a sacrificar coelhos com uma paulada na nuca, gritavam assustadas nas arquibancadas. Os camponeses, homens feitos e habituados a matar frangos torcendo-lhes o pescoço, vomitavam. Nonnita Serrallac percebia essas reações e ria ainda mais. Pegava, então, um outro animal e repetia a cena, desta vez com mais selvageria: molhava-se com o sangue e fingia que ia respingá-lo no público. Usava sempre branco para que o vermelho se destacasse mais. Às vezes, regava o chão de terra e lama com o sangue do pobre animal e, em seguida, chafurdava naquela mistura sanguinolenta; outras vezes, abria as asas da ave e fazia de conta que estava dançando com ela ao ritmo de uma valsinha ou de uma mazurca; não raro cortava o animal com um punhal, o abria ao meio e enfiava a cara em suas tripas. Depois, erguia o cadáver com a boca, sustentando-o por alguma víscera, e, ao ritmo cada vez mais frenético do violino, sacudia a ave para cima e para baixo a fim de que o sangue espirrasse por todo lado. Segundos mais tarde, os espectadores começavam a reagir e, contagiados por aquele entusiasmo, aplaudiam até não poder mais. Nesse meio tempo, ela saudava seu público, enxugava o rosto com uma toalha... e sorria. Sacudia a cabeleira cor de mogno, executava uns passos de dança, agradecia e, sempre ao ritmo da música, saía de cena graciosamente. Era magnífica! Parecia uma rainha... Enlouquecidos de emoção, os espectadores não paravam de aplaudir. Tinham acabado de assistir à transformação de um anjo em demônio.

Em razão do sucesso, Nonnita quis ampliar o número acrescentando um pavão ao frango e ao pombo: era mais espetacular, pois o animal tinha uma visão melhor e se defendia. A moça fingia lutar com a ave e acabava arrancando-lhe também a cabeça. Mas abandonaram a idéia quando Nonnita quebrou um dente; afinal, os ossos de um pavão são bem maiores.

O tal número excêntrico funcionava porque sempre existem espectadores precisando se maravilhar e se espantar. O público entrava no circo disposto a enfrentar algumas surpresas. “É a curiosidade que faz com que os adultos pareçam crianças e as crianças pareçam adultos”, dizia Tomàs Capdebrau.

Durante os festejos do Natal de 1899, o vilarejo de Alcagaire de la Roca não ficou nada a dever às outras localidades. A família mais importante do lugar, os Gambús, tinha contratado o circo. O contrato era bom: eles cediam um terreno para a trupe se instalar e ainda pagavam uma quantia fixa por umas tantas apresentações entre o Natal e o Ano-Novo. Em troca, as entradas eram gratuitas para todos, como uma espécie de presente que os caciques ofereciam aos seus concidadãos.

Foi assim que Nonnita conheceu o jovem Demi Gambús. Depois da apresentação do dia de santo Estêvão, ele apareceu pessoalmente na carroça em que ela morava. Era um veículo de categoria, com estrutura de madeira, parecendo até uma casinha sobre rodas. A moça ouviu umas batidinhas e, quando abriu as janelas de trás, a primeira coisa que viu foram uns incríveis olhos de gato que a fitavam da cabeça aos pés. O rapaz a cumprimentou: ele próprio não estava lá, mas, pelo que lhe tinham contado, o número que ela apresentava era impressionante (especialmente em se tratando de uma mulher), e que os habitantes do lugar e os forasteiros saíam de lá decididamente entusiasmados... Em suma, vinha dizer que queria ver o espetáculo, mas numa apresentação única e especial, para ele e seus amigos, a portas fechadas.

— Quero dar uma festa na noite de fim de ano, e quero que seja brilhante, bem especial. Estou interessado em alugar o picadeiro do seu circo para essa festa. Quero que os meus convidados se sintam livres e à vontade, longe dos olhos dos pais e dos parentes, que possam dançar e fazer algazarra, que, se beberem um pouco além da conta e caírem no chão, nada aconteça. O seu circo é o lugar ideal para isso. Pagarei um bom preço pelo aluguel e pela apresentação do seu número. Só o seu. Não peço mais nada. Parece-me um bom acordo.

Nonnita viu nisso o típico autoritarismo do amo e senhor, mas o que podia fazer? Respondeu que sim, é claro.

Assim, depois do espetáculo da tarde de 31 de dezembro, começaram os preparativos para a noite. O herdeiro da família Gambús e seus convidados viriam depois do jantar para celebrar a chegada do novo ano.

O lugar estava limpo, cheirando a serragem fresca. A partir das nove, começaram a chegar criados trazendo todo tipo de bebidas e carnes para preparar o bufê frio para a ceia. Chegaram também uns caixotes de champanhe Henri Abelé com etiquetas onde se via um aristocrata, muito elegante, enchendo uma banheira com a bebida. Não é preciso dizer que, dentro dessa banheira, havia uma mocinha bem jovem e nua, com uma taça na mão, desejando "Feliz 1900". O pessoal do circo, que via tudo mas não podia mexer em nada, suspirava antecipadamente sonhando com as sobras. Com os restos deixados pelos rapazes, fariam um verdadeiro banquete no dia seguinte para festejar o novo ano. Num piscar de olhos, já tinham montado uma mesa enorme e instalado quatro fogareiros a lenha que assinalavam quatro cantos imaginários no picadeiro. Às nove e meia, apareceram três mulheres trazendo um imenso tapete ovalado, que estenderam no meio da pista. Às dez, foram necessários seis homens para transportar um piano de cauda que foi posto num canto. Finalmente, trouxeram uma banheira cheia de gelo picado e 16 cadeiras de estilo, douradas e estofadas com veludo grená, que foram dispostas em quatro fileiras de quatro. Às 10h45, chegou o pianista, todo arrumado, com seu caderno de partituras na mão.

Faltando cinco para as onze, todo o pessoal do circo foi expulso do recinto iluminado, como em dias de grandes espetáculos, graças à pequena usina geradora de eletricidade de que dispunha o vilarejo. Só ficaram os criados de confiança e um mordomo para atender às necessidades do patrão e de seus convidados. Às 11 em ponto, chegaram Demi Gambús e mais sete rapazes, todos muitíssimo bem vestidos. E todos muito jovens. O grupo era uma mistura de colegas da faculdade de direito e de velhos amigos do vilarejo. Uma mistura de almofadinhas e caipiras. Para que, então, as 16 cadeiras? Os rapazes sentaram-se em duas fileiras paralelas, frente a frente. Entre eles, ficava um corredor de uns dois metros. Uns e outros ajeitavam as gravatas, arrumavam os coletes, alisavam as abas do paletó com a palma da mão previamente ensalivada. Alguns tiravam um pente do bolso e, na falta de um espelho, pediam ao companheiro mais próximo que refizesse o repartido de seu cabelo: tinha de ser bem certo, como tudo naquela noite, pois não é todo dia que se entra num novo século. Demi Gambús subiu numa cadeira e pediu silêncio:

— Caros amigos, dizem alguns que entraremos hoje no novo século, já outros afirmam que teremos de esperar o ano que vem. A mesma discussão aconteceu há cem anos, em 1799, e tudo leva a crer que deve se repetir daqui a cem anos, em 1999 (nesse caso, acrescido da maravilha da mudança do primeiro algarismo). Na dúvida, prefiro não arriscar. Pretendo celebrar a passagem do século durante 367 dias, a partir de hoje, 31 de dezembro de 1899, até 1º de janeiro de 1901. Assim, não há como errar. Que comece a festa!

Voltou ao seu lugar sob os aplausos dos rapazes, enquanto o piano executava um *paso doble*. Começaram, então, a entrar, ao ritmo da música, oito jovens prostitutas vindas da capital. Tinham se vestido para a ocasião e, na verdade, estavam deslumbrantes. Jovens e risonhas, vinham capitaneadas pela mais velha, uma morena de uns trinta anos, gorda e cheia de desenvoltura, que fumava cigarros de tabaco escuro com uma piteira comprida entre os dedos gorduchos cheios de anéis. Atrás dela, vinham as outras sete, de tipos físicos os mais variados: parecendo nórdicas ou mediterrâneas, louras autênticas ou tingidas.

Os rapazes aplaudiam e assobiavam como loucos, e elas sorriam e os cumprimentavam andando em fila indiana. Estavam bem descansadas, bem vestidas, bem penteadas, bem perfumadas, bem jantadas, bem bebidas. O que mais poderiam querer? Quando chegavam ao fim da pista, punham as mãos nas cadeiras, davam meia-volta com graça e se dirigiam, alternadamente, para a direita ou para a esquerda. Então, desfilavam diante dos rapazes que apenas faziam que sim ou que não. Depois de fazer esse percurso por três vezes, as moças acabavam sendo destinadas a um ou a outro, e todos tiveram de se conformar. O piano tocava, as pessoas riam, bebiam, dançavam. Eufórico, Demi Gambús arrastava uma mulher um palmo mais alta que ele. Chamava-se Rosor e parecia apertada num corpete que deixava os seus seios tão empinados que ela quase podia tocá-los com o queixo sem baixar a cabeça. Compartilhavam uma taça de champanhe gelado e Demi lhe perguntou por que era puta. A moça respondeu que, certa vez, numa única tarde, três rapazes tinham se declarado a ela e os três se chamavam Josep.

— Um deles queria me ensinar a dirigir, o outro queria ir para a América e o terceiro morreu. Eu só ficava dizendo: "Ainda não estou preparada para isso, Josep." Quando dei por mim, já estava nas esquinas.

Ela começou a rir, inclinando o corpo para trás a fim de mexer melhor os braços meio imobilizados pelo espartilho. A meia-noite vinha chegando no melhor dos climas. Os criados reavivavam o fogo dos fogareiros, punham garrafas para esfriar na banheira e enchiam as taças dos convidados. E se os casais não começavam a se deitar ali mesmo era porque havia a ordem expressa do patrão determinando que refreassem seus impulsos sexuais até que a noite estivesse mais avançada. Por isso, sem parar de dançar, os rapazes bolinavam o mais que podiam e as moças suavam. Com o suor, a maquiagem ia se desmanchando e os rostos ficavam cada vez mais sugestivos. Demi Gambús ia de casal em casal perguntando às moças por que tinham se tornado putas. Uma morena altíssima, sentada no colo de um dos rapazes, respondeu-lhe:

— Porque o meu marido me traiu com a minha melhor amiga e foi embora me deixando com três filhos.

— E você tem um cafetão que cuide dos seus interesses?

— Tenho um homem. Um homem bom que quis casar comigo e trata bem os meus filhos.

— Está apaixonada por ele?

— Que absurdo! Meu único amor é o dinheiro!

— Maravilha!

Brindaram e Demi Gambús a fez beber o champanhe de um gole só. As taças erguidas bruxuleavam à luz dos refletores do circo.

Um dos rapazes, pedreiro de profissão, com a nuca bem raspada para a ocasião, e pouco acostumado à bebida, apoiou-se no fogareiro e queimou a bunda. Deu um pulo e todos caíram na gargalhada.

O pianista, um homenzinho com cara de maçã, olhos saltados e cabelo liso, parou de tocar. Estava com fome e o bufê frio era tremendamente tentador. Sua voz soou como uma serra afiada, daquelas de serrar alumínio:

— Vou recuperar um pouco as forças e logo recomeço.

Mesmo com o piano calado, o rumor surdo dos passos sobre o tapete e do roçar dos corpos continuou; o rumor surdo de pessoas dançando sem música. Rapazes e moças muito excitados que traziam a própria música no corpo. Assustado, o pianista logo percebeu que era dispensável e, com uma coxa de galinha assada na boca, correu de volta para o piano.

Mãos que dançavam, agarravam e caíam sobre as largas costas nuas das mulheres da vida.

Quando deu meia-noite, o jovem Gambús mandou o pianista parar e, mais uma vez, subiu numa cadeira. Tirou o relógio do bolsinho do colete. Com uma das mãos, o segurava, e, com a outra, estava a postos para avisar ao pianista. Pediu a atenção dos convidados e começou a contagem regressiva por volta das 23h59: dez, nove, oito, sete, seis... "Feliz Ano-Novo!" Foi como uma mola se soltando: mais gritos, mais assobios, mais apalpadelas. O pianista se pôs a tocar uma valsa, uma valsa para o ano de 1900. Confetes, línguas-de-sogra, muita alegria. E todos começaram a dançar! Rapazes esbeltos, de boa família, compartilhando, com rapazes atarracados do campo, mulheres de vida fácil, fossem elas gordas ou magras. E, no meio deles, Demi Gambús fazia uma das moças soltar gritinhos, como se alguém lhe fizesse cócegas.

Por volta da uma da manhã, foi preciso expulsar um dos rapazes que queria se apoderar de todas as putas, atitude incompatível com o fato de seu peitilho estar todo respingado de vômito. Parecia um cachorro bêbado no cio. A um sinal do jovem Gambús, dois dos garçons, juntamente com o mordomo, aproximaram-se. Sem agressividade, para não parecer algo pessoal, indicaram-lhe onde ficava a saída. Como o moço se recusou a ir embora, arrastaram-no até onde estavam seu casaco e seu chapéu, e o atiraram porta afora. O rapaz caiu sentado no chão e ficou ali, numa pocinha de água gelada. Do lado de dentro, todos riam e aplaudiam. E ele não entendia nada, pois estava muito tonto: era de uma das famílias mais importantes de Barcelona, o que estaria fazendo ali? Percebeu que estava perdido e sozinho num vilarejo distante e sinistro. E que sua bunda estava molhada com água a três graus abaixo de zero. Levantou-se aos tropeções e, confuso, com passos trôpegos, dirigiu-se para o lugar onde estava hospedado.

Naquele clima que não podia ser melhor, Demi Gambús anunciou que tinha chegado a hora do espetáculo. Mandou o pianista parar novamente e bateu palmas. O pessoal do circo, que só esperava por esse sinal, levou até o centro do tapete o estrado onde Nonnita Serrallac executava o seu número excêntrico. Os rapazes e as putas juntaram as cadeiras e se sentaram. Demi Gambús foi buscar a protagonista que estava do outro lado da cortina de entrada do picadeiro.

O pianista começou a tocar uma valsa; a moça de cabelo cor de mogno e o rapaz de olhos de gato saíram dançando.

— Queira me perdoar — disse ele, com um sorriso. — Não danço nada bem.

A moça deu de ombros e se deixou conduzir. Os convidados aplaudiram os dançarinos que vinham se aproximando. Formavam um belo par.

Ele a segurava firme pela cintura, sentindo os peitos, os quadris e as coxas da moça colados a seu corpo. Percebia que começava a flutuar, como uma nuvem de pó, como uma língua de fogo, ali dançando com o nariz mergulhado naqueles cabelos. Demi Gambús se desmanchava como um punhado de areia que escorre por entre os dedos. E não gostava nada disso. Concentrou-se na dança.

— O senhor me enganou: dança muitíssimo bem — comentou ela.

O rapaz sorriu e a deixou junto ao piano. A música parou e o herdeiro dos Gambús notou que o sangue acumulado recomeçava a circular. Desejava aquela mulher. Olhou para cima: lá no alto, a lona deixava ver a noite estrelada.

— Caros amigos, tenham um pouco mais de paciência — disse ele. — Vocês têm ao seu lado, à sua disposição, belezas consideráveis e sei que estão a ponto de explodir. Não se preocupem, pois logo poderão satisfazer a essas damas. Antes, porém, quero que desfrutem comigo da arte dessa senhorita. Tenho ouvido tantos comentários a seu respeito ultimamente que não podia perder esta oportunidade. Muito gentilmente, ela consentiu em repetir o seu número para nós. Não sei do que se trata. Não quis saber de nada para que fosse uma surpresa absoluta. Vocês também não o viram. Será que é mesmo tão impressionante o que faz essa doce criatura?

Demi Gambús segurou uma das mãos de Nonnita para erguer o seu braço. Todos aplaudiram. Ela estava deslumbrante. O jovem Gambús, ébrio de álcool e orgulho, prosseguiu:

— Senhorita Serrallac, esta é uma noite muito especial. Quero que sua atuação também seja assim. Gostaria de cobrar por seu trabalho uma quantia extra de, digamos... mil pesetas?

A moça arregalou os olhos diante da menção àquela pequena fortuna.

— É isso mesmo que está ouvindo. Amigos e amigas, acabo de ter uma idéia... Proponho que façamos a seguinte aposta com a senhorita Serrallac: sem saber qual é o seu número, prometemos lhe pagar mil pesetas — que ficam por minha conta — se formos capazes de repetir o que ela faz. Seja lá o que for. Um de nós sete tentará reproduzir o número. Se não conseguirmos, a senhorita leva essa quantia; se conseguirmos, terá de nos pagar. O que me diz?

— O que quer que lhe diga? — indagou ela espantada. — Não tenho mil pesetas para apostar. E, mesmo que tivesse, não poderia me dar ao luxo de fazer isso.

— Ninguém está lhe pedindo para apostar dinheiro. Se nós ganharmos, podemos cobrar a aposta... em outra moeda.

— Que moeda? Atuações de graça?

— Não. O prêmio é a senhorita. E não se trata de um pedido de casamento... — O silêncio era total; todos ouviam com atenção. — Porra, não é tão difícil de entender! Com todo o respeito pelas presentes, a senhorita não é puta, o que a torna mais excitante. O dinheiro é perverso. Eu tenho muito, a senhorita não tem nada. Desprezar minhas mil pesetas é imoral! Pense em todos esses mortos de fome que a acompanham... Além disso, e não se ofenda, não acredito que esteja guardando sua virgindade para algum senhor das redondezas. E se por acaso estiver fazendo isso, posso comprá-la também por mil pesetas. O que a deixaria novamente no mesmo dilema moral. Mas vamos lá, se o seu número é tão bom quanto dizem, não há o que temer, pois sem dúvida ganhará a aposta.

Nonnita Serrallac deu de cara com Tomàs Capdebrau que acabava de chegar com seu violino e tinha ouvido tudo. Foi incapaz de sustentar o seu olhar: aquele dilema também era difícil demais para ele. Ainda por cima, aqueles comentários tão francos sobre a possível virgindade da moça, feitos por alguém habituado a mandar, o tinham deixado desconcertado e envergonhado. Nonnita Serrallac ergueu a cabeça e fitou aquele rapaz desalmado de olhos de gato que acabava de fazê-la lembrar a fome cruel que o pessoal do circo passava com tanta freqüência.

— Aceito — disse então em voz baixa.

Houve uns segundos de silêncio rompido pelo entusiasmo de Demi Gambús.

— Perfeito! — O piano começou a executar uma marcha. — Pois vamos começar!

Ao ritmo da música, a própria Nonnita foi buscar o frango e o pombo. Subiu no estrado e todos se calaram. Tomàs Capdebrau iniciou os compassos no violino e ela, decidida, com a imagem das mil pesetas diante dos olhos, começou sua apresentação.

As reações daquele público tão seleto foram as de sempre: nojo e admiração. As moças logo desistiram de olhar escondendo o rosto no peito de seus acompanhantes. Com todo o álcool que tinham ingerido, quase todos os rapazes vomitaram. Vendo isso, Nonnita se animou. A tal ponto que resolveu dançar a valsa com o frango sem cabeça e jorrando sangue em meio àquele público especial. Só de vê-la se aproximar, moças e rapazes saíram correndo em todas as direções, elas, gritando, e eles, rindo e arrotando.

Os aplausos, mais pelo alívio de saber que aquele tormento tinha terminado, foram apoteóticos. Nonnita, limpando o sangue do corpo, sorria e cumprimentava. Já se via como vencedora da aposta.

Mas Demi Gambús tinha ficado muito sério. Virou-se para os amigos e começou a chamá-los um a um, pelo nome. Envergonhados, todos se declararam incapazes de repetir aquela selvageria.

Nonnita Serrallac aproximou-se dele com a intenção de cobrar o que lhe devia. O jovem Gambús deixou que ela chegasse bem perto e agarrou suas bochechas com as mãos. Fazia uma careta de contrariedade misturada à agonia que acabava de viver. Cravou na moça os seus olhos de gato e disse:

— Vá com calma, senhorita. Eu vou tentar. Na minha opinião, o prêmio vale muito a pena.

Enquanto Tomàs limpava o picadeiro e recolhia os restos para guardá-los, a própria Nonnita, perplexa, foi buscar outro frango e outro pombo. Botou cada um deles em seu lugar e os hipnotizou para ganhar tempo: eram uns animais tão estúpidos que os fazia adormecer em questão de segundos. Tudo estava pronto. O violino de Tomàs Capdebrau começou a tocar. A tensão era grande. Até o pianista e os três garçons se aproximaram para ver. Demi Gambús subiu no estrado e tirou o paletó. O violino não parava de tocar e os outros rapazes e moças, sem perceber, tinham puxado as cadeiras para mais perto do palco improvisado. Não se importavam que o sangue respingasse neles: queriam ver aquilo com os próprios olhos.

Demi Gambús agarrou o pombo tomando cuidado para não acordá-lo, exatamente como viu a moça fazer: as mãos em concha, como se fosse beber água numa fonte, e o pombo ali no meio. Só de pensar, sentia ânsia de vômito. Fitava o corpo asqueroso do pombo adormecido, media aquela cabecinha e calculava mentalmente até que ponto teria de abrir a boca. Sentia o suor lhe escorrer pelo corpo. Estava ficando enjoado. Não teria coragem. Ergueu a cabeça e viu todos aqueles rostos que o encaravam fazendo estranhas caretas. Viu a moça de cabelo cor de mogno. Podia tê-la de graça, se quisesse, já que era o rei! Suas mãos começaram a tremer. O rei? Que raios de rei era esse, parado ali no meio, se borrando de medo e de angústia? Sentiu uma espécie de chicote estalando, com um ruído claro e seco, em seu cérebro. A adrenalina substituiu o álcool.

E pronto!

O seu braço foi rápido como um raio. Agarrou o pombo com a mão direita e, de um só golpe, sem se deter, como quem agarra uma garrafa e arranca a rolha com os dentes, abocanhou a cabeça da ave e a cuspiu no chão. Ouviu-se o clamor bestial dos espectadores que começaram a aplaudir e a assobiar como verdadeiros animais. Demi Gambús, erguendo o corpo da avezinha decapitada como se fosse um troféu, se aproximou dos companheiros, que se calaram imediatamente. Sacudiu então o corpo mutilado diante dos seus convidados e verificou com prazer que todos se encolhiam e, depois, recuavam. Alguns dos rapazes, vendo aquele naco de carne sanguinolenta, tropeçaram na cadeira e caíram no chão. Ele era mesmo o rei!

Virou-se para a moça e a encarou fixamente com seus olhos felinos. Jogou o pombo no chão, a seus pés, e, com uma voz fria, acostumada a mandar, ordenou:

— Pague.

Com os lábios trêmulos, Nonnita conseguiu dizer:

— O senhor ainda não terminou.

Como o gato que lambe os bigodes antes de uma refeição, ele retrucou bem devagar:

— Terminei, sim. Pague.

Nonnita Serrallac viu naqueles olhos que ele não lhe dava escolha. Os convidados recomeçaram a gritar e a aplaudir. Não tinha saída. Estava tremendo, mais de raiva que de vergonha. O rapaz pediu silêncio e mandou que o pianista e os garçons fossem embora. Ia lhes dar uma hora de folga.

Um dos rapazes, que tinha ficado mais calado, um jovem alto, bem magro, de cabelos cacheados, estucador de profissão, sob o efeito embriagador daquele momento, livrou-se da moça que tinha no colo e dirigiu-se a Demi Gambús todo circunspecto:

— Deixe que eu seja o primeiro a trepar com ela, Demi. Vamos lá, Demi, deixe, por favor!

— Calma! Todos terão a sua vez. Portanto, a ordem pouco importa.

Nonnita Serrallac não podia acreditar no que estava ouvindo. O estucador soltou uma baforada de um hálito fétido lembrando-lhe que o senhor Gambús tinha dito que prêmio era ela, sem especificar como nem quantos teriam esse prazer... A moça olhava para um lado e para outro sem saber o que fazer. Dois dos rapazes imobilizaram Tomàs Capdebrau e o amarraram a um dos bancos. Nonnita, que tentava se afastar do estucador, suplicou que lhe dissessem que aquilo não passava de brincadeira. Mas o que aconteceu foi exatamente o contrário: alguém a abraçou com força, derrubando-a no chão sobre a serragem encharcada de sangue. E foi como a largada de uma corrida. Eufórico, Demi Gambús gritou:

— Eu a quero agora mesmo nesse estrado... nua! E vocês também, garotas! Salve-se quem puder!

Em menos de um minuto, todos estavam apalpando, lambendo, despindo. As profissionais, passado o choque inicial, lançaram-se à sacanagem com a maior alegria. As oito mulheres tiveram que se dividir entre os quatro ou cinco rapazes restantes, já que Demi e mais dois se dedicavam exclusivamente a Nonnita Serrallac. Um deles a agarrou pelas mãos, outro, pelos pés, e o terceiro, o herdeiro Gambús a despia sem pressa alguma. Nonnita, efetivamente assustada, gritava para que a soltassem, gemia, suplicava dizendo que, se a deixassem ir embora, esqueceria tudo, atribuiria aquilo ao simples efeito do álcool. A resposta de Demi Gambús foi uma primeira bofetada ordenando-lhe que se calasse. As putas se uniram a ele, dizendo a Nonnita que não fizesse tanto escândalo, pois, afinal, eram rapazes limpos e, em sua maioria, de boa família. Mas a moça não parava de berrar. Demi Gambús foi até a mesa para pegar mais champanhe. Resmungava dizendo que aquela gritaria o estava deixando nervoso. O estucador a agarrou com força, mandou que se calasse e lhe deu mais um tabefe que chegou a fazer o seu rosto bater no chão. Mesmo assim, a moça não se calou. Com isso, ganhou uma terceira bofetada que a fez perder os sentidos provocando um assobio agudo dentro de sua cabeça. Depois disso, Nonnita ficou com tanto medo que parou de gritar.

Demi Gambús estava excitadíssimo. Era a primeira vez que violentava alguém. Não por qualquer motivo especial, simplesmente porque não teve oportunidade. Bastava que estalasse os dedos para ter imediatamente duas mocinhas esquentando sua cama. Mas isso foi antes de conhecer aquela mulher de cabelo cor de mogno. Ela o tinha desafiado, e, agora, ia lhe mostrar quem era o rei e deixar claro que um rei não admite desafios.

Nonnita continuava dando chutes e arranhões. Mas acabou se cansando. Era uma moça contra três homens bem nutridos e muito bêbados. E Demi Gambús estava ficando impaciente. Abriu as calças e fez tudo calmamente. Passou as mãos pelos seios dela, começou a alisar delicadamente os seus pêlos pubianos... De repente, mandou que abrissem as pernas da moça, lambeu o indicador da mão direita e o enfiou em sua vagina. Começou, então, a movê-lo bem devagarinho, para dentro, em círculos, para fora, quase como se estivesse explorando o terreno. Enfim, anunciou, triunfante:

— Estão vendo? Ela não é virgem.

Em pânico, Nonnita prendeu a respiração: alguém capaz de fazer aquilo também seria capaz de rasgá-la com uma faca para concluir a celebração da passagem do século.

À sua volta, tinham se agrupado oito ou dez rostos divertidos de rapazes e putas que acompanhavam a operação. Senhoras e senhores, muito respeito! Naquela noite, ele era o rei dos reis. Depois ficou contemplando Nonnita Serrallac sob o seu próprio corpo. Ergueu os quadris da moça com a mão e a penetrou. Só lhe faltou cumprimentar a platéia enquanto trepava. Quando terminou, todos aplaudiram.

Depois de Deogràcies-Miquel Gambús, vieram os outros seis. Passados alguns minutos, Nonnita resistia cada vez menos. Viu que estava perdida, e se deu por vencida. Ficou quieta, esperando aquilo terminar. Ouviu uma voz que dizia:

— Agora, sim, está começando a tomar juízo. Pelo que estou vendo, vai acabar até gostando...

Um depois do outro, até o último deles.

Quando acabaram, deixaram-na estirada ali, sozinha, no meio do estrado, aos pedaços, devastada, incapaz de se mexer ou sequer de respirar. Tentou se levantar, mas desmaiou.

Minutos mais tarde, voltou a si e ficou quieta, imóvel, com os olhos fechados, ouvindo o coração bater. O som do piano a assustou e a fez abrir os olhos. A orgia continuava a pleno vapor e um dos rapazes tinha deixado uma das putas cair sobre o teclado. Eram sete rapazes com oito mulheres, num amontoado disforme. Foi então que viu Tomàs caído no chão, sem sentidos. Tinham arrebentado o violino em sua cabeça para que não criasse problemas. Nonnita tentou se levantar, mas não conseguiu. Estava tonta. Ficou calada, sem gemer nem gritar. Tinha um grande coágulo de sangue entre as pernas. Desmaiou de novo.

Percebeu que um dos convidados a tirava dali porque estava atrapalhando. Segurando-a pelos pés, foi arrastando seu corpo por alguns metros. Quando Nonnita abriu os olhos, viu que a tinham deixado ao lado de Tomàs Capdebrau. Ficaram os dois ali, como dois bonecos, como dois mortos, como dois porcos esfolados. Cerca de meia hora depois, um dos rapazes esvaziou uma garrafa de champanhe em cima dela, ficou olhando e foi embora rindo. A moça abriu os olhos e, desta vez, conseguiu se levantar. Vestiu suas roupas em farrapos e começou a desamarrar o amigo. A mão de alguém a deteve, segurando-a pelo ombro. Virou-se: era Demi Gambús, nu, usando apenas as botinas, e sorrindo ligeiramente.

— Espero que tenha aprendido. Não se pode andar por aí provocando as pessoas. Apanhe esse bosta desse violinista e leve ele embora. Vamos ficar um pouco mais aqui. E trate de se lavar. Está fedendo como o diabo. É melhor não me olhar desse jeito, senão vou pensar que você gostou e está querendo uma segunda rodada...

Ela o fitava com os olhos vagos, e isso o enfureceu.

— Fora! Você me dá nojo! Amanhã, ao meio-dia, não quero ver nem sinal dessa merda de circo. Quero que caiam na estrada o mais depressa possível. Entendeu? Compreendeu o que eu disse?

— Entendi...

— E agora dê o fora...

Virou as costas e voltou para a festa.

Nonnita desamarrou Tomàs Capdebrau, pegou um pouco de água para reanimá-lo e o levou consigo. Por sorte, não tinham aberto a sua cabeça: ele estava apenas com um galo monumental.

Entraram na carroça arrasados e derrotados. Jamais esqueceria a cara daquele filho-da-puta. Nunca esqueceria o que aquele filho-da-puta tinha feito com ela.

Era essa história que, em linhas gerais e sem mencionar as descrições mais cruas, Nonnita Serrallac teria de contar a Eustaqui Guillaumet, que já devia estar quase chegando à sua casa.

Inquieta, foi até o patamar da escada com um lampião na mão. Quer falar com os mortos. Quer mandá-los embora. Ainda não se atreveram a entrar em sua casa, mas, há poucos meses, também não se atreviam a transpor o portão do prédio e, agora, quase tinha de afastá-los para poder andar pelos corredores.

À primeira vista, há ali uma boa quantidade deles. Além disso, estão com espírito brincalhão. Param na sua frente e não a deixam passar até o último momento. O mais gozador, Jaume, o barbeiro da rua Tarongeta, não se afasta e deixa que a moça passe através dele, de forma que, por alguns instantes, os dois rostos, o do morto e o da viva, se superpõem e parece que é Nonnita Serrallac quem tem na boca o ovo de madeira reluzente de cuspe de defunto. A moça se vê cercada pelos rostos sorridentes dos fantasmas. Hoje, porém, não está para brincadeiras. Quer discutir com eles uma saída sensata para a sua angústia.

Notando que a moça não pretende fingir que não os vê, subitamente todos aparecem, dispostos a dar seus palpites. Num piscar de olhos, o local tinha se convertido num falatório de defuntos, numa balbúrdia de fantasmas. "A típica atitude autocentrada dos mortos", pensa Nonnita. "Vocês têm a vantagem de ficar sabendo das coisas por antecipação", disse ela. "É uma boa idéia envolver Eustaqui em...?" Eles, porém, não concordam com isso. Recusam a idéia com o maior espalhafato. O barbeiro da rua Tarongeta tira o ovo de madeira da boca, o enxuga e diz: "Veja bem, você falou em saber por antecipação, mas não é bem assim, porque há mortos e mortos. O que acontece é que, sendo defunto, você é poupado de um monte de problemas." O carvoeiro observa: "Quando nos tornamos defuntos, os sofrimentos e as dores, as doenças e o ódio desaparecem, não temos mais esperança. Nada mais consegue nos afetar: não nos assustamos com o trovão nem ficamos inquietos com o ruído de uma porta que não foi trancada; nem o choro de um infeliz nos comove." O antigo barbeiro volta a falar com um tom de nostalgia inevitável, até mesmo para um morto: "Isso já não é para nós, já não nos diz respeito. São assuntos de vocês, são perguntas para nossos filhos, para os filhos dos nossos filhos. Nosso único trabalho é descansar."

"E aporrinhar os vivos", pensa Nonnita Serrallac, mas não diz o que lhe passou pela cabeça. Quando fala, é em tom de desprezo: "Queria lhes fazer uma pergunta sobre o futuro, mas desisti. Vocês não podem me ajudar em nada." E vai embora, deixando-os ali plantados, discutindo entre si apaixonadamente, o que contradiz o que acabam de afirmar. Ai dela se tivesse que se fiar neles. "Vai ver que os mortos do meu bairro são os mais imbecis de Barcelona...", murmurou entre dentes.

Eustaqui Guillaumet chegou à casa de Nonnita Serrallac todo animado, com uma ponta de curiosidade para saber o que a moça queria lhe propor. Foi subindo os degraus numa escuridão quase absoluta, mas a passos rápidos. Ouviu um barulho lá em cima, ergueu os olhos e viu a tênue claridade de um lampião. Devia ser ela. De repente, ouviu a sua voz, sem conseguir entender o que estava dizendo. Se não era com ele, com quem estaria falando? Mas não deu maior importância a esse fato. Chegou ao último andar e entrou no apartamento. Como a porta estava aberta, foi-se guiando pela luz vacilante de uma vela acesa lá dentro. Num canto, sentado num banquinho, Tomàs Capdebrau olhava para o teto. Eustaqui não o cumprimentou, não fazia diferença, pois já sabia distinguir quando ele estava consciente ou não.

O mau cheiro do querosene do lampião chegou até ele antes de Nonnita. A moça saiu da cozinha com um prato de sopa de pão fumegante. Pôs o prato à sua frente e foi pendurar a lamparina na parede.

— Gosta disso?

— E como! Mas e a senhora, patroa, não vai me acompanhar?

Nonnita sentou-se ao seu lado fazendo que não com a cabeça. Não sabia como começar. Ficou em silêncio enquanto o rapaz tomava a sopa. Ele ainda não tinha esvaziado o prato com a colher e ela já o levava embora para trazer uma torta de batatas, pão, uma garrafa de vinho e uma taça. Um verdadeiro luxo. Mais um longo instante se passou. Eustaqui Guillaumet estava percebendo aquela tensão, mas não se atrevia a abrir a boca. Finalmente, arranhando a madeira da mesa com a unha, a moça começou a lhe contar aquela história terrível.

A torta de batatas foi se transformando numa maçaroca impossível de engolir. Eustaqui tinha perdido a fome. Em voz baixa, Nonnita terminou dizendo:

— A tortura ainda se prolongou por uns 15 dias, até que ficasse sabendo com certeza que nenhum daqueles filhos-da-puta covardes tinha me engravidado.

De repente, ouviu-se a voz de Tomàs Capdebrau que soou cansada e rouca:

— Eu me lembro de tudo. Tive de ver a cena do começo ao fim. Eles foram tão cruéis que esperaram até tudo ter terminado para me deixarem desacordado.

Eustaqui e Nonnita ficaram em silêncio por alguns segundos esperando para ver se ele dizia mais alguma coisa. Tomàs, porém, calou-se.

Eustaqui Guillaumet deu uma olhada ao seu redor. Estavam sozinhos numa casa vazia e triste que logo ia ser demolida. Era possível ouvir portas e janelas batendo num dos andares mais baixos. Olhou pela janela da sala de jantar. Não se via nada, era noite fechada. Sentiu um calafrio. Pela primeira vez, por um segundo, Barcelona lhe pareceu tenebrosa. E teve consciência de que, se aquele filho-da-puta passasse pela sua frente naquele momento, não hesitaria em matá-lo. Por sorte, Nonnita Serrallac, que deve ter notado o brilho daquele instinto nos seus olhos, lhe disse:

— De dia, se tem uma vista tranqüila e agradável: os bairros de Sant Pere, de Santa Caterina e Sant Cugat.

O rapaz se acalmou e ela prosseguiu:

— Pois é, quando eu menos esperava, aquele homem voltou a entrar em minha vida. É aquele que você andou vigiando. Há pouco tempo, fui à sua casa para pedir ajuda, e ele negou. Isso me fez ver que, com essa gente, não é pedindo que se pode conseguir alguma coisa... Tive uma vontade imensa de prejudicá-lo, mas, acima de tudo, de deixá-lo sem dinheiro. E pretendo fazer isso, Eustaqui. Conheço esse tipo de homem. É preciso que ele mesmo faça alguma besteira. E tenho uma idéia...

Eustaqui Guillaumet a ouvia com atenção. Seria capaz de se jogar janela abaixo se ela lhe pedisse. Quase bebia as palavras de Nonnita Serrallac.

— Pensei em lhe oferecer a possibilidade de repetir a aposta de nove anos atrás. No meu estado, ele vai ficar excitadíssimo. A diferença é que pedirei muito mais dinheiro e...

— Mas, patroa, se ele ganhou há nove anos, o que a faz pensar que agora seria diferente?

— Ele não vai ganhar. Você não está entendendo? Não vai ganhar porque não chegaremos às vias de fato. Vamos enganá-lo. Vai ser a isca para levá-lo a um determinado local, sozinho e com dinheiro. O que pretendo é roubar tudo dele, até a cueca.

Depois de um segundo, o rapaz lhe disse, muito sério:

— Vamos enganá-lo, depená-lo...

— E agora, ainda quer vir junto comigo?

— Pode ter certeza disso, patroa.

Desta vez, foi ela que levou alguns segundos para lhe agradecer. Não estava acostumada a isso.

— Obrigada, Eustaqui.

Chegou perto dele e o abraçou carinhosamente. O rapaz, sentindo todo o corpo daquela mulher que o enlouquecia, ficou com os olhos marejados e o pau duro. Por sorte, graças à pouca luz do ambiente, ela não percebeu nada, poupando-o dessa vergonha. De pé, às suas costas, continuou a lhe contar seu plano, agora já mais animada.

— Vamos precisar de uma margem de segurança de algumas horas para poder fugir. Ainda vou pensar como faremos isso. Dividiremos o dinheiro. Você pode voltar para Vila-rodona com os bolsos bem cheios. Como se tivesse feito a América.

— Isso não tem a menor importância, patroa. E por que não arrancamos os colhões desse desgraçado?

— É preciso agir com o sangue quente, mas com a cabeça fria. Vamos esperar. Tenho que planejar muito bem a história da fuga. Não se esqueça que tenho de carregar Tomàs. Além disso, ainda não estou me sentindo com coragem. Já foi muito difícil ir ao seu encontro daquela primeira vez. Quero ter a certeza de que terei coragem suficiente para aparecer na casa dele e enganá-lo... Sei que quanto mais visivelmente grávida eu estiver, mais excitado ele vai ficar. Com você ao meu lado, não será tão difícil.

Naquele momento, Eustaqui Guillaumet se derreteu todo. Sorriu e Nonnita Serrallac retribuiu o seu sorriso. E, à luz da vela, voltou a comer tranqüilamente a torta de batatas. Sozinho, porque ela, depois de verificar que Tomàs já estava deitado, foi dormir. Antes de entrar no quarto, disse:

— Eustaqui, se alguma vez você me vir falar sozinha, não ligue, entendeu?

— Entendi. Boa noite, patroa.

— Boa noite.

Algum dia lhe contaria que falava com os mortos do bairro. Outro dia, não agora.

Eustaqui Guillaumet esvaziou a garrafa de vinho ruminando seus pensamentos. Eram tantas coisas em tão pouco tempo que tinha de digeri-las bem devagar. A patroa falava sozinha? Grande coisa! Em Barcelona já tinha visto dezenas de pessoas pela rua falando sozinhas em voz alta. No seu vilarejo, tinha um abobado chamado Ramon que também falava sozinho. Não tinha um dente na boca, por isso uma alma caridosa, anônima, e pragmática, lhe deu de presente a dentadura postiça de um morto. O resultado foi que o tal Ramon ficava com a dentadura na mão conversando horas com ela. Fazia mil perguntas e a dentadura respondia...

Hipnotizado pela chama da vela, Eustaqui já cabeceava de sono. Tentou conceber mentalmente o que significava "ter dinheiro", mas não lhe ocorreu nada e acabou se cansando. Pegou no sono com a cabeça apoiada na mesa. Sonhou que voltava para Vila-rodona rico, casado com Nonnita Serrallac e dizendo a todos que o filho dela era seu. Abria o cestinho onde estava a criança e via o rosto do abobado Ramon, com seu sorriso desdentado e fazendo a dentadura chocalhar em sua mão.

Quando acordou, já era dia.

Suspirou profundamente e, como Nonnita Serrallac tinha dito na noite anterior, viu surgir à sua frente um panorama tranqüilo e sereno: os terraços e os telhados dos bairros de Sant Pere, de Santa Caterina e de Sant Cugat. E, ao seu redor, os pombais.

15

A ESTALAGEM LA PAU OCUPAVA o térreo e o primeiro andar de um prédio de esquina, com entrada pela rua Giriti, nº 4, e uma porta de serviço dando para a rua Plateria, nº 37. Os trabalhadores que, de madrugada, passavam pela rua junto à janela da cozinha, podiam sentir o cheiro do café perfumado com aguardente que era oferecido aos clientes madrugadores.

Eram 5h15 da manhã e uma moça muito atarefada preparava uma das mesas do pequeno refeitório da estalagem, junto da recepção. O estabelecimento atravessava uma fase áurea: as obras da Reforma ficavam bem pertinho. Os prédios do outro lado da rua Plateria estavam prestes a ser demolidos — coisa que, apesar de encher o local de poeira e de barulho, também trazia muitos clientes, tanto os que vinham apenas de passagem quanto os que permaneciam por um bom tempo.

Enquanto acendia o fogareiro do refeitório, a moça ouviu umas batidas na porta e assustou-se. Umas batidas assim tão firmes, às 5h15 da manhã... Acalmou-se lembrando que os ladrões não batem à porta. Pensou então em alguma desgraça, alguma emergência. Atravessou o aposento e foi olhar pela janela que dava para a rua Giriti. Viu um coche estacionado, bem luxuoso, de nogueira envernizada; o cocheiro, instalado na boléia, estava uniformizado e o cavalo, com arreios cor de avelã, era mais bem cuidado que muitos dos clientes da estalagem. Seria algum arquiteto, um engenheiro ou algum figurão das obras da Reforma que tinha chegado cedo demais e queria se abrigar? Voltaram a bater e, limpando no avental as mãos sujas de carvão, a moça foi abrir. Eram três homens. O mais velho, um sujeito de meia-idade, tinha cara de rato e o cabelo liso era penteado para trás e bem grudado na cabeça. Corpulento e de ombros um tanto largos, usava um paletó escuro e botinas. Do paletó saíam dois bracinhos curtos que terminavam em mãos rechonchudas como as de um recém-nascido e que pareciam pender-lhe dos lados do corpo. Enquanto falava, fazia girar o chapéu-coco nas mãos. Atrás dele, dois rapazes com o gorro bem enfiado na cabeça e um aspecto pouco tranqüilizador. Chegavam a dar medo. Qualquer um dos dois podia lhe partir o pescoço com uma das mãos. Quem falou foi o homem com cara de rato.

— Não se assuste, senhorita, somos pessoas de bem. Acabamos de chegar. Ouvi dizer que o jovem Rafel Escorrigüela está hospedado aqui...

— Está, sim.

— Pois foi ele mesmo quem me recomendou o seu estabelecimento. Estou interessado em alugar dois quartos. Um só para mim e outro para eles.

A moça ficou olhando para o homem com cara de rato e os dois capangas atrás dele, impassíveis, bem um palmo mais altos que o seu suposto patrão. O que poderia fazer? Afastou-se deixando-os entrar, e aproveitou para dar uma olhada lá fora. O coche continuava estacionado. Ocupava quase toda a largura da rua. As cortinas das janelas não deixavam ver se havia mais alguém ali dentro.

A moça acendeu uma lamparina a gás que, por causa da poeira, mais fedia do que iluminava. Aquela luz mortiça revelou uma saleta com papel de parede com flores lilases e amarelas, e umas cortinas grená. Num nicho vertical e pouco profundo, que mais parecia uma antiga janela inutilizada, havia um retrato a óleo do fundador do estabelecimento. Num canto, junto à parede, um piano repleto de estatuetas de porcelana e, no meio delas, uma fotografia.

O homem com cara de rato aproximou-se sorrindo.

— Por gentileza, poderia me informar quanto aos preços?

A moça voltou a enxugar as mãos no avental. Estava inquieta. Os dois indivíduos grandalhões a fitavam sem vê-la. Pareciam nem respirar. Levou alguns segundos para responder:

— Temos quartos individuais por oitenta pesetas mensais. O café-da-manhã está incluído. Com pensão completa, fica por 125. Temos também o pacote de trinta refeições a partir de 25 pesetas. Para os clientes, oferecemos almoço diariamente, ao meio-dia, a partir de uma peseta e meia.

— Ótimo!

— Às oito, o café-da-manhã com legumes, salada, bacalhau e sardinhas. Ao meio-dia, temos ensopado com carne, pão, vinho e algumas sobremesas. No lanche, às quatro horas, temos pão com tomate e cebola, frutas e arenque. O jantar é às oito, com feijão, grão-de-bico, bacalhau, anchova, algumas costelas, sobras das outras refeições, pão e vinho. Às quintas-feiras tem arroz. E aos domingos, uma torta salgada.

Recitou aquilo tudo de memória, de puro nervosismo. Fez-se um silêncio tenso interrompido pelo cheiro forte e característico de pão queimado. A moça gritou e desapareceu na cozinha. Levou alguns minutos para voltar. A primeira coisa que viu foi o sorriso do homem com cara de rato. Não havia mais ninguém na sala.

— E os seus amigos?

— Não são meus amigos. Trabalham para mim. Subiram para cumprimentar o senhor Escorrigüela. Não se preocupe, pois ele estava esperando nossa visita. E agora que já resolveu o pequeno inconveniente provocado pelas torradas, creio que poderia me mostrar o quarto. Se me interessar, pago imediatamente e venho me instalar amanhã à tarde. Quanto aos outros dois, não há com que se preocupar: qualquer coisa está boa para eles.

A moça tentou ver se ouvia algum ruído vindo lá dos quartos. Não se ouvia nada. Disse ao cliente que ia mostrar os aposentos disponíveis, acendeu um lampião que ficava no balcão da recepção e foi subindo a escada à frente dele. Aquele sujeito, com aquela cara e aquelas mãozinhas que não paravam de fazer o chapéu rodar, lhe dava arrepios.

Quando voltaram à recepção, os dois outros já estavam ali. Não tinha ouvido eles descerem.

— A senhorita foi muito amável — disse o homem. — Então, rapazes, cumprimentaram devidamente o senhor Escorrigüela? — Ambos fizeram que sim com a cabeça. — Perfeito — retrucou o sujeito pondo o chapéu enquanto os outros dois enfiaram seus gorros. Procurou algo no bolso do colete. — Tome, senhorita, pelo incômodo que lhe causamos. Talvez estejamos de volta logo, logo...

E lhe deu uma moeda.

— Muito obrigada. Voltem quando quiserem...

— Passar bem. Não é preciso nos levar até a porta, nós mesmos a fechamos ao sair. Vamos, rapazes.

Num instante, os três desapareceram. A moça sentia a moeda esquentar em sua mão fechada. Quando a abriu, ficou boquiaberta: era uma peseta! Toda trêmula, viu através das cortininhas da janela o homem se despedir dos dois rapazes, bater à porta do coche, e, quando esta se abriu, ele entrar no veículo com uma agilidade espantosa. Poucos segundos mais tarde, a rua já estava novamente vazia.

O interior do coche tinha um agradável cheiro de couro. Assim que entrou, o homem com cara de rato foi se sentar ao lado de Rafel Escorrigüela. O moço dava pena, descalço e vestindo apenas roupas de baixo, tossia, meio estirado no banco. À sua frente, uma senhora o fitava sem muito interesse. O homem com cara de rato ergueu Rafel pelo peito, como se fosse um boneco, agarrando-o pela camiseta e obrigando-o a sentar-se direito. Quando viu que o rapaz estava voltando a si, olhou para a senhora e assumiu uma postura de quem aguarda.

Não havia nem cinco minutos que Rafel Escorrigüela tinha ouvido alguém abrindo a porta de seu quarto. Sem saber se era sonho ou realidade, logo sentiu como se uma bomba explodisse dentro de seu cérebro e perdeu os sentidos. Sonhou que o senhor Gatell se vingava de sua traição das formas mais terríveis e sofisticadas. E agora não queria abrir os olhos completamente porque estava aterrorizado. A dor na cabeça lhe dava vontade de vomitar. Tateando, percebeu que tinha um galo considerável bem no meio do repartido do cabelo. Olhou para o lado e viu um homem com cara de rato; olhou para frente e...

— A senhora?

— Há quanto tempo não nos vemos, não é, Rafel? Não faça essa cara, homem, na minha idade se dorme pouco. Tome, cubra-se, senão vai pegar um resfriado. Antes de mais nada, perdoe pela paulada na cabeça. É que os rapazes não sabiam se você ia querer vir por livre e espontânea vontade. E tinham que cumprir a tarefa. Bem simpática essa pensão, não é? Muito melhor que a outra... A tal Pensão de França, na rua de Bergara...

Quanto a Rafel, dizer que aquilo parecia um pesadelo era pouco. Quando se aprumou no banco, a dor de cabeça ficou ainda mais forte. Percebeu que batia os dentes, de frio e de medo. Miquela Gambús continuava tão implacável quanto antigamente. Ao mencionar o nome da outra pensão, deixava claro que sabia tudo a seu respeito. Enrolou-se na manta. Estava com vontade de chorar. A mulher sequer olhava para ele.

— Ouvi dizer que as coisas vão indo muito bem para você...

De rabo de olho, o rapaz observou o homem com cara de rato e tentou uma artimanha, sabendo que seria em vão.

— Não sei por que diz isso. Acabei de perder o emprego...

— O emprego? Ah, claro. Tive uma conversa muito interessante com o senhor Gatell outro dia bem cedinho, um pouco antes de você chegar lá... — Rafel Escorrigüela sentiu um calafrio na espinha. — É um homem sensato e prático. Mais suscetível do que parece. E você, burro como sempre, Rafel: não devia tê-lo menosprezado. Tinha decidido resolver o seu problema de um jeito, digamos, drástico.

O rapaz se atreveu a sussurrar:

— Não tive essa impressão.

— Não me contradiga! Ofereci a ele mil pesetas por sua pele. Fizemos uma aposta. Como ele não tinha a intenção de lhe pagar nem cinco cêntimos, e eu não queria aumentar a minha oferta, combinamos que se você fixasse o preço da chantagem em mil pesetas ou menos, eu ganhava; já se ultrapassasse essa quantia, quem ganhava era ele. O que acha disso?

— O pagamento foi de mil pesetas e um binóculo.

— Ah, é? Grande coisa! Curioso, sabe, mas esse binóculo podia ter sido sua sentença de morte. Está vendo? No fundo, Gatell é um bom homem. Mas não se iluda. Quero que responda a umas perguntas. E se não ficar satisfeita, o fim que o aguarda não será muito melhor do que aquele que o senhor Gatell reservava para você. Por que andou seguindo meu filho, e a mando de quem?

— Não fiz nada disso.

— Não vou repetir a pergunta, Rafel.

— Eu juro, dona Miquela. Pelo que há de mais sagrado. Descobri por acaso que vocês tinham vindo morar em Barcelona. Achei então que Demi poderia me ajudar a me safar dos problemas. Ainda mais agora que...

— Que você tinha conseguido um pequeno capital, não é? Não acredito nisso, Rafel. E não tente me enrolar. Para quem está trabalhando?

— Para ninguém, juro. Só queria ter o máximo de informações na hora de ir procurá-lo para propor algum negócio.

Miquela Gambús fez um sinal para o homem com cara de rato, que sorriu. Num piscar de olhos, Rafel Escorrigüela sentiu uma faca encostada em sua garganta. Recomeçou a choramingar.

— É verdade...

Miquela Gambús fez outro sinal e o homem com cara de rato guardou a arma.

— Chorão como sempre... — exclamou ela, e ficou esperando uns segundos até o rapaz se recompor. — Basta! Muito bem, Rafel, você estava espionando o meu filho para se distrair. Entendi. Enquanto decido se acredito, vou lhe dizer o segundo motivo que me trouxe aqui: estou interessada em você. Há uns dez ou 11 anos, você nos roubou e fugiu. Não pense que esqueci. Foi uma falta de respeito imperdoável. Poderia ter mandado caçar você como um coelho, e só não fiz isso por causa dos seus pais. Sua família sempre foi amiga e colaboradora fiel desde que os Gambús chegaram a Alcagaire. E essa fidelidade sempre foi desinteressada. Como eram leais, sempre pudemos contar com o seu bom senso, a sua força física, a sua rapidez, a sua coragem e a sua inteligência quando nos fosse conveniente. Eles puseram todas as suas habilidades mais a nosso serviço do que em benefício próprio. E assim realizaram, ao nosso lado, uma infinidade de tarefas, desde segurança até administração, desde caçadas até a simples companhia e o serviço doméstico. Sempre sérios, respeitosos, discretos, mas, quando necessário, valentes. Apesar de sua pouca idade, o seu pai foi um bom conselheiro para o meu. Sua família é de gente trabalhadora e obstinada, mas sobretudo fiel...

— A senhora acaba de descrever um cachorro — murmurou Rafel.

— O que disse? — Sem esperar resposta, dona Miquela prosseguiu: — O seu pai morreu junto com o meu, por fidelidade. Você já não estava mais lá. E nem voltou ao vilarejo para o enterro.

— Só fui saber que ele tinha morrido dois anos mais tarde. Era um homem forte como um carvalho, ninguém poderia supor que fosse morrer por uma...

Ia dizer a palavra "estupidez", mas Miquela Gambús o interrompeu sem a mínima consideração.

— Você nos roubou e fugiu. Só por isso já poderia mandar o senhor Felip Dalmau, aqui presente, picá-lo em pedacinhos agora mesmo... Mas não vou fazer isso. É claro que está me devendo as mil pesetas que paguei por você a Gatell. Essas, sim, vai ter que me devolver.

— Como?

— Trabalhando para mim. Se fizer tudo direitinho, logo terá quitado a dívida e poderá ganhar muito mais. Tanto que nem vai precisar sair por aí fazendo besteiras que não levam a lugar nenhum. Sua tarefa vai ser ficar perto de Demi. A antiga amizade de vocês e a pouca massa cinzenta que você tem vão ajudar...

E ali estava Rafel Escorrigüela, praticamente nu, gelado, humilhado e intimidado por dona Miquela. Exatamente como quando era pequeno. E agora ela vinha com essa história de antiga amizade... O rapaz estava afundado no banco, com o rosto abatido e os dentes batendo como castanholas na boca. A mulher, no entanto, queria concluir seu discurso.

— Quero que vigie o meu filho para protegê-lo. Que nada aconteça a ele. O momento é delicado: ando querendo me aposentar e voltar a morar em Alcagaire. Agora o que mais importa é a segurança de Demi.

— Ele recebeu por acaso alguma ameaça ou...

— Não, nada disso. Não está acontecendo nada. E quero que continue assim. Ultimamente, porém, ele tem se comportado de um modo muito estranho. Anda investindo muito dinheiro e não sei em quê, nem para quê. Quando faço alguma pergunta, não me responde e diz que é uma surpresa. Mas quero saber, Rafel, você me entende? Não que desconfie dele, mas tenho medo de que tenha se metido em alguma encrenca grande demais e quero estar preparada para ajudá-lo se for preciso. Em nome de sua antiga amizade, peça ajuda a ele. Tente recuperar sua confiança. Não vejo por que você não conseguiria isso. Quando fugiu de Alcagaire como um rato, posso garantir que ele lamentou muito... E o mais importante: você tem que me transmitir imediatamente qualquer informação que obtenha, por menor que seja. Encare as coisas pelo lado positivo: se me servir bem, vai viver bem. Para começar, mandei preparar um apartamento só para você, na zona nova, no Eixample. É novo e grande, com rodapés e sancas pintados, equipado com eletricidade, gás e elevador. Espero que goste. Quero que se sinta bem lá e possa convidar meu filho. Ele tem que acreditar que você é um pequeno investidor passando por um momento de aperto. Por enquanto pode ficar com o dinheiro de Gatell, que, na verdade, é meu. Vou descontando aos poucos. Acho que é uma boa proposta.

— Por quanto tempo terei de vigiá-lo?

A mulher não respondeu. Afastou a cortininha e ficou olhando para fora. O coche começava a subir o passeio de Gràcia. A prefeitura havia instalado postes elétricos no canteiro central para que os veículos pudessem circular na claridade, e eliminou os lampiões a gás das calçadas laterais. Economizou com isso, mas, agora, as calçadas ficavam escuras e a parte central iluminada demais. Foi por isso que Miquela Gambús mal pôde ver a vitrine da loja Le Chic Parisien que afirmava importar blusas diretamente da casa Worth de Paris. A senhora Gambús recebia as suas em casa de seis em seis meses. Fazia oito anos que comprava blusas naquela loja e nunca tinha entrado lá. Quando comprava blusas novas, dava as velhas para alguém. Sentiu-se tomada por uma vaga satisfação, o que a deixou quase contrariada. Era bom andar assim, de madrugada: não se ouvia nada, a não ser o ruído do coche; não havia ninguém pelas ruas. Ali estava Barcelona, no triunfo cotidiano das suas noites: conseguia ser muito sem ser nada. Não era a maior, não era a mais culta, não era a mais rica, nem era capital de coisa alguma... Mas estava ali. Há mais de dois mil anos.

Dentro do coche, Rafel Escorrigüela continuava fitando Miquela Gambús com um ar quase desafiador. Sentiu-se cansada. Suspirou. O problema daquele rapaz ainda era sua debilidade moral e sua irritante estupidez, características já presentes na infância e na adolescência.

— Você se lembra do nosso lema? Orgulho de família: o país é uma merda, a família é grande.

Claro que se lembrava. Com os Gambús, tudo; contra eles, nada, a não ser a morte. Tinha bem vivo na memória um dos acontecimentos de sua adolescência. Os Gambús pediram a um dos moradores do vilarejo que confessasse um assassinato prometendo-lhe que um juiz amigo o absolveria alegando perturbação mental. Se aceitasse, a família consideraria aquilo como um favor pessoal. Chegou a hora do julgamento e, como era de se esperar, um médico declarou que o acusado era idiota. Coincidiu, porém, que o país atravessava um daqueles momentos regeneracionistas de fins de século e as autoridades decidiram que era preciso dar o exemplo. Desconsideraram as declarações, trocaram o juiz e, baseando-se na confissão do réu, declararam-no culpado. Os Gambús obrigaram o vigário de Alcagaire a recorrer pessoalmente à justiça para afirmar que aquele homem era inocente, que o verdadeiro assassino tinha se confessado com ele. Mas foi em vão: o novo juiz exigiu um nome mesmo sabendo que o padre não poderia fazer isso por causa do sigilo da confissão. O sacerdote, desesperado, suplicou ao acusado que, se não quisesse confessar a verdade, ao menos se declarasse inocente, coisa que retardaria o processo. Mas o sujeito se negou: sabia que, se aceitasse, morreria da mesma forma, só que pelas mãos dos Gambús. Com um agravante: taxado de delator, a família também perseguiria sua futura viúva e seus filhos. Foi condenado à morte e executado. Era assim que as coisas funcionavam.

Tinha que escapar! Claro! Podia fugir no dia seguinte de manhã, no primeiro trem, e com as mil pesetas! Ninguém contava com isso e nunca conseguiriam encontrá-lo! Podia fugir para Paris e começar vida nova. Com aquele dinheiro, quem sabe não abria um pequeno negócio... Isso mesmo, enganaria aquela velha escrota...

Virou a cabeça, deu de cara com dona Miquela que o observava com aqueles olhos implacáveis. Teve a sensação de que ela estava lendo seus pensamentos e voltou a ter medo.

— Cedo ou tarde a sorte se acaba, Rafel. Além disso, só preciso de você por alguns meses. Pretendo dar uma grande festa para anunciar que vou me aposentar, voltar para Alcagaire e que Demi passa a ser o chefe da família. Vai ser no fim de julho. Tenho certeza de que todos esses movimentos estranhos do meu filho estão relacionados a isso. Portanto, para o bem ou para o mal, em fins de julho tudo estará terminado. Se durante esse tempo você fizer seu trabalho bem-feito, será um homem livre. Não é tanto assim. Pense bem: livre... e com uma boa quantia de dinheiro.

O rapaz a fitou com certa resignação e assentiu com um gesto: faltava pouco mais de quatro meses para o final de julho. Quatro meses bancando o cão de guarda. Seus pais tinham passado a vida inteira fazendo isso para o mesmo patrão. Pensando nisso, até que não era tanto tempo. Quatro meses e meio passam rápido. Lembrou-se de todos os ditos populares envolvendo cachorros, cão que ladra não morde, quem não tem cão caça com gato, tolo é o cão que enjeita o osso que lhe dão, bom cão de caça até a morte abana o rabo, levar uma vida de cão...

Foi tirado da cama às 5h15 da manhã, levou uma cacetada na cabeça e foi enfiado dentro de um coche, descalço e praticamente nu. Sem apelação. E um homem com cara de rato tinha espetado o seu pescoço com uma navalha. Estava gelado, com o nariz pingando, e precisava ficar fungando o tempo todo porque não tinha um mísero lenço para se assoar.

Além disso, um trabalho caía bem agora.

Quatro meses e meio de cão de guarda.

Dona Miquela voltou a abrir as cortininhas. Viu uma passagem de nível com cancela e uma guarita com um guarda. Estavam descendo pela rua Balmes, perto dos muros do seminário. Deu uma indicação ao cocheiro. Quinze minutos depois, estavam de volta à porta da estalagem La Pau.

— Rafel, Dalmau, Felip Dalmau — disse a mulher com um certo desdém —, será o seu contato para se comunicar comigo. Qualquer coisa que tenha a me dizer, fale primeiro com ele. Se tudo correr bem, talvez não precisemos nos ver novamente.

Assim como o tinham levado da estalagem sem que ninguém percebesse, deixaram-no lá de volta. Cinco minutos depois, Rafel Escorrigüela já estava deitado na cama. Humilhado, machucado, com o orgulho em frangalhos, mas inteiro.

Portanto, tudo estava sob controle. Tudo em ordem. E, enquanto tentava em vão pegar no sono, lá embaixo, no refeitório, dois operários da indústria metalúrgica tomavam o café-da-manhã à luz de uma vela. À sua frente, duas canecas de café com leite fervendo e um bom pedaço de pão torrado embebido em vinho quente para cada um. A moça, que bem cedo ganhou uma gorjeta que valia por uma semana toda, mas que era de índole sofredora, não parava de pensar no que poderia dizer ao pai para convencê-lo de que aquele era dinheiro honesto.

Portanto, tudo estava sob controle. Tudo em ordem.

Em seu quarto, Miquela Gambús ouviu baterem as seis horas bem acordada. Estava deitada na cama. Sabia que não poderia dormir. Sentia falta de sua cama lá do vilarejo, larga, altíssima, com dossel de seda branca. Esta aqui de Barcelona, apesar de ser de casal, só tinha seis palmos, o que não lhe parecia suficiente. Levantou-se e foi se sentar diante da penteadeira. Acendeu as duas tulipas brancas que ladeavam o espelho e ficou olhando o próprio rosto. Como acontecia com freqüência, o pensamento recuou no tempo. Rafel Escorrigüela tinha mexido com muitas lembranças. Encheu a bacia com água do jarro para molhar um pouco o rosto. Pegou a escova com cabo de prata e começou a escovar os cabelos. Fechava os olhos e os velhos tempos voltavam.

Quando chegou a hora, ou seja, quando seu pai determinou, começaram a procurar um marido para ela. Para que se realizasse como mulher, mas, principalmente, para que desse continuidade à sua linhagem. Teriam podido achar inúmeros pretendentes entre algumas das melhores famílias da Catalunha. Mas não era isso que interessava a Miquel Gambús II, o Merda. "Não somos daqueles que perdem a cabeça para nos tornarmos parentes, digamos, dos reis de Espanha. A base de nossa prosperidade é a discrição", dizia ele.

Na verdade, não tinha escrúpulos de dizer a quem quer que fosse: "Por mim, o ideal seria que genros, noras e toda essa corja de parentes eventuais chegassem, fizessem ou parissem uns tantos herdeiros e fossem embora. Pagando, é claro... Pagando o que tivesse de ser pago."

A tarefa de encontrar um pretendente para a jovem herdeira Miquela ficou especialmente a cargo de seu tio-avô Deogràcies Gambús, irmão de seu avô paterno, que puxou a brasa para a sua sardinha e propôs a candidatura de um sobrinho originário, como ele, da França. Morava em Perpignan e arranhava o catalão. Sua família não era rica e o candidato tinha mais pendor para a arte do que ambição para os negócios. Mas, como sua única função seria a de reprodutor, e a norma básica da família era, como já se disse, a discrição, foi dada a permissão para que os dois jovens se conhecessem. O rapaz se chamava Gil Florensa, era estudante de artes, de oratória e pianista. Tinha nascido no mesmo ano que Miquela Gambús.

Os supostos noivos viram-se pela primeira vez em meados de dezembro de 1865. Toda a família do rapaz foi passar as festas em Alcagaire, a convite dos Gambús. Passearam, saíram em excursões, ouviram música, dançaram, conversaram... Ambos eram muito jovens. Quando as festas acabaram, o casal já tinha assumido um compromisso mútuo, em segredo. Instada pelo pai, a moça, segundo consta, confessou que tinha achado o rapaz bem-apessoado, bonitão, bom, inteligente e, sobretudo, adequado.

Alguns conselheiros da família, sempre temerosos, não viam com bons olhos a chegada de um forasteiro que desconhecia os costumes da terra e, principalmente, da família. Um francês que, como de hábito, devia ser egoísta e sem consideração.

Mas a vontade da jovem, que estava perdidamente apaixonada, conseguiu se impor com a ajuda do tio-avô. Todas as dúvidas se dissiparam quando o patriarca, Miquel Gambús II, o Merda, deu um soco na mesa e exclamou: "O meu pai também veio da França, porra! Além disso, essa gente é de Perpignan; pode-se dizer que são mais catalães do que franceses..."

Assim, antes de prosseguir, comunicou muito seriamente à sua filha que, para evitar problemas posteriores, o futuro noivo precisava saber em que tipo de família estava prestes a entrar. Mesmo que não ficasse sabendo de tudo em detalhes, que ao menos tivesse uma ligeira idéia. Não queria reclamações mais tarde.

Quando lhe disseram de onde vinham os milhões e o poder da família Gambús, Gil Florensa teve uma reação magnífica. Fez uma citação dos clássicos: "Segundo a oratória do sábio Licurgo, há furtos realizados com o único fim de tornar mais agudo o engenho humano. Quem poderia condená-los? Não serei eu. Na época dos grandes Luíses, reis de França, não era desonra alguma trapacear no jogo. Mesmo hoje em dia, não faltam homens de bem que dizem ter feito uma 'boa compra' dando a entender que enganaram o vendedor... Diante de tais precedentes, quem sou eu para julgar..." Basta, basta, atalhou o patriarca emocionado.

O casamento foi grandioso. A viagem de lua-de-mel, de três meses, levou-os a Paris e a Londres, como estava na moda na época. Depois, começaram a nova vida em Alcagaire, no antigo palacete dos barões do vilarejo. Ele tocava piano até tarde da noite. Estudava, comprava obras de arte, investia em ações e administrava a casa. Ela se levantava bem cedo, para aprender a arte de seu pai, e ia dormir cedo também. Às vezes, tinha de se ausentar por uns dias. Em pouco tempo, as más-línguas já diziam que, desse jeito, o tal herdeiro não viria nunca.

Ledo engano, pois, apesar dos concertos noturnos de um e das atividades matutinas da outra, ao cabo de exatos nove meses veio ao mundo o primeiro filho do casal, Miquel-Deogràcies, de saúde frágil e de pouca força, que morreu com um mês e meio de vida. Duas outras gravidezes frustradas, em cinco anos, demonstraram que, apesar de tudo, o jovem marido não descuidava de seus deveres conjugais e sabia muito bem a que tinha vindo. O avô, porém, o patriarca Gambús, estava cada vez mais inquieto. E, quando já parecia que Gil Florensa e seu piano tinham os dias contados, aconteceu o milagre. Doze anos depois, em 1879, veio ao mundo o pequeno Deogràcies-Miquel. E com muita vontade de viver. A primeira coisa que fez Miquel Gambús II foi trocar a ordem dos sobrenomes do recém-nascido. Já que sua filha paria machos, que ao menos eles fossem capazes de dar continuidade ao nome da família... O pai, Gil Florensa, quase enjoativo de tão dócil, sem o caráter duro e cortante que enfeava o comportamento da indômita jovem com quem tinha se casado, não se opôs. Já lhe bastava ter conseguido salvar a pele e o piano. Continuou com os seus concertos, comprando obras de arte, investindo dinheiro em ações de empresas remotas de países longínquos e amando muito sua mulher. E, além disso, manteve o respeito do sogro, que, à medida que os anos passavam, via que aquele sujeitinho franzino que tinha se casado com sua filha não só sabia ganhar dinheiro sem sair de casa e sem deixar de tocar piano, mas também não chegava nem perto dos negócios da família...

Miquela ficou tristíssima quando o marido morreu... Tinha apenas 35 anos. Viveram juntos por 14 anos. Se existe mesmo amor, o que tinha sentido pelo marido devia chegar bem perto disso. Todas essas lembranças agora estavam tão longe... Parecia até uma outra vida.

De repente, ouviu baterem à porta do quarto.

— Vi a luz acesa, mãe. Não está se sentindo bem?

— Melhor do que nunca. Entre, pois quero lhe dizer uma coisa...

Demi Gambús entrou no quarto e ficou espantado com o que via: sua mãe estava sorrindo!

A velha lhe pediu que sentasse ao seu lado e lhe disse, com toda a tranqüilidade:

— Não se preocupe, é que estava lembrando do seu pai. Você não pode imaginar quem encontrei hoje na rua... Rafel.

— Quem?

— Não se faça de desentendido. Você sabe perfeitamente de quem estou falando: Rafel Escorrigüela.

— Rafel, de Alcagaire?

— Ele mesmo. Tive a impressão de que as coisas não andam muito bem para ele. Disse que passasse aqui para vê-lo, que talvez você pudesse ajudar...

Ainda perplexo por ter visto a mãe sorrir, Demi nem parou para pensar no fato de que ela, como ele próprio, como todos os Gambús, não perdoava nem esquecia, por mais que o tempo passasse. Por que cargas-d'água Rafel Escorrigüela seria uma exceção?

Demi acreditava na mãe. E acabava de vê-la sorrindo. Portanto, nada de preocupações. Uma efusão de quando em quando não fazia mal nenhum. E os higienistas diziam que era bom para o coração e para a circulação do sangue.

Pois que Rafel viesse, por que não? Quando crianças, os dois eram unha e carne...

16

PARA MUITOS CIDADÃOS DE BARCELONA, o sábado 2 de maio de 1909 seria o dia em que *mister* MacDermott, um sábio norte-americano de passagem pela cidade, começaria a exibição de um dos seus experimentos científicos. Consistia em ficar confinado durante trinta dias sem comer, sempre à vista do público. O cartaz era bem claro: seria às nove da noite, na vitrine de uma loja situada no número 20 da rua de Santa Anna. Inúmeras personalidades médicas, autoridades civis e eclesiásticas e alguns representantes da imprensa presenciariam o evento para legitimá-lo. No entanto, para a maioria dos barceloneses, aquele sábado seria também a véspera das eleições municipais e o dia seguinte aos atos reivindicativos característicos do dia 1º de maio.

E para um cidadão (embora adotivo) de Barcelona em especial, Eustaqui Guillaumet, essas três circunstâncias, que aconteceriam dentro de dez dias, só significavam uma coisa: muito papel para recolher. À centena de anúncios colados pelas paredes convocando os barceloneses para ir ver *mister* MacDermott ser trancafiado acrescentavam-se as centenas de panfletos incitando os trabalhadores a comemorar o 1º de maio e a imensa pilha de cartazes dos partidos políticos pedindo votos para o dia 3. Montes e montes de papel. Montanhas de papel do bom jogado pelo chão ou agonizando nas paredes, tanto faz.

Com o auxílio de Tomàs Capdebrau e do papagaio, depois do último espetáculo da noite, ele saiu para recolher o máximo que conseguisse. Parecia mais lógico esperar que os três eventos terminassem, mas Eustaqui Guillaumet já tinha aprendido muitas coisas sobre Barcelona. Uma delas é que havia ali muita miséria e aqueles papéis teriam muitos pretendentes ávidos e dispostos a tudo. Alguns dias antes, porém, e de madrugada, bastava ter um pouco de cuidado, pois havia papel de sobra e, com o que recolhiam nas paredes mais escuras e afastadas, já teriam o suficiente. Porque, além de tudo, a campanha eleitoral estava sendo bem acirrada: depois do desaparecimento da Solidariedade Catalã, os partidários de Lerroux apresentavam essas eleições como uma luta de vida ou morte entre eles e a Liga. Contra estes, os republicanos separatistas. E contra todos, os ultraconservadores do Comitê de Defesa Social. Cada um desses grupos se enfurecia se pegava alguém arrancando os seus próprios cartazes. No começo, Eustaqui Guillaumet estava pisando em ovos: olhava para um lado e para o outro, arrancava ou apanhava o cartaz e corria para a carroça, como se estivesse roubando. Quando já tinha o bastante, fazia fardos que amarrava com um barbante. Tudo isso na companhia de um perturbado mental e de um papagaio; sem dúvida coisa de mérito. Usava Tomàs como uma espécie de peso de papel gigante. Mandava que ele se deitasse, braços e pernas bem abertos, sobre os fardos. Desse jeito, não precisava cobri-los com uma lona e acabava ganhando tempo. Não era a primeira vez que fazia isso. Houve dias em que as pessoas se viravam ou paravam para vê-los, pois Tomàs cismava de cantar uma zarzuela. Acontece que ninguém o via ali deitado em cima dos papéis; só a cabeça do papagaio aparecia, dando a impressão de que era ele que estava cantando. O efeito era tão real que uma senhora idosa, da sacada de um prédio, no Eixample, mandou que eles parassem e atirou algumas moedas.

Enquanto recolhia papel, Eustaqui Guillaumet ia pensando naquela história pendente envolvendo sua patroa, Nonnita Serrallac. Já fazia quase um mês que tinham conversado na casa dela e Nonnita não voltou a tocar no assunto. É bem verdade que tinha estado doente. A gravidez começava a cobrar o seu preço e a moça teve de ficar de cama por alguns dias. De qualquer forma, Eustaqui não deixou de cumprir as ordens recebidas: seguir, sempre que possível, aquele rapaz de família importante que tinha desgraçado a sua patroa. Certa feita o reconheceu entre a multidão que queria entrar no Soriano. Outra vez, o viu, acompanhado por uma senhora, entrando no Gayarre, um dos locais mais mal-afamados da avenida Paralela. Resolveu segui-lo e entrou também. O Gayarre, que anunciava um programa de *variétés* de primeira e luxo asiático, era uma espécie de toca imunda e pouco ventilada. Eustaqui nunca tinha estado ali, embora fosse ao lado do Soriano. Logo percebeu por que o lugar era tão popular: seus preços eram irrisórios e seus espetáculos eram os mais chumbregas e patéticos num raio de dez quilômetros. As coristas, que usavam nomes como "Veracruz", "Groselha", "Cachinhos", "Esmeralda", "Pintadinha", "Crioulinha", "Belo Crisântemo" etc., subiam ao palco todas juntas. Mais que juntas, emboladas, já que, em poucos segundos, ficava claro que eram incapazes de cantar e dançar ao mesmo tempo. O público, enfurecido, vociferando, acompanhava em voz alta as canções apresentadas no palco e incitava as moças a descer dali. Eustaqui ficou tão impressionado que, em cinco minutos, nem se lembrava mais do que tinha ido fazer naquele lugar. Uma das artistas ousou abandonar a segurança do proscênio para cantar "A pulga" no meio dos espectadores. Foi engolida por uma massa informe de mãos e chapéus. A umidade do suor no ambiente era quase destilada do teto gota a gota; a algazarra era fenomenal. Eustaqui erguia a cabeça mas não enxergava a moça, que só foi regurgitada pelo público depois de ter sido sugada ao máximo. A pobre coitada voltou para o palco nua, machucada, cambaleando e tossindo. Aquele era o público mais atirado de Barcelona. Uma das moças, a tal que se chamava "Belo Crisântemo", veio parar nos braços de Eustaqui num daqueles empilhamentos de corpos improvisados. O rapaz ficou tão espantado que nem teve mãos para apalpá-la. Quando tudo se acalmou, olhou à sua volta e percebeu que aquele que devia vigiar tinha ido embora. "Melhor assim", pensou consigo mesmo. E foi para a casa "La Bilbaína", na rua Santa Mônica, para aliviar as tensões.

Acontece que, em pouco tempo, Eustaqui Guillaumet já tinha se tornado um veterano nessas questões. E em muitas outras.

Quando pôde relatar a Nonnita Serrallac o resultado de sua investigação, a moça ficou muito contente.

— Tem certeza de que ele passeia sempre sozinho? — insistiu ela.

— Nem sempre, patroa. Às vezes sai com um amigo. Jantam e se divertem. Muitas vezes está acompanhado por alguma senhora. Nem sempre a mesma. Certas noites, fica apenas circulando pela Paralela. Não diria que se disfarça, mas muda um pouco o jeito de se vestir. Para não chamar tanta atenção.

A moça, porém, continuava insistindo:

— Tem certeza de que essa gente que anda com ele são seus amigos?

Eustaqui fazia um esforço, puxando pela memória:

— Se a senhora está querendo saber se ele anda protegido por algum empregado, acho que não.

— Você acha que ele anda armado?

Eustaqui não soube responder a essa pergunta. Os tempos andavam difíceis. Em Barcelona, muita gente andava armada com facas e até mesmo pistolas. As desgraças eram freqüentes. Não fazia idéia se aquele rapaz andava armado.

Nonnita lhe disse para não se preocupar e continuar vigiando. Abraçou-o, agradecida:

— A hora da verdade se aproxima, Eustaqui. A vara está a postos, a isca está preparada; só falta mesmo prendê-la ao anzol. E estou mais disposta que nunca...

Com a carroça cheia de papéis, voltavam ao teatro cansados e abatidos. Um rapaz todo elegante, que voltava da farra embriagado, ficou olhando para aquela carga com os olhos vagos enquanto mijava numa das rodas da carroça. — Esse é o maior defeito das eleições: a sujeira. — Soltou um arroto e continuou subindo o passeio de Gràcia. Ainda bem que existiam essas coisas lilás, com consciência cidadã, que saíam por aí limpando as fachadas e as calçadas.

Sem se importar com o episódio, Eustaqui e seus companheiros seguiram para casa. Cruzaram com patrulhas armadas da Guarda Civil a cavalo, tão cansados e abatidos quanto eles mesmos, que seguiam de volta para os quartéis depois de ter ficado de prontidão para prevenir tumultos durante aqueles dias que antecediam as eleições.

Eustaqui soltou a mula e levou-a para a velha lavanderia. Meteu a cabeça na água e ficou mergulhado ali por alguns instantes, até quase perder o fôlego. Afundou de novo a cabeça na água, e, depois, a enxugou com uma toalha. Tomàs lhe emprestou um pente. Eustaqui penteou o cabelo todo para trás e, com aquele cabelo assim tão colado à cabeça, ficou com cara de coelho. Quando tinha oportunidade, gostava de ir dormir refrescado e penteado. Olhou para o céu: a noite estava magnífica. As coisas iam bem, e como! Junto com Tomàs Capdebrau, fez uma refeição à base de pão, arenques e um pouco de vinho. O papagaio Trinitat já cabeceava em cima da mula. Logo amanheceria. Mas isso pouco importava. Tranqüilos, foram dormir.

Como tantas outras vezes, Eustaqui teve um sonho absurdamente pouco original. Sonhou que vestia uma fantasia do teatro, o chapéu de lantejoulas e ia para a porta convidar o público para o próximo espetáculo. Pegava o alto-falante, ficava ao lado do tal órgão mecânico e começava sua serenata. O órgão e os autômatos do Soriano funcionando a todo o vapor! Como todas as tardes e todas as noites! "Senhoras e senhores! 'Lutei sozinho contra 15, contra 15, em Zamora, e venci todos eles.' Isso era o que dizia o Cid, senhoras e senhores! E, no Soriano, para não ficarmos atrás, lutamos contra trinta teatros e tomamos o público de todos eles! Porque não há ninguém em toda a Europa capaz de apresentar um espetáculo como o nosso: além dos Perezoff, as quatro formosas Rubis e Clemente de Lyon, hoje, pela primeira vez na Espanha, diretamente de Londres, a estréia do inventor Noiset com o seu motoaeroplano! Exercícios arriscados sobre o tablado diabólico que funciona com um motor elétrico de seis cavalos de força!!!"

Acordava, então, e precisava correr, pois devia repetir quase literalmente o que tinha sonhado. E fazia isso perfeitamente, pois era como se tivesse ensaiado. Eustaqui Guillaumet era o único homem do mundo que sonhava a realidade.

17

EMBORA FOSSE FINAL DE ABRIL, estava frio e chuviscava. Havia um certo movimento, pois era hora do almoço. Um mendigo, um jovem negro sem braços, estava sentado nos degraus da entrada do Grand Restaurant de France, bloqueando a passagem. A seus pés, um gorro branco de lã continha algumas moedas. Não estendia a mão porque não tinha. Com uma voz rouca, áspera como o ruído de um serrote, recitava num castelhano impecável: "Sou cidadão espanhol da Guiné, de nome Lucindo, tenho uma esposa espanhola em Fernando Poo e três filhos espanhóis mulatos. Sofri um acidente. Preciso de sua ajuda para poder voltar para lá..." Três adolescentes de uniforme escolar passaram ao seu lado e riram. Deogràcies-Miquel Gambús parou à sua frente. O mendigo não lhe causava qualquer inquietação, não passava de um pedinte sem braços. Mas queria entrar no restaurante e aquela não deixava de ser uma situação desagradável. Além disso, mesmo que quisesse, não poderia lhe dar nada, pois nunca andava com dinheiro. Essa era uma das vantagens de ser rico: não era preciso ter dinheiro no bolso. O negro o fitava intensamente com seus olhos esbranquiçados, inchados e reluzentes como uma bola de bilhar. Mas não havia agressividade naquele olhar. Tinha começado a cantar uma canção que parecia africana e as pessoas que passavam ficavam olhando para ele. Demi Gambús, subitamente aborrecido, afastou o negro com um empurrão e entrou no restaurante.

O calor do ambiente o invadiu dos pés à cabeça dando-lhe um arrepio de bem-estar. Atravessou a recepção, onde havia algumas poltronas para o caso de o cliente ter de esperar, e entrou no salão repleto de mesas arrumadas e já bem cheias. O local estava impregnado dos mais diversos aromas. Ficava perto da praça Reial e era um lugar bastante seleto onde ia com freqüência para almoçar e usar as saletas privativas, discretas e funcionais. O *maître* veio ao seu encontro dizendo que já estavam à sua espera. Subiu as escadas à sua frente, e, quando chegaram ao andar de cima, afastou-se para abrir uma das três portas das saletas. Demi Gambús pediu ao garçom mexilhões ao vapor, uma garrafa de vinho branco com duas taças, e entrou. A tal saleta, com temperatura agradável graças a um fogareiro cuja chaminé saía pela janela, era convidativa. Seu assessor financeiro, que se chamava Bartomeu Gatius e trabalhava para a família desde que tinham vindo morar em Barcelona, já estava lá. Era um homem de uns quarenta anos, bochechudo, com uma boca miúda meio escondida por um bigode, que, apesar da aparência um tanto nervosa — suava muito, tanto no inverno quanto no verão — era muito eficiente. Demi Gambús tinha cada vez menos tempo e mandou que Gatius investigasse as mais recentes invenções: telefones, produção cinematográfica, aeronáutica... Entre as novidades que o progresso trazia a Barcelona, devia haver alguma que, a médio prazo, acabasse se consolidando como poderosa perspectiva industrial. E ele não descartava a possibilidade de agarrar aquilo com unhas e dentes para enfrentar sua prova de fogo.

Aquele encontro era para que Bartomeu Gatius lhe apresentasse seu relatório sobre a cinematografia. O cinema não passou despercebido do futuro herdeiro dos Gambús: apesar de ser uma invenção recente, já atraía um grande público. Para ele, pessoalmente, era algo que não fedia nem cheirava. Demi preferia os espetáculos de variedades da Paralela. Mas não se pode negar que o fenômeno chamava a atenção. Pôs as luvas e o chapéu sobre a mesa, e, ainda tirando o casaco, pediu que seu assessor passasse ao relatório. Gatius tomou um gole de água, ajeitou os óculos, apanhou um maço de papéis contendo vários diagramas e começou:

— Os inventores são uns fotógrafos franceses de Lyon, a casa Lumière, de prestígio internacional. Entramos em contato com eles e, em sua opinião, o cinematógrafo será uma moda passageira. O efeito da luz projetada sobre um lençol é sem dúvida hipnótico, e as pessoas ficam embasbacadas. Segundo eles, porém, quando deixar de ser novidade, não deve constituir um negócio sério. Há o cinema feito de quadros cênicos e o que é feito de quadros documentais. No primeiro caso, as cenas são feitas com este fim, como um espetáculo teatral. Mas é comum que, além da equipe e da realização de cenários pintados, seja preciso alugar uma casa ou um bosque onde haja um riacho ou uma fonte. Desnecessário dizer que tudo isso custa um dinheirão.

Bateram à porta e o *maître* em pessoa entrou, todo cerimonioso, trazendo a cheirosa tigela de mexilhões ao vapor. Atrás dele, um garçom trazia um balde com gelo picado contendo a garrafa de vinho. Encheram as duas taças e foram embora. Logo em seguida, Demi Gambús pegou a sua e obrigou seu colaborador a beber com ele.

— Ao sucesso de nossa empresa!

Ambos brindaram. Demi esvaziou sua taça de um gole só e voltou a enchê-la, ao passo que Gatius apenas molhou os lábios e prosseguiu:

— A situação não melhora se optamos pela modalidade dos quadros documentais. Para se ter uma idéia, há um ano e meio, para filmar a visita de Guilherme II à corte de Inglaterra, 11 fotógrafos da casa Raleigh se distribuíram por diversos pontos do trajeto da comitiva real. Cada um deles filmava a sua parte e vários automóveis, preparados exclusivamente para isso, levavam os negativos a um laboratório de Londres o mais rápido possível. Quatro horas depois, as imagens já desfilavam diante do público daquela capital. E não é só: os cinqüenta exemplares iniciais seguiam para Paris no primeiro trem da manhã. Saía caríssimo. A mesma firma mandou uma expedição de dois anos à África. Só para transportar o material foram necessários quarenta nativos.

— Quarenta? São muitos nativos... — comentou Demi Gambús com ar distraído.

O assessor fitou-o para ver se estava zombando dele, mas não chegou a conclusão alguma. A mente do jovem Demi Gambús divagava, observava o vapor que saía da tigela subindo em espiral. Que coisa curiosa os mexilhões... "Algo tão simples e, ao mesmo tempo, tão bom", pensou ele regando copiosamente o prato com limão.

Lembrava-se da última vez que tinha estado naquela saleta com a viúva Roca. A luz da rua entrava pela janela; ele se levantou e foi se sentar entre a mulher e os raios do sol. Obrigou-a a olhá-lo com os olhos entreabertos, usando a mão como se fosse uma viseira, enquanto ele próprio a fitava com seus olhos de gato. Visto assim à contraluz, parecia um daqueles heróis antigos, resplandecente e poderoso... Estavam comendo ostras e tomando champanhe. "Veja, Demi", dizia a viúva, "hoje em dia, nós, mulheres, queremos ser livres. Mais ainda no meu caso, que já fui casada". Ao que ele retrucou em tom brincalhão: "Deu para ser sufragista, Merceneta?" "Deus me livre", exclamou ela. E ele, sedutor de meia-tigela: "Quando vejo essas ostras entrando pela sua boca, fico com a maior inveja delas..."

Deu com os olhos de seu assessor que o encarava.

— Se não se importa, Gatius, passe logo às conclusões a que chegou.

— Claro, senhor — respondeu o homem, um tanto ofendido. — Resumindo, e voltando à opinião dos próprios inventores, essa história de cinema é coisa de trupes mambembes, saltimbancos, com pouca estrutura. Na Paralela, as barracas de cinema são montadas e desmontadas da noite para o dia. As salas só ficam cheias porque se trata de uma forma baratíssima de passar o tempo.

— Você chegou a averiguar se há grandes fortunas nesse negócio?

— Está brincando!

Demi Gambús olhou para Gatius. Calou-se e concentrou a atenção num dos mexilhões, grande e carnudo. Deixou passar um minuto antes de levá-lo à boca. Depois, levantou-se, aproximou-se de Bartomeu Gatius, ficando a menos de um palmo de seu rosto. Ainda mastigando o mexilhão, agarrou a gravata do assessor, ajeitou-a e lhe disse, bem devagar:

— Eu nunca brinco, Gatius. Muito menos sobre assuntos como este, que têm me dado muita dor de cabeça. — E acrescentou, subitamente gritando: — Entendeu?

O homem esperou Demi Gambús se sentar novamente para tirar o pedacinho de mexilhão que tinha ido parar em sua testa.

— É imperdoável... Isso não vai se repetir.

— Vamos ao que interessa!

— Claro. O senhor me perguntou sobre o envolvimento de sólidos investidores particulares: a resposta é negativa. Os bancos não querem nem ouvir falar disso. Talvez seja possível encontrar algum visionário disposto a enterrar dinheiro nesse negócio...

Pela janela, Deogràcies-Miquel Gambús olhava para os barceloneses que, surpreendidos por uma chuva miúda, não tinham nada com que se proteger: andavam apressados pela rua, mas não pareciam nada aborrecidos. Lembrou-se do negro na porta do restaurante. Também não estava mais lá.

— Terminou, Gatius?

— Terminei, senhor.

— Então, sente-se e escute, pois agora quem vai falar sou eu.

— Sim, senhor.

Manhã chuvosa na cidade. Era uma chuvinha fina e discreta, daquelas que não sujam e quase não escondem o sol, e que só acontecem em Barcelona no final do inverno ou no começo da primavera.

— Não há mais tempo, Gatius. Tenho de confessar que, enquanto você fazia sua pesquisa, também fiz a minha. E preciso admitir que só o ouvi por educação...

A transformação se deu num segundo. Atônito, Gatius escutava tudo calado. Demi Gambús estava tão empolgado que não conseguia se controlar. A solução tinha surgido de uma reflexão das mais simples.

— Precisava entrar para a história da família com uma personalidade própria, não é mesmo? Depois de todos aqueles meses terríveis à procura de algo, acabei me fazendo a pergunta-chave: qual a diferença básica entre mim e o resto dos Gambús? É que eu, à diferença deles, sou barcelonês. Se não de nascença, pelo menos por residência e por vontade, que é o que conta. Barcelona vai me indicar o caminho, vai marcar a minha diferença...

Olhou bem para Gatius e prosseguiu:

— Barcelona não pára de crescer. E onde acontece a grande operação imobiliária da cidade? Na Reforma, que inclui a demolição de centenas de edifícios e de ruas antigas, e sua substituição por um traçado retilíneo e moderno... A remodelação radical que começou a ser feita na parte antiga da cidade provocará uma revalorização global daquela região, tanto no aspecto econômico quanto com relação ao comércio e à sociedade em geral. Essa revalorização será grande, muito grande.

Interrompeu-se um instante para tomar um gole de vinho. Com alguma hesitação, Bartomeu Gatius aproveitou para fazer uma observação:

— A especulação imobiliária foi uma das primeiras opções que o senhor recusou...

— Cale-se! Há quanto tempo começou a Reforma?

Apanhado de surpresa, Gatius começou a dar tratos à bola até encontrar as informações que procurava:

— As obras propriamente ditas foram inauguradas por Sua Majestade há um ano, senhor Gambús, mas já faz dois ou três anos que tudo começou. Os diversos interesses econômicos já se instalaram nesse projeto com uma sólida participação, principalmente o Banco Hispano-Colonial, que...

— Que se dane que haja ou não interesses envolvidos nisso!

— Mas estamos falando do Banco Hispano-Colonial! As pessoas mais poderosas de Barcelona estão por trás dele: a casa de Comillas, os herdeiros do banqueiro Girona...

— O que se instala pode ser desinstalado. E pronto. Não pense que me assusta com isso. Tente me entender, Gatius: ainda restam 61 terrenos para serem desapropriados. Pois bem, eles têm de ser nossos. Está me entendendo? E, entre os mais de cem que já foram desapropriados, temos de recuperar o maior número possível... Ainda está em tempo, mas é preciso andar depressa. Temos de fazer com que todos acreditem que o nosso interesse está aqui, na Gran Via A.

"Com que todos acreditem...?" Bartomeu Gatius ficou boquiaberto. Estava desnorteado.

— E não é verdade?

— Não. Nada disso me interessa nem um pouco. Compraremos o máximo que pudermos dessa Reforma e... não faremos nada com isso. Passe esse mapa. E fique de boca fechada, porra!

Gatius, quase em estado de choque, obedeceu instantaneamente. Os dois abriram um rolo de papel vegetal sobre a mesa e prenderam as suas pontas com as taças e os talheres. Era um mapa de Barcelona. Em vermelho, via-se a perfeita linha reta da futura Via Laietana, a atual Gran Via A: indo do passeio Colombo até a praça Urquinaona, por cima da trama de vielas medievais que desapareceriam. Demi Gambús apanhou um lápis, indicou, com ele, o local em que terminava a linha vermelha e foi prolongando o seu traçado em direção ao mar. Passou por cima do porto, fez um ligeiro desvio para evitar a Barceloneta, meteu-se água adentro, saiu do papel e continuou riscando a toalha da mesa. Finalmente parou, desenhou uma cruz e soltou uma exclamação triunfal:

— Aqui!

Bartomeu Gatius olhava a superfície riscada da mesa com os olhos arregalados:

— Onde?

— No meio do mar, Gatius! Enquanto todos estiverem achando que queremos mergulhar fundo no negócio da Reforma, o que faremos é lançar as bases para o prolongamento da nova avenida!

Demi Gambús se deixou levar pelo entusiasmo. A paixão precedia suas palavras e atropelava sua fala. O rapaz não conseguia se conter. Parou para tomar uma pílula de estricnina com um pouco de vinho. Aproximou-se de Gatius e apontou para o mar.

— Entraremos pelo mar, com uma grande ponte na superfície e um grande túnel submarino para os trens, como os americanos querem fazer em Nova York. E sabe onde eles vão dar?

— Onde?

— No horizonte, Gatius: a nova Barcelona, um bairro inteiramente novo, artificial. Quando os banqueiros perceberem, já teremos construído uma cidade marinha voltada basicamente para o mundo dos negócios: haverá ali as sedes dos próprios bancos e das grandes empresas, escritórios, repartições municipais e estatais, talvez até hospitais e clínicas... E grandes mansões de veraneio. O lugar se chamará "Ilha Gambús".

"Dominaremos tudo o que se mova na Gran Via A, de tal forma que os melhores negócios de Barcelona sejam gerados ali e desviados para a Ilha Gambús. Não devemos nos iludir: a luta se estenderá por vários anos, mas vamos vencer. Graças a mim, Barcelona voltará a se destacar no mapa da Europa."

Bartomeu Gatius não sabia o que dizer.

— Mas, senhor Gambús, para levar adiante um projeto como esse é necessário dispor de um capital fabuloso. Não acredito que haja algum banco catalão ou espanhol disposto a entrar numa... numa...

— Loucura? Era isso que você ia dizer?

— Deus me livre, senhor Gambús, claro que não... Mas é que nem a monarquia britânica poderia se envolver em algo assim sem... Além disso, há o problema dos militares, que não autorizariam tal projeto por razões de segurança.

— Gatius, Gatius... Não fique tão assustado, homem! Há muitas coisas que você ignora com relação a minha família. Além disso, os militares serão os primeiros a querer colaborar. Do ponto de vista administrativo, a questão é muito mais fácil do que parece, porque, na verdade, não estaríamos inventando uma nova ilha, diante de Barcelona...

Bartomeu Gatius estava efetivamente assustado: era óbvio que o jovem Gambús tinha abusado das pílulas de estricnina. Ou de seja lá o que fosse.

— Ah, não?

— Não. Faríamos reaparecer uma antiga. Barcelona teve, em outras épocas, uma série de colinas ligadas à costa por bancos de areia que formavam uma espécie de quebra-mares naturais. Com o tempo, a erosão e as correntes marítimas iam levando essa areia até que, um belo dia, a colina se transformava numa ilha. O processo continuava e a ilhota acabava sendo inundada e desaparecia. Ora, já decidi: faremos ressurgir a antiga colina Maians, no meio do mar. É um morrinho que já existiu. E, se já existiu, deve ter tido um proprietário. Encontraremos os seus herdeiros e compraremos os supostos direitos que eles teriam sobre a ilha. E, se não os encontrarmos, podemos inventá-los. Ressuscitarei a antiga ilha Maians e todos falarão disso. Os ecos desse feito serão ouvidos por anos a fio. Décadas mais tarde, alguém publicará um livro, alguém que seja louco o bastante para achar que vale a pena escrever sobre isso. Ou, simplesmente, que vale a pena escrever. Acalme-se, Gatius, e, acima de tudo, seja discreto. A primeira coisa a fazer é pensar na execução do projeto. Em segredo absoluto. Quem sabe uns dois profissionais estrangeiros, para ter uma margem de comparação... Aproxime-se. Veja.

Mostrou alguém que passava pela Rambla. A chuva tinha parado. Era um automóvel com três passageiros. Um na frente, o motorista, de guarda-pó, luvas e boné cinzentos, e mais dois atrás, barbudos, de cartola, sobretudo, luvas de couro e uma manta escocesa sobre as pernas.

— Observe-os, Gatius — disse Demi. — Nós, os Gambús, saberemos lidar com essa alta burguesia barcelonesa. O trabalho tem que ser bem-feito: se for preciso construir um novo Liceu no meio do mar, construiremos. O senhor Eusebi Güell encarregou o arquiteto Gaudí de desenhar uma cidade-jardim que é um delírio. Por que não podemos fazer uma cidade marinha? Se necessário, entregaremos também o projeto a Gaudí...

Sentia-se um rei, um primeiro-ministro. Tomava decisões que, em pouco tempo, implicariam um grande movimento de bens e pessoas. Talvez o sentimento fosse mais o de um general antes da batalha. Eles não eram piratas? Pois construiria o melhor ninho de piratas do mundo: a Ilha Gambús, cheia de burgueses decididos a lhe dar todo o prestígio e a respeitabilidade necessária. A base ideal para roubar e aplicar golpes com toda a impunidade. Sua mãe ficaria estarrecida.

Bartomeu Gatius saiu da saleta enjoado, e um tanto febril, mas disposto a lutar. Na verdade, não tinha outra opção.

Nesse meio tempo, Deogràcies-Miquel Gambús pensava no sucesso garantido de sua nova missão. Não tinha a menor dúvida quanto a isso por uma razão bem simples: era um delinqüente profissional e, portanto, sempre estava um passo à frente de qualquer competidor. Na prática, muitos dos burgueses barceloneses agiam como delinqüentes, mas gastavam alguma energia tentando esconder isso. De si mesmos, de sua família, da sociedade. Não era o que acontecia com Demi Gambús, o que sempre lhe dava vantagem sobre os demais. Mas era também agradecido. E estava satisfeito. Como outros antes dele, contribuiria para engrandecer Barcelona. E não para a posteridade. Não se preocupava absolutamente com isso, pois não estaria aí para ver. Realizaria essa empreitada porque queria. Porque sim. Porque os Gambús eram assim. E se outros puderam fazê-lo, por que não ele?

Deu mais uma olhada pela janela. Uma carroça esquisita, de cor lilás, carregando uns trastes chamou sua atenção. Era um mascate que ia tocando uma sineta. Estava chovendo de novo, tudo estava calmo. Abriu a janela. Um pouco de ar fresco ligeiramente doce penetrou na saleta; com o chuvisco, o vento tinha perdido aquele sabor salgado do mar. Os próximos anos veriam grandes acontecimentos. Fechou a janela energicamente, pegou um cravo do jarro que estava sobre a mesa e o enfiou na lapela. Logo, logo receberia ali mesmo a viúva Roca. Tinha lhe enviado uma mensagem confidencial, cheia de frases galantes, para lembrar à mulher que ela estava convidada a almoçar. E, para que o tempo passasse mais depressa, junto com a mensagem, mandou um buquê de flores e um perfume.

Aproximou-se do espelho da saleta com a intenção de examinar os pêlos das orelhas, mas um garçom veio lhe dizer que o senhor Rafel Escorrigüela já tinha chegado.

Demi não conseguiu disfarçar uma careta de aborrecimento. Olhou o relógio de parede. Eram 12h45 e tinha marcado com a viúva às duas. Por insistência da mãe, acabou convidando Escorrigüela para almoçar, mas tinha esquecido completamente.

Mandou que o fizessem entrar com a intenção pouco dissimulada de se livrar dele o quanto antes.

A princípio, não o reconheceu, o que não era de surpreender, pois seu antigo amigo tinha mudado muito. Lembrava dele, 12 anos atrás, quando tinham 18 anos, usando um paletó de veludo e uma camisa branca puída e tão velha que nem as freiras a aceitariam para dar aos pobres. Agora, o rapaz aparecia ali todo arrumado, elegante da cabeça aos pés, como um verdadeiro fidalgo.

— Rafel, você está ótimo...

Demi Gambús não sabia que tudo o que Rafel Escorrigüela estava usando tinha sido comprado há menos de três dias.

— Não tanto quanto você, Demi...

Abraçaram-se cordialmente. A lembrança dos 18 anos de repente se instalou entre os dois.

— Vou lhe dizer uma coisa, Rafel, e espero que não me leve a mal...

— Diga, diga...

— Você me parece tão repulsivo como há 12 anos. No entanto, olho para você e fico pensando que talvez... talvez debaixo dessa sua carinha mirrada de filho-da-puta, talvez, depois de tanto tempo, no fundo...

— Sim?

— Ainda haja um filho-da-puta de marca maior.

Ambos riram e Demi o convidou a se sentar. Depois, lhe serviu um pouco de vinho.

— Devo dizer que estou com tanta fome que pretendo tirar o máximo proveito dessa oportunidade.

— Então, terá de ser outro dia. Sinto muito, mas surgiu um imprevisto daqueles que não se pode evitar.

Uma piscadela foi o bastante para dissipar a pequena nuvem de humilhação que tinha se formado de súbito acima da cabeça de Rafel Escorrigüela. A mesma que sentia, quando criança, em presença da família Gambús e que, há poucos dias, a velha matriarca tinha se encarregado de trazer de novo à sua mente.

— O tempo passa e não mudamos, não é, Demi? Você é que tem sorte com as mulheres...

— Talvez sim, talvez não.

Rafel Escorrigüela não quis confessar que, nesse exato momento, tudo o que tinha à disposição era uma costureira de nome Llucieta, cuja maior preocupação era saber se devia usar o sistema Martí de corte e costura ou se seria melhor o Parisiense. Havia apenas três minutos que estava com Demi Gambús e já estava nervoso. Lá fora, na rua, aquelc homem terrível o observava com sua cara de rato. Tinha um palito na boca e o seguiu com os olhos até a porta do restaurante.

— Meu encontro é às duas — disse Demi. — Fique aqui que eu a apresento a você, como quem não quer nada, e, então, vá embora. Quero que a veja...

— Não, obrigado. Não estou com vontade de ficar babando, sem poder comer.

— Prometo que vou convidá-lo para o melhor almoço que você já teve na vida.

— Bom, só vendo para crer...

— Prometo. E agora, fale um pouco a seu respeito. Ainda temos algum tempo. Não há dúvida de que a sua vida foi bem mais agitada do que a minha. Minha história é bem simples: sou advogado, mas, nos últimos tempos, abandonei um pouco a advocacia para ir assumindo progressivamente o controle dos negócios da família. Seu pai morreu junto com meu avô...

— Sua mãe me lembrou isso outro dia mesmo.

Por dentro, Rafel Escorrigüela estava morrendo de vergonha. Demi Gambús o tratava exatamente como sua mãe havia feito dias atrás, como se o tempo não tivesse passado. Não o deixavam esquecer que era quase tão insignificante quanto cocô de cachorro. Vinham lhe dizer que a família não podia permitir que um frangote tentasse tumultuar o galinheiro. Tomou um gole de vinho.

— O dinheiro que trouxe de Alcagaire me serviu para começar os estudos de arquitetura. Ao mesmo tempo, freqüentava a Bolsa de Valores. Queria vencer na vida, e, por isso, tratei de arranjar dois caminhos bem diferentes, um deles sério, construir casas e abrir ruas para burgueses ricos, e outro artístico, pintar e vender caro os meus quadros para os burgueses ricos.

— Eu sou um burguês rico, o que quer me vender?

— Como?

— Nada, nada. Desculpe, continue...

— Andei mandando poemas para os Jogos Florais. Na verdade, cheguei até a ganhar uma...

— Poemas? — atalhou Demi Gambús com uma careta de incredulidade.

Isso era coisa de outro planeta. O seu contato mais intenso e recente com a poesia escrita foi a chateação que lhe causou o contato direto com alguns poetas um ano atrás. Foi na Maison Dorée, quando jantava com um possível cliente. À mesa ao lado, havia uns senhores respeitáveis comendo, bebendo, contando coisas engraçadas, enfim, se divertindo a valer. De tempos em tempos, um deles se levantava e recitava um poema em voz alta, o que provocava um silêncio quase absoluto no estabelecimento. Depois, o champanhe e a cordialidade voltavam a dominar. Demi Gambús não conseguiu se conter e perguntou ao garçom o que era toda aquela algazarra. O rapaz lhe disse que era o jantar comemorativo de encerramento dos Jogos Florais. E que aquele cavalheiro de uns sessenta anos que não parava de cumprimentar os clientes das mesas vizinhas era o próprio Àngel Guimerà. Demi Gambús ficou impressionado. A seu ver, era inconcebível que um poeta não fosse um vagabundo, e mais ainda que pudesse chegar a ser popular.

Escorrigüela o fitou com ar tristonho.

— Não tive sorte. Nem como artista e muito menos como arquiteto, municipal ou não. Não segui a carreira e abandonei a literatura. Andei picotando ingressos na praça de touros da Barceloneta. Cheguei até a passar um tempo na cadeia.

— Por quê?

— Por nada, ninharias de quem só leva a pior. Na prisão, estudei um pouco de contabilidade. Quando saí, assumi a administração de uma empresa de transportes que...

— Chega, Rafel. Pare de me contar tantas desgraças. Minha mãe me pediu que tentasse ajudá-lo. Vamos, porém, ao que interessa, porque é evidente que você passou por várias dificuldades, mas, ao que parece, as coisas começaram a melhorar. Onde está morando?

— No primeiro andar de um edifício no passeio de Sant Joan. Você não acreditaria: trezentas pesetas por mês de aluguel! Seis quartos. Sala de jantar enorme. Gás, eletricidade, banheiro, chuveiro, calefação, muito sol e um jardim.

— Um palácio alugado a preço de ouro. Então, está cheio da grana.

— Essa é a origem de todos os males. Tenho dinheiro, mas não sou milionário. Por outro lado, digamos que esse dinheiro não é exatamente fruto de trabalho.

— Jogo? Loteria? Um golpe? Estou vendo que, por mais que o tempo passe, não mudamos. Repito a pergunta: o que você está querendo me vender, Rafel?

— Nada.

— Desculpe, não se ofenda. É que está ficando tarde.

— Gostaria que me orientasse em termos de investimentos. Uma espécie de sociedade, por assim dizer. Posso manter um escritório no meu apartamento. Tenho certeza que posso assumir, de forma plenamente satisfatória, uma série de responsabilidades no mundo dos negócios. E agora tenho medo que o meu dinheiro acabe e eu fique sem nada.

Num segundo, leu nos olhos do outro tudo o que ele estava pensando: que um indivíduo como ele, ex-estudante de arquitetura e aspirante a poeta, que tinha trabalhado como bilheteiro numa praça de touros e de escriturário numa empresa, e que tinha agora no bolso um dinheiro misterioso, não podia ter chegado aonde chegou por casualidade nem por má sorte. De uma forma ou de outra, algo em sua personalidade devia ter a ver com tudo isso. Não era lá muito interessante se unir a ele.

E tinha toda a razão. Demi Gambús não estava muito disposto a ajudá-lo.

— Talvez eu ponha você em algum dos meus negócios. Ou, quem sabe, possa ajudá-lo a se instalar por conta própria. Veremos. Seja como for, lembre-se que terá de investir no mínimo três anos para que um negócio deslanche. E que o primeiro ano e meio é o pior período.

— Ao seu lado, nada me preocupa, Demi. Você é daqueles que só fazem subir. Não é como eu, que fiquei encalhado.

— Em primeiro lugar, não subo: já estou lá em cima. Em segundo lugar, não me venha com essa choradeira que mando você...

À medida que os minutos iam passando, Demi Gambús tinha mais dificuldade em entender por que estava conversando com Rafel Escorrigüela. E, principalmente, por que sua mãe tinha inventado isso. O tempo tinha se esgotado.

— Já lhe digo o que vou fazer: falarei com meu assessor financeiro sobre o seu caso. Não sei quanto dinheiro você tem, pouco importa. Com toda a certeza haverá algum pequeno negócio em que possa investir. Vamos ver. O mais importante é que voltamos a nos ver. Além disso, por coincidência, hoje é um dia muito especial para mim. Estou felicíssimo, sorte a sua: ligarei sua cara de filho-da-puta ao dia de hoje. E, com o tempo, isso renderá mais que a melhor das ações da bolsa.

— Está feliz por causa dessa mulher que vem aí?

— Que mulher, que nada! Você perdeu o juízo? Estou feliz pelo negócio que estou prestes a começar. É tão fabuloso que você nem pode imaginar!

— Ora, e o que é?

Demi Gambús fitou-o intensamente por um segundo.

— Por que quer saber?

— Sei lá, por curiosidade.

— Vai ficar sabendo quando chegar a hora. E, agora, é melhor ir andando.

Com o rabo do olho, Demi Gambús observou o amigo de infância que punha o casaco e as luvas.

— Apareça de hoje a oito dias, pois estou lhe devendo um almoço. Estou certo de que terei boas notícias — disse ele em tom neutro.

Cumprimentaram-se como velhos amigos e Escorrigüela foi embora a passos lentos e irregulares. Quando saiu do restaurante, o homem com cara de rato ainda estava ali. Estava engraxando os sapatos e nem se virou quando ele passou ao seu lado. O reencontro com seu velho amigo tinha sido muito estranho. Acabou sendo posto de lá para fora. Continuava a se sentir um cachorro.

Demi Gambús olhou rapidamente pela janela. Presenciou o milagre da recuperação dos braços do negro mutilado que antes estava na porta do restaurante e agora discutia com dois guardas municipais.

Um mórbido sentimento de complacência o fez pensar que poderia fazer sua mãe sofrer um pouco mais. Esperaria alguns dias para lhe comunicar o seu grande projeto. Pela primeira vez, tinha a sensação de ser mais forte que ela.

Ouviu baterem à porta e se virou. Um garçom entrou para arrumar a mesa. Logo a viúva Roca estaria chegando.

18

A CABELEIREIRA TINHA ACABADO de ir embora e, naquele instante, a criada abria com todo o cuidado o papel de seda da caixa. Ali dentro havia um vestido elegantíssimo e, considerando-se quem ia usá-lo, um tanto ousado. A moça o retirou da caixa com tanta devoção, como se estivesse pegando nos braços um herdeiro recém-nascido, e o entregou à patroa. De vez em quando, Miquela Gambús se permitia esses pequenos toques de vaidade. Os Gambús eram vaidosos e, mesmo assim, tinham se dado bem, pensava ela. Com a ajuda da criada, pôs o vestido, um modelo de verão, verde-claro mesclado de verde-azulado.

— Ah! Nunca vi a senhora tão... tão...

— Tão o quê?

— Tão alinhada!

— Ora, deixe disso! Afinal, gosta ou não?

— É lindo.

— Vou estreá-lo na minha festa, em julho, e, depois, pode ficar com ele, pois não precisarei mais dessas coisas.

A moça baixou os olhos, chorosa.

— Obrigada, mas nunca poderia aceitar...

— Se eu mandar, você aceita, sua atrevida!

— É que nunca poderia usá-lo...

A patroa percebeu que a moça tinha toda a razão. Pensou que devia falar com a costureira para que, quando chegasse a hora, desmanchasse o vestido e fizesse outro mais simples, adaptado às necessidades da moça. Ficou um bom tempo se olhando no espelho de corpo inteiro que tinha no quarto de vestir. Estava ótimo para sua despedida de Barcelona. Tirou o vestido, mandou que a criada o dobrasse e pusesse de volta na caixa. Enquanto a moça cumpria sua ordem, sentou-se na sua cadeirinha dourada de espaldar rosa. Pouco mais tarde, ela e o filho iam almoçar com Joan Rovira, um dos empresários mais prósperos de Barcelona. Era dono da empresa A Porto-riquenha, especializada em confecção, distribuição e venda de tecidos. Possuíam duas lojas na cidade: A Porto-riquenha e a Nova Porto-riquenha. À diferença de seus antepassados, Joan Rovira tinha feito fortuna, como tantos outros, baseando sua estratégia nos contratos de fornecimento para o Exército. Agora, anos mais tarde, tinha muito dinheiro e se permitia ampliar seus setores tradicionais de negócios investindo na bolsa e no ramo imobiliário.

Tinha pedido para conversar com os Gambús na qualidade de dirigente do Fomento de Trabalho, para trocarem opiniões com certa discrição. A preocupação era geral. As bombas voltavam a cair sobre Barcelona, quatro em seis dias, como se alguém quisesse deixar bem claro que, desde a Páscoa, as coisas não iam cessar nem mudar. Embora as explosões tenham ocorrido em bairros e ruas populares, a classe patronal estava muito nervosa. Bombas e agitação social são prejudiciais ao comércio, e o comércio é a alma de Barcelona; portanto, còm bombas Barcelona acaba. Eis aí seu raciocínio. O governo de Madri tinha elevado a recompensa por qualquer informação fidedigna sobre os atentados à fabulosa cifra de cem mil pesetas.

Se o senhor Rovira pretendia sensibilizar a família Gambús a respeito da questão social, estava perdendo seu tempo. Há muito que os Gambús tinham sua própria visão dos fatos.

No dia 19 de junho de 1870, Miquel Gambús II, o Merda, assistiu, disfarçado de operário, ao Primeiro Congresso Operário Espanhol. Entre os proletários catalães, destacavam-se os cooperativistas, os sindicalistas e os seguidores de Bakunin, defensores do abstencionismo político e do apolitismo sindical. Rafael Farga i Pellicer, representante dos operários de Barcelona, era um destes. Recebeu os delegados com frases como "A sociedade aspira à ordem na anarquia. A palavra anarquia é considerada sinônimo de desordem... e é justo o contrário!". Miquel Gambús saiu dali apavorado. Não esperava por isso. Estava habituado a lidar com seus empregados um por um. Ver tantos assim juntos, tão organizados e fazendo tamanha gritaria, o deixou espantado. Parecia um pesadelo... Não parou de correr até chegar a Alcagaire com a certeza de que tinha de agir imediatamente. E preventivamente, como sempre. Esta foi a norma básica que transmitiu à filha Miquela: prevenção.

Dona Miquela seguiu à risca o conselho paterno, não como tática defensiva, mas, pelo contrário, como maneira de cortar caminho para chegar à consolidação e à expansão do poder de sua família. Ela, por sua vez, transmitiu a seu filho Demi os mesmos ensinamentos, pouco depois de terem se mudado para Barcelona.

Hoje teria de fazê-lo lembrar-se daquela conversa. Porque o clima estava esquentando, em poucos dias haveria eleições municipais e Miquela Gambús não sabia ao certo o que Joan Rovira queria com eles.

Não estava doente, mas sentia-se cansada; cada osso do corpo lhe pesava, mais dolorido que nunca. Levantou-se da poltroninha e foi até a janela. Um empregado de uma confeitaria passou pela rua equilibrando uma bandeja de brioches. Devia ter uns 11 anos. Parou um instante para descansar e tirou a bandeja da cabeça. Tinha as bochechas coradas como as de um camponês. Talvez fosse mesmo. Ela era velha, e nem se beliscasse as próprias bochechas elas ficariam assim rosadas. Nos últimos tempos, praticamente só pensava no passado. Queria voltar para Alcagaire. Estava farta.

Naquela manhã, um padreco tinha vindo lhe trazer um bilhete do senhor arcebispo. Dizia que era impossível comparecer à sua festa por motivos pessoais e de agenda. Filho-da-puta... Já esperava por isso, mas, por precaução, e contra seus hábitos, na Quinta e na Sexta-feira Santas, tinha assistido a uma das procissões da via-crúcis para que todos a vissem. Desfilou atrás de Sua Divina Majestade, sob o pálio conduzido por seminaristas de rosto inexpressivo usando capas de chuva.

— A Igreja é rancorosa... — resmungou a velha matriarca enquanto observava como o empregado da confeitaria, já descansado, punha a bandeja novamente na cabeça e seguia em frente, escandalosamente feliz e contente.

A família Gambús sempre manteve uma relação correta com o bispado. Os seus interesses coincidiam, por assim dizer. A aliança entre a Igreja e os proprietários de terras de sua categoria era vantajosa para ambas as partes. Talvez por isso, sem ir mais longe, o bispado não tentou conter a imaginação de uma família como a dos Gambús, ladrões por vocação, mas respeitosos para com os privilégios da Santa Madre Igreja. Miquel Gambús I, o Homem do Rei, montou um grande negócio para explorar a fé do povo. Por um lado, ganhava dinheiro, e, por outro, mantinha viva a religiosidade naqueles lugares esquecidos por Nosso Senhor. Ficava com o que era de César, e dava ao bispado o que era de Deus. Chegou mesmo a fundar uma pequena indústria da religiosidade que complementava inúmeros negócios seus. Legalmente, fornecia círios, imagens, santinhos, escapulários, medalhas... Na verdade, a operação mais ambiciosa consistia em traficar falsas relíquias: começou distribuindo em série rosários originais de são Raimon de Penyafort, túnicas de santa Eulália e até pétalas secas da própria palma florida de são José. O passo seguinte foi uma conseqüência lógica: a utilização de restos humanos para oferecer dedos, unhas, dentes, e até um braço de são Patllari que teria permanecido inatingido pela decomposição. Finalmente, inventou um santo originário do vilarejo: padre Màrius, o estigmatizado. Era o cúmulo do refinamento. Desnecessário dizer que tudo isso se fez com o silêncio cúmplice das autoridades eclesiásticas. O negócio funcionou por algum tempo e foi um dos pilares da fortuna familiar. Terminou quando a energia do velho Gambús se reduziu com a idade e, principalmente, quando surgiram os novos tipos de delitos que fariam a fama daquela estirpe, todos eles baseados em três pontos fundamentais: mais ganhos, menos riscos, menos trabalho. Durante a era de Miquel Gambús II, o Merda, a relação com o poder temporal da Igreja se deteriorou por completo. Não se sabe com certeza, mas alguns atribuem isso ao fato de o próprio Miquel Gambús ter matado um padre a sangue-frio, em plena praça Maior de Alcagaire. Era a primeira vez que o bispo interferia nos negócios familiares e mandava um frade com poderes para desmascarar as fraudes religiosas dos Gambús. Miquel Gambús II lhe deu a honra de se encarregar do assunto pessoalmente. O que estava em jogo era o princípio de sua autoridade. No dia em que se deu o episódio, tinha sido convidado para almoçar na casa do médico do vilarejo, homem muito respeitado. Tomavam o aperitivo quando Miquel Gambús II se desculpou dizendo que estava enjoado e precisava de ar fresco. O médico lhe cedeu o próprio quarto e só voltou a vê-lo vinte minutos mais tarde. Durante aquele tempo, don Miquel foi até a praça Maior, onde se encontrou frente a frente com o enviado do bispo. O homem se virou para um lado e para o outro e percebeu que, em questão de segundos, a praça de Alcagaire, poeirenta, mas tão clara que chegava a incomodar a vista, tinha ficado deserta. Quando voltou a olhar para frente, viu don Miquel Gambús que, todo sorridente, punha a mão no peito. Foi a última coisa que viu neste vale de lágrimas, pois, de imediato, recebeu um único tiro no coração e caiu fulminado. Calmamente, don Miquel escondeu a pequena pistola de um só disparo na manga, espanou a poeira do paletó e voltou para terminar o seu aperitivo. É claro que, no bispado, todos ficaram terrivelmente aborrecidos. Houve uma denúncia e o caso chegou a Madri. Mas foi encerrado porque não havia testemunhas e, além disso, o médico declarou que, no dia e na hora em que os fatos ocorreram, o respeitável amigo que era don Miquel Gambús não tinha deixado a sua casa.

O certo é que o bispado nunca aceitou aquela derrota. A hora de acertar as contas chegou alguns anos mais tarde, por ocasião da morte do próprio don Miquel, em agosto de 1899, por causa de um ato estúpido que provocou também a morte de seu fiel subordinado Evarist Escorrigüela. Acontece que o velho patriarca da casa Gambús era fanático pelos inventos modernos e, em particular, pelos automóveis. Tinha dito e repetido que, quando morresse, queria ser enterrado ao volante de seu precioso "Velo" Benz. Todos achavam que era brincadeira e ninguém ligou muito para isso. No entanto, don Miquel deixou esse capricho registrado em testamento. Sua filha única, respeitando o desejo do pai, decidiu enterrá-lo de acordo com a sua última vontade. Logo chegou uma nota oficial do bispado: "A extravagância solicitada é contrária ao respeito e à dignidade que merece a liturgia dos mortos." Negava-se, assim, permissão para que aquele homem fosse enterrado em solo cristão. E dona Miquela Gambús era advertida para não se atrever a infringir tal proibição sob pena de excomunhão (e isso sem prejuízo das ações jurídicas acarretadas pelo delito de inumação ilegal). Ou ele era enterrado num caixão, como todo mundo, ou não era enterrado. Dona Miquela ficou aborrecidíssima; acionou todas as suas influências, mas em vão. A época de ouro dos caciques chegava ao fim e os políticos estavam muito ocupados preparando os tempos vindouros. Ninguém queria ter problemas com o bispado. No entanto, Miquela Raspa-Panela Gambús tinha herdado a teimosia de seus antepassados e decidiu enterrar o pai sentado ao volante do carro, com ou sem a bênção da Igreja.

Seu filho Demi, esperto como ele só, apesar de ter apenas 19 anos e ainda não ter terminado a faculdade de direito, logo encontrou uma brecha na lei: na Galícia, havia cemitérios de ingleses que recebiam os defuntos dessa nacionalidade mortos em guerras ou naufrágios. Portanto, fariam a mesma coisa: um cemitério de ingleses em Alcagaire. Num espaço de tempo incrivelmente curto, dona Miquela apresentou um documento atestando que seu pai tinha se convertido à religião anglicana; apresentou um outro provando que a prefeitura de Alcagaire autorizava a construção de uma capela anglicana, com cemitério anexo habilitado para uma única sepultura. Um terceiro documento, vindo de Canterbury, abençoava o novo recinto religioso e dava permissão para que Miquel Gambús fosse enterrado dentro de um automóvel e não num caixão.

A operação foi concluída com sucesso graças ao fato de haver, em Alcagaire, um coveiro chamado Diumenge Jordà, que era também taxidermista. Era um homem gordo e altivo que estava sempre bufando. Quando suspirava e inflava o peito, rebentava os botões do colete e ficava com a gravata toda desalinhada. Orgulhava-se do trabalho que fazia. Miquela Gambús foi à sua casa altas horas da noite. Em poucas palavras, relatou-lhe o problema e lhe disse o que queria dele. Diumenge Jordà era filho, neto e bisneto de gente nascida em Alcagaire. Jamais julgaria qualquer coisa que uma personalidade local lhe pedisse, por mais estranha que fosse. Queriam enterrar o velho sentado dentro do carro? Pois que enterrassem, já que não estavam fazendo mal a ninguém. E, além do mais, para que meter o nariz onde não era chamado.

— Quanto tempo tenho? — perguntou Jordà.

— Preciso conseguir uns documentos no exterior. Uns dez dias. Mas lembre-se, quero que ele fique sentado ao volante, dirigindo o carro.

— Nesta época... Podemos mantê-lo numa banheira com gelo e... Mas, senhora, é difícil garantir que, mesmo embalsamado, ele fique...

Miquela Gambús passava os olhos por aqueles javalis, pássaros, raposas que enchiam a oficina de Diumenge Jordà, todos nas posições mais forçadas e inverossímeis, fazendo as caretas mais exasperadas. Apontou para os animais com um gesto vago e encarou Jordà.

— Disseque-o.

Silêncio.

— Você me ouviu. Quero enterrá-lo vestido de automobilista e agarrado ao volante. Não se preocupe com o preço. Nem com nada. Se não quiser fazê-lo, entenderei. Lamentaria muito, mas entenderia.

Diumenge Jordà engoliu em seco. Em Alcagaire, todos faziam o que os Gambús mandavam, mesmo que fosse aquilo: uma filha pedindo para que dissecassem o próprio pai. E, agora, ela o fitava bem nos olhos. Inflou o peito e os botões do colete atingiram o limite de sua resistência. Então, respondeu que sim.

Conseguia fazer suas criaturas parecerem vivas, em poses ferozes, com expressões de surpresa, apoiadas sobre as patas traseiras, meio agachadas, em posição de ataque... Podia fazer qualquer coisa com qualquer cadáver. Nervoso como estava, tudo o que lhe passou pela cabeça foi perguntar à mulher o mesmo que perguntava a quem lhe trazia seus troféus de caça ou até algum animal doméstico:

— Que expressão quer que tenha? Raivoso, mostrando os dentes?

Ela, porém, não atinou com o absurdo da pergunta. Entre outros motivos, porque, naquela noite, ela era o próprio absurdo.

— Quero uma pose natural. Não, contente. Quero que pareça muito contente. Quero que os filhos-da-puta que quiseram nos foder lembrem-se dele assim. Acha que vai conseguir?

— Não sei, senhora. Suponho que sim. Levem-no ao depósito do cemitério. Ninguém vai notar. E o carro também, é claro.

Durante toda a conversa, Miquela Gambús, a Quelona Raspa-Panela, só fraquejou uma única vez. Mas respirou fundo e se recompôs. Foi embora tranqüila. Estava deixando seu pai em boas mãos.

Jordà trabalhou dia e noite. Apesar de sua experiência, não pôde deixar de se impressionar quando examinou o corpo de Miquel Gambús II, o Merda. Não tanto pelo fato de ele ter ficado destroçado e desfigurado — ao longo da vida, já tinha visto vários outros assim, afogados arrastados pelo rio —, mas porque se tratava de don Miquel, o grande senhor do vilarejo. Era ele que jazia ali rígido, inchado e azulado, com um olho aberto e o outro fechado.

Terminou o trabalho bem a tempo. O resultado foi tão espetacular que, no dia do funeral, duas mulheres desmaiaram na rua, de tão impressionadas que ficaram, e outras duas se ajoelharam e começaram a rezar: lá estava Miquel Gambús II, o Merda, de boné, óculos, cachecol, luvas, casaco com gola de raposa e botas reluzentes de cano alto, com a mão esquerda apoiada no volante do "Velo" Benz, um sorriso de orelha a orelha, e com o outro braço erguido, acenando como se dissesse adeus. Quando dona Miquela o viu, ficou maravilhada. Está certo que aquele sorriso, com o lábio um tanto arreganhado, lhe dava um ar de raposa dissecada, mas isso era um detalhe sem importância. Era seu pai, ao volante do robusto e seguro "Velo" Benz, com sua carroceria de madeira lustrosa, seu estofamento de veludo, seus couros trabalhados, a buzina de latão em forma de *Boa constrictor*... O aspecto exterior era imponente como sempre, como quando passeava de carro e assustava pessoas e animais levantando espessas nuvens de poeira.

A cerimônia foi um verdadeiro acontecimento, porque, naqueles nove dias, além de cartas, certificados e certidões dos anglicanos, Miquela Gambús conseguiu trazer da Inglaterra um sacerdote nativo e toda uma banda de música. Os músicos, trajando uniforme de gala, abriam a comitiva tocando peças populares inglesas. Atrás deles, o "Velo" Benz puxado por dois cavalos, com o cadáver de Miquel Gambús sentado, paramentado, sorrindo como uma raposa, segurando o volante e também cumprimentando os presentes. A estrutura de ferro e madeira criada por Diumenge Jordà o mantinha ereto como um espantalho, quase soldado ao assento e ao volante. Seus pés estavam fincados no chão do carro graças a uns parafusos engenhosamente camuflados por dentro das botas. A mão direita estava presa ao volante para todo o sempre com o auxílio de uma cola especial.

Praticamente todo o vilarejo estava no cemitério. Antes de ser sepultado naquela cova gigantesca, don Miquel foi imortalizado em algumas fotos por um fotógrafo, como pedia a ocasião. Num piano instalado não longe dali, ao ar livre, começou a tocar a "Marcha fúnebre", de Chopin. Enquanto isso, homem e automóvel iam descendo lentamente ao fundo da sepultura graças a um curioso sistema de polias controlado por dois homens que acionavam uma manivela. Primeiro, desapareceu a metade das rodas do "Velo" Benz, grandes, como as de uma bicicleta; depois, foram as pernas e o volante. A última coisa que se pôde ver foi o rosto retocado e a mão erguida, saudando a todos, como se dissesse: "Até breve, seus paspalhões!" Miquel Gambús II, o Merda, até o fim.

Como o sepultamento aconteceu em pleno meio-dia, o sacerdote anglicano não se estendeu muito nas pregações. Primeiro porque, não estando acostumado, teve medo de desmaiar com todo aquele sol. Segundo porque, como pregava em inglês, ninguém entendia nada. Por isso, quando se ouviu a palavra "amém", a "Marcha fúnebre" cessou e todos os presentes começaram a lançar punhados de terra na cova. Foi necessária uma brigada de seis homens para tapar aquele buraco. Pás e mais pás de terra enquanto a banda de música, suando em bicas, tocava o hino nacional da Inglaterra como se a rainha Vitória em pessoa houvesse assistido à cerimônia.

A fotografia com a imagem de Miquel Gambús morto, sorrindo como uma raposa, chegou anonimamente ao palácio episcopal três ou quatro dias mais tarde. O bispo não deveria esquecer o episódio. Nem Miquela Gambús: aquilo não era o bastante. Mais dia, menos dia tudo isso voltaria à tona. Dona Miquela não tinha ilusões: os tempos estavam mudando, a ousadia do bispado era apenas o primeiro sintoma de uma tendência que parecia irrefreável. Era preciso tomar uma providência. Por isso resolveu se mudar para Barcelona. Desde então, nove anos se passaram repletos de pequenas escaramuças como a de hoje: o senhor bispo recusou o convite para sua festa por motivos pessoais e de agenda. Pois é bom ele ir se preparando, porque logo, logo terá uma surpresa daquelas...

Amassou o bilhete do bispo e o jogou no chão. Outras coisas mais urgentes exigiam sua atenção. Especialmente a visita do senhor Joan Rovira. Temia que ele enrolasse o seu filho Demi que tinha todas as virtudes dos Gambús, mas, ao mesmo tempo, todos os seus defeitos: eram astutos e desconfiados, mas também cheios de disposição, egoístas, pretensiosos e vaidosos, muito vaidosos. Vaidosos demais. E era seu único filho.

— A política é tão apetitosa... — murmurou ela.

Lembranças, lembranças e lembranças... Anos atrás, os Gambús dominavam, comandavam. Em Alcagaire, um ato de vaidade podia significar mais poder. Em Barcelona, era justo o contrário. E Demi era muito vaidoso.

Bateram à porta. Era exatamente ele que vinha buscá-la para ir almoçar.

— Você está com uma cara péssima, mãe. Não está se sentindo bem?

— Estaria melhor se você gostasse um pouco mais de mim.

— Mas você sabe que gosto, e muito.

— E você sabe por que digo isso.

Demi chegou mais perto e, numa demonstração de carinho bem pouco usual, abraçou e beijou a mãe, e disse, com um sorriso:

— Muito em breve terá notícias minhas. Muito em breve.

— Assim espero. Você sorriu igualzinho ao seu avô. Bom sinal. Sente-se na cama. Quero lhe falar de outra coisa. Sabe por que o senhor Rovira, honrado comerciante de nossa cidade, quer nos encontrar?

— Sei o que ele nos disse: para trocar opiniões sobre...

— Não seja tolo, rapaz! Veja bem, o senhor Rovira representa muitos outros senhores Rovira que, como ele, estão preocupados com o que está acontecendo em Barcelona: as bombas, os sindicatos, os anarquistas... Pois bem, para nós, essa história não fede nem cheira. É problema do Estado, da administração, desses paspalhos da patronal. Mas não é problema nosso. E quero que meta isso na cabeça antes de conversar com ele, entendeu? Nós somos ladrões. Não somos o Estado, nunca pertenceremos a uma classe política e social, capaz, quanto mais não seja, de mandar milhares e milhares de indivíduos para a morte em nome de um conceito abstrato ou de uma bandeira colorida. A questão operária só nos interessa na medida em que possa nos trazer algum lucro. Um estado de permanente inquietação social até que é bom para nós: que a sociedade fique cambaleando, mas que não caia... Se o industrial X se recusa a ouvir nossos conselhos, organizamos ou incitamos um movimento de protesto sindical. Infiltramos elementos corruptos em grupos já existentes, ou criamos grupos novos com siglas inventadas, absurdas ou românticas. Se for preciso, mandamos explodirem uma bomba ou provocarem um incêndio fortuito. O industrial X percebe que, se nos der ouvidos, da noite para o dia seus problemas acabam. Em suma, que a nossa família está infiltrada em muitos dos grupos críticos e revolucionários atuais, e isto há mais de nove anos. Subvencionamos esses grupinhos por baixo dos panos, é claro, secretamente. Nem eles mesmos suspeitam disso. Quando nos interessa, provocamos discórdias internas e eles se desfazem sozinhos... Mas cuidado: não se pode esticar demais a corda. A máquina deve continuar funcionando.

A careta de incredulidade do jovem Demi Gambús era quase dolorosa. Sua mãe sorriu.

— O que você pensava? Que eu passava o dia inteiro recebendo senhoras e me dedicando a administrar nossa fortuna? Sabe perfeitamente bem que há informações que é melhor não dividir com ninguém. É importantíssimo, por uma questão de segurança. Veja o caso Rull, no ano passado: um sem-vergonha trancafiado na cadeia por ter sido apanhado pondo uma bomba em algum lugar. O governador o arrebanha como informante e executor de uma política muito parecida com a que acabei de expor. A maioria das bombas de 1906 e 1907 foi posta por ele e seu bando, com dinheiro e até material fornecido diretamente pelo governo civil. Mas o senhor governador Ossorio y Gallardo pôs o plano a perder por falta de profissionalismo: tinha gente demais a par do segredo. Todos no governo sabiam da história. Quando Rull, que era tão idiota quanto ambicioso, cansou-se da brincadeira, resolveu chantagear Ossorio. Mais que depressa, este precisou montar toda aquela pantomima da detenção, do julgamento e, principalmente, da rapidíssima execução. Deplorável. Patético. Você, Demi, aos seis anos de idade, teria feito melhor. Seu avô descobriu que todo sistema político e social precisa de uma minoria que crie problemas. Isso os ajuda a se manterem unidos. A nós interessa que a classe dos poderosos esteja coesa. Nos interessa muito. Se soubermos fazer isso direito, não perderemos nunca.

— E por que você está me dizendo tudo isso agora?

Miquela Gambús notou um certo tom de ressentimento nas palavras do filho. Afinal, tinha o seu orgulho, não gostava de ser tratado como criança.

— Porque não sei o que Rovira está pretendendo. Essa gente sempre pede alguma coisa. Logo saberemos o que é. Ele vai aproveitar o almoço de hoje e convidar você para um encontro informal de negócios. Hoje mesmo ou algum outro dia, mas só vocês dois. E, lá pelas tantas, depois de um bom discurso, pedirá algo. Seja o que for, tenha cuidado.

A conversa foi interrompida nesse ponto porque a criada veio lhes dizer que o convidado já tinha chegado.

A grande mesa da sala de jantar principal da casa dos Gambús estava engalanada para aquele almoço. O lustre de seis braços, ao centro, estava aceso embora não fosse necessário. E suas inúmeras lágrimas de cristal aumentavam ainda mais a luminosidade. Fazia um ano e meio que a casa tinha recebido luz elétrica. E dona Miquela, como tantos outros, estava fascinada pela novidade e gastava o máximo de luz que podia. Elegante como sempre, era ela quem presidia a mesa. À sua direita, seu filho Deogràcies-Miquel, e, à sua esquerda, Joan Rovira, um homem de uns cinqüenta anos, pele corada e rosto congestionado. Sem chegar a ser obeso, preenchia generosamente o paletó deselegante, de um cinza pálido meio furta-cor, um tanto informal demais para a ocasião.

O fato de dona Miquela Gambús ser o chefe da família a investia de uma espécie de autoridade masculina que desconcertava Joan Rovira, que não conseguia encontrar o tom certo para seu discurso.

— No Fomento do Trabalho, recebemos o dossiê com as condições para o leilão de 18 mil túnicas de tecido vermelho, vinte mil faixas, vinte mil calças, vinte mil botinas, vinte mil cartucheiras, vinte mil coldres e vinte mil *tahalís*...

— Como?

Dona Miquela interrompeu o discurso de seu convidado com uma pose que deixou seu filho maravilhado: parecia uma senhora finíssima, discreta e amável, que estava ouvindo com toda a atenção a conversa sobre um assunto tão fascinante quanto aquele. Joan Rovira, que não sabia se sua anfitriã era surda ou se simplesmente ignorava o que fosse um *tahalí*, optou por esta última hipótese.

— Os *tahalís* são umas peças de couro presas ao cinto, que sustentam o facão ou a baioneta...

— Ora, que curioso... — exclamou ela.

Demi Gambús quase se levantou para beijá-la ali mesmo. Se Joan Rovira tinha engolido aquela farsa, merecia o que quer que lhe acontecesse.

— Sem dúvida, senhora, sem dúvida. E o que é mais curioso é que o pedido não foi feito pelo exército espanhol, mas pelo sultão do Marrocos... Pois bem, o governo insinuou que não veria com bons olhos o fato de uma empresa espanhola vestir e aparelhar o exército do principal inimigo da nação...

— Mas se o sultão do Marrocos é um aliado...

— Mas é mouro. E, portanto, irmão daqueles berberes selvagens das cabildas que não nos deixam viver. Em Madri, têm medo de uma possível traição. Pode ser verdade, mas onde fica a liberdade de comércio? O que acontece com a liberdade de comércio?

A pergunta ficou pairando no ar da sala. A criada borboleteava ao redor da mesa, trazendo os pratos, servindo o vinho, ou fazendo o que fosse preciso. E com muito medo de fazer barulho. A patroa os obrigava a usar uns sapatos especiais. Não gostava de ouvi-los andando. O senhor Rovira falava com uma voz afetada entre uma e outra colherada de sopa.

— Se não vendermos esses produtos para o sultão do Marrocos, alguém o fará. Por acaso os franceses teriam esses cuidados? Claro que não. A essa altura, devem estar esfregando as mãos ante a perspectiva do negócio... Mais valeria que esse nosso governo se preocupasse com as coisas verdadeiramente graves...

Mãe e filho se entreolharam e trocaram uns sinais de cumplicidade. O senhor Rovira estava entrando no assunto.

— Pobre Barcelona, quem te viu, quem te vê! Invadida por uma gentalha da pior espécie... Entre vagabundos e anarquistas... São os funestíssimos efeitos do ensino leigo e da constante propaganda antirreligiosa. O governo é tolerante demais!

— Acalme-se, meu caro Rovira, ou terá uma congestão — disse dona Miquela, hipócrita como ela só.

— Não se preocupe, dona Miquela. Sou homem habituado a enfrentar as situações mais difíceis. Não estaria onde estou se não fosse assim. Não posso negar, porém, que, às vezes, fico indignado: a fraqueza das autoridades provoca os horrores que temos sofrido. Veja, essa gente precisava é de um bom susto para abrir os olhos.

Dona Miquela conteve um arroto com o guardanapo e, com um toque de ironia, disse:

— Espero que o nosso assado não seja um desses horrores...

— É imperdoável, senhora. O meu comportamento é abominável, falando e falando sem parar. Honrarei o seu assado com o maior prazer. Talvez o senhor Deogràcies-Miquel queira me acompanhar até o Círculo do Liceu para um café e um licor. Podemos continuar a falar de política e de negócios sem ter de cansar a senhora sua mãe. O que lhe parece?

Demi Gambús voltou a trocar um olhar cúmplice com dona Miquela, e respondeu:

— Ao Círculo do Liceu? Claro, como não? Com muito prazer.

Mais uma vez, a criada interrompeu a conversa ao entrar na sala. Pôs diante da patroa uma travessa de cordeiro assado acompanhado de berinjelas gratinadas. Abriram uma garrafa de champanhe Mercedes e brindaram a Barcelona e ao seu futuro. Durante o resto da refeição, o convidado correspondeu gentilmente à hospitalidade da anfitriã. Deu-lhe toda a atenção e a conversa foi arrefecendo, girando em torno de temas mais gerais até que passaram a comentar as últimas novidades da sociedade barcelonesa, como a situação do Clube de Pólo, ou o fato de o poeta Maragall ter escrito um libelo dirigido a todas as sociedades e agremiações da Catalunha, incitando-as a aderir à "Liga do bem falar".

— É o que digo: um esforço inútil. Nós já falamos bem, e os outros, por mais que se esforcem, nunca conseguirão fazê-lo.

— É apenas um poeta, Rovira, deixe que se expresse à vontade... E as palavras, o vento leva...

A indignação que parecia invadir o senhor Rovira a cada cinco minutos não impediu que ele provasse o queijo Gervais que lhe foi trazido de sobremesa, junto com o suflê de chocolate que o deixou entusiasmado. Logo depois, despediu-se com toda a cordialidade e, acompanhado de Demi Gambús, dirigiu-se ao Círculo do Liceu.

Assim que se sentaram em duas poltronas da instituição, o senhor Joan Rovira foi direto ao assunto. Tirou os óculos de aro de tartaruga de um estojo e os pôs no nariz. E, do bolso, retirou um papel dobrado que estendeu sobre a mesinha baixa.

— Veja, Gambús. Quarta-feira, 7 de abril. Bomba na rua Boqueria, deixada no compartimento do relógio de gás de uma loja de produtos ortopédicos. Às 23h30. Dois feridos e um detido. Quinta-feira, 8 de abril. Bomba na rua Sant Pere Més Alt. O artefato estava dentro da tubulação de esgoto da casa nº 2, ocupada até bem pouco tempo pela Liga Regionalista e onde funcionam agora o Círculo Tradicionalista, no primeiro andar, e o Centro Federal, no terceiro. Tubo de ferro, de sete milímetros, carregado com dinamite, cartuchos de pistola *browning* e pregos. Sem desgraças pessoais. Domingo, 11 de abril, bomba na rua Aldana, esquina com rua do Parlamento. Na adega-restaurante de Joan Codina, conhecida como "Casa Estevet". O salão, como em qualquer outro dia festivo, estava cheio. Mais uma vez, por sorte não houve desgraças pessoais, a não ser por um jovem artista do Teatro Cômico que desmaiou ao ouvir a explosão. No dia seguinte, segunda-feira, 12 de abril, bomba na escada do nº 88 da rua Sant Pau. Danos ínfimos e localizados. O que me diz?

— Que está bem informado.

Quando o garçom se inclinou para pôr os cafés e as taças sobre a mesa, Demi Gambús viu pela janela, além dos plátanos, uma cena doméstica num dos apartamentos do outro lado da Rambla. Uma mulher regava gerânios numa varandinha onde havia duas galinhas numa gaiola minúscula. O senhor Rovira ajeitou os óculos para olhar atentamente a taça de conhaque. Pegou-a, revirou-a, cheirou-a e deu um gole. Estalou a língua no céu da boca e disse:

— A cidade e o país estão em plena balbúrdia. É um saco de gatos, todos tirando partido das doutrinas subversivas para avançar... Na Espanha... — principiou ele levando a xícara de café à boca — ... os inimigos de nossa civilização tentam abalar os princípios básicos como a liberdade de comércio. Trata-se de uma questão nacional ou patriótica, e não de uma questão política daquelas que servem de plataforma para criticar o governo ou ganhar eleições...

— Rovira, está provado que a repressão direta só serve para criar mártires e provocar novos atentados — atalhou Demi Gambús. — Não conheço nenhum caso em que uma política repressiva tivesse resolvido o problema de uma vez por todas.

— Isso é o que dizem os ultraliberais. Não me diga que é ultraliberal, Gambús?

— Não, não se preocupe.

— Os liberais não diriam o mesmo se estivessem no governo. Seja como for, a política antiterrorista do governo de Maura é frouxa e precária: não provoquemos os terroristas, não é bom que eles se ofendam, caso contrário, não poderemos evitar que lancem mais bombas sobre multidões inocentes. Este é um erro gravíssimo, Gambús. É graças a essa política covarde que as escolas anarquistas de Ferrer e Guàrdia foram fundadas e continuam funcionando. Elas educam para o crime e o ressentimento. Fazem crescer os inimigos de Deus, da autoridade, da ordem, da propriedade e da família.

Depois de uma pausa dramática absolutamente perfeita, Rovira o fitou e exclamou:

— Por isso, agora mais que nunca, precisamos de gente íntegra e, ao mesmo tempo, hábil e implacável nos cargos públicos de maior importância.

— Não me faça rir, homem. Com esse tal de sufrágio universal descontrolado, que dá direito de voto a toda essa gente que mal e mal sabe ler? Eu não perco nada não indo a Madri...

Rovira sorriu e umedeceu os lábios.

— Não me referia a ir a Madri, estava falando de Barcelona, do Conselho Municipal, das eleições de 3 de maio. Depois de amanhã, como diz o outro. Tem toda a razão: o problema, em nossa casa, é que os catalães honrados têm tendência a não querer se meter em política. Por dignidade e caráter, a administração não lhes enche os olhos. Não tiro sua razão. Trata-se, porém, de fazer um sacrifício, de dar um passo à frente e pôr ordem na casa. Sem medo. Nós, do Fomento, temos tentado contribuir para solucionar o problema na medida do possível. Já ouviu falar de *mister* Arrow?

— Não.

— Não me surpreende. É um detetive inglês. Nós o contratamos há uns dois anos, em comum acordo com a prefeitura e os parlamentares, para acabar com as bombas e os atentados. Ele organizou uma polícia privada que, em tese, não devia interferir no trabalho das forças da ordem. O caso é que o inglês está fracassando e as organizações operárias debocham quando o vêem. Prat de la Riba já está farto dessa história e da tribuna do Conselho Municipal insinua que devemos despedi-lo e mandá-lo de volta para casa. Fizemos um papelão, mas, pelo menos, tentamos alguma coisa... e em comum acordo com as instituições. Mas agora... Na verdade, quando o Estado, que deve nos proteger, não faz bem o seu trabalho, por qualquer motivo que seja, as pessoas honradas deste país...

— E os militares?

— Nem pensar! Se nem são capazes de dar conta de quatro mouros maltrapilhos lá na África... Gambús, Barcelona depende de gente como você para assumir a dianteira em termos do progresso peninsular. Peninsular, que nada, europeu... Europeu, que nada, mundial!

— Vá com calma, Rovira! Parece até que está me fazendo uma proposta! E nem ao menos me disse em nome de que partido está falando!

— Não se trata de um partido. Digamos que represento uma parte das personalidades mais importantes de nossa cidade.

— Mas para eu ser conselheiro municipal, tenho de me apresentar vinculado a uma legenda...

— Não pensamos em você como conselheiro municipal. Certamente conhece a legislação atual: uma coisa é o Conselho Municipal, outra, o prefeito, que é designado por Madri, escolhido a dedo pelo ministro.

Demi Gambús ficou com a taça parada no ar. Não esperava por algo assim.

— Eu, prefeito? Está brincando! E por que eu?

— Como sabe, a tradição é designar uma pessoa de reconhecido prestígio no mundo da indústria, da cultura, do comércio... Em seu caso, posso lhe garantir que pressionaríamos com toda nossa força em Madri para que você fosse o escolhido. Isso é estritamente confidencial. E permita-me confessar que não saímos por aí fazendo propostas como esta a torto e a direito. Precisamos de alguém novo, com capacidade, iniciativa, valor e fortuna pessoal. Além disso, para lhe ser sincero, quando mencionamos seu nome em Madri, verificamos que muita gente importante conhece sua família. Vocês escondem muito bem essa relação privilegiada com Madri...

— Somos discretos por natureza.

— Grande qualidade. E então? — insistiu Rovira.

Demi Gambús estava prestes a recusar, mas o que disse foi:

— Dê-me 24 horas para pensar.

Levantou-se, estendeu a mão para cumprimentar Rovira e foi embora.

19

O Café-concerto Sevilla foi inaugurado em 15 de agosto de 1908. Aproveitaram o espaço de uma velha taberna e fizeram uma nova fachada de alvenaria, branca, em estilo andaluz, com janelas mouriscas e uns telhadinhos de pátio sevilhano. Ficava na própria Paralela, ao lado do teatro Gayarre, na confluência da avenida com a rua Nou. Lá pelo meio da tarde, naquele dia de início de maio, havia ali bastante animação. As eleições municipais tinham se realizado há alguns dias e os radicais ainda estavam celebrando a sua grande vitória. Um dos mais jovens tinha uma franja rebelde que lhe caía nos olhos. Quando se cansava de ajeitá-la com a mão, simplesmente soprava para afastá-la. Estava eufórico. Dizia ao companheiro de balcão:

— Agora, é hora de agir. Don Alejandro deixou bem claro: "... saqueiem este país desventurado, acabem com os seus deuses, levantem o véu das freirinhas e promovam-nas à categoria de mães, ponham fogo nos registros, ergam legiões de proletários..." Acabar com os deuses, pôr fogo, isso dá para entender, mas promover as freirinhas à categoria de mães... Uma coisa é promovê-las à categoria de mulheres, mas à de mães... Teremos de nos organizar, pois quase nunca se acerta da primeira vez e...

Foi interrompido por um gemido que vinha da mesa ao lado, e continuou a falar em voz baixa. Era Nonnita Serrallac que acabava de queimar a boca com uma xícara de chá de camomila quente. Estava muito nervosa porque já eram 17h30 e tinha marcado encontro com Demi Gambús às seis.

A morta que está ao seu lado se chama Tecla, mas todos a conhecem por Cleta. Seu nariz pinga tanto no inverno quanto no verão, como quando estava viva. Para todo o sempre terá dez anos, duas tranças, três sardas e quatro dentes (que se projetam para frente, dois em cima e dois embaixo). Cleta ajuda os pais a fabricar alpargatas na pequena fábrica familiar da rua Tapineria. Parou Nonnita quando esta ia pegar o bonde da Paralela e grudou nela. Agora, está toda encolhida na cadeira, e conformada, porque, nem viva nem morta, nunca havia saído de seu bairro e tinha medo de se perder. "Se a criança que você está esperando tiver febre, posso curá-la", disse ela. Nonnita, que só pensa que vai se encontrar com Demi Gambús daqui a pouco, nem a ouve. Aborrecida, Cleta lhe diz que nasceu na noite de Natal e que, segundo a tradição barcelonesa, graças a isso tem poder de curar a febre dos enfermos. Nonnita lhe pede que a deixe em paz, que sabe isso de cor, mas que, até agora, ninguém conseguiu lhe provar que fosse verdade. Cleta se chateia e começa a gaguejar. Quando fica chateada, as palavras não saem. Diz, então, que os seus poderes já foram testados em muitos doentes, que, com fé, recorreram a esse virtuoso remédio. "Também têm esse poder os barceloneses que nascem no período em que o Cristo Sacramentado está morrendo, na Quinta e na Sexta-feira Santas, e os nascidos no dia da Santíssima Trindade", insiste ela. "Deixe-me em paz", disse Nonnita, "estou nervosa". E a mortinha Cleta se cala por um momento, mas logo recomeça: "Vou esperar para ver se o seu neném nasce com febre." Resignada, Nonnita deixa que ela continue falando. Porque os mortos são chatos por razões óbvias: têm um número limitado de coisas a fazer e toda a eternidade para fazê-las. E quando um morto mete alguma coisa na cabeça, não há ser vivo que possa dissuadi-lo. "Sabe quem estou esperando?", pergunta Nonnita. Cleta responde sem pestanejar: "Aquele que vai trazer fortuna para o seu filho." Nonnita fica atônita com a resposta e se anima, se recompõe.

Depois de muito refletir, tinha chegado à conclusão de que a melhor maneira de jogar a isca para Demi Gambús era criar um ar de mistério. Por isso escolheu a maneira mais arriscada de fazê-lo vir até ali: voltou à sua casa e deixou um bilhete. Depois de algumas linhas que mencionavam os fatos ocorridos há nove anos e meio, sugeria que ele aparecesse no Café Sevilla, aquele mesmo dia, às seis da tarde, pois queria lhe fazer uma proposta irrecusável.

Tinha noventa por cento de probabilidade de falhar, mas, se conseguisse, o resto do plano funcionaria às mil maravilhas. E se ele não viesse, esqueceria essa história de uma vez por todas.

Estava nervosa. Ainda mais com a Cleta que não ia embora. Estava com calor. Por causa da gravidez, qualquer coisinha a deixava esbaforida. Um pensamento negativo, por menor que fosse, já lhe dava um bolo no estômago. Precisava jogar um pouco de água fria no rosto e nas têmporas... Três rostos se viraram para ela. Talvez tivesse voltado a falar em voz alta. Na noite anterior, dois homens que mijavam no muro da central elétrica também a ouviram falar. Viraram-se por um instante, mas continuaram mijando. Isso não era novidade na Paralela: uma moça meio maluca falando sozinha e alguém mijando no muro da central elétrica quando, a menos de cinqüenta metros, em frente ao Apolo, a prefeitura tinha acabado de construir mictórios públicos.

Nonnita se acalmou um pouco, mas seu coração ainda batia bem depressa. Sentiu alguém bater em seu ombro. Ficou pregada no chão, sem qualquer reação. Estava com o coração na boca. Era um feixe de nervos. Então, ouviu uma voz familiar:

— Como vai você?

Quase o arranhou. Era o senhor Ricardo Soriano, todo sorridente. Nonnita ficou aliviada, mas também aflita com aquela presença inoportuna. Ergueu os olhos para o grande relógio de parede que ficava acima do balcão: eram 17h40. Retribuindo o sorriso, convidou o senhor Soriano a se sentar ao seu lado. Entre eles, a morta Cleta. Na verdade, não era mal encontrar Ricardo Soriano. Ele era um homem de meia-idade, gorducho, com um basto bigode, mas bem cortado, olhos miúdos e negros. Estava usando um paletó e calças claros, colete estampado, colarinho alto e gravata combinando com o paletó. Tudo de primeira. E muito bem combinado, segundo o conceito castelhano de elegância. Era o perfeito cavalheiro originário de Béjar, em Salamanca.

— Que tal uns croquetes e um vermute? Eu a convido.

— Não acho que vão me cair bem...

— Deixe disso, pois precisa comer por dois. Além do mais, o vermute é medicinal, acredite. Melhor que o vinho. Não deixa de ser uma infusão.

Nonnita Serrallac se encontrava freqüentemente com o senhor Ricardo Soriano para discutir os negócios do teatro. Os dois irmãos tinham plena confiança nela, e agora, que estava grávida e não podia atuar, tinha praticamente se transformado numa espécie de gerente do estabelecimento: lidava com os fornecedores, assumia a bilheteria, se necessário, pagava aos artistas e ao afinador de pianos, verificava se os lavatórios, que eram novinhos em folha, estavam em perfeitas condições etc. etc. Muitas vezes ficavam no Café Sevilla, no começo da tarde, antes do espetáculo, para poder despachar tranqüilamente. Dos dois irmãos, Ricardo Soriano era o mais comunicativo. Nonnita achava que ele parecia uma espécie de vigário de aldeia, daqueles que celebram missas bem longas, jogam cartas e bebericam vinho.

Naquela tarde, não tinham combinado nada, mas o senhor Soriano estava um pouco tristonho e queria conversar. Contou a Nonnita que tinham acabado de investir em três ou quatro locais da Paralela, mas, acima de tudo, confidenciou ele, queriam fazer um novo teatro na praça de Espanya, em sociedade com outro empresário. Projetos e mais projetos.

— E queremos que você continue conosco, pois acreditamos que pode vir a ser uma das maiores artistas de Barcelona.

Disfarçadamente, Nonnita deu uma olhada no relógio de parede: 17h45. E Cleta não perdia nada do que se passava naquela mesa.

— Acharíamos para você um papel de protagonista, lançaríamos você para a fama...

— Tem certeza?

— Absoluta. Outro croquete? Tome... Hoje em dia, todos querem triunfar, é natural. Nós todos buscamos agradar essa pessoa simbólica que representa a massa majoritária do público que vem aos nossos estabelecimentos. É o sonho dourado de qualquer empresário. Por isso, alguns mergulham de cabeça na propaganda: fabricamse artistas e vedetes como quem faz canelones. Por sorte, a propaganda não é uma ciência exata!

Nonnita conseguiu olhar o relógio com o rabo do olho: 17h52. Enquanto assentia, pegou a azeitona de seu vermute. O senhor Soriano estava dizendo coisas óbvias, mas com tanto sentimento que, às vezes, dava pena interrompê-lo.

— É isso mesmo, senhor Ricardo, por sorte há algo mais.

— Tem toda a razão, Nonnita. Mas, e os conteúdos? Muitos empresários preferem o caminho mais fácil. Escudando-se nas supostas preferências de uma maioria que ninguém sabe quem é, justificam o baixo nível do que apresentam. Mais uma azeitona no vermute?

— Quero, sim. Obrigada.

No entanto, Soriano pôs uma azeitona no seu próprio copo e começou a revirá-la com o palito. Suspirou, e Nonnita aproveitou para dar uma olhada no relógio. Estava começando a ficar nervosíssima. Eram 17h55.

— À diferença dos demais, vocês, perdoe a expressão, não apresentam qualquer merda... — disse ela, e apontou para o lado, a entrada do Gayarre, uma portinha estreita, onde os cartazes anunciando as atrações eram como os de uma peixaria: quadrinhos pretos pendurados na parede, com os nomes e os preços pintados a tinta branca, com letras desiguais, as linhas tortas e os esses e os enes ao contrário.

— É verdade — retrucou o senhor Soriano penalizado. — Mas e o público? O que me diz dele? Infelizmente, não está querendo arte; prefere ver um monte de moças, quanto mais despidas melhor...

Ricardo Soriano não ia embora e ela já estava com os nervos à flor da pele. Ele não parecia ser má pessoa. Talvez pudessem até ter se tornado amantes. Talvez fosse o que ele queria, mas não ousava tocar no assunto. Talvez por isso a tivesse ajudado tanto. Mas chega de especulações! Os irmãos Soriano levavam uma vida bem tranqüila, moravam sozinhos com seu velho pai na rua Vila i Vilà. Não se sabia se eram solteiros ou viúvos, e também não pareciam homossexuais...

Nonnita estava confusa.

Mentalmente, perguntou a Cleta: "Devo relaxar e me deixar levar por esse homem que parece estar interessado em mim?" Cleta lhe responde que sente muito, mas, como morreu ainda criança, não entende nada dessas coisas. E Nonnita a perdoa porque, de todos os mortos que a rodeiam nesses últimos tempos, é dela que mais gosta. Cleta lhe faz lembrar dos tempos de brincadeiras, elas duas juntas, como irmãs, correndo para cima e para baixo como cabritinhos, respirando a umidade e ficando encantadas porque, na sua rua, anoitece mais cedo, coisa que não conseguem entender. Todo domingo, o pai de Cleta ia à Casa Llibre comprar uma torta de duas pesetas. Mandava que embrulhassem muito bem, com tiras de papelão para proteger e lacinhos vermelhos. De volta ao bairro, fazia uma rifa de dez cêntimos o bilhete, e sorteava a torta. Era impressionante ver, todo domingo, à saída da missa do meio-dia na igreja de Santa Marta, todos indo para a praça Oli por causa do sorteio. Pobres, aleijados, operários... Até os mendigos que ficavam pedindo esmola na porta da igreja, se conseguiam juntar dez cêntimos, ainda chegavam a tempo de comprar os últimos números do talão. E Cleta era a mão inocente que tirava o papelzinho da sacola e entregava o prêmio. Nonnita era a única pessoa do bairro que acreditava nos poderes da menina. E, à noite, rezava para que Nosso Senhor lhe desse um febrão para que Cleta pudesse provar isso a todos...

Apesar da hora, uma mocinha chupava um osso de vitela, sozinha na mesa atrás do senhor Soriano. Tinha a pele muito branca, com duas rodelas vermelhas nas bochechas. Chupava o tutano do osso, impassível. Percebeu que Nonnita a observava e sorriu. Nonnita também lhe sorriu. Nesse exato momento, o senhor Ricardo Soriano a estava fitando e pensou que o sorriso fosse para ele, o que o deixou feliz por um instante.

Chegava até eles, amortecido, o som do piano que ficava na outra ponta do salão, ao lado do estrado que servia de palco. Eram notas esparsas, órfãs, que saíam das mãos do afinador. O café estava um pouco mais animado. Tinha gente conversando e fumando, com calma e tranqüilidade. Sem que as vozes soassem mais altas, ouvia-se o tilintar de brindes. No balcão, com o moinho na mão, a garçonete parecia moer o café ao ritmo de alguma canção caribenha. Nonnita deu-se conta de que estava ficando enjoada; e por culpa do vermute. De repente, teve a impressão de que o senhor Soriano encostava o pé no dela por baixo da mesa. A moça se afastou imediatamente, e se levantou. O relógio marcava seis horas em ponto.

— Desculpe, senhor Ricardo, mas estou ficando enjoada. Vou ver se consigo me refrescar um pouco.

O homem estava morrendo de vergonha. Nonnita não sabia se era porque ele tinha tentado uma aproximação voluntária com o pé, ou se o pobre homem tinha feito um movimento de puro reflexo ou causado por câimbras.

— Vá, vá... — disse ele sem fitá-la.

Pediu que a deixassem ir até o lavatório. Uma das garçonetes, bem jovem, a acompanhou. Olhava para Nonnita com um jeito assustado. Devia estar com medo que ela parisse ali mesmo. “Se Gambús chegar agora, não vai me ver”, pensou Nonnita Serrallac. Refrescou-se, ajeitou-se um pouco diante de um pedaço de espelho quebrado e saiu de lá mais tranqüila. Eram 18h05. De repente, teve certeza de que Demi Gambús não viria e ficou mais relaxada. Encontrou a mesa vazia — a não ser, é claro, pela presença de Cleta — e uma das garçonetes lhe disse que o senhor Soriano havia pagado a conta e ido embora. Nonnita deu de ombros e pediu um copo de leite frio. Pretendia tomá-lo com toda a calma. Por nada no mundo queria ter problemas com o senhor Soriano. Pelo menos, não agora.

“A pessoa que está com febre tem que me dar um copo com água. Bochecho e cuspo a água no copo novamente. O doente bebe e a febre passa. Você não está com um pouco de febre, Nonnita?”, disse Cleta. “Não!!!”, respondeu a outra. E com esse grito, a morta se desfez e desapareceu. Não estava mais ali.

Sua imagem foi substituída pela da mocinha que chupava o osso e olhava para ela um pouco espantada. E não voltou a chupar o osso até que Nonnita lhe fizesse um gesto amistoso com as sobrancelhas, sorrindo para ela outra vez. Foi Cleta quem acabou pagando pela sua angústia.

Ironia do destino: Cleta morreu quando estava para fazer dez anos, por causa de umas febres. Foi para o outro mundo de braços dados com alguns membros da companhia de Buffalo Bill, que também sucumbiram à epidemia de varíola que assolou Barcelona em fins de 1889.

Quando a menina voltasse a aparecer, pediria desculpas e lhe perguntaria se gostava da companhia dos mortos americanos de Buffalo Bill.

Mais alguém tocou levemente seu braço, por trás. De início, pensou na mocinha que chupava o osso e sorriu; depois, a imagem de Ricardo Soriano que teria voltado. Virou-se bruscamente. Era ele: Demi Gambús.

Penteado e perfumado, sorridente, com um chapéu de palha numa das mãos e uma bengala de bambu na outra, ele a fitava com aqueles olhos de gato.

— Posso me sentar com a senhorita?

— Voltou a me tratar por senhorita?

— Ora, mulher, não seja rancorosa. Perdoe meu atraso. É que perdi aquele seu bilhete tão peculiar. Não me lembrava onde era nosso encontro. No teatro, disseram-me que a encontraria aqui. Vejo que a gravidez se desenvolve sem problemas.

Ela o fitou sem pestanejar.

— Vejo que os pêlos das suas orelhas se desenvolvem sem problemas.

Demi Gambús não gostou nada do que ouviu, pois não estava acostumado com isso. No entanto relaxou, voltou a sorrir, puxou a cadeira que o senhor Soriano tinha ocupado e sentou-se. Os cabelos da moça lhe pareceram inteiramente vermelhos sob a luz do sol que entrava pela janela. Inclinou-se sobre a mesa, com os lábios úmidos e os olhos felinos brilhando. Quando estava prestes a falar, uma das garçonetes se aproximou. Era uma menina bem jovem que o fitou com uns olhos de cordeiro degolado.

— O de sempre, senhor Gambús?

— O de sempre, Caterina, o de sempre.

Nonnita ficou pasma. Que familiaridade era aquela? Naquela região da Paralela, cada café tinha um determinado tipo de clientela majoritária. No Café Espanhol, bem ali ao lado, havia, desde soldados da caserna dos Estaleiros até funcionários, passando por artistas de circo e de espetáculos de variedades. O Café da Tranqüilidade, ao lado do Soriano, também tinha seus freqüentadores: gente da classe operária, radicais, anarquistas e sindicalistas. O Sevilla era um lugar muito popular. A maioria das consumações, com direito a espetáculo, não custava mais que alguns tostões. Era famoso pelas filas de homens solteiros que iam ali à procura de mulheres. E Nonnita não achava que esse fosse o problema de Demi Gambús. Parecendo ler seus pensamentos, o rapaz sorriu.

— Muitas vezes trago aqui amigos e clientes com vontade de farrear. É muito bom para começar a noite. A moça que me perguntou o que eu queria, Caterina, me ajuda a...

— Como?

— Não imagina como ela pode ser melosa...

Nonnita Serrallac ficou tensa. Não gostava nada daquele tom. Com uma pontinha de impaciência, perguntou:

— O meu bilhete não o deixou curioso?

— Um pouco, não posso negar. Mas se fosse só por isso, não teria vindo. Levo uma vida muito divertida. Todo dia me aparecem mil motivos de distração ou de curiosidade.

— E, no entanto, veio.

— Não é de surpreender. Venho à Paralela com certa freqüência, mesmo que só para dar um passeio.

— Sozinho?

— Depende. Mas, de qualquer forma, não tenho medo. Nós, os Gambús, somos ricos, mas não burgueses medrosos e cheios de nãome-toques, desses que não têm sangue nas veias. Somos muito tinhosos.

Desabotoou o paletó e o abriu com um ar displicente. Trazia uma pistola de cano curto enfiada num artístico coldre de couro preso debaixo do braço. E acrescentou, como quem não quer nada:

— Como pode ver, não sou de brincadeira.

Nonnita Serrallac disse consigo mesma que não podia se esquecer disso. Aquele sujeito não era um almofadinha qualquer; era um grandessíssimo fanfarrão, isso sim! Agora já sabia que ele andava armado e onde carregava a pistola. O rapaz estava sorrindo.

— Na verdade, como tinha o dia livre, decidi vir até aqui para saber qual seria a sua famosa proposta. Deve estar querendo trabalho, como da outra vez, não é?

— Não. Já tenho um trabalho, e uma profissão.

— É a isso que se refere? — perguntou apontando, com o indicador da mão direita, as pobres moças do Gayarre.

— O senhor é rico, e quero uma vida diferente para meu filho.

— Parece-me uma ótima idéia. Mas já me disse isso. Se não está querendo trabalho, o que é então?

— Quero fazer uma aposta.

— Outra? Sua experiência comigo não foi lá muito boa.

— Desta vez, ganharei.

— Vejo que está muito segura. De que se trata? O que pretende, me enfiar num tanque com uma foca?

A hora era essa.

— Não. É muito mais simples: vamos fazer exatamente como há nove anos e cinco meses. Mas, agora, só nós dois. Sem ninguém à nossa volta; sem precisar demonstrar nada diante dos outros. Repetiremos o número a frio, desta vez, sem trapaças, sem abuso de poder. Terá de fazer a mesma coisa que eu. Tenho certeza de que não vai conseguir. Desde aquela noite, nunca mais voltei a executar esse número. E as condições serão as mesmas: se eu perder, o preço sou eu. Se ganhar, terá de me dar cinco mil pesetas.

Demi Gambús começou a rir como um louco.

— Com o tempo, as mulheres como a senhorita costumam baixar os preços, não aumentá-los.

Nonnita se levantou para ir embora.

— Não tenho preço. O senhor não entende nada de nada.

Ele também se levantou e fez com que ela se sentasse novamente.

— Sente-se, por favor. Como pode ver, não tenho remédio. Desculpe-me. Mas não é possível: está pedindo dinheiro demais por alguns minutos de sacanagem.

— Não estou lhe pedindo favor algum. Para mim, o que estou oferecendo não é apenas um momento de sacanagem, como o senhor disse. É muito mais que isso, é o preço pelo passado e pelo presente. Estou grávida, e acho que isso conta. Sem precisar ir muito longe, poderia perder meu filho... Evidentemente, tudo isso seria feito em segredo, ficaria entre nós dois e ninguém saberia de nada. É a única garantia que tenho de que não vai me enganar.

— Não confia em mim. E faz muito bem. E eu, por que tenho de confiar na senhorita?

— O senhor tem tudo para ganhar. Eu não era ninguém há nove anos e meio. E continuo a não ser, não percebe?

— Ora...

Nonnita mudou de estratégia:

— Tenho certeza de que, para o senhor, esse dinheiro não significa nada. Marcaríamos no Soriano, de madrugada. O local fica sob minha responsabilidade. Uma hora depois do final da última apresentação, já não há mais ninguém lá. Deixarei tudo pronto. O senhor vem, fazemos como combinado, e vencerei.

— Está pretendendo que eu venha à Paralela com uma quantia dessas no bolso?

— Ora, um minuto atrás, o senhor era o maior valentão de Barcelona, com sua pistolinha... Não é mais? Veja, essa é a quantia de que preciso para abandonar tudo, ir embora e começar uma nova vida.

— Uma nova vida? Pelo visto, a senhorita não é tão esperta quanto eu pensava. Primeiro, não tem idéia do preço que custa uma nova vida. Segundo, nunca se começa uma nova vida. Isso é apenas uma desculpa para ir levando. Enquanto ficamos pretendendo começar uma nova vida, a que estamos vivendo nos escapa...

Nonnita ficou com os olhos cravados no chão. Aquele filho-da-puta tinha o dom de destroçá-la com um simples estalar dos dedos. Além disso, Demi Gambús, como da outra vez, em sua casa, nem pensou em lhe perguntar pelo pai da criança. Dava como certo que ele não existisse: já que ela era uma artista, isso era o mais provável. Respirou fundo, levantou a cabeça e o fitou.

— Então, o que me diz, senhor Gambús?

— O que quer que eu diga? Não pense que não estou tentado.

Nonnita olhou o rosto enrugado como uma passa de uma mulher que acabava de entrar no estabelecimento. Ao que se sabia, o Sevilla tinha trinta garçonetes, em horário contínuo, de tarde e à noite. Na Paralela, dependendo da região e do local, a linha divisória entre garçonetes, coristas e mulheres da vida se esfumaçava. No Sevilla, era possível ser uma coisa no início da tarde, outra à noite e uma terceira de madrugada. O rosto murcho e os olhos inexpressivos daquela mulher, assim como o tom baixo da voz com que cumprimentou o gerente, bastaram para convencer Nonnita de que aquele era seguramente um bom exemplo disso. De repente, o afinador do piano começou a tocar uma música, um *paso doble*. Nonnita rompeu o silêncio que pairava entre eles.

— Venha, vamos dançar.

Tomado de surpresa, Demi Gambús olhou instintivamente para aquela volumosa barriga de seis meses de gravidez. A moça notou o seu olhar e perguntou:

— Tem vergonha de dançar comigo?

O rapaz sorriu, levantou-se, puxou a cadeira, tomou-a pelas mãos e foi para o lado do salão onde havia um pequeno palco que justificava o título de café-concerto ostentado pelo Sevilla. Dirigiu-se ao pianista, deu-lhe uma moeda e lhe pediu que continuasse tocando por cinco minutos. Dançaram em silêncio, só os dois, por um bom tempo.

— Ultimamente, todos vêm me propondo coisas — disse ele. — Sabe que um grupo queria sugerir ao ministro que me nomeasse prefeito?

— Prefeito? De onde?

— De onde poderia ser? De Barcelona. Mas recusei. Pode ficar contente.

— Eu?

— É. Um prefeito não tem liberdade de movimentos. Aceito a aposta. Mais para me distrair do que para ajudá-la. Mas aceito. Só que tem uma condição: se eu ganhar, o preço a ser pago será a senhorita e uma noite inteira juntos.

— Por quê?

— Veja, tenho certeza de que voltarei a ganhar. Não quero ficar com a sensação de que tudo se reduz a uma boa trepada. Além do mais, e perdoe-me a franqueza, isso eu já fiz. Gostaria de encontrar alguma novidade. E então, estamos combinados ou não?

Nonnita parou de dançar e ficou parada ali, no meio da sala.

— Estamos. E repito que o senhor não vai ganhar.

— É assim que eu gosto, bem presunçosa...

A música cessou. Demi Gambús levou Nonnita até a mesa, mas ela não quis se sentar. Tinha que ir para o Soriano. Pegou suas coisas e foi embora. Os dias já eram mais longos e a luminosidade se espalhava por toda a avenida.

— Quando vai ser? — perguntou Gambús.

— Ainda não sei, mas não teremos de esperar muito. Preciso ver qual será o melhor dia. Mando avisá-lo.

— Talvez eu tenha perdido a vontade.

— Talvez eu possa fazê-la voltar.

— Talvez seja impossível. Quando perco a vontade de fazer alguma coisa, não há como recuperá-la.

— Talvez não me conheça o suficiente. Talvez não saiba que quando meto alguma coisa na cabeça, não há Cristo que a tire de lá.

Ele a fitou com ar zombeteiro. Ela sustentou o seu olhar. Teve a impressão de que, a qualquer momento, Gambús começaria a miar, a fazer miau, miaauu, miau...

— Talvez. Eu não a conheço bem — admitiu ele, finalmente.

— Claro que não — retrucou ela.

Deogràcies-Miquel Gambús subiu a Paralela a passos rápidos verificando, discretamente, se os pêlos em suas orelhas tinham voltado a crescer mesmo. Com o coração aos pulos, Nonnita Serrallac atravessou a rua e voltou ao Soriano.

Apoiado no balcão do Sevilla, alguém tentou ouvir a conversa entre Nonnita Serrallac e Demi Gambús. De costas para os dois, ficou escutando atentamente enquanto tomava uma cerveja com toda a calma. Na verdade, continuava lá. Tinha cara de rato. E se chamava Felip Dalmau. Uma voz, vinda lá de dentro, o chamou:

— Ora, ora, Dalmau! A que devo a honra de contar com a presença de um membro tão ilustre da força policial?

Dalmau se virou bem devagar. O grupo do Partido Radical já tinha ido embora. Viu um sujeito de uns trinta anos, sentado sozinho num canto da sala. Estava um pouco bêbado. Dalmau logo o identificou: era um carreteiro que tinha conhecido anos atrás. Tinha a mesma aparência, com as calças de veludo verde-oliva, a camisa azul, o boné preto e os sapatos de lona. Dalmau virou-se novamente para o balcão, dando-lhe as costas.

— Já não sou policial — disse ele.

— Mas o fedor continua o mesmo. Em outras palavras, não acredito.

— Agora, trabalho para um particular. E fale baixo.

— Se é verdade que saiu da polícia, quem poderia me impedir de pôr você daqui para fora com um pontapé no traseiro?

— Ninguém, suponho. Mas não será preciso. Já estou indo embora. Depois de acabar a cerveja, é claro. Nem um segundo antes, nem um segundo depois.

Empregados e clientes acompanhavam o diálogo em silêncio. O carreteiro ficou olhando as costas do outro por uns segundos, mas o ex-policial parecia subitamente interessadíssimo na textura do líquido que ainda restava no copo. Estava tenso; sacou discretamente da faca. Com o rabo do olho, controlava o reflexo do carreteiro num dos espelhos da sala. Alguns segundos se passaram. Como era de se esperar, o sujeito perdeu a concentração e sua raiva se abrandou. Então, aborrecido consigo mesmo, afastou um vendedor de loteria que vinha entrando e saiu do café batendo a porta com estardalhaço.

Felip Dalmau relaxou. Não o criticava por lhe guardar tanto rancor. Prendeu-o, juntamente com outros carreteiros, quando houve uma tentativa de greve geral em janeiro, seis anos atrás. Estavam pretendendo uma jornada de trabalho de oito horas. O exemplo dos tintureiros, que já tinham conseguido as 54 horas semanais, estimulava todas as categorias. E Felip Dalmau, então agente da polícia secreta, tinha ordens expressas para localizar a maçã podre do cesto, que poderia fazer todas as demais apodrecerem. Deu uma bela surra naquele sujeito. Eram outros tempos.

Por sorte, começou a trabalhar com a senhora Gambús. Não que aquela dama lhe pagasse um salário muito maior, mas, no dia seguinte, já tinha uma casa nova, num bairro decente, sua mulher estava feliz e sua filha entraria para a universidade. E, até agora, ela não lhe tinha mandado fazer nada que já não tivesse feito na polícia. Ganhava bem a vida e se sentia respeitado. O que mais podia querer? Admirava a família Gambús: tinham estrutura, ordem, sabiam o que queriam e enfrentavam qualquer coisa para defender seus interesses. E tinham até lhe dado um apartamento de graça na rua Nou de Sant Francesc. Só ele e sua patroa sabiam da existência desse imóvel. Segundo ela, ninguém mais devia ficar sabendo: nem os amigos da família, nem os criados, e muito menos o seu filho. No dia em que isso acontecesse, sem a sua autorização, ele seria simplesmente demitido. Dalmau aceitou tudo sem maiores problemas. Graças a isso, de vez em quando podia proteger o herdeiro à distância. Como hoje, quando o viu todo entusiasmado com aquela grávida.

Terminou a cerveja e foi embora.

20

DOMINGO AO MEIO-DIA, no mercado da Boqueria. O mês de maio chegava ao fim e o verão já se anunciava. Na Rambla, ainda brilhavam os festões da celebração da canonização do beato Josep Oriol, primeiro santo barcelonês em muitos anos. Uma multidão imponente se concentrava na praça Catalunha por ocasião da homenagem popular a Àngel Guimerà. Fazia um mês e meio do último atentado a bomba e as pessoas passeavam felizes da vida. O colorido dos trajes de primavera se destacava e as varandas dos cafés começavam a se transformar em vistosas vitrines, cheias de cor, de chapéus femininos e roupas elegantes.

Uma moça estava parada no ponto do bonde. Chamava-se Llucieta Vaquer e tinha um encontro com Rafel Escorrigüela. Era costureira, uma moça miúda e órfã, de 18 anos e cabelos bem escuros, filha de alfaiate e neta de costureira. Trabalhava num ateliê situado no quarto andar da rua do Hospital. Ao seu lado, mais seis costureiras, e, pela janela, as gárgulas do hospital Santa Creu quase ao alcance da mão. O dia todo, Llucieta cortava, alinhavava, preparava as provas e costurava para senhoras de todos os níveis sociais. Empunhando pedaços de giz para traçar os moldes, tesouras, fita métrica etc., mergulhava entre os tecidos, os tules, a sarja... Gostava particularmente de uma grande peça de seda, de um branco luminoso, como uma clara batida em neve... As jovens costureiras só falavam de homens. Em voz alta, quando a patroa não estava, ou em voz baixa quando estava por perto ou se sentava com elas. Normalmente,

Llucieta Vaquer se mantinha calada porque não queria contar que estava namorando. Recentemente, quase contou, de tão contente que estava. Mas se calou para não provocar a inveja das colegas mais velhas. Passava a semana inteira só pensando no domingo.

Agora, no mercado da Boqueria, esperava pelo namorado. Tinham saído juntos algumas vezes e ela o achava lindíssimo. Ele se chamava Rafel e Llucieta mal podia acreditar que aquilo estivesse acontecendo com ela. Não era um sujeito qualquer: era um homem de negócios, com experiência de vida. Há duas semanas, a levou a Sitges para ver a corrida de automóveis em Vinyet. Chegou até a lhe apresentar um amigo de juventude, advogado e homem de negócios como ele. O rapaz estava acompanhado por uma senhora muito elegante, simpaticíssima, que ficara viúva recentemente. Quem diria, ela, uma pobre costureirinha, com gente da alta sociedade! Ainda bem que a dona do ateliê tinha lhe emprestado um lindo vestido, estampado, combinando com o chapéu, e assim não ficou destoando daquelas senhoras que, de binóculo, acompanhavam aqueles curiosos carrinhos para uma pessoa só.

Hoje, tinha prometido levá-la a Bonanova, para almoçar e dançar. Segundo Rafel, desta vez iriam de bonde porque era mais romântico. Para ela, tanto fazia. Não via problema algum no bonde. Como tantos barceloneses da classe trabalhadora, se podia, tratava de economizar. Llucieta Vaquer era uma barcelonesa de 18 anos, órfã de pai e mãe, costureira, mas feliz porque tinha um pretendente.

Rafel chegou pontualmente, limpo, perfumado, arrumado, de chapéu e bengala. Andava como um dândi. Cumprimentaram-se afetuosamente e mal tiveram tempo de comentar o belo dia que estava fazendo pois o bonde chegou. O trajeto do mercado da Boqueria até Bonanova, que normalmente durava meia hora, se estendeu por 45 minutos porque, na entrada do passeio de Gràcia, faltou luz. O casal nem percebeu. Rafel, aquele rapaz tão doce, estava lhe falando de um futuro cor-de-rosa em que ela, exímia costureira, administraria a própria loja, montada por ele e que só teria artigos da última moda. Llucieta sorria, dizendo:

— Não está indo rápido demais, Rafel?

— O que quer que eu faça, Llucieta? É o que o coração me diz.

Almoçaram ao ar livre, num restaurante da moda. A moça não cabia em si de contente. Comia coisas que nem sabia que existiam: ravióli *au gratin* ou escalope com ervas finas. Ele estava nervoso. Olhava a porta, o relógio...

— Está esperando alguém, Rafel?

— Hã? Estou, sim, aquele amigo meu que lhe apresentei em Sitges outro dia. Ele disse que talvez viesse almoçar conosco. Mas, a essa altura, não acho que...

Toda satisfeita, Llucieta Vaquer contemplava as letras vermelhas da faixa com furinhos que esvoaçava diante de seus olhos: "Baile anual do Lawn Tennis Club de Turó." Rapazes e moças de família entravam ali, depois de apresentar a carteira de sócios ou comprar o ingresso. O ruído de uma orquestra saía pelo portão do clube. Chegaram a um lindo jardim com lanternas venezianas que, mais tarde, seriam acesas. Às seis horas, começava o baile, realizado numa das quadras de tênis. Às oito, seriam os fogos de artifício. Às nove, o grande concurso de balões iluminados e o fim da festa. Às dez, todos pegariam a estrada porque o dia seguinte era segunda-feira.

Rafel Escorrigüela continuava com aquele ar melancólico e nostálgico. Há algum tempo, vinha namorando a costureira e nada mais. Os dias e o dinheiro escorriam por suas mãos, para sua desgraça. E as tentativas de se aproximar de Demi Gambús fracassavam, uma atrás da outra. Não que não se vissem; pelo contrário. Mas sempre acabavam falando dos velhos tempos diante de um vermute. Já do presente, absolutamente nada. O que Rafel Escorrigüela queria era ser o homem de confiança de Demi Gambús. Tentou estabelecer com ele uma amizade mais forte, mas estava sendo difícil. Chegou até a lhe apresentar a jovem costureira para ver se lhe apetecia substituir a viúva Roca por uma avezinha terna como aquela. Mas nada: ele sequer a olhou. Não sabia mais o que fazer. O que Rafel Escorrigüela desejava profundamente era pôr as mãos em dinheiro. No entanto, só punha as mãos, e a duras penas, numa costureirinha que devia pesar no máximo uns trinta quilos (e isso, depois do almoço). Consumia-se trancado naquele belo apartamento enorme do Eixample onde sonhara poder compartilhar escritório, negócios, mulheres, dias e noites com Demi Gambús, ao passo que este, na melhor das hipóteses, lhe propunha uns negócios fajutos, como se estivesse de brincadeira. O último parecia até piada: passou-lhe a informação sigilosa de que, muito em breve, a prefeitura tornaria obrigatória a implantação de aros de borracha em todos os veículos das companhias de transporte de passageiros que operavam em Barcelona: a Catalana, a Española etc. O custo para substituir as velhas rodas chegava a umas duas mil pesetas por veículo. O lucro líquido podia ser de até trinta por cento. Considerando-se todas as companhias, eram quase cem veículos a serem reformados. Ninguém sabia disso ainda; bastava que se apressasse em arrematar os aros de borracha do mercado. Depois, todos teriam de comprá-los com ele.

— Você poderá vendê-los pelo preço que quiser, Rafel. O que acha? Não venha me dizer que não o ajudo...

— Obrigado, amigo, obrigado.

Sentiu-se muito humilhado. O grande Gambús estava lhe oferecendo as migalhas de seu poder: rodas, aros, palavras que, só de ouvir, já lhe davam dor de barriga. Recusou a proposta.

Rafel e Llucieta dançavam sem parar. Havia cada vez mais gente ali dentro e até parecia que o verão tinha chegado antes da hora. A costureirinha foi se aproximando mais e mais. De medo, coitada. Via que Rafel estava ali, mas tinha a cabeça em outro lugar. Preocupações de homem de negócios. Precisava se acostumar com isso. E ele estava com o pensamento cada vez mais longe. Passou a tarde inteira vigiando a entrada. E aquele programa de gente rica estava lhe custando os olhos da cara. Ainda bem que conseguiu economizar no preço da viagem, pegando o bonde...

Quando começou o espetáculo dos fogos de artifício ainda havia bastante claridade. Rafel olhou para a moça e viu que estava chorando. Ambos tinham os olhos voltados para o céu, a boca aberta e exclamavam "oh!".

— Por que está chorando?

— Por nada. É que os fogos são lindíssimos. Mas tem também os raviólis do almoço, as lanternas do jardim...

— Ora, vamos...

Voltou a olhar para o alto. Um dos fogos acabava de falhar. Virou-se para sua companheira esperando ver sua expressão de desapontamento, mas ela não estava ali. Procurou-a com os olhos em meio ao público. Nem sinal. Não se preocupou, pois achou que, bobinha como era, a moça devia ter ido passear por entre as tílias que cercavam as quadras de tênis. Acabaram-se os fogos e ela ainda não tinha voltado. Rafel começou a ficar nervoso porque aquela cabeça-oca era capaz de se perder e não estava com a mínima vontade de sair procurando por ela à luz das lanterninhas. Às nove horas, muita gente começou a se encaminhar para a saída. Só se apresentaram três candidatos para o concurso de balões iluminados e o júri resolveu premiar os três. Já fazia mais de meia hora que Llucieta tinha desaparecido. Os balões subiram ao céu muito aplaudidos pelo público. Um minuto depois, todos pareceram subitamente apressados, querendo ir embora. E Rafel Escorrigüela estava soltando fogo pelas ventas. Onde diabos aquela idiota teria se metido? Acabariam perdendo o último bonde. E não tinha a menor intenção de alugar um tílburi ou um carro. Meteu-se por uma trilha que levava a uma fonte no meio do jardim, quando, de repente, apagaram-se as lanternas venezianas e tudo ficou às escuras. Era só o que faltava... Os organizadores deviam estar achando que todos já tinham ido embora e...

Uma mão, forte como uma pedra, pousou em seu ombro quase fazendo-o cair para frente. Outra mão agarrou seu braço e o torceu para trás. Duas mãos, duas forças brutais e pronto: Rafel foi jogado de cara no chão, respirando terra, sentindo-a nos dentes e na língua. Uma mão em sua nuca o empurrava contra o chão: gosto de saliva e terra.

Alguém o levantou. Rafel ficou de joelhos, tossindo e cuspindo. À sua frente, a voz de Felip Dalmau, definitivamente associada a uma cara de rato, disse baixinho:

— A senhora está se sentindo muito abandonada, Rafel.

— E a moça?

— Não se preocupe. A costureirinha está absolutamente convencida de que é a prometida de um dos futuros magnatas barceloneses. Ela acreditaria em qualquer coisa. Alguém a levou para casa. Dissemos que um assunto urgentíssimo, uma questão de vida ou morte, exigia a sua presença. E ela acreditou. Nem mesmo pareceu assustada. Não queríamos que o visse desse jeito. Agora, repito, por que é que nos abandonou?

— Estão me machucando.

Felip Dalmau ordenou que o soltassem.

— E faremos muito mais que isso, Rafel, se você não for capaz de cumprir seus compromissos. A patroa está triste. Mandamos chamá-lo, enviamos bilhetes e você nem se dignou a responder. Isso tudo deixou a senhora desolada.

— Não respondi porque não tinha nada a dizer. Demi não confia em mim e me trata como se eu fosse um merda. Até agora, o máximo que me deu foi um trabalho de intermediário num negócio de aros de borracha.

— A patroa já lhe disse que o seu filho tem tido uma série de atitudes estranhas que ela não consegue entender. E que continua sem lhe contar nada. Você precisa se concentrar nisso, Rafel...

— Tentei estar sempre ao seu lado, mas é impossível. Além disso, vocês têm toda a razão, nesses últimos dias ele parece que anda num outro mundo.

— A senhora Miquela resolveu tomar a iniciativa. Aqui estão as instruções para a semana que vem — disse ele, entregando-lhe uma pasta repleta. — Graças a elas, você poderá passar muitas horas com o senhor Gambús. E tratando de um assunto importante.

— Duvido muito.

— Ah, Rafel, Rafel, homem de pouca fé... Veja bem, deve seguir essas instruções ao pé da letra, entendeu? Não se trata de uma sugestão, mas de uma ordem. Estude-as, memorize o que tem a fazer e destrua tudo imediatamente, queime tudo, entendeu? E é melhor aproveitar essa oportunidade. Agora, adeus. Na próxima vez que a senhora o chamar, recomendo que atenda sem demora. Ela não gosta nada do que fez. Ande, vá embora, o bonde o espera.

Rafel levou um empurrão e foi parar no caminho que conduzia ao portão. Curiosamente, as lanternas venezianas voltaram a se acender. Não havia ninguém no portão, que estava aberto, mas que se fechou assim que ele saiu. E o bonde estava ali mesmo, sem dúvida à sua espera, pois mal subiu, o veículo deu a partida. O cobrador se manteve afastado, apesar de não haver mais nenhum passageiro no bonde. Quando Rafel se aproximou, o homem não quis lhe cobrar a passagem e sequer o olhou.

Rafel Escorrigüela ainda tinha gosto de terra na boca. E muito medo. Era o exemplo vivo do verdadeiro significado da palavra medo. Tinha tendência a negar, por meio de uma conduta irracional, o objeto do mundo exterior que o ameaçava. Como se, negando a sua existência, ele deixasse de existir. Mas claro que isso não era assim. E o resultado era comer terra.

Durante o trajeto do bonde, abriu a pasta e começou a folhear aquele material. Ficou abismado. Para começar, havia ali um maço de notas, uma quantia absurda de dinheiro. Além disso, as instruções de dona Miquela explicando-lhe por que, nos próximos dias, ele e Demi teriam oportunidade de passar muito tempo juntos. De forma inesperada, seria convocada uma greve radical do setor dos lixeiros. Demi seria chamado a defender os interesses da patronal e da prefeitura. A greve entraria numa fase de intransigência radical e, casualmente, surgiria Rafel Escorrigüela que, em virtude de uma antiga e profunda amizade com um dos cabeças do comitê de greve, agiria como intermediário. Todos os dados estavam reunidos numa folha à parte. A greve seria radical, com quatro ou cinco dias duríssimos. Tudo se resolveria graças à intervenção de Rafel Escorrigüela. Isso aumentaria a confiança de Demi no amigo de infância. Já no dia seguinte, deveria se apresentar diante dele, pôr aquele dinheiro em cima da mesa, displicentemente, como quem não quer nada, e dizer: "Isso é só para começar, Demi. Esqueça essa história de aros de borracha. Invista esse dinheiro para mim como lhe parecer mais conveniente."

O bonde parou de repente. Era o ponto mais próximo de sua casa. Em todo o percurso, não tinha parado uma única vez. Tanto o condutor quanto o cobrador agiam como se não soubessem de nada. Rafel percebeu que tinha de saltar. Levantou-se e saiu. Naquele momento, a vergonha era maior do que o medo.

Andou até a entrada do prédio sentindo-se a última das criaturas. Nem a idéia de que seu suplício tinha data de vencimento conseguiu animá-lo: dona Miquela lhe garantiu que seriam só alguns meses. Deitou-se de bruços na cama, vestido como estava, e adormeceu. Teve sonhos terríveis, relacionados ao passado e à família Gambús. Acordou meia hora mais tarde, bem desorientado e com um fio de baba escorrendo pelo canto da boca. Não sabia o que fazer. Voltou a considerar a possibilidade de fugir sem ser notado... Mas... E se o homem com cara de rato estivesse lá embaixo? Qualquer solução serviria, menos fugir. Tinha certeza de que não poderia escapar da família Gambús pela segunda vez.

Em princípios de 1898, trabalhava para eles como cobrador. Era um bom trabalho conseguido graças à amizade de seu pai com o patrão. Miquel Gambús, o Merda, aplicava impostos particulares a praticamente tudo que pudesse ser fonte de renda, e Rafel era encarregado da cobrança. Um dos mais curiosos era o imposto para servir de mediador em caso de roubo. Os prejudicados recorriam ao senhor Miquel, que perseguia e apanhava o ladrão. Dizia-lhe que, se fosse razoável, não tinha o que temer, pois o perdoaria em nome da vítima, garantiria seu anonimato e ainda lhe daria uma pequena compensação econômica. Caso contrário, o seu destino seria apodrecer no fundo de um poço seco, cortado em pedacinhos. Tanto num caso como no outro, uma espécie de juiz particular avaliava o que havia sido roubado. A vítima o recuperava por um preço razoável, a família Gambús recebia uma porcentagem e todos ficavam contentes. Com o tempo, ninguém recorria mais à justiça comum. Miquel Gambús era melhor e mais rápido. Um dia, em vez de entregar o dinheiro recebido, Rafel Escorrigüela fugiu com ele. Para poupar seu pai de tamanha vergonha, deixaram que escapasse. Foi então para Barcelona, totalmente livre, e, ao mesmo tempo... profundamente ridículo: aquela quantia que, no vilarejo, lhe parecia fabulosa, não era absolutamente nada.

Agora, aquela sensação de ridículo tão grande, tão espessa que quase o deixou sem fôlego, estava se repetindo. E Rafel não agüentava mais.

Saiu para a rua. Eram quase dez e meia. Sem se dar conta, meia hora depois já tinha percorrido umas tantas tabernas e estava bem embriagado. Sentava, pedia um conhaque e falava em voz alta. Contava aos fregueses coisas dos velhos tempos, de Alcagaire, dos Gambús...

Num estabelecimento da rua Sant Jeroni, conseguiu que lhe preparassem uma omelete. Com a língua anestesiada pelo conhaque e o moscatel, não conseguia sentir gosto algum. Pelo menos não estava sozinho. Novamente na rua, parou numa esquina, vomitou tudo o que tinha ingerido e sentiu-se melhor. Enxugou a boca com um lenço limpo e novo, e seguiu adiante. As letras das fachadas das lojas dançavam parecendo querer fugir do seu lugar, como se quisessem desprender-se, cair no chão e sair correndo, livres. Em outra taberna, voltou a pedir uma omelete e um café. Olhava ao seu redor e via gente: rostos, gorros, cheiro de fumo e fritura, tudo se movendo e se embaralhando à sua volta, como pequenas fagulhas. Saiu dali e a rua estava às escuras. A iluminação não estava funcionando. Aquilo, somado a um silêncio pesado pouco habitual, o deixou novamente com medo, com muito medo, aquele medo insuportável dos bêbados, que pode fazê-los morrer de pavor. Não se ouvia nada, como se um grande manto, pesado e macio, houvesse caído sobre as casas. Viu luz e gente, e foi até lá. Os lampiões a gás e as folhas das árvores projetavam sombras estranhas no calçamento. Rafel começou a chorar, desconsolado. Berrava como uma criança e só se acalmou quando uma alma caridosa, que o observava do térreo de um prédio, se aproximou e lhe deu um copo de água. Corria uma ligeira brisa fresca.

Andando a esmo, foi parar bem diante do grande palacete do senhor Eusebi Güell, na rua Nou, perto da Rambla. A lua tinha voltado e batia em cheio no prédio. Rafel abriu os braços e começou a gritar, com voz rouca, como um louco:

— Senhor Eusebi! Senhor Eusebi! Aqui!

E, depois, ainda mais alto:

— Eusebi Güell i Bacigalupi! Industrial e mecenas! Filho de Joan Güell i Ferrer! Estudou mecânica, economia política, direito e ciências aplicadas!

Cada vez gritava mais. A voz de Rafel Escorrigüela exaltando as excelências daquela biografia que conhecia tão bem ressoava no meio da rua.

— Casado com Isabel López y Bru, marquesa de Comillas! Fundador de uma fábrica de veludo em Santa Coloma de Cervelló! Fundador da Companhia Geral de Asfaltos e Cimento Portland!

Uma luz se acendeu numa das janelas que davam para a rua. Uma figura masculina afastou ligeiramente as cortinas, com curiosidade.

— Senhor Güell! Senhor Güell! Aqui! Aqui! Senhor Güell! Conselheiro do Banco Hispano-Colonial! Da Companhia Tabacos das Filipinas!

De repente, o homem desapareceu e a luz se apagou. Rafel gritou ainda mais. No meio da rua, os poucos transeuntes paravam para vê-lo.

— Vereador de Barcelona, deputado provincial e senador! Propulsor da cultura catalã, presidente e mantenedor da congregação dos Jogos Florais! Membro da Academia de Sant Jordi de Barcelona e mecenas do arquiteto Gaudí! Eusebi Güell i Bacigalupi, reze por mim!

Calou-se por um momento para recuperar as forças. Foi quando dois guardas apareceram. Alguém do palacete Güell devia tê-los chamado. Viram Rafel, com uma cara péssima, mas bem vestido e barbeado. Um pouco mais adiante, dois operários desocupados conversavam e fumavam recostados num muro. O mais novo tinha uma franja rebelde que lhe caía sobre os olhos. Quando se cansava de ajeitá-la com a mão, simplesmente soprava para afastá-la. Os policiais se aproximaram e, sem mais nem menos, prenderam a ambos. Enquanto eram levados, os operários olharam fixamente para Rafel Escorrigüela na esperança de que ele desfizesse o mal-entendido. Perceberam, então, que ele não tinha a menor intenção de fazê-lo. Mesmo assim, não o delataram, nem protestaram. Estavam acostumados.

Rafel Escorrigüela ficou um bom momento parado ali, no meio da rua. Não via pessoas, via apenas braços e pernas se mexendo, chapéus, luzes, bosta de cavalo, chispas elétricas dos cabos dos bondes, via as próprias luvas agarradas como patas aos seus joelhos.

De repente, estava tranqüilo, com a mente vazia, e voltou para casa.

Barcelona o matava.

21

Ali uma maçaneta de latão da empresa Higiênicos Gallifa, escurecida por milhares de mãos suadas que a haviam tocado nos últimos trinta ou quarenta anos, para entrar naquele escritório.

Aqui a mão enluvada de Demi Gambús hesitando em tocá-la para abrir a porta.

Em tese, duas paralelas nunca se encontram, a não ser no infinito.

Demi Gambús não sabia ao certo o que estava fazendo naquele momento, às seis e meia da manhã, abrindo aquela porta. Coisas de sua mãe. Dona Miquela tinha insistido que, como advogado, ele devia participar ativamente no sentido de conseguir o fim da greve dos lixeiros. Nunca discutia o faro materno quando se tratava de perceber onde sopravam os melhores ventos para impulsionar o navio familiar. Portanto, não disse nada. Com certeza era algo do interesse da família. Naquele instante, porém, nada lhe parecia muito evidente. Sua mãe estava ficando velha e, nos últimos dias, tinham discutido muitíssimo. Mais que nunca. Demi andava movimentando milhares de pesetas e sua mãe exigia explicações... Tentou acalmá-la, prometendo-lhe que tudo correria bem e que seria o melhor presente para sua festa. "Se tudo der certo", disse-lhe Demi, "seremos os donos de Barcelona. Caso contrário, perderemos muito dinheiro, mas não precisa se preocupar, pois não ficaremos arruinados...". Sua mãe, porém, não ficou satisfeita com tal explicação. Por isso achava que o fato de ela o encarregar de dirigir aquela negociação fedorenta tinha mais a ver com uma certa vontade de castigá-lo. Mas, afinal, que importância tinha? Quem sabe assim ela não ficava mais tranqüila?

Toda sua atenção estava voltada para o seu projeto: a grande operação já tinha começado. Mil fios estavam se movendo ao mesmo tempo. E isso não era fácil.

Exatamente no dia em que comunicou a Joan Rovira que não aceitaria ser prefeito, começou a perceber que as coisas seriam muito mais difíceis do que pensava. "Veja, Rovira, tenho grandes projetos para Barcelona...", disse ele. "Ah, é? Que espécie de projeto? Seja o que for, espero que logo me dê a honra de me contar isso com um pouco mais de detalhes. Decerto poderia ajudá-lo... Seja como for, lá da prefeitura tudo seria visto de outra maneira, se é que me entende?", retrucou o outro. Claro que o entendia. "Permita dizer que sua iniciação na política só traria benefícios para o senhor e seus negócios. Todos em Barcelona, e quando digo todos quero dizer todos mesmo, contribuiriam para isso. Ainda há tempo de falar com o ministro. O senhor ainda poderia ser o prefeito... E repito: seria um erro sem tamanho perder uma oportunidade como essa."

Mas Demi também tinha suas certezas e, por isso, insistiu dizendo que não era o momento. Menos ainda com uma possível maioria dos radicais no Conselho Municipal. Daqui a quatro ou cinco anos voltariam a falar do assunto.

Os dois se interrompiam mutuamente. "O meu projeto..." "Perdoe-me, Gambús, não se aborreça, mas, qualquer que seja o seu projeto, ele não é incompatível com..." "Não é qualquer projeto, Rovira, só lhe direi que inclui a movimentação de quantias fabulosas impossíveis de serem obtidas com garantia se não contarmos com capitais estrangeiros e o beneplácito do governo."

Joan Rovira pensava com muita rapidez, fazia somas e subtrações, ia encaixando peças... "Agora mesmo", disse ele lentamente e fitando Demi bem nos olhos, "na nossa cidade, sem precisar ir mais longe, estão acontecendo algumas operações de grande vulto...". "Já sei aonde quer chegar", retrucou Demi Gambús, "só posso lhe dizer uma coisa: o projeto da Reforma é irrisório. Quanto à operação do

Eixample, não vou dizer nada, pois a considero mais como uma realização a médio prazo...". Rovira não podia acreditar que o mundo financeiro de Barcelona não soubesse nada a respeito de um projeto tão fabuloso. Mas não conseguiu arrancar mais nenhuma informação de seu interlocutor, que se limitava a repetir que não era o momento. "Não é o momento. Vamos ficar por aqui, Rovira, pois já falei demais. E volto a dizer: estão em jogo quantias multimilionárias vindas do exterior. O mundo financeiro de Barcelona não é a peça principal dessa engrenagem. Ou seguem as minhas regras ou ficam fora desse jogo." "Mas eles são o coração desta cidade", retrucou Rovira. "Não gostarão nada de serem deixados de lado..."

O tom era bastante ameaçador.

Mas, depois, vieram as eleições municipais, com a clamorosa — e inesperada — vitória do Partido Radical de Lerroux. Esse resultado fez com que Joan Rovira se acalmasse momentaneamente. No entanto, assim que acabassem de lamber as feridas, voltariam à carga. Demi Gambús precisava se apressar.

Por isso a sensação de perda de tempo e a má vontade com que entrava, de manhã bem cedo, no escritório da empresa Higiênicos Gallifa. Torceu o nariz: o fedor meio adocicado do lixo em decomposição no vazadouro da empresa, localizado bem perto do prédio, misturava-se com o do depósito de excrementos. A origem da Higiênicos Gallifa devia estar ligada à exploração tradicional do esgoto de latrinas de particulares. Em troca do serviço, podia revender seu conteúdo aos camponeses como adubo. Atualmente, esta era apenas uma atividade menor da empresa, mantida mais por motivos sentimentais do que qualquer outra coisa. No entanto, pensou Deogràcies-Miquel Gambús, o fedor era o mesmo. E ele ali, pontualmente, de corpo presente. Isso, sim, era amor filial.

Fez das tripas coração e empurrou a porta de vidro polido. Uma espécie de contínuo já o esperava e o levou ao escritório principal. A penumbra do ambiente o obrigou a apertar um pouco os olhos. Era um cômodo grande, mas acolhedor, revestido com papel de parede, com mais notas fiscais do que livros nas estantes, alguns retratos de personagens muito sérios e diversos apliques com globos de cristal azul distribuídos pelas paredes. Num canto, um cofre aparecendo em parte por trás de umas cortinas.

— O que é, Gambús, acha estranho a caixa-forte ficar tão visível?

Era uma pergunta retórica de boas-vindas. Quem a formulou foi Venceslau Gallifa, orgulhoso por ser o primeiro em Barcelona a recolher, transportar e incinerar lixo. Era um homem magro, de traços marcados, cabelo preto e um rosto tão pálido que lhe dava um certo ar de palhaço maquiado.

— Vou lhe contar um segredo — prosseguiu ele. — É falsa. Só para despistar. A verdadeira está bem escondida...

O senhor Gallifa devia ter uns cinqüenta anos e estava em plena forma. Cumprimentaram-se e ele lhe apresentou uma terceira pessoa que estava no aposento. Era um homem idoso, sentado, com o chapéu na mão e aspecto severo.

— Tenho a honra de lhe apresentar o deputado Sostres.

Cumprimentaram-se com um aceno de cabeça. O deputado provincial Sostres era um mediador oficioso, designado pela administração do estado.

Feitas as apresentações, ficaram todos à espera da delegação dos trabalhadores. Venceslau Gallifa tinha aceitado representar os presidentes das outras duas companhias coletoras de lixo nas negociações envolvendo a inesperada e estúpida greve dos lixeiros. Os patrões de Barcelona e dos povoados agregados não tencionavam ceder. Tinham decidido, por unanimidade, que, se a cidade devia se afogar num mar de merda, que se afogasse. Era uma greve incompreensível, que parecia ter como único objetivo criar problemas. Mas os dias tinham passado. O novo Conselho de maioria radical não podia concordar com isso e o prefeito interino estava perdendo a paciência. O lixo se acumulava por toda parte, os ratos faziam a festa, o tempo estava começando a esquentar e a situação se tornava insustentável...

Enquanto esperavam, Demi Gambús consultou suas anotações sobre o conflito. Nos primeiros dias, a prefeitura determinou que os trabalhadores do setor de parques e jardins substituíssem os lixeiros, mas o conflito, em vez de se resolver, acabou piorando. Aderiram à greve os coletores e transportadores de esterco de vaca e de cavalo. Barcelona tinha muitos currais e veículos puxados a cavalos, e corria o risco de despertar de manhã com as ruas recobertas de excrementos. Exasperados, os empresários do setor continuaram com sua política de firmeza e ordenaram que todas as empresas fechassem as portas. Com isso, a prefeitura ficou sem veículos para o transporte dos dejetos e sem vazadouros para despejá-los. Viu-se então forçada a pedir aos particulares que lhe alugassem carroças e terrenos, caso os tivessem. Barcelona tremia ante a visão daquela montanha cada vez maior de lixo e esterco que ameaçava sepultá-la. Um técnico municipal propôs que o lixo fosse enfurnado em vagões e transportado aos municípios vizinhos para ser incinerado. Outro sugeria que os dejetos fossem compactados em blocos envoltos com uma tela metálica para serem lançados ao mar. Nesse meio tempo, os piquetes dos grevistas perseguiam os fura-greves. Era um verdadeiro caos.

Demi Gambús fechou a pasta, ainda mais aborrecido do que antes. Quem conseguisse resolver aquele problema seria um herói.

Bateram à porta e o contínuo entrou anunciando que os outros integrantes da comissão de negociação já tinham chegado. Com uma espécie de grunhido, Gallifa mandou que entrassem e se refestelou em sua poltrona de mogno.

Quando os representantes dos trabalhadores entraram, Demi Gambús estava muito concentrado diante do espelho, fingindo ajeitar a gravata, mas, na verdade, estava aproveitando para dar um imenso bocejo e examinar os pêlos de suas orelhas.

Todo cerimonioso, Venceslau Gallifa se levantou da escrivaninha e estendeu a mão para cumprimentar os recém-chegados.

— Como vai, senhor Barral? Como vai, senhor Escorrigüela?

Ao ouvir aquele nome, Demi Gambús não pôde se impedir de se virar bruscamente. Não é que, bem à sua frente, muito alinhado, estava aquele sem-vergonha do Rafel Escorrigüela! Não conseguia acreditar. Mas era ele mesmo, todo sorridente. Ao seu lado, o representante dos trabalhadores em greve, um rapazinho de calças de veludo escuro e jaqueta preta, com o chapéu nas mãos que tremiam ligeiramente. Não se conteve e perguntou:

— O que está fazendo aqui, Escorrigüela?

— Acho que o mesmo que você, Demi.

— Já se conhecem? — indagou Venceslau Gallifa.

Demi Gambús continuava atônito, o que provocava uma explosão contida, mas ininterrupta, de felicidade em todos os circuitos cerebrais de Rafel Escorrigüela, e tais explosões lançavam correntes de bem-estar por todo o seu corpo. Para viver momentos como aquele, valia a pena comer terra de vez em quando. Não pôde evitar um desejo idiota e profundo de rir, que se manifestava até em sua pele, como se estivesse sendo atravessado por uma corrente elétrica. Ignorou a presença do amigo e dirigiu-se a Venceslau Gallifa.

— Somos do mesmo vilarejo; crescemos juntos e mantemos uma antiga amizade. Limpou a garganta e, com a mais falsa das caras de aflição, prosseguiu: — Espero com toda a sinceridade que esse conhecimento prévio não represente nenhum impedimento.

— Por que haveria de representar? — indagou o deputado provincial Sostres, um homem cansado, que mais parecia um pássaro com aquele nariz adunco no meio de um rosto terroso em forma de triângulo do qual surgiam, de ambos os lados, como se alguém as tivesse plantado ali, duas orelhas lembrando alças. Queria começar logo com aquilo. Para um deputado provincial, discutir um assunto tão trivial como uma greve de lixeiros não tinha o menor interesse. — Pelo contrário — insistiu ele —, talvez seja até bom para chegarmos a um acordo. Não acha, senhor Barral?

— Para mim, tanto faz. Isso não altera em nada o que tiver de ser discutido. E se alguma coisa tiver de ser ventilada, pois que seja!

— Sábias palavras, senhor — observou o deputado Sostres.

Venceslau Gallifa apontou para as cadeiras vazias ao redor da mesa ovalada que ocupava a parte central do escritório.

— Sentem-se, por favor, fiquem à vontade. Se me permitirem, darei início às negociações. Devo começar dizendo, com toda a sinceridade, e em nome das companhias que represento, que não contávamos com essa greve. E não a merecíamos. Mas também quero dizer que pretendemos chegar a um acordo que beneficie a todos. O que os representantes dos trabalhadores não ignoram desde o princípio. É por isso que estamos reunidos aqui e agora.

Rafel Escorrigüela pigarreou, olhou os presentes, deteve os olhos por uns segundos mais que o necessário em Demi Gambús e disse:

— Por isso e também graças à boa vontade do setor que represento, senhor Gallifa.

— Claro, claro.

Rafel Escorrigüela se animou e prosseguiu:

— Senhores, as coisas já foram longe demais. Creio que todos concordam com isso. Não devemos procurar culpados, mas sim soluções justas e duradouras. Tenho certeza absoluta de que poderemos resolver esta situação tão desagradável de maneira satisfatória para ambas as partes...

O deputado Sostres limpou a garganta e tossiu. Todos se calaram para ouvi-lo.

— Em nome da Câmara dos Deputados de Barcelona, estou aqui apenas para lembrar-lhes uma coisa: que acima de nossas insignificantes pessoas estão os interesses da cidade.

O senhor Venceslau Gallifa o fitou com desconfiança. Então, Rafel Escorrigüela retomou a palavra:

— Meus senhores, a meu ver, pesa sobre nós uma grande responsabilidade a que não podemos nos furtar, e todos precisam ceder um pouco em suas reivindicações. Por trás de nós há toda uma série de fatos que nunca deviam ter acontecido...

Demi Gambús observava Escorrigüela sem acreditar no que via. O deputado Sostres olhava para o teto e o sindicalista estava calado. Gallifa desabotoou os punhos da camisa com toda a calma, tirou um lenço do bolso, limpou as lentes dos óculos dando uma baforada e esfregando-as com o lenço. Voltou a grunhir, e, desta vez, sem meias medidas.

— Se não deviam ter acontecido, por que, então, aconteceram?

No mesmo instante, do outro lado da cidade, o senhor Joan Rovira entrava pela porta principal da residência dos Gambús. Foi conduzido diretamente à sala de jantar, que já conhecia. O aposento tinha um cheiro agradável de pão torrado e café. Foi ele quem pediu essa entrevista, mas aquela família estranhíssima respondeu que ou ele viria àquela hora da manhã ou não seria recebido. Tanto fazia. Um encontro como esse às sete da manhã era perfeito, pois poderia aproveitar melhor o dia.

— Bom dia, senhor Rovira.

Rovira se virou. Não tinha ouvido ninguém se aproximar.

— Bom dia, senhora Gambús. Não queria incomodá-la. Espero que não tenha acordado por minha causa.

— Pode-se dizer que sim...

— Pois saiba que lamento muito.

— Mandei preparar um bom café-da-manhã.

— Obrigado. Tinha marcado encontro com seu filho.

— Sei disso. Mas ele não está. Foi ao escritório da Higiênicos Gallifa negociar o final dessa greve dos lixeiros tão desagradável. A prefeitura lhe pediu que atuasse como seu representante.

— Mas ainda ontem, ao meio-dia, perguntei se poderíamos nos encontrar e recebi uma resposta afirmativa à minha solicitação...

Começou a remexer nos bolsos, sem resultado.

— Não precisa procurar, Rovira. Fui eu quem lhe mandou essa resposta.

— A senhora?

— Eu mesma. Precisamente porque sabia que, a essa hora, Demi não estaria em casa. O que pretendia dizer a ele, pode dizer a mim.

— Mas, senhora, não me obrigue a ser indelicado. Queria falar com ele.

— Não o estou obrigando a nada, senhor Rovira. E compreendo sua surpresa, mas não fique nervoso. Só estou tentando lhe mostrar que isso é do seu interesse. Vamos direto à questão: eu o conheço, senhor Rovira. E sei a que dedica as horas de folga.

— O que quer dizer com isso? O que está insinuando? Não tenho por norma discutir com uma dama que, além do mais, poderia ser minha mãe, mas...

— Quer que lhe fale das idas e vindas de seu grupinho de conspiradores? Alguém do alto escalão, alguém que provavelmente o senhor nem conhece, deve ter sugerido que incluir um Gambús em seu grupinho era um bom negócio. E o senhor nem perguntou por quê.

Joan Rovira estava tão desconcertado que chegava quase a dar pena. Deixar o adversário desnorteado já de cara era uma das táticas favoritas de Miquela Gambús.

— Foi isso ou não foi, Rovira? — insistiu ela.

Joan Rovira logo percebeu que a velha senhora que tinha à sua frente podia ser qualquer coisa, menos o que havia imaginado.

— Sua descrição foi quase literal, minha senhora.

— Devo admitir que fiquei surpresa: foi uma cartada e tanto prometer a prefeitura ao meu filho. Por sorte, pude dissuadi-lo dessa idéia. Nesse momento, seria um erro crasso.

— E a senhora acha que, no futuro, pode haver um momento melhor?

— Acho. Assim como convenci meu filho num sentido, poderia convencê-lo no outro.

— Isso me interessa.

— Sei disso. Digamos que poderíamos nos ajudar mutuamente.

— Sou todo ouvidos.

— Tenho ótimos amigos, Rovira. E todos eles muito bem colocados. Estão sempre me mantendo informada sobre as coisas mais importantes que acontecem à minha volta. Mesmo assim, devo confessar que, ultimamente, têm me escapado algumas migalhas de informação relacionadas a Demi. Ando preocupada, muito preocupada. Com a desculpa de me fazer uma surpresa com um novo negócio, ele vem movimentando quantias enormes. Suponho que já saiba...

— Eu? Por que deveria saber das transações financeiras de seu filho? Não sou banqueiro.

— Rovira...

Joan Rovira tomou um gole de café, saboreou a bebida, sustentou o olhar de Miquela Gambús e assentiu. Um sexto sentido lhe dizia que era o melhor que tinha a fazer.

— É isso mesmo, minha senhora. Em espécie, em propriedades, em títulos. É o que mais se comenta nos últimos dias. Andou comprando maciçamente, e em segredo, terrenos na área da Reforma.

— Da Reforma?

Desta feita, foi ela quem se espantou. As últimas informações de Felip Dalmau eram que Demi andava visitando com freqüência o Comando Naval, que seu escritório estava cheio de mapas marítimos da costa catalã, que consultava tratados sobre as correntes do Mediterrâneo, que tinha solicitado informes sobre os submarinos que os alemães vinham testando... E, agora, ficava sabendo que ele estava investindo em terrenos? O que será que seu filho andava tramando?

Rovira suspirou e prosseguiu.

— Lembro quase palavra por palavra o que ele me disse anteontem: "Acabaremos de abrir essa merda de bairro como se fosse um melão e o comeremos inteirinho, sem deixar nem os caroços. Garanto-lhe que, assim que todos aqueles prédios forem meus, em um ano estarão valendo o dobro. E quando os novos edifícios tiverem sido construídos, valerão 15 vezes mais."

Dona Miquela sorriu. Era a presunção bem característica da família. Mas Demi Gambús não tinha alma de pedreiro nem de agente imobiliário. Logo entendeu tudo. Seu filho podia enganar Rovira e seus amigos, mas não a ela. Demi estava revolvendo as águas da Reforma para que todos os banqueiros barceloneses corressem até lá para ver o que estava acontecendo. Com isso, teria a certeza de que não reparariam em alguma outra coisa. Mas o quê? Já, já descobriria...

— Era por isso, então, que queria falar com meu filho?

— Exatamente. Preciso fazê-lo entender que não pode sair por aí comprando terrenos a esmo, dona Miquela. O que ele conseguiu, em 15 dias, foi fazer com que aqueles mortos de fome, até agora conformados em vender suas propriedades por um valor um pouquinho acima da miséria que a prefeitura lhes pagava pela desapropriação, subissem os preços em vinte por cento. É um absurdo. O melhor caminho é o acordo entre compradores. É melhor para todos...

Miquela Gambús fez um trato com Rovira: ele a manteria informada e ela tentaria influenciar o filho, para que moderasse sua forma de agir, e, no futuro, se dedicasse à política. Depois, o despachou. Não precisava ouvir mais nada, tudo estava claríssimo: Demi estava enganando a todos direitinho. Mas tinha que descobrir por quê.

Era como se os sinos da catedral estivessem proclamando a boa-nova. O tilintar das sinetas das mulas que puxavam as carroças dos lixeiros, novamente circulando pelas ruas, anunciava o final da greve.

Se Rafel Escorrigüela fosse um toureiro, teria sido carregado nos ombros do senhor Barral pelo portão principal da Higiênicos Gallifa. O senhor Venceslau Gallifa o aplaudiu, quase chorando de emoção, e o fez prometer que iria jantar em sua casa, com sua família, dizendo-lhe que estava certo de que surgiriam idéias de futuros negócios. O deputado Sostres anotou discretamente o nome daquele jovem tão promissor; um negociador daquele calibre era um bom elemento para se ter à mão. Todo circunspecto, Barral desapareceu. E Demi Gambús, a um só tempo atônito e entusiasmado, convidou o amigo para um bom café-da-manhã num lugar decente.

Dirigiram-se para a praça Catalunha. O sol já estava bem quente e reluzia nas calçadas, nas vitrines das lojas e dos cafés, nas placas de cobre das portas que anunciavam médicos, engenheiros, advogados e tabeliães da cidade. Entraram na Maison Dorée, vazia e tranqüila, pois os burocratas dos arredores ainda não tinham descido para tomar café. Instalaram-se numa banqueta acolchoada que ocupava uma das paredes do café-restaurante. A vista da Rambla Canaletes era belíssima. Um grupo de lixeiros acabava de retirar o lixo acumulado perto do quiosque de bebidas. Demi Gambús esticou os braços acima da cabeça e as pernas por baixo da mesa. E disse, em meio a um bocejo:

— Você me deixou boquiaberto, Rafel. Vejo que fiz um juízo equivocado a seu respeito.

— E vai me dizer agora que as aparências enganam?

— Não, não vou dizer isso. Só queria lhe agradecer. O fim da greve também me beneficia. Meu prestígio vai aumentar da noite para o dia.

— Aceito suas desculpas com uma condição: que me convide para um lauto café-da-manhã.

— Negócio fechado. Mas diga, aquela estratégia já estava preparada?

— Estratégia? No fundo, tudo o que fiz foi aplicar a lógica, tirando proveito da ligeira ascendência que tinha sobre o outro membro da delegação dos trabalhadores. Mínimo desgaste e máximo rendimento para ambas as partes. Parece mentira que ainda seja preciso explicar essas coisas que já não são mais segredo para ninguém: aumento da produção, redução dos custos, incremento de benefícios e, portanto, incremento dos salários e destruição da semente da revolta social... Você há de admitir que a única defesa que têm os trabalhadores é se unir em sindicatos, partidos, ou seja, organizar-se. Acho isso lógico e normal. Se nos esforçássemos mais para compreendê-los, evitaríamos muitos problemas.

Demi Gambús o fitava com atenção. Rafel estava eufórico. Parecia o típico fanfarrão e, ainda por cima, falava no plural. "Nós..."

— Minha mãe está sempre perguntando por você? Quando lhe contar o que aconteceu hoje, ela não vai acreditar.

— Não tenha tanta certeza... — disse Rafel Escorrigüela com um sorriso amargo.

Um garçom trouxe uma bandeja com sanduíches untados de manteiga e com uma grossa camada de caviar. Outro garçom trouxe uma garrafa de champanhe.

— Hoje, você é o personagem principal.

— Quanto luxo!

Brindaram e começaram a comer os sanduíches. Demi Gambús ainda não conseguia acreditar.

— Cada vez que Gallifa endurecia, Barral protestava. Olhávamos para você e pronto: você o fazia calar, e ele aceitava! Barral se calava e olhava para o teto enquanto você chegava a um acordo conosco!

Rafel Escorrigüela percebeu que, numa das colunas centrais do café, havia um cartaz com os dizeres: "Don Josep Boronat fará esta noite uma conferência sobre o tema *A influência da mulher nos problemas sociais*. O evento se realizará na sede social da União dos Mecânicos, rua Tantarantana, n° 23." Que se danem, todos os mecânicos, e, principalmente, Josep Boronat. Aquilo, sim, é que era vida. Aquelas bolinhas pretas que estava comendo é que eram vida. Não trocaria por nada o prazer que estava sentindo agora. Especialmente naquele exato momento, pois Demi Gambús estava propondo que se encontrassem no dia seguinte para tratar de negócios.

— Estou às voltas com uma questão de tamanha importância que você nem poderia imaginar.

— Pois diga lá! Tenho muita imaginação.

Mas Demi Gambús não o ouviu.

— Preciso de gente como você ao meu lado — disse ele.

— Pode contar comigo, Demi.

— Depois do que aconteceu hoje não preciso de nenhuma prova de sua capacidade. E, para você ver que não estou falando por falar... Tome.

Tirou o relógio do bolso do colete e o entregou ao amigo, com corrente e tudo.

— Não posso aceitar, Demi.

— Claro que pode. É um presente, como prova de gratidão e de confiança.

— Então, está certo. Aceito. Pode ter certeza que, para mim, isso é muito mais importante do que você imagina. Ouça, que tal sairmos esta noite? Para celebrar, como nos velhos tempos. Por que não jantamos juntos?

— Impossível.

— Não me venha com essa, Demi. Para você, nada é impossível. Vamos...

— Não dá. Tenho um assunto pendente para resolver hoje à noite.

— Então, passo para buscá-lo depois do jantar e...

— Mas já disse que não posso, porra!

— Está bem, homem, está bem. Não precisa ficar desse jeito...

— Desculpe. Qualquer dia desses, eu lhe digo do que se trata... É algo muito importante.

E pelo tom com que atalhou o assunto, ficou claro que não queria falar mais daquilo.

A razão era muito simples. Deogràcies-Miquel Gambús tinha um encontro, pontualmente às duas da madrugada, com Nonnita Serrallac. Tinha chegado o dia...

Demi Gambús e Rafel Escorrigüela se despediram com a promessa de se verem no dia seguinte, depois do almoço, e se lançarem ao trabalho.

O primeiro foi para casa, pois queria tirar uma boa soneca e contar a história toda à sua mãe, de cabo a rabo. O outro ficou ainda um instante na Maison Dorée. Pediu outra bandeja daquele petisco tão gostoso; afinal, hoje era um dia especial. Enquanto limpava com a ponta da língua os dentes cheios de pontinhos pretos, se perguntava o que seria aquele assunto tão importante que impedia o amigo de sair com ele e que, sem dúvida alguma, o tinha deixado bem nervoso.

Demi Gambús foi dormir. Estava com muito sono. Sonhou que sua mãe, no dia da festa, escolhia Rafel Escorrigüela como herdeiro e enxotava o próprio filho de casa. Um verdadeiro pesadelo. Acordou morrendo de sede. Lembrou-se de que aquela era a grande noite da aposta. Não tinha o menor medo. Estava certo de que ganharia. Nonnita Serrallac era uma pobre coitada, disposta a tudo, desesperada. E a experiência tinha lhe ensinado que, quando se está nessa situação, sempre se sai perdendo. A moça não estava exatamente em condições de lutar. Seria divertido. Teria bons momentos com ela. Ganharia a aposta e, depois, pensaria em ajudá-la. Podia mandá-la parir em Alcagaire... E, enquanto pensava, olhava-se no espelho, lavava o rosto e as mãos na vasilha que tinha ao lado da cama. Uma mecha espessa de cabelo tinha formado um cacho estranho que se elevava, em ponta, a partir de uma de suas orelhas. No entanto ele observava os próprios olhos. Não quis nem olhar as orelhas. Tinha dormido umas duas horas, o que era muito pouco. Ouviu baterem à porta e foi abrir. Era um dos criados, preocupado.

— Tem uma pessoa querendo falar com o senhor.

— Quem é?

— A viúva Roca.

Demi achou aquilo estranho. Desde o começo, tinham combinado de nunca aparecerem na casa de um ou do outro. Por isso arrumaram um pequeno apartamento discreto, na rua Fontanella, que usavam para seus encontros amorosos.

— Leve-a até o escritório.

Segundos depois, ouviram-se umas batidinhas, a porta se abriu e a viúva Roca entrou no aposento. Demi se virou para vê-la. Estava deslumbrante, com um vestido transparente de musselina de seda branca, leve, fino, e, na mão, a sombrinha combinando com o chapéu, de um tom esbranquiçado. Estava fresca como uma rosa. Devia ter acordado na hora do almoço, ao passo que ele teve de se levantar bem cedo, quando ainda estava escuro, para participar de uma discussão sobre esterco e lixo. Trocaram um leve beijo nos lábios.

— O que aconteceu, querida?

Ela parou à sua frente, olhando para o chão.

— Demi, essa situação não pode continuar. Estou cansada de ficar sempre me escondendo.

— Pois não se esconda — disse ele, tomando-a pela cintura. — Na verdade, todo mundo já sabe...

— Sei disso. Acha que sou idiota?

Afastou-se um pouco e tentou ajeitar aquela mecha rebelde. Demi aproveitou para beijá-la outra vez, mas ela desviou o rosto.

— Há mais de seis meses, você vem fazendo comigo o que quer e bem entende, Demi. Até mesmo as coisas mais vis.

— E você parece gostar.

— Não seja grosseiro.

— Desculpe.

— Isso não tem importância. Somos adultos e ninguém tem nada com a nossa vida. Mas também é verdade que as coisas não podem continuar desse jeito.

— Mas o que você tem? Acordei há cinco minutos. Ainda estou meio zonzo. Veio até aqui para brigar comigo?

— Não. Vim para pedir que você me peça em casamento.

— O que foi que você disse? Parece um jogo de palavras...

— Não estou para brincadeira, Demi. Você me ouviu muito bem.

— Se não se importa, podemos falar sobre isso outro dia?

A moça sentou-se. Estava triste, com os olhos cheios de água. Mas conseguiu se conter. Tinha ido ali com uma intenção determinada e não pretendia ir embora sem terminar o que tinha começado.

— Essa história de casamento nem passa pela sua cabeça?

— Já lhe disse que não é o momento. Estou prestes a tomar as rédeas dos negócios da família; minha mãe vai se aposentar e quer voltar para o vilarejo. Façamos uma coisa, prometo formalmente que voltaremos a esse assunto depois do verão.

— De jeito nenhum. Você gosta de mim, Demi?

— Claro que sim.

— Então, falemos disso agora mesmo.

— Agora não dá, porra! O que deu em você, Merceneta? Entra aqui como um furacão, sem avisar...

— Se não quer falar disso agora é porque não gosta de mim.

— Você está bem, Merceneta?

— Melhor que nunca. Só me diga sim ou não. Vamos oficializar nossa relação, Demi?

— Mais tarde. Sabe que gosto de você, que...

— Então, está tudo terminado. Recebi uma proposta de casamento. Do solteirão da família Moixoni. Estou pensando em aceitar. Já faz algum tempo que ele anda atrás de mim.

— Mas o que está me dizendo? Ele é um velho! Não consigo acreditar que esteja falando sério...

— Pois é bom acreditar. Sinto muito, mas é isso mesmo.

— O fato de você se casar com Manel Moixoni não quer dizer que nós dois...

— Adeus! Vá tratar da sua própria vida. Ah! E que tal ir à merda, Demi?

Foi embora impetuosamente deixando-o sem saber o que fazer.

Demi ficou parado ali, seguindo-a com os olhos, meio desconcertado. Não estava acostumado a que o deixassem plantado e sem direito de revidar. Acomodou-se no sofá. Adeus? Levantou-se e gritou, da porta:

— Pois então, adeus! Logo, logo você vai estar de volta!

Deu um soco no sofá e tomou uma pílula de estricnina.

Acendeu uma das lâmpadas elétricas e começou a trabalhar no seu grande projeto. Minutos depois, ainda era possível sentir no ar um leve vestígio do perfume da viúva... Havia mil detalhes que precisavam ser levados em conta. Mulheres! Trabalhar com o exterior era algo lento, difícil e arriscado... Concentrou-se no que fazia e deixou de pensar na viúva Roca.

Além disso, a essa altura, os banqueiros de Barcelona já deviam estar preocupadíssimos com suas atuais atividades e tinha que tomar cuidado.

Demi Gambús jantou sozinho, em seu quarto. De repente, tinha perdido a vontade de sentar-se à mesa com a mãe. Não queria ter de lhe contar as façanhas matutinas de Rafel Escorrigüela.

À 1h15 da madrugada, vestiu-se às pressas e saiu. Do lado esquerdo, debaixo do braço, levava a pistola; do lado direito, no bolso oculto na parte interna do colete, o dinheiro. Foi até o quarto da mãe. Em geral, ainda a encontrava acordada a essa hora. Viu, porém, que já estava dormindo. Ficou parado ali, olhando para ela. A grande Miquela dormia.

Mais que depressa, dirigiu-se para a Rambla. Praticamente não havia gente na rua, e o eco dos passos das poucas pessoas que caminhavam chegava aos seus ouvidos bem antes que ele pudesse vê-las. Chegando à Rambla, tomou a rua Nou. Ia a passos rápidos, sem olhar para os lados. Era plena madrugada e ainda havia carroças de lixo circulando para cima e para baixo. Barcelona fedia a restos orgânicos e inorgânicos. Seriam necessários vários dias para que tudo voltasse a estar limpo, esfregado, apresentável. Era preciso recuperar o tempo perdido. E lá ia Demi Gambús, andando sozinho, em silêncio. Via os homens e as mulheres por quem passava desbotados e sem cor. Estava pensando. E de tão absorto, nem percebeu que alguém, um tanto desajeitado, o estava seguindo. Se tivesse se virado, teria visto um homem colado às paredes das casas daquela rua; alguém que se escondia na sombra das folhas das nespereiras que passavam por cima dos muros dos jardins particulares. Demi só olhava para frente, e pensava: mais adiante, não muito longe, via-se um clarão. Era a Paralela, com sua promessa de luzes, gente, carros, tartanas, charretes, bondes. Ele, porém, à distância, tinha a impressão de que a avenida estava mergulhada numa espécie de calmaria. Sentiu na boca um gosto estranho, como se tivesse comido terra. Sempre acontecia isso quando estava nervoso. Chegou à Paralela, barulhenta e animada. Viu um rapazinho limpando cuidadosamente o tabuleiro de madeira em que vendia amendoins, coco, sementes e alcaçuz. O som do órgão do pavilhão Soriano, tocando o *Danúbio azul*, em ritmo intenso e acelerado, lhe chegava, vindo do outro lado da avenida, como se o chamasse com voz a um só tempo doce e autoritária. Mas era a música de despedida. Os últimos espectadores estavam saindo. De repente, Demi parou. Quis ver as luzes do teatro se apagarem. Foi pegar o relógio no bolso do colete, mas não o encontrou. Lembrou-se, então, que o tinha dado de presente àquele insuportável do Escorrigüela. Decidiu entrar no Sevilla para se acalmar. O relógio de parede marcava vinte para as duas. Faltavam vinte minutos para a hora do encontro. Naquele horário, já não havia espetáculo no café, mas o local estava bastante cheio: velhos e jovens, mais gorros do que chapéus, nada de novo, todos fazendo a maior algazarra. Encostou-se no balcão. Pegou a caixinha de prata e tomou uma pílula de estricnina com um gole de cerveja. Em menos de cinco minutos a substância estaria dançando uma polca em suas veias. Precisava disso, pois, só de pensar que teria de cravar os dentes naquele pombo de merda, já ficava enjoado. Ao seu lado, um marinheiro deu uma cusparada escura no chão. Uma das garçonetes que estava no balcão, vendo aquilo, estremeceu e desviou os olhos. À sua frente, outro freguês, com o gorro, o fedor e a cornetinha dos lixeiros contava, aos berros, como tinham conseguido vencer a vontade dos patrões. Devia ter trabalhado o dia todo, porque estava imundo, negro dos pés à cabeça. Acabava de lavar as mãos que eram, então, a única parte branca de seu corpo, até o pulso, como se estivesse de luvas. Uma das moças estava lhe servindo um cálice de aguardente. Do balcão, o gerente lhe disse:

— Você deveria se casar, pois os lixeiros ganham uma boa diária. Principalmente agora, depois da greve.

O outro respondeu, coçando a cabeça e com o gorro na mão:

— Ainda é cedo.

Ao ouvir isso, Demi Gambús pensou: “Exatamente como eu.”

— Pois daqui a quatro dias você vai ser um bosta de um solteirão que ninguém vai querer...

Demi não agüentou mais e foi para a rua. Era 1h55. Ao seu lado, recostadas no muro, estavam duas moças mal-ajambradas, bem jovenzinhas, numa pose mais tétrica do que sedutora; um pouco mais adiante, em frente ao Arnau, meninos e meninas brincavam. A uma hora dessas, essa pirralhada ainda estava por ali, suja e esmolambada, com o nariz cheio de melecas e a boca, de baba. Brigavam como animaizinhos. Deviam ser filhos das coristas e ficavam pela rua até as mães saírem do trabalho.

Alguém o afastou da porta do Sevilla sem a menor cerimônia. Demi não se aborreceu, pois aquilo era normal. Tratava-se do marinheiro que tinha dado aquela cusparada no chão. Estava bêbado. Resolveu observar as moças. Deteve-se junto delas, e a expressão de seu rosto passou da surpresa ao nojo, e, finalmente, ao desprezo. Abriu a boca, mas não disse nada. Depois, arrotou e exclamou:

— Mas não estou entendendo... Vocês são o quê? Crianças ou putas?

Entrou de novo no Sevilla para perguntar. Demi Gambús atravessou a Paralela num impulso. Passou diante do teatro Nou, onde um empregado trancava a porta com uma barra de ferro e um cadeado. Ao seu lado, o Soriano estava silencioso. Eram duas em ponto.

Tirou da cigarreira um dos cigarros que tinha preparado à tarde. Estava procurando o isqueiro no bolso quando sentiu que lhe batiam no ombro. Virou-se. Era ela, Nonnita Serrallac, que tinha vindo buscá-lo, com toda aquela barriga.

A moça olhou para um lado e para o outro.

— Ainda está desconfiada? Vim sozinho, como combinamos.

Ela não respondeu e continuou examinando os arredores. Tudo parecia em ordem. Abriu uma portinha lateral e lhe fez um sinal. O rapaz entrou atrás dela. A portinha se fechou e tudo voltou a ficar em silêncio.

Alguns segundos mais tarde, outra pessoa atravessava a Paralela e se aproximava da entrada de serviço do Soriano. Ficou olhando para a porta em silêncio. Aguardou um momento, indeciso. Estava numa situação delicada, parado ali no meio da rua. À sua direita, viu o movimento do Café da Tranqüilidade. Entrou ali sem pensar duas vezes. Se Demi saísse de repente, e desse com ele, sempre poderia alegar simples coincidência. Por que não? Era Rafel Escorrigüela, aflito porque tinha seguido o amigo para nada. Tanta chateação para acabar descobrindo que o grande Demi Gambús estava trepando com uma grávida da Paralela! Que decepção...

Rafel Escorrigüela tinha esperado ansiosamente que a noite chegasse. Há tempos que não via aquele brilho tão característico nos olhos de Demi Gambús. O amigo estava realmente excitado. O que estaria tramando? Passou a tarde inteira pensando nisso. Um encontro amoroso? Talvez. E se não fosse isso? Uma sociedade secreta? E se Demi fosse maçom, rosa-cruz ou membro de uma dessas fraternidades estranhas? E se fosse uma reunião de madrugada para organizar um complô político? Caso contrário, que sentido tinha ficar trancado em casa até uma e meia da manhã? Um encontro àquela hora da noite era bem esquisito... Fosse o que fosse, queria estar por perto. Informação significava poder. E Demi Gambús tinha cometido o erro de ser indiscreto. Quando se deu conta, já era tarde demais. Se Demi tinha um segredo e esse segredo valia alguma coisa, ele, Rafel Escorrigüela, ia descobrir do que se tratava. O dia havia começado fantasticamente bem e continuou às mil maravilhas. Por isso se deu o trabalho de esperar a noite toda, até que o amigo saísse de casa, e foi atrás dele. Com um pouco de sorte, aquele dia espetacular poderia culminar numa noite fabulosa. E, agora, lá vinha ele com aquele disparate! O grande homem deu para perder a cabeça por grávidas? Que desilusão... Aquele era o tal compromisso tão importante? O grande segredo? Estava claro que o senhor Deogràcies-Miquel Gambús não tinha limites. Que filho-da-puta! Quanto teria pago àquela sem-vergonha? Não tinha vontade de voltar para casa: experimentava um sentimento meio mórbido só de saber que, enquanto estava ali, tomando uma cerveja, bem ao lado, talvez parede com parede, Demi Gambús estava trepando com aquela vedete. Logo em seguida, porém, sentiu-se entediado. Deixou uma moeda sobre a mesa, levantou-se e foi embora. Era um cachorro que voltava para casa com o rabo entre as pernas.

22

Lá dentro, as coisas funcionaram como um relógio. A eficácia de Nonnita Serrallac foi total, absoluta e contundente. Tinha tudo preparado. Levou Demi Gambús até o palco e indicou-lhe a plataforma onde se realizaria a aposta. Propôs que ele fosse até o alpendre dos fundos, onde ficavam os animais. A princípio, o rapaz não queria, mas ela o convenceu com poucas palavras. Disse que estava nervosa, que, em cinco minutos, estaria pronta, mas que, nesse meio tempo, se lhe mostrasse onde estavam os animais e como fariam tudo, ficaria mais relaxada. O que queria, na verdade, era tirá-lo dali para que não houvesse nenhum vestígio de sua passagem pelo interior do teatro. Quando chegaram lá fora, Demi sentiu um fedor fortíssimo que vinha da carroça lilás que estava parada ali.

— Que fedor é esse?

— Um dos trabalhadores alugou sua carroça para a prefeitura, para ajudar a recolher o lixo e...

Não terminou a explicação, pois, enquanto falava, viu que Eustaqui Guillaumet vinha se aproximando. Este deu uma paulada seca na nuca de Demi Gambús que caiu no chão sem perder inteiramente os sentidos e, instintivamente, levou a mão à axila para sacar da pistola. No entanto Eustaqui Guillaumet foi mais rápido porque Nonnita Serrallac já tinha lhe dito onde ficava a tal arma. Jogou-se sobre ele com tamanho ímpeto que a moça chegou a temer que lhe quebrasse uma costela, e o manteve imobilizado por alguns instantes, o bastante para adormecê-lo com um chumaço de algodão encharcado de clorofórmio. Demi Gambús esperneou um pouco, mas acabou levando a pior. E apagou, com cara de nojo.

Eustaqui Guillaumet se levantou e o revistou dos pés à cabeça. Pegou a pistola e a guardou no bolso. Revirava o outro para cima e para baixo, como um boneco. Quase alegremente, começou a apalpá-lo. Não tardou a encontrar o que estava procurando. Tirou o paletó de Gambús e, na parte interna do colete, viu o volume do maço de notas que se destacava de modo quase obsceno. Com uma pequena navalha, cortou o forro do colete. As notas estavam presas por uma tira de papel. A moça observava aquela cena a um metro e meio de distância, como que hipnotizada. Já não havia como voltar atrás. Eustaqui lhe entregou o dinheiro cerimoniosamente. Ela o guardou sem sequer contá-lo.

— Vou amarrá-lo e caímos fora, não é mesmo, patroa?

— Isso mesmo.

O rapaz trabalhou rápido e bem. Quando terminou, virou-se para a moça esperando novas instruções. Ela o fitou com um leve sorriso.

— Acho que haverá uma mudança de planos.

Nonnita Serrallac acabava de decidir que não se limitariam a amarrar Demi Gambús.

— Pescamos um peixe que vale muitíssimo dinheiro. Ninguém pode relacioná-lo a nós. Levaremos o peixinho, o manteremos bem fresco e, enquanto isso, vamos aproveitar para provar um bocadinho. Sua família pagará o que pedirmos. O que me diz?

Eustaqui Guillaumet ficou parado e indeciso. Ia assimilando a idéia pouco a pouco. "A patroa está falando de peixes", pensava ele. "Vamos levar esse peixe. Não há dúvida que é um peixe gordo."

— É um peixe dos gordos, patroa. Será que temos rede suficiente para prendê-lo?

— Acho que sim.

— Então vamos lá. A senhora é quem manda.

Depois de amarrá-lo e amordaçá-lo, embrulharam Demi Gambús numa lona e o levaram para a carroça. Parecia até que estavam transportando uma múmia. Cobriram tudo com esterco e com o lixo que havia ali. Ninguém pararia aquela carroça cheia de merda. Muito menos naquela noite em que Barcelona ainda estava impregnada do fedor dos dejetos em decomposição. Fecharam tudo bem fechado e seguiram pela Paralela. Seu destino provisório era a casa de Nonnita.

Parecia mentira a facilidade com que as coisas aconteceram.

Fizeram o trajeto em silêncio, preocupados com a carga que levavam. Não aconteceu nada. Só quando passaram perto da obra vigiada, bem próximo à casa de Nonnita, o cachorro de um segurança começou a farejar e a latir. O homem se aproximou da carroça com cara de poucos amigos, mas, quando viu que Nonnita Serrallac também estava sentada na boléia, deu um sorriso. Ergueu a mão e os cumprimentou. O cachorro não parava de latir. Alguém meteu a cabeça pela janela e protestou.

— O que será que ele farejou? — indagou o segurança.

— Sabe-se lá... Com tanto lixo por aí, talvez até um gato morto... — disse Nonnita.

O homem fez o cachorro se acalmar e lhe desejou boa-noite. Chegaram e Eustaqui Guillaumet ajudou Nonnita a descer. Ficou deslumbrado ao vê-la sorrindo. Não sabia que, naquele instante, estava rodeada de amigos e conhecidos mortos que a cumprimentavam e encorajavam. Porque, às vezes, os mortos se descuidam e esquecem a inveja que os caracteriza.

Eustaqui Guillaumet carregou Demi Gambús nos ombros, como se fosse um boneco. Passou à frente da moça e começou a subir rapidamente, às escuras. Assobiava uma canção de sua terra, uma daquelas que se cantam nas vindimas, e só parou quando chegou lá em cima. No patamar, encontraram Tomàs e o papagaio Trinitat, que assistiam, curiosos, àquela interrupção pouco usual de sua rotina. Chegando ao terraço, Eustaqui pôs a carga no chão e se dedicou a preparar uma espécie de cama, no pombal, que era onde o deixariam preso até que sua mãe liberasse o dinheiro. Não tinha problema nenhum. Eustaqui Guillaumet nunca tinha problemas. Achava que o sujeito que tinha levado enrolado como uma peça de carne era um filho-da-puta que merecia o que quer que lhe acontecesse daqui para frente. Sempre que se lembrava da história do estupro, ficava arrepiado e tinha ganas de estrangulá-lo.

Nonnita Serrallac ainda levou uns cinco minutos para chegar lá em cima. Cada degrau lhe parecia uma montanha. Quando chegou ao terraço, teve que se recostar no parapeito por um momento, para recuperar o fôlego. Sob a luz da lua, sua imagem, meio suada e despenteada, irradiava vida por todo lado.

"Não é muito bom para uma grávida passar por todas aquelas aflições", pensava Eustaqui. "Seqüestrar pessoas, ter de se preocupar com o amigo Tomàs, cada vez mais perturbado, levar a cabo a gravidez..." Tinha profunda admiração por ela. Tanto que nem ao menos podia se apaixonar.

— Aqui não há perigo que alguém o veja — disse a moça ainda respirando com dificuldade.

O prédio inteiro estava vazio, e os que ficavam ao lado também, à direita e à esquerda. Tinham se esvaziado há poucos dias: as obras da Reforma avançavam rapidamente. O primeiro trecho, entre a praça Àngel e o passeio Colombo, já tinha sido aplanado. O segundo trecho, que ia até Urquinaona, acabava de entrar oficialmente na fase inicial dos trabalhos: as primeiras casas das ruas Vidal, Avellana e Tarascó já tinham ido abaixo.

Nonnita Serrallac mandou que ele despisse Gambús inteiramente. Que o deixasse nu em pêlo. Para envergonhá-lo e dificultar uma possível fuga. E também que o amarrasse e amordaçasse.

— Não podemos correr nenhum risco.

Precisava de algum tempo para pensar no que fazer. Saiu do pombal e desceu os degraus, um a um, até o seu apartamento.

Tendo Tomàs e o papagaio por espectadores, o rapaz desembrulhou Demi Gambús. Mais alguns minutos, e ele teria morrido asfixiado. Eustaqui não teria se importado absolutamente.

Lá embaixo, todos os mortos aguardam a amiga ansiosos e cheios de esperanças. Estão tão contentes que, por um instante, parecem mais deste mundo que do outro. Ela agradece aquela acolhida como nunca. Todos os seus mortozinhos, ao menos naquela noite, estão solidários com ela. Circulam à sua frente, ao seu lado, às suas costas, como uma fanfarra de mortos, rataplã, charanga de espectros, rataplã, bandinha de fantasmas, rataplã, comemorando com Nonnita Serrallac que, quanto mais não seja, tem Demi Gambús preso no pombal e embrulhado como uma salsicha. Estão contentes por ela e a fitam com expectativa: quem sabe não vai deixar que entrem em sua casa pela primeira vez? Mas não, tudo tem um limite, e Nonnita Serrallac sabe muito bem até onde eles podem chegar. Com um gesto gracioso, a moça faz que não com o indicador e fecha a porta nos seus narizes.

Ao contrário do que ocorreu com Demi Gambús, para ela aquele dia tinha sido muito proveitoso. Lembrou-se dele afundado num mar de merda, dentro da carroça, e, sem se dar conta, deu um sorriso dos mais idiotas.

TERCEIRA PARTE

23

O SEQÜESTRO DE DEMI GAMBÚS durou quase um mês e meio. Durante todo esse tempo, o rapaz ganhou sabedoria e perdeu peso. Como seqüestrado, não era melhor nem pior que qualquer outro nas mesmas condições: uns dias estava mais animado, outros dias, menos. Não conseguiu escapar porque não lhe deram as mínimas condições necessárias. E, sobretudo, porque demorou muito para compreender que o que estava acontecendo era real, e não uma brincadeira. Demorou muito para esboçar alguma reação. Quando se deu conta, já era tarde demais.

No dia seguinte ao seqüestro, um raio de sol o despertou fazendo cócegas em suas pálpebras ainda fechadas, um raio de sol que entrava por uma fresta entre duas tábuas. Estava com muita dor de cabeça, resultado da paulada na nuca e do clorofórmio. Além do mais, tinha ficado inteiramente impregnado do fedor do lixo que serviu para camuflá-lo. Abriu os olhos. Não sabia que lugar era aquele. Estava estendido no chão, de lado, numa espécie de colchão de palha, sob um telheiro de madeira. Tentou se levantar, mas não conseguiu: estava amordaçado, com as mãos amarradas nas costas e preso à parede. Também estava nu como um recém-nascido. Não havia ninguém ali. Seu primeiro impulso foi gritar. Gritou. Esgoelou-se durante um bom tempo, mas, com a mordaça, tudo o que conseguiu articular foi um ruído surdo e sem sentido. Logo se cansou porque respirava com dificuldade. Aos poucos, começou a ficar com raiva.

Era evidente que a filha-da-puta daquela grávida queria se vingar. Ia matá-la! Abriria o seu corpo de ponta a ponta e tiraria de seu ventre a merda da criança que ela carregava e... Que idiota, como é que se deixou enganar daquela maneira? Ela pegou o seu dinheiro e, ainda por cima, inventou essa gracinha...

Esticou a corda com toda a raiva do mundo e acabou se machucando. Voltou a gritar. Em vão. A mordaça continuava bem firme. Calou-se e ficou à escuta. A princípio, seu próprio fedor tinha impedido que percebesse o mau cheiro de pombos que o cercava. Não fazia idéia de onde estava. É claro que num pombal, mas onde? Ouviam-se vozes e ruídos bem distantes; parecia gente trabalhando. Ouviam-se também sinos de mais de uma procedência, uns mais perto, outros mais longe. Sem dúvida era um bairro com uns tantos campanários. O que não ajudava muito...

Deixou-se levar novamente pela prostração sedutora do sono. Um pouco mais tarde, voltou a acordar. O corpo inteiro lhe doía; sentia as mãos inchadas. Percebeu que aquilo não era um pesadelo e se dispôs a esperar. Continuava inteiramente só. Bocejou e encolheu as pernas até o peito. A fenda entre as duas tábuas à sua frente era tão grande que se podia passar a mão por ali. Foi assim que pôde acompanhar a trajetória do sol. Ver que ele se punha e que anoitecia. Passou o dia todo sozinho, amarrado, abandonado. E se aquela louca o tivesse aprisionado para abandoná-lo à própria sorte? E se estivesse pensando em se vingar deixando-o morrer de calor, de fome e de sede? Decididamente, estava fodido. Remexeu-se tentando, sem sucesso, mudar de posição. Por que não aparecia ninguém, mesmo que fosse para encher a sua cara de bofetadas? Mas ninguém veio.

Adormeceu profundamente. Despertou no meio da noite e quase morreu de susto: tinha um homem, com cara de louco, olhando para ele fixamente. Demi Gambús começou a gemer, a bufar, a se agitar, tentando chamar a atenção, mas o tal sujeito não tirava os olhos dele sem nem piscar. A situação se manteve assim por alguns minutos. Nem em seus piores pesadelos teria imaginado cena semelhante. Passou-se uma eternidade até Gambús descobrir que aquele indivíduo parado como uma estátua dormia de olhos abertos, coisa que lhe deu um medo tão grande que, sem querer, começou a tremer. Decidiu, então, fechar bem os próprios olhos. Quando os abriu por um segundo, teve a impressão de ver um papagaio. Convencido de que estava tendo alucinações, fechou os olhos novamente e prometeu a si mesmo que só voltaria a abri-los se o forçassem a isso. Mas aquela cara não lhe era estranha. Deu sorte, pois pegou no sono.

Na terça-feira, dia 22 de junho, durante o Concurso Hípico Internacional, na praça de armas do parque da Ciutadella, a alta sociedade barcelonesa só falava de duas ou três coisas: quem seria o novo prefeito, as notícias preocupantes que chegavam de Melilla e o calor que fazia às três da tarde. Quanto ao primeiro tema, os boatos eram os mais variados e não se descartava a possibilidade de o governo, contrariando a tradição, não escolher o prefeito entre as pessoas de prestígio no âmbito comercial ou industrial, mas fazer uma opção mais política para controlar de perto o Conselho Municipal de maioria lerrouxista. O calor era a desculpa perfeita para a elegante platéia visitar o *foyer* e se exibir desfilando pela *pelouse* as magníficas *toilettes* de verão dos barceloneses e barcelonesas que podiam se dar a esse luxo. Senhoras, senhoritas, condessas, generalas, baronesas e marquesas conversavam animadamente. Algumas mocinhas, que aguardavam a festa de Nossa Senhora, em agosto, para fazer sua apresentação à sociedade, cercavam um dos militares que participava do concurso, todo janota e bem penteado apesar da poeira. O rapaz acabava de chegar de Melilla. Mesmo tão jovem, já era um veterano. As moças o ouviam extasiadas, sentindo uma ligeira inquietação que não sabiam explicar. O senhor capitão dizia:

— Aprendi a controlar o suor na África. Disse comigo mesmo, meu rapaz, aqui a água é cara e você sua (com o perdão da expressão) como um porco... Como se o meu organismo houvesse entendido, pouco a pouco o suor foi deixando o meu corpo. Era uma questão de concentração, de fazer movimentos regulares e evitar mudanças bruscas de ritmo. Podem observar minhas axilas, olhem, olhem, não há sinal de suor.

Só de pensar na axila e no suor do capitão, a inquietação das moças aumentava.

— E os mouros? — perguntou uma vozinha.

— Logo nos acostumamos a lidar com eles. Se os amedrontarmos desde o começo, eles obedecem e tudo corre às mil maravilhas. Só conhecem uma linguagem, a do porrete. Se lhes damos boas bordoadas, eles ficam com medo e, curiosamente, passam a nos admirar, a nos estimar.

Não muito longe, sentada sob uma sombrinha, impecável e elegante, Miquela Gambús observava o que havia ao seu redor. Veio ao Concurso Hípico porque a proximidade de sua festa a obrigava a intensificar a vida social. Em um mês tinha previsto comparecer a mais festividades do que em nove anos e meio. Faltavam umas cinco semanas para o evento e duas ou três personalidades ainda não haviam confirmado presença. Se fosse preciso mexer os pauzinhos para obrigá-los a comparecer, faria isso. Se não fosse necessário, tanto melhor. Era por isso que estava padecendo com o calor naquela estúpida competição de hipismo. Estava nervosa e aborrecida. E muito preocupada. Há quase uma semana não tinha notícias do filho. Não era a primeira vez que ele desaparecia sem dizer nada. Anos atrás, deu uma escapada de duas semanas em Paris, com uma daquelas mulheres horríveis que arranjava de vez em quando lá na Paralela. No entanto, três dias depois de sumir, já tinha lhe mandado um telegrama para não deixá-la aflita. Desta feita, era diferente. Fazia seis dias que tinha desaparecido sem avisar e não dava sinal de vida. No fundo, o que a deixava nervosa era não ter as coisas sob controle, não saber o que estava acontecendo. Mandou que Felip Dalmau movesse céus e terras, mas, até agora, não tinha obtido nenhum resultado. E se lembrava perfeitamente da noite em que seu filho sumiu. Demi entrou em seu quarto de madrugada, para lhe dar boa-noite, como sempre fazia, e ela fingiu que dormia, para não voltarem a discutir. No dia seguinte, ele não estava em casa e sua cama não tinha sido desfeita.

Viu Felip Dalmau se aproximar. Com ligeiros empurrões, vinha trazendo Rafel Escorrigüela que, como sempre, parecia assustado. O pobre ex-policial estava inquieto e a aflição acentuava sua cara de rato. Lamentava o desaparecimento de Demi Gambús como se fosse culpa sua. Justo numa das poucas vezes que ninguém podia dizer nada contra ele, pois a própria dona Miquela tinha lhe dito que fosse para casa descansar. Naquela noite, tudo estava absolutamente tranqüilo: ela dormia, o senhor Gambús já tinha se recolhido para o seu quarto... Quem poderia prever que haveria movimento na casa de madrugada? No entanto, por mais que a patroa o eximisse de culpa, Dalmau não se acalmou. Por isso, efetuava aquela busca como se fosse um assunto pessoal... Com um último empurrão, deixou Rafel Escorrigüela diante de dona Miquela, que não se levantou. Mandou o rapaz se agachar e lhe perguntou, em tom dissimulado:

— Olhe bem nos meus olhos, Rafel. O que você sabe de Demi nos últimos dias?

— Não muito. Mas juro que não é por falta de vontade. Segui ao pé da letra as suas instruções, mas ele continua sem querer saber de mim. Depois da história da greve dos lixeiros, ficou fascinado, como a senhora previu. Chegamos a fazer planos. Pensei que ele passaria a confiar em mim, pois até me deu o seu relógio de presente. Mas não foi isso que aconteceu. Juro que tenho tentado. Fui buscá-lo pessoalmente e seu secretário, um tal de Gatius, me disse que ele não está e que não sabe quando voltará. Dona Miquela, eu juro que...

— Cale a boca! E não fique gemendo, pois isso me irrita. Em suma, ultimamente você não sabe dele, não é?

— Não, mas tenho tentado. Juro que...

— Já ouvi! Quando o viu pela última vez?

— No mesmo dia em que a greve acabou. Depois da reunião, fomos comemorar juntos; ele me convidou para...

Nesse instante, uma luzinha se acendeu subitamente na cabeça de Rafel Escorrigüela.

— Aconteceu alguma coisa?

Miquela Gambús interrogou Felip Dalmau com o olhar, em dúvida. Cravou os olhos negros em Rafel Escorrigüela e admitiu, com alguma reticência:

— Desde então, ninguém sabe de Demi. No dia seguinte, não estava em casa e sua cama não tinha sido desfeita. Estou preocupada.

— Não acho que tenha acontecido nada...

— Ninguém pediu sua opinião!

Rafel Escorrigüela se calou imediatamente. Soaram as trombetas anunciando o recomeço da competição. Agora, era a vez da prova de obstáculos, com a participação de ginetes civis e militares. Dona Miquela sorriu para alguém a distância. Tinha de voltar para a tribuna das autoridades. Antes disso, virou-se para Rafel Escorrigüela e disse:

— Quero que fique de olhos bem abertos. Mais que nunca. Meu filho não desapareceria sem me avisar aonde foi e com quem está. O menor indício pode ser importante. Se você se lembrar de alguma coisa, se vir alguma coisa, conte imediatamente a Dalmau. E não diga uma palavra a ninguém sobre a conversa que acabamos de ter, entendeu bem?

— Entendi.

— E esteja disponível, porque posso precisar de você.

— Sim, senhora.

Miquela Gambús levantou-se e saiu andando com toda a energia de seu corpo, que não era pouca. Escorrigüela ficou parado ali, como um idiota, observando Dalmau que lhe deu a entender que a audiência tinha terminado.

Já fora da Ciutadella, Rafel Escorrigüela se deteve um instante para enxugar o suor. Viu o lenço encharcado, manchado pela poeira de seu rosto: tinha suado sem parar. Era o efeito que a velha senhora provocava nele. Qualquer dia desses mijaria nas calças sem nem perceber. Tudo aquilo era muito estranho. Onde teria se metido Demi? De repente, começou a tremer e a suar em bicas: naquela noite, tinha visto o amigo entrando no Teatro Soriano, quase às escondidas, acompanhando uma grávida. E, ao que tudo indicava, sua mãe nem desconfiava disso. Talvez não tivesse a menor importância. Ou talvez tivesse. E se Demi houvesse fugido com a mulher grávida? Se conseguisse solucionar o problema de dona Miquela, as coisas mudariam com toda a certeza. Chegaria diante dela e lhe diria: "Dona Miquela, não sofra mais. Rafel Escorrigüela, seu cão de confiança, acaba de resolver essa história. Não é fácil lhe dizer isso, mas seu filho Demi a abandonou para fugir com uma atriz grávida."

E caiu na gargalhada. Ficou até com dor na barriga de tanto rir. Não conseguia se conter.

Nessa mesma noite foi dar uma espiada no Teatro Soriano. Logo avistou a moça grávida que parecia a gerente do estabelecimento. Aparentemente, não estava nada preocupada. Sem saber muito bem o que fazer, ficou esperando do lado de fora quando o espetáculo terminou. Como sempre havia desocupados encostados pelas paredes na Paralela, ninguém daria por sua presença. Pouco depois, a moça saiu acompanhada de um indivíduo bem mais alto que ela e que carregava um papagaio no ombro. O sujeito não parecia nada bem, com aquelas mãos que tremiam sem parar, e ela, apesar da gravidez, praticamente o carregava. Devia ser um irmão ou um parente. Resolveu segui-los a uma distância prudente. Era difícil porque os dois andavam muito devagar. Fizeram um trajeto um tanto absurdo, já que, para chegar à Riera de Sant Joan, percorreram todo o passeio Colombo e, depois, todo o trecho acima da esplanada da Reforma, um local escuro e perigoso. Será que tinham notado que ele os estava seguindo? De repente, ficou com medo e parou. Mas não devia ser nada disso, pois aqueles dois não tomavam qualquer precaução. Na verdade, tudo aquilo era muito chato. Tomou nota do número do prédio em que entraram. Da rua, acompanhou a chama da vela que ia subindo e pôde então determinar mais ou menos em que andar moravam. Não via nada de estranho. Olhou para um lado e para o outro. Percebeu que aquela rua estava muito deserta e que o melhor que tinha a fazer era ir embora o mais depressa possível.

24

AS TARDES E AS NOITES DAQUELE VERÃO de 1909 não eram muito diferentes das dos anos anteriores. Desde princípios de abril, não tinha havido nenhuma bomba; a cidade estava confiante e com vontade de viver bem. Quando refrescava, a animação crescia. Depois que o sol se punha, iam aparecendo barceloneses aqui e ali, pelas ruas e pelas praças. Iam se juntar aos que tomavam a fresca no portão, de camiseta, com uma garrafa ao lado, e aos que ficavam nas varandas, com uma fatia de melão na mão. Em algumas ruas, improvisavam-se bailes, com músicas da moda ou sardanas; os cafés ficavam apinhados de gente do lado de dentro e do lado de fora; e, logo, logo os vilarejos vizinhos começariam as suas festanças. Quem podia oferecer um leque de atrações tão variado e divertido?

O melhor exemplo disso tudo era a festa da véspera de São João. Naquela noite de junho, todos estavam ansiosos para sair à rua. As barquinhas *golondrines*, iluminadas para a ocasião, funcionavam até a madrugada para que os barceloneses pudessem apreciar a visão noturna da cidade repleta de fogueiras. Animados pela mesma idéia, os proprietários do Tibidabo resolveram organizar ali a melhor de todas as festas. Muita diversão e o espetáculo de Barcelona iluminada pelos fogos, vista do alto da montanha, por apenas uma peseta. E a tranqüilidade de saber que o funicular do Tibidabo e as principais linhas de bondes funcionariam a noite toda.

Na noite de São João, até o mais pobre dos pobres trataria de se divertir, nem que fosse dançando ao som de uma pianola, no meio da rua.

Só Demi Gambús não faria nada disso.

Porque estava preso num pombal fedorento e asqueroso há uma semana.

Para ele, o segundo dia tinha sido uma repetição do primeiro; com uma ligeira diferença: o calor e o fedor eram insuportáveis, e, do lado de fora do pombal, se ouviam duas vozes, uma humana, a outra, de um papagaio. A primeira dizia: "Tupinambá", "Tupinambá", e a segunda retrucava: "Filho-da-puta", "filho-da-puta". Então, a primeira passava alguns minutos insultando a segunda, que não se dava por achada e mergulhava num silêncio profundo que durava três quartos de hora ou uma hora inteira. Ao longo do dia, o indivíduo que dormia de olhos abertos entrou várias vezes no pombal. Tirava-lhe a mordaça, fingia não ouvir o que quer que ele dissesse e obrigava Demi Gambús a tomar um copo de água como se fosse uma criança. Gambús não demorou muito para lembrar quem ele era, pois o seu rosto estava ligado ao de Nonnita Serrallac: era o violinista que a acompanhava naquele seu número excêntrico. Só não sabia se ele tinha ficado idiota por causa da cacetada com o violino ou não. Mas pouco lhe importava. A certa altura, lá de onde estava, o prisioneiro viu o papagaio que vinha andando; era aquele papagaio que, na primeira noite, pensou ser uma alucinação. O animal se aproximou e ficou olhando para ele. Apesar da mordaça, teve a idéia de dizer:

— Tu... i... am... á!

Ao que o papagaio respondeu:

— Tupinambá.

O dono do pássaro entrou ali, furioso, deu duas bofetadas em Demi Gambús, pegou o papagaio e foi embora.

Ao entardecer, a porta se abriu e apareceu um rapaz bem jovem, grande como um armário. Trazia uma panela embrulhada num paninho. Veio em sua direção e, sem abrir a boca, ajeitou-o um pouco e deixou os cinco dedos da mão marcados em seu rosto com mais duas bofetadas.

— Isso não é nada comparado ao que o espera se você não se comportar.

Lá de fora, o outro observou:

— Eu também lhe dei uns bons tapas ainda há pouco.

Demi Gambús ficou atônito. Estava nas mãos de seqüestradores débeis mentais.

Em todo caso, depois de dois dias naquele forno, sem comer, bebendo pouco, sujo, suado e mijado, naquele momento, pelo menos, tinha a intenção de se comportar às mil maravilhas.

O seqüestrador ergueu seu tronco, tirou-lhe a mordaça e começou a lhe dar comida na boca, às colheradas, como se ele fosse uma criança pequena. Nesse meio tempo, disse-lhe que não se preocupasse, pois aquele não era um seqüestro político, mas apenas econômico. Que esperavam que sua mãe pagasse bem e rápido. Mas, se era assim, por que o mantinham sujo e nu, como um animal? E a grávida, onde tinha se metido? Demi pediu para ficar sem a mordaça que o deixava sem ar, e, com um sorriso, o rapaz concordou, mas disse que, se ele começasse a gritar, lhe daria um soco tão forte que a ponta do seu nariz afundaria em seu cérebro e sua mãe teria muito trabalho para apresentar aos parentes e amigos um cadáver no mínimo decente.

Demi Gambús ficou impressionado.

No terceiro e no quarto dias, sua situação melhorou um pouco. Sem a mordaça, viu seu carcereiro mais jovem fincar uma imensa argola na parede e prendê-lo ali pelos pés. O fato de não estar preso de um jeito tão humilhante o deixou mais animado. Não podia caminhar, pois a corrente tinha apenas um metro, mas, pelo menos, podia se levantar e se sentar. E, principalmente, deitar-se numa posição mais natural. E fazer suas necessidades como uma pessoa, num urinol que tinham lhe dado. Prenderam suas mãos com umas algemas de polícia. Durante o dia, era vigiado pelo carcereiro perturbado, que só falava com o papagaio e, de quando em quando, exibia a única arma que tinha: um chicote como aqueles de circo, que fazia estalar no ar quando se aborrecia.

Demi Gambús estava tentando poupar toda a sua energia para fugir daquele pesadelo. Durante aquelas horas intermináveis de cativeiro, dedicava-se a projetar mentalmente a sua ilha. Pensava, por exemplo, como guardaria segredo até o fim. Nos momentos de pleno delírio, provocados pelos quarenta graus daquele calor sufocante que fazia no pombal, chegava até a pensar em encomendar uma lona gigantesca para cobrir a ilha inteira. No dia da inauguração, quarenta rebocadores a puxariam para o mar revelando aquela maravilha. Fechava os olhos e tinha a sensação de ter vivido uma espécie de revelação: quisessem ou não, uma onda gigante de expansão e progresso estava chegando. E ele estaria esperando bem no meio, de pé, preparado para se apoderar de tudo o que pudesse. Faria a nova Barcelona... Mas abria os olhos e se via amarrado como um animal, rodeado de cocô de pombo e vigiado por um retardado que lhe batia quando lhe dava na telha. E então o ódio e o rancor eram tão grandes que Demi deixava seu projeto de lado e só pensava numa coisa: se vingar.

Na sexta noite, a noite de São João, o vigia mais jovem o soltou da parede, ergueu-o e, assim mesmo, acorrentado pelos pés, levou-o para fora. Deviam ser umas dez ou dez e meia, e, do terraço, podia-se ver o clarão das fogueiras mais próximas. A primeira coisa que Demi Gambús viu foram terraços: todos os que havia na cidade, igualados por aquele tom acinzentado, recortados contra um céu claríssimo. E não se via vivalma, a não ser, a dois metros de distância, o papagaio e seu dono que não paravam de observá-lo como se ele fosse um animal exótico. Demi, parado ali no meio do terraço, nu, fez suas necessidades sem se importar. Pouco se lhe dava. Os outros o fitavam, impassíveis. Quando acabou, o mais jovem se aproximou com dois baldes de água. Esvaziou o primeiro em cima dele e, com um pano ensaboado, esfregou-o dos pés à cabeça. Ele, humilhado, sem conseguir entender o que estava acontecendo, ficou quieto como uma criança. E os fogos de artifício, que estouravam de quando em quando no céu da cidade, iluminavam Demi Gambús intermitentemente enquanto Eustaqui Guillaumet esfregava suas costas com o mesmo ímpeto e do mesmo jeito que esfregava o lombo da mula. Depois, esvaziou o outro balde em cima dele. Tomàs aplaudiu e os dois começaram a rir. O riso contagiou o papagaio e os três romperam aquele estranho silêncio.

Noite de São João, abafada e solitária, naquele terraço silencioso, entrecortada, de vez em quando, pelos estrondos dos fogos e os gritos longínquos de vizinhos que festejavam, lá embaixo na rua, ao redor das fogueiras.

Demi Gambús sentia a raiva crescer como um rugido brotando de suas entranhas: não apenas picaria em pedacinhos aquele bando de imbecis e atiraria tudo aos cães, mas também localizaria aquele pombal, aquela casa, aquele bairro. E o destruiria, fosse de quem fosse, custasse o que custasse: compraria e mandaria pelos ares, com dinamite, aquilo tudo.

Não sabia que o tal bairro já estava condenado há tempos.

Desde sempre, na festa de São João, a Paralela assumia um aspecto mais familiar. Por algumas horas, as diferenças se diluíam. Os que vinham de Poble Sec, adultos e crianças, passeavam por ali. Os teatros invadiam a rua e improvisavam varandas iluminadas com lanternas. Instalavam mesas e cadeiras de junco, e, excepcionalmente, além do álcool, serviam-se também refrescos. Os cafés tentavam de tudo para atrair clientes: chegavam até a contratar bandas de música que tocavam sobre estrados precários. Como, às vezes, havia dois ou três cafés juntos, cada qual com seu estrado e sua banda, a algazarra era monumental.

O Teatro Soriano não ficava atrás. Dividia espaço com seu vizinho, o Café da Tranqüilidade. O café contribuía com uma magnífica pianola e um vastíssimo repertório de canções: valsinhas, sardanas, rigodões, *paso dobles*... Os casais tomavam refrigerantes e dançavam. Além disso, o Soriano, excepcionalmente e só por uma noite, permitia que um de seus números de maior sucesso na temporada fosse apresentado ao ar livre. Eram "Os Meteoros", escultores ligeiríssimos que, por uns trocados, paravam ao lado de uma mesa com um bloco de argila e, em vinte minutos, reproduziam a cabeça de um freguês ou de uma freguesa.

Nonnita Serrallac estava numa das mesas ao ar livre, tomando uma limonada gelada. Sorria para Tomàs Capdebrau, recostado na pianola. Ele também lhe sorria e a saudava com um aceno exagerado. O dono da pianola, professor de trompete durante mais de 14 anos, devia se entender bem com Tomàs, pois, de quando em quando, tocava para ele o *Danúbio azul* no violino. E, em troca da presença do papagaio, que atraía muita gente, às vezes deixava que Tomàs girasse a manivela por alguns minutos. A moça sorria, mas, na verdade, estava muito preocupada. Mantinha Demi Gambús preso acima de sua própria casa; sabia o que tinha de fazer, mas nunca imaginou que fosse tão difícil. Por isso decidiu não falar com ele até o último instante. Não queria ver o seu rosto e sentir as pernas bambas.

Sua mãe, na mesa ao lado, com uma casca de limão na boca, usava roupas de verão. Ou seja, os mortos também se vestem de acordo com a estação, exatamente como os vivos. A princípio, não a reconheceu porque estava sentada de costas para ela conversando com outra mulher que Nonnita não conhece. Está dizendo que come o limão mordiscando, com casca e tudo, porque limpa por dentro. Como se isso tivesse alguma importância para um morto... Nonnita lhe pergunta o que deve fazer com o seu prisioneiro. Sua mãe se vira e lhe responde sem hesitação: "Não pretendo lhe dar nenhuma sugestão. Você é uma criminosa e Deus Nosso Senhor vai castigá-la. Vai parir um prematuro de merda." A amiga de sua mãe também se vira, mostrando-lhe uma boca com as gengivas vazias, sem um único dente, e lhe diz: "Pobre Nonnita! Tantas preocupações para acabar parindo um prematuro." Percebe então que é a viúva Massini, pobre como um rato de igreja, famosa no bairro por ter roubado um vestido de uma alfaiataria da rua Banys Nous e precisado empenhá-lo logo depois, numa casa de penhores da rua Mercaders. A polícia a prendeu vinte minutos mais tarde. O alfaiate concordou em perdoá-la; em troca, a viúva ficou costurando para ele de graça por um bom tempo. Morreu jovem, enfraquecida pela malária, e ninguém queria enterrá-la com medo do contágio. A última fase da doença a deixou esquelética, astênica, anêmica, apática, com edemas faciais e a pele seca, enrugada, amarelada. Nonnita se lembrava disso porque a tinha visto nesse estado pouco antes de a meterem no caixão. Sua mãe foi a única vizinha que se atreveu a arrumá-la um pouco na hora de sua passagem deste para o outro mundo. Talvez por isso as duas defuntas sejam agora tão amigas, e, no verão, saiam para passear e se sentar no terraço dos cafés. E continuam a dar seus palpites: "Aborte, Nonnita, pois, se não nascer com cara de louco, terá delírios e será ladrão", disse sua mãe. "E assassino, porque todo prematuro é mau-caráter, Nonnita, já que é mirrado e franzino", disse a viúva Massini. A moça voltou a observá-las. Sua mãe estava oferecendo a casca do limão à amiga, dizendo que aquilo ia lhe fazer muito bem. A viúva aceita, para não fazer feio, embora continue a pensar que aquilo não lhe serviria de nada uma vez que está morta. Mas aceita, como aceita o fato de todos a tratarem de viúva apesar de já ter morrido.

Nonnita respirou fundo para se acalmar. Não pretendia deixar que duas mortas nojentas, mesmo que uma delas fosse sua mãe, a irritassem a ponto de acabar parindo um prematuro.

Além disso, precisava de toda a calma do mundo para sair da encrenca em que tinha se metido. Conseguiu agüentar uma semana inteira sem se manifestar. E se os seus nervos começavam a se ressentir, não havia motivo algum para acreditar que o outro não estivesse vivendo exatamente a mesma coisa.

Em vinte minutos, contava fazer chegar às mãos da matriarca da família Gambús o aviso do seqüestro com o pedido de resgate. Naquele exato momento, a mulher estava no parque Güell. Era fácil saber disso porque a notícia tinha saído em todos os jornais. Como membro do Comitê Feminino da Cruz Vermelha de Barcelona, era uma das organizadoras de uma festa beneficente para arrecadar fundos. Um ambiente ruidoso e anônimo, ideal para a entrega do bilhete.

Acabou de tomar sua limonada e acenou para Tomàs, despedindo-se. "Pobre Tomàs", pensava ela, "está cada vez pior. Qualquer dia desses, não conseguiriam acudi-lo a tempo". Recentemente, quando estavam subindo a Rambla de carroça, pegaram a rua Portaferrissa e, enquanto Eustaqui apanhava um móvel velho, Tomàs deixou Nonnita sozinha e entrou na sede social da Liga Industrial dos Padeiros. Da rua, Nonnita não conseguiu acreditar no que via. Tomàs agarrou o porteiro pelo colarinho e começou a gritar: "Trabalho ou dinheiro!" A moça desceu o mais rápido possível. Ouvia Tomàs gritando: "Ou você me dá trabalho, ou me dá três pesetas!" O que viu em seguida foi o ex-alfaiate, com as mãos mais trêmulas que nunca, ameaçando o porteiro com uma enorme faca de brinquedo, daquelas de madeira, douradas, com lantejoulas, uma das sobras do circo. O homem horrorizado dizia: "Não posso lhe dar trabalho porque não sou ninguém! E não posso lhe dar três pesetas porque não tenho! Mesmo que tivesse, minha família vem em primeiro lugar. Se quiser uns pãezinhos de Viena..." Tomàs recusou aos urros e aproximou a faca de mentira do pescoço do sujeito. O pobre, sem forças, caiu no chão queixando-se de uma dor muito forte no peito. Assustado e envergonhado, Tomàs o soltou, saiu correndo, subiu na carroça e, como sempre fazia quando tinha algum problema, se escondeu debaixo da lona. Eustaqui e Nonnita levaram o porteiro ao dispensário da rua Marquês de Barberà e o deixaram lá, branco como uma folha de papel, recebendo os primeiros socorros e se recuperando...

E lá estava o pobre Tomàs Capdebrau, perigoso agressor, seqüestrador implacável. Nem era capaz de reconhecer aquele que estava vigiando. Nem percebia que o seqüestrado era a mesma pessoa que, há quase dez anos, mandou que lhe dessem uma bordoada na cabeça com o violino e violentou sua amiga Nonnita. Apesar de tudo, uma coisa ele compreendeu perfeitamente: que tinha a grande responsabilidade de vigiar alguém. E sem fazer perguntas, como Eustaqui.

Durante todo o trajeto de volta para casa, tanto sua mãe quanto a amiga dela, a viúva Massini, não pararam de alfinetá-la. Uma e outra a atormentam, pois, juntas, sentem-se mais valentes. Sua mãe continua a repetir: "Você é uma criminosa. Vai parir um prematuro com cara de sapo." E a viúva insiste: "Os prematuros, filhos de criminosos como você, têm uma vida desgraçada. E curta. Morrem logo: a pele fica enrugada, os fluidos vitais secam por dentro, e em pouco tempo estão velhos." E sua mãe emenda: "E, se vivem, só dão desgosto, porque suas mães não são tementes a Deus." Nonnita pára no meio da rua e grita: “Chega!” Está muito mais quente do que seria de se esperar nessa época. Ela está suada. Encara os dois fantasmas e diz: “Temente a Deus? Onde está Deus? Quem é Deus?” As duas mortas se sentem descobertas e desaparecem num piscar de olhos.

Lá no pombal, Eustaqui esperava por ela. Por sorte, o rapaz estava sempre sorrindo. O que não o impediu de dar, ainda agora mesmo, mais duas bofetadas no prisioneiro.

— Por que está batendo nele? — perguntou Nonnita em voz baixa.

— Para que fique quieto, patroa. Hoje deu para gritar.

— Ah... Você o machucou?

— Não. Acho que não.

— Espero você no apartamento...

Ela desceu primeiro. Quando Eustaqui chegou, Nonnita já o esperava com um envelope na mão.

— Como combinamos, aqui está o bilhete para a senhora Gambús, e uma peseta para você poder entrar na festa do parque Güell. Antes, passe no teatro. Um dos rapazes do grupo “Os Meteoros” vai lhe emprestar uma camisa, um colarinho, uns punhos e uma gravata. E, principalmente, não esqueça o chapéu...

— Tem certeza, patroa? Vão perceber que ele é de papel machê...

— Não vão, não. Confie em mim. Depois de entregar o bilhete, jogue fora o chapéu e ponha o gorro. Tire o colarinho, a gravata, os punhos e guarde tudo. Tire também o paletó e desabotoe a camisa até o meio do peito. Tome muito cuidado e, se alguma coisa lhe parecer suspeita, deixe para lá.

Quando Eustaqui chegou ao teatro, Tomàs Capdebrau já estava à sua espera, com a carroça a postos e o papagaio. Trocou de roupa num instante. Penteado e arrumado, parecia outra pessoa. Tomou as rédeas da carroça e lá se foi a mula, a trote miúdo, quase preguiçoso. Mergulharam no movimento da Paralela. Os bondes, barulhentos, com suas insistentes sinetas e seus motorneiros de pé, fazendo girar com energia e precisão a roda do freio, passavam a poucos centímetros da calçada repleta de gente que tinha saído para participar da festa. A carroça atravessou a Paralela e desapareceu na Ronda de Sant Pau: um pontinho lilás sob um halo de luz provocado pela iluminação elétrica nova em folha. As fogueiras dos cruzamentos principais animavam as ruas e as línguas de fogo iam subindo, quase chamuscando a barra das calças dos moradores do primeiro andar que ficavam aboletados nas varandas, com o rosto reluzente.

O papagaio, amedrontado com aquele barulho e aqueles estrondos, não dizia nada. Tomàs Capdebrau ia olhando fixo para frente. De repente, falou:

— A Universal.

— O quê?

— Há cinco ou seis anos, vi pessoalmente Bella Chelito. Acompanhada por um mulato impressionante, entrou na alfaiataria A Universal, aqui mesmo, no nº 9. Fiquei parado feito um idiota, esperando do lado de fora. Vinte minutos depois, saíram da loja; o mulato estava usando uma camisa nova e brilhante, de seda cor de marfim. O casal subiu pela ronda, e eu os segui. Dois minutos depois, percebi que éramos uns oito ou dez seguindo aquele casal. Ela se virava, ria, e dava o braço ao mulato. Pararam na chapelaria A Moda, um pouco mais adiante, na Ronda Sant Antoni. Os oito ou dez já eram uns 25. Um pequeno exército de sujeitos embevecidos parados ali na calçada. Quando saíram, a Bella Chelito estava mais linda que nunca. O rapaz tinha acrescentado à sua indumentária um chapéu de aba larga, belíssimo. Alguém não conseguiu se conter e gritou: “Cafetão!” O mulato foi abrindo caminho, agarrou pelo colarinho o admirador anônimo e ciumento de sua acompanhante e lhe deu um soco no nariz, forte como um coice de mula, que derrubou o sujeito no chão. Todos fizemos de conta que não tinha acontecido nada. E começamos a gritar: “Viva Bella Chelito e seu acompanhante!” E pronto!

— Pronto?

Mas Tomàs não respondeu. Na verdade, não voltou a dizer uma só palavra a noite toda. Uma pena, pois ouvi-lo deixava Eustaqui mais calmo. Porque, apesar de não estar com medo, estava um pouco nervoso. E sofria mais por Nonnita Serrallac que por si mesmo.

Na esquina da rua Balmes com a Corts, pararam para deixar passar o trem de Sarrià. Enquanto esperava para seguir caminho, Eustaqui percebeu que tinha um pequeno problema técnico: o que fazer com Tomàs Capdebrau quando estivesse cumprindo sua missão? Chegou à conclusão de que a melhor coisa a fazer era deixá-lo na carroça. Nos arredores do parque Güell, havia muitas tartanas, coches e charretes parados de qualquer jeito. Mandou que Tomàs se deitasse na parte de trás, com o papagaio que continuava calado, paralisado pelo medo. Cobriu os dois com a lona. Se alguém se atrevesse a levantá-la, daria com Tomàs dormindo de olhos abertos.

Sentia-se ridículo com aquele chapéu na cabeça, duro como uma pedra. Na fila, tinha a sensação de que todos estavam reparando nele. Pagou a entrada e, uma vez lá dentro, nem pensou mais no chapéu e esqueceu o motivo que o tinha levado até ali: só em Barcelona podia haver um lugar tão torto e ao mesmo tempo tão reto como o parque Güell! Estava animadíssimo e cheio de ponta a ponta. Na praça central, o Orfeão Canigó estava cantando. Ao lado, os militares da banda esperavam sua vez com o barrete no colo, enxugando o suor com o lenço. Não tardou a localizar dona Miquela Gambús, que já conhecia de vista. Mais difícil foi encontrar uma criança entre as que estavam ali, brincando e dançando, e conseguir convencê-la a entregar um envelope àquela senhora do camarote principal em troca de dez cêntimos.

Quando Miquela Gambús se deu conta do que havia no bilhete que a menina acabava de lhe entregar, fez uma cara digna de se ver. Arregalou os olhos e começou a olhar para um lado e para o outro. Pegou a menina e um sujeito com cara de rato a ergueu acima da multidão. Mas era impossível localizar alguém aquela noite. Menos ainda Eustaqui Guillaumet, que, escondido num canto mais escuro, onde projetavam um filme, havia tirado a gravata, o colarinho e os punhos da camisa. O coração lhe dizia que era melhor esperar, controlar a vontade de ir embora. Precisava se misturar à multidão, dançar, disfarçar, tomar uma cerveja.

Dona Miquela logo percebeu que não podia obrigar uma menininha a encontrar, no meio de tanta gente, uma pessoa que certamente já devia estar correndo morro abaixo em direção a Barcelona.

Uns vinte minutos depois, quando todos estavam com a atenção voltada para os fogos de artifício, Eustaqui Guillaumet se retirou discretamente. Jogou fora o chapéu, pôs o gorro, desabotoou a camisa, arregaçou as mangas e foi levando o paletó no braço. Não havia ninguém na entrada. Saiu e de repente avistou, do outro lado da calçada, o homem com cara de rato e a menina. Numa posição estratégica, bem diante da entrada, controlavam todos que passavam por ali. Observavam cuidadosamente cada pessoa que saía. Impossível voltar atrás sem levantar suspeitas. Eustaqui começou a suar frio. Engoliu em seco e caminhou na sua direção, com as mãos nos bolsos e o paletó pendurado no braço. A menina ficou olhando fixo para ele e o sujeito percebeu. Quando passou ao lado deles, ouviu o homem perguntar: "Foi ele? Foi ele?" Eustaqui sentia o coração pulando no peito, mas ninguém o deteve. A menina deve ter dito que não com a cabeça. Precisou controlar a vontade de sair correndo sem parar até chegar ao mar.

Tomàs, a mula e a carroça estavam exatamente onde ele os havia deixado três quartos de hora mais cedo. Feliz da vida, Eustaqui fez o caminho de volta ao teatro. Deixou ali a carroça e seus passageiros, e foi até a casa de Nonnita. Contou que, afinal de contas, tudo tinha corrido bem. A moça, porém, ficou muito aborrecida:

— Você foi entregar o bilhete junto com Tomàs?

— E o papagaio.

Nonnita não se conteve e explodiu:

— E eu lhe disse para levar Tomàs? Responda! Eu lhe disse para ir com a carroça?

A moça percebeu que tinha as pernas bambas. Agora, tinha certeza: não iam conseguir. Aquilo não podia acabar bem. Todos deviam pensar que eles eram terroristas profissionais, uns seqüestradores desumanos, delinqüentes perigosos... E Eustaqui cumpriu uma das missões mais delicadas acompanhado de um débil mental e de um papagaio, e fugiu numa carroça lilás (o supra-sumo da camuflagem!) puxada por uma mula raquítica que, na melhor das hipóteses, podia trotar na mesma velocidade que uma pessoa andando a pé... Aquilo não podia acabar bem de jeito nenhum. Viu que Eustaqui estava envergonhado e aflito. Tratou de animá-lo. Disse-lhe que não pensasse mais nisso e que, sobretudo, da próxima vez, se limitasse a fazer as coisas como ela mandasse.

Pelo menos, tiveram sorte e o bilhete chegou às mãos de sua destinatária. Determinava que dona Miquela Gambús — e só ela — reunisse, em sete dias, a quantia de quinhentas mil pesetas em notas velhas. Voltariam a entrar em contato para combinar o lugar da troca.

25

Rafel Escorrigüela soube que Demi Gambús tinha sido seqüestrado por intermédio de Felip Dalmau. Ficou sem saber o que fazer. Mais que nunca, então, sua obrigação era informar dona Miquela sobre a grávida do teatro, mas não fez nada disso. Era difícil acreditar que uma mulher com a gravidez tão avançada saísse por aí seqüestrando gente... Convenceu-se de que o melhor seria fazer umas averiguações prévias. Quanto mais não seja, por uma questão de precaução. Não perderia nada com isso. E, quanto mais cedo agisse, melhor, antes que Dalmau desconfiasse dele e começasse a controlálo. Não queria nem pensar que dona Miquela Gambús pudesse ficar sabendo que ele tinha escondido alguma informação.

Apresentou-se diante da moça no final de um espetáculo e começou a lhe fazer perguntas indiretamente relacionadas a Demi Gambús. Nonnita foi apanhada de surpresa. Achava que tudo estava sob controle. E agora, lá vinha esse indivíduo desconhecido, com cara de espertinho, lhe pedir informações sobre Demi Gambús. Suas pernas começaram a tremer, mas a voz se manteve firme. O rapaz insistia e ela dizia que não sabia de nada, que aquele nome não lhe dizia nada de nada. Finalmente, Rafel Escorrigüela a levou até um lugar mais afastado.

— Demi Gambús é meu amigo — disse ele. — Não estou mentindo. Olhe... Foi ele que me deu esse relógio de presente, está vendo? Tem o nome dele gravado. Não me diga que não o conhece... E chega de fingimento, porra! Outra noite vi vocês dois entrando no teatro! É possível que eu também queira o que Demi estava querendo. E posso pagar muito mais...

Nonnita Serrallac, que já se imaginava perdida, respirou aliviada: aquele impertinente achava que ela era apenas uma puta grávida que oferecia os seus serviços a rapazes com preferências muito peculiares. Relaxou.

— Olhe, tem razão. Aquele moço me ofereceu muito dinheiro para que eu me deitasse com ele. Foi o que fizemos. Ele me pagou e foi embora tranqüilamente ao cabo de uma hora. Mas não pretendo voltar a fazer isso, compreendeu? Aquilo foi uma exceção. Nem ao menos sabia o nome dele. Foi só uma chance de ganhar um dinheiro extra para quando o meu filho nascer. E pronto. Não faço isso regularmente. Basta atravessar a rua e, do lado de lá, encontrará um monte de moças que farão o que quiser.

— Não voltou a vê-lo?

— Não. E agora vá embora de uma vez, ou terei de pedir que lhe dêem um chute no traseiro. A essa hora, a Paralela começa a ficar muito perigosa.

— Pois bem, pode ficar tranqüila, pois, em seu estado, não é nada bom ficar nervosa... Já estou indo, mas quem sabe não voltamos a nos ver?

— Que o diabo o carregue, desgraçado!

Tanto Demi Gambús quanto seus vigias começavam a perceber que aquilo podia durar muito, e decidiram facilitar as coisas uns para os outros. O prisioneiro conseguiu que lhe atassem os tornozelos para evitar os machucados provocados pelos grilhões. Em troca, comportava-se bem. No fundo, tratava-se simplesmente de se habituar a uma nova rotina. Se desejasse, podia se levantar da cama e ficar de pé ou fazer flexões. Tinha que pedir ao vigia mais jovem qualquer coisa de que precisasse, pois o outro não reagia a nenhum estímulo, a não ser o ciúme que sentia pelo fato de seu papagaio se interessar mais por um prisioneiro que por ele mesmo. Muitas vezes, o animalzinho, provocador, se postava ao lado de Demi Gambús e, sem que ninguém mandasse, dizia: "Tupinambá!" Então, seu dono, chateado porque o papagaio nunca dizia isso a ele, entrava no pombal furioso e, dependendo das circunstâncias, dava uma bofetada no menos culpado. A verdade era que Demi Gambús tinha muito medo dele: às vezes, deitado ali, sentia os olhos daquele sujeito cravados em sua nuca. Virava-se e dava com o olhar vazio, fixo, que fitava sem ver. O papagaio tinha muito mais vida. E poderia apostar que tinha também mais cérebro. Aquilo o aterrorizava.

Em vão, pediu algumas vezes que lhe dessem sua caixinha com as pílulas de estricnina. Sem dúvida ainda estava no bolsinho de sua calça. Elas o ajudariam a agüentar o cativeiro. Mas lhe disseram que não.

Uma noite, sonhou horrorizado que Nonnita Serrallac queria fazer o mesmo que tinha feito com ela há nove anos e meio. No sonho, via-se amarrado naquele pombal, sem poder escapar, com seis marinheiros fortões baixando as calças e avançando na sua direção, com um sorriso libidinoso no rosto e as piores intenções.

Passava muitas noites em claro e só pegava no sono quando o sol começava a surgir. Ficava pensando, pensando. Não parava de pensar em seu projeto. Aventava idéias, situações, possíveis colaboradores... Chegou até a acalentar a possibilidade de, depois que a ilha estivesse pronta, requerer, para ela, um estatuto político e administrativo especial. Continuava pensando nisso apesar do calor asfixiante e das bofetadas do débil mental que o vigiava, porque, nem por um instante, duvidava que, mais cedo ou mais tarde, aquele pesadelo acabaria. Era evidente que tinha se deixado enganar por pessoas que não eram um bando de criminosos, mas sim de miseráveis: um retardado com um papagaio e um simplório grande como um armário. Sem falar da grávida. Mas isso não fazia diferença. Ele pensava, pensava. Não queria ter a sensação de ter perdido tempo. Já que não dispunha de papel ou de lápis, guardaria tudo de cabeça.

Nonnita Serrallac ficou muito preocupada. A visita de Rafel Escorrigüela a tinha desconcertado inteiramente. Era coincidência demais aquele sujeito ter aparecido no dia seguinte da entrega do bilhete à velha. Seria da polícia? Achava que não. Tampouco lhe parecia a maneira de agir de uma mãe querendo salvar o próprio filho.

O caso era que aquele homem, fosse ele quem fosse, podia relacioná-la a Demi Gambús, o que era um grande inconveniente. Ainda por cima, no dia seguinte, ao meio-dia, voltou a vê-lo, todo risonho, recostado num poste na frente do teatro.

— Que coincidência...

— Não seja aborrecido. Já lhe disse que não estou interessada na sua proposta.

— Na verdade, era mentira. Não queria pagar para dormir com a senhora. Tenho outras preferências.

— O senhor também me dá nojo. E agora, que já trocamos declarações de amor, o que quer?

— E se lhe dissesse que sou da polícia?

Nonnita parou e o olhou dos pés à cabeça. Afastou-se um pouco e assobiou chamando o rapaz que vendia coco, amendoim e balas.

— Bernat, esse homem diz que é da polícia. O que você acha?

O rapaz deu apenas uma olhadela, fez um ar entediado e continuou abrindo cocos com um martelo.

— Está vendo? Se me dissesse que é da polícia, responderia que não acredito.

Aquela exibição teve a virtude de amenizar o ímpeto de Rafel Escorrigüela. Era evidente que estava em território inimigo e que aquela mulher não era das que se deixam impressionar.

— Tem razão, não sou policial. Mas é verdade que sou amigo de Demi Gambús. Vou ser sincero: estamos preocupados porque ele desapareceu. E não dá sinal de vida.

— Gente rica faz isso. Logo, logo vai aparecer. E o que eu tenho com isso?

— Não se lembra? Vi quando entravam juntos no teatro de madrugada. Depois, é como se a terra o tivesse tragado.

— E o que está achando? Que ele abandonou tudo para ficar comigo? Não me faça rir...

— Não estou achando nada. Só lhe peço que tente se lembrar se ele fez algum comentário... Posso pagar bem pela informação. A mãe dele está sofrendo muito.

Nonnita Serrallac não perdeu a calma e repetiu exatamente o que tinha ensaiado: noite de amor paga. Sem comentários nem confidências. E pediu que ele a deixasse em paz.

O homem lhe deu seu cartão e foi embora depois de repetir que pagaria muito bem por qualquer informação. Ela, tremendo dos pés à cabeça, quase chorando, foi correndo para casa.

Cleta a espera no portão e Nonnita está a ponto de ceder. Finalmente se controla e não a convida a entrar em sua casa. Conversam no patamar. E lhe pergunta, apesar dos seus dez anos, duas tranças, três sardas e quatro dentes, se acha que o lugar onde mantém Demi Gambús ainda é seguro. "As coincidências não existem, Cleta, e o coração me diz que vai ser difícil me livrar daquele homem que se diz amigo dele. E se já me ligou a ele, dentro em breve saberá onde moro. Se é que já não sabe..." Cleta a fita e quer lhe dar algum conselho, mas não lhe ocorre nada porque, quando morreu, tinha apenas dez anos e não tem condições de pensar muito. O máximo que pode fazer é lhe oferecer seus poderes curativos. Por isso, Nonnita lhe diz: "Tenho que ir dormir, Cleta." E a menina morta fica chateada. Não entende que os vivos precisam dormir. E não entende por duas razões: porque é uma menina morta e quer que lhe dêem atenção, e porque, estando morta, não tem a menor necessidade de dormir.

Nonnita Serrallac levou uns dois dias para encontrar um novo cativeiro para Demi Gambús. Mais uma vez, a parte mais complicada era o transporte. Decidiu fazer isso na terça-feira, dia 28, durante a festa da véspera de São Pedro. A prefeitura tinha organizado um ato popular na praça Àngel para comemorar o sucesso da primeira fase da Reforma. Pretendia inaugurá-la oficialmente com uma festa popular, discursos, uma gigantesca fogueira e um concerto da banda municipal. Era a situação ideal para levá-lo de um lugar a outro: milhares de pessoas para cima e para baixo, uma algazarra das grandes.

Na hora H, a confusão foi ainda maior: naquela mesma noite, uma bomba explodiu no Teatro Principal. Eram oito e meia e toda a Rambla ficou em silêncio, perplexa, olhando para o teatro. Logo veio a notícia de que não havia vítimas porque, felizmente, a sessão da tarde tinha terminado 15 minutos antes e o teatro estava vazio. O explosivo, instalado debaixo da poltrona 52 da primeira fila do segundo andar, só provocou alguns estragos no mobiliário, nos azulejos, na balaustrada e no teto. Resultado: as autoridades municipais, todas arrumadas para assistir à festa, correram para lá junto com a polícia e os bombeiros.

Ainda não tinham se recuperado do susto quando, pouco mais tarde, estourou uma segunda bomba. Eram dez e meia e o Teatro Soriano estava lotado. A bomba explodiu no corredor do primeiro andar, no final do último lance da escada da parte nova do prédio. Um grande buraco se abriu na parede, mas também não houve mortos, só algumas pessoas com ferimentos leves. A explosão gerou pânico e confusão. As pessoas correram para a saída e ficaram do lado de fora, esperando sabe-se lá o quê. Poucos minutos depois, a Paralela estava cheia. Parecia que tudo tinha parado de repente. Em frente ao Soriano, começou a juntar gente, público e artistas de outros teatros, que se puseram a aplaudir espontaneamente. Mais alguns instantes e surgiram os irmãos Soriano, brancos de gesso dos pés à cabeça. O senhor Ricardo Soriano, com o mesmo alto-falante usado para anunciar os espetáculos, informou que não tinha acontecido nenhuma desgraça irremediável. Os aplausos foram ainda mais fortes.

Nonnita Serrallac teve a certeza de que a hora era aquela. Ao mesmo tempo, porém, não podia ir embora deixando o teatro naquelas condições. Isso seria estranho e suspeito. Fez um sinal para Eustaqui Guillaumet e lhe disse que ele teria de fazer tudo sozinho, pois ela não podia sair dali. Isso seria o melhor para todos.

— Se alguém perguntar por você, não se preocupe, direi que se machucou e que o levamos para fazer um curativo.

Agradecido pela confiança, o rapaz prometeu que embrulharia o frangote como se fosse um anjo dos céus e o levaria ao novo local que haviam escolhido.

— Mas, por favor, não leve Tomàs desta vez.

— Assim a senhora me deixa envergonhado, patroa...

— Eustaqui...

Sem conseguir se conter, Nonnita se atirou no pescoço do rapaz e começou a chorar. A bomba a tinha assustado muito. E aquilo não era jeito de se trazer um filho ao mundo. Ficou tremendo e, de repente, estava com medo. Derramou um mar de lágrimas, e soluçava tanto que parecia que ia se afogar. Na rua, as pessoas paravam e comentavam a cena comovidas, acreditando que o choro era por causa da bomba.

Nonnita ainda precisou de um bom momento para parar de chorar. Tinha se assoado umas duas vezes; seu nariz estava vermelho e seu coração, envergonhado. Não pôde nem se despedir de Eustaqui.

Na calçada, uns enfermeiros reanimavam mulheres desmaiadas; outros atendiam alguns rapazes pisoteados na correria da saída. Os bombeiros escoravam o prédio. Os curiosos só olhavam e comentavam. Chegaram as autoridades vindas do Teatro Principal, com mais bombeiros e dezenas de policiais. Ninguém notou uma carroça lilás que dobrava a esquina tranqüilamente e entrava pela Paralela em direção à Alfândega e ao passeio Colombo.

Eustaqui parou diante do portão e subiu a toda até o pombal. O jovem Demi Gambús se assustou.

— Veio esfregar minhas costas, como no outro dia?

— Não. Vamos embora daqui.

Antes que o prisioneiro entendesse o que estava acontecendo, já estava dormindo sob o efeito do algodão com clorofórmio no nariz e na boca. Perdeu os sentidos em poucos segundos.

Foi quase com alegria que Eustaqui Guillaumet voltou a amordaçá-lo e amarrá-lo como da primeira vez: um perfeito rocambole de carne. Depois de verificar se Demi Gambús estava respirando, apanhou suas roupas, seus sapatos, seu chapéu etc. e enfiou tudo dentro de uma bolsa. A caixinha com as pílulas de estricnina escorregou do bolsinho da calça amarrotada de Demi Gambús. Quando caiu no chão, se abriu e as pílulas se esparramaram. Depois de um instante de hesitação, Eustaqui as recolheu. A patroa tinha lhe dito que era preciso levar tudo. E tudo era tudo. Catou as pílulas, guardou-as na caixinha e enfiou na bolsa. Em seguida, envolveu o rapaz na lona, como se fosse um embrulho, uma espécie de tapete, e o pôs nas costas. Com a mão livre, pegou a bolsa com pertences do seqüestrado e saiu do pombal.

Uma das pílulas de estricnina ficou esquecida no chão.

26

Entre a foz do ribeirão d'Horta, a leste, e a do rio Bogatell, a oeste; entre a praia e a estrada de ferro que segue para a França via Mataró, ficava o bairro Pequín, assim denominado porque os seus primeiros habitantes eram orientais. As casas, ali, eram os barracos mais pobres, sujos e insalubres de Barcelona: cercados de água estagnada e esgoto, feitos de junco, pedaços de pau, latas, caixotes, papelão, trapos etc. Seus moradores, indigentes e pessoas visivelmente pobres, conviviam com animais dentro dos barracos que só viam uma faxina quando o fedor e as exalações se tornavam insuportáveis. A população era fixa, embora se renovasse com freqüência: de vez em quando, um temporal arrasava o lugar e as pessoas tinham de ir embora. Ou então ficavam doentes e morriam. Não tinham nada, nem mesmo a sorte dos vizinhos que construíram seus barracos na região da Llacuna, ao abrigo dos muros do velho cemitério, e que, quando morriam, só tinham de ser transportados por uns poucos metros.

Foi num daqueles barracos, distante dos demais uns cem metros, erguido na própria areia da praia, que esconderam Deogràcies-Miquel Gambús. Na verdade, o termo barraco não condizia absolutamente com a realidade: comparado à precariedade que o cercava, aquilo era um palácio. Tratava-se de um pedaço de carroça enfiado na areia até a metade das rodas. O veículo era um daqueles carroções usados como casa por gente de circo e por ciganos. Com porta, janelas e até uma pequena chaminé. Mas faltava a metade da frente, que havia sido destruída por um incêndio. De modo que a antiga porta ficava sempre fechada para servir de parede, e se entrava ali pela parte queimada, afastando-se uma lona. Pertencia a um vagabundo da Paralela, ladrão ocasional, que se chamava Josepet, mas era conhecido pelo apelido de Passarinho, pois seu nariz mais parecia um bico. Meses atrás, num jogo de cartas, ganhou esses destroços queimados de um cigano de cara larga e pele azeitonada. Josepet Passarinho teve de tomar uma decisão importante: trocar a vida errante, a liberdade, pelo sedentarismo (coisa que transformava sua dignidade de vagabundo na mesquinhez da condição de pobre). Acabou, porém, interpretando aquilo como um sinal do destino e pediu a Nonnita Serrallac que lhe emprestasse a carroça e a mula para transportar aquele traste. Puseram os restos do veículo a reboque da carroça lilás e, graças às duas rodas que tinham sobrado, conseguiram levá-lo até a praia de Pequín, enterraram-no parcialmente na areia e prepararam umas sardinhas na brasa, ao ar livre, para comemorar o feito.

Agora era Nonnita Serrallac quem lhe pedia um favor: queria comprar o carroção! Josepet Passarinho aceitou imediatamente, quase sem fazer perguntas. Nonnita lhe disse, com ar de mistério:

— Faça o que lhe digo, Josepet, vá embora daqui. Com o dinheiro que lhe dei, pode ir para onde quiser.

— É muita grana mesmo! Não sei de onde você tirou isso, nem por que quis comprar o barraco. Com certeza não é para morar. Você não conhece ninguém no bairro. Tem alguma coisa importante acontecendo com você. Seja o que for, vou ficar com vocês pelo menos por alguns dias. Os vizinhos vão ficar mais tranqüilos se os virem comigo. Assim, não haverá suspeitas. E tudo pelo mesmo preço. Agora, vai ou não vai me dizer que porra é essa que está acontecendo?

Nonnita Serrallac precisava de mais um aliado com urgência.

— Estou dando uma lição num filho-da-puta — foi a única explicação que lhe deu. E foi o bastante para Josepet Passarinho. Ele era de confiança.

O embrulho contendo Demi Gambús chegou em plena noite, o que não impediu que todos os moradores dos barracos o notassem.

Mas como se tratava de Josepet e da mesma carroça que tinha transportado sua casa meses atrás, não deram muita importância ao fato. Em todo caso, se alguém lhes fizesse perguntas, diriam que não tinham visto nem ouvido nada.

Mais uma vez, o cuidado que teve Eustaqui Guillaumet ao empacotar Gambús fez com que o corpo e a alma do seqüestrado chegassem quase a se separar. Por sorte, não foi o que aconteceu.

Quando Deogràcies-Miquel Gambús acordou, em plena madrugada, teve um ataque de pânico. Como no primeiro dia, preferiu esperar um pouco antes de abrir os olhos. Estava ficando louco ou um trem passando bem ao seu lado tinha acabado de acordá-lo? Depois que o barulho do trem desapareceu, ouviu o ruído do mar. Além disso, o fedor do pombal tinha sido substituído por outro tipo de mau cheiro, um cheiro de azedo, de sujeira. Percebeu que os grilhões de seus pés estavam presos a uma corrente ligada a uma argola na parede. Sentiu também as algemas em suas mãos. Até aí, nenhuma novidade. Abriu os olhos e deu com a cara meio desdentada de um indivíduo de nariz de papagaio que coçava a barba espessa, suja e retorcida com a unha do mindinho da mão esquerda, uma unha enorme e enegrecida. O homem lhe sorriu e ficou pior ainda. Afinal, mais um monstro não faria a menor diferença... Ao que parecia, a galeria de monstros daquela turma era infinita. Demi Gambús preferiu fechar os olhos e se virar para lhe dar as costas. E não pensar em nada, principalmente não pensar em nada.

Felip Dalmau estava muito orgulhoso com seu apartamentinho secreto. No vestíbulo, havia um telefone que o ligava diretamente à casa dos Gambús. E um baú com o seu arsenal: armas brancas, de fogo etc. que, de certa forma, eram suas ferramentas de trabalho. No quarto, além da cama, havia um espelho e um armário com uma muda de roupas. Na sala de jantar, tinham instalado um aparador, uma cristaleira, uma mesa de madeira maciça, quatro cadeiras e dois quadros representando cenas de caçada. No jardim-de-inverno, também por determinação expressa de sua patroa, havia uma planta de interior bem grande e meio murcha, ao lado de uma escrivaninha, e, num canto, uma cadeira de braços estofada de veludo vermelho.

Fazia o possível para ser o melhor dos anfitriões. Queria que dona Miquela se sentisse bem quando vinha ao apartamento para despachar com ele. Quase a venerava. Quando começou a trabalhar para a família Gambús estava arruinado profissionalmente. Em pouco tempo, tinha sido afastado da polícia secreta, seu destino de sempre, e mandado de volta às ruas para perseguir ladrõezinhos de quinta categoria. O motivo? Uma crítica construtiva feita ao sistema de preenchimento de cargos. Desde que foi criado, o serviço secreto espanhol utilizava as relações pessoais para conseguir novos agentes. Em conseqüência dos três mortos pela explosão de uma bomba na rua Ferran, em novembro de 1904, Barcelona recebeu autorização de Madri para aumentar o seu contingente. Mas o problema era que, naquela ocasião, não havia candidatos de confiança. É difícil imaginar um anúncio nos jornais convocando aspirantes a agente do serviço secreto, mas foi exatamente isso que aconteceu. Felip Dalmau comentou aquele método com uma ponta de ironia e, poucos dias depois, já tinha sido transferido para o policiamento das ruas.

Certo dia, recebeu um convite para ir conversar com uma senhora idosa. Ela sabia tudo a seu respeito: onde morava, como vivia, como era sua família, tudo. Com voz melosa, declarou que podia ajudá-lo muitíssimo. Ele respondeu, de maneira educada, mas com firmeza, que ela estava enganada, pois ele não aceitava suborno. A mulher, muito amável, disse-lhe que gostava de lidar com pessoas que tinham princípios. E acrescentou: "É uma pena que a sociedade atual nos obrigue a deixá-los de lado de vez em quando. O senhor mesmo é um exemplo disso: um bom elemento afastado da maneira mais injusta."

Foi assim que Felip Dalmau, da noite para o dia, apagou os últimos 15 anos de sua vida. Por ordem da nova patroa, durante algum tempo continuou a exercer seu papel de polícia, uma espécie de agente infiltrado da família. Agora, já fazia alguns meses que tinha pendurado definitivamente o uniforme e passado a se dedicar apenas aos negócios dos Gambús.

Acabava de servir um café gelado a dona Miquela. Rafel Escorrigüela estava sentado ao seu lado, sem dizer nada. Aqueles três eram as únicas pessoas que estavam a par do seqüestro de Demi Gambús. Já tinham se passado cinco dias além do prazo estabelecido e os seqüestradores não voltaram a fazer contato. Miquela Gambús estava muito preocupada. Tinha o dinheiro separado, mas ninguém vinha reclamá-lo. Era o desaparecimento mais perfeito da história dos seqüestros. Ninguém sabia de nada. Por isso estava prestes a receber o senhor Joan Rovira. Tinha lhe pedido que viesse incógnito ao apartamento de Dalmau, pois precisava de ajuda e aconselhamento.

Bateram no portão de entrada: dois toques breves e um mais longo. Era ele. Dalmau foi até o patamar e puxou a corda para abrir o portão. Logo pôde ouvir o visitante subindo a escada esbaforido. Escorrigüela se preparou para recebê-lo e Felip Dalmau se escondeu no quarto contíguo, de onde poderia acompanhar perfeitamente a conversa.

O senhor Rovira entrou com um ar solene. Tinham lhe dito que um assunto muito importante e delicado exigia a sua presença. Curiosamente, o encontro foi marcado num local estranhíssimo, e pobre, quase clandestino. Depois das desculpas de praxe, Miquela Gambús lhe apresentou Rafel Escorrigüela, fez um breve relato dos fatos e lhe mostrou o bilhete dos seqüestradores.

Joan Rovira ficou atônito. Ajeitou os óculos no nariz e leu o bilhete umas tantas vezes.

— O que acha? — perguntou a mulher com um toque de impaciência na voz. Não gostava de admitir que precisava de ajuda.

— Não consigo entender. Não estou querendo dizer que o bilhete seja falso, mas parece muito mais ameaçador do que efetivamente é. A senhora acha que poderia ser alguém querendo fazer uma brincadeira de mau gosto?

— Isso é tudo que lhe ocorre? Uma brincadeira de mau gosto? Pelo amor de Deus, Rovira. Meu filho está desaparecido há mais de 15 dias!

— Desculpe...

— Veja, posso lhe garantir que, se tivesse achado que se tratava de um bilhete de um débil mental ou de um amigo com um senso de humor um tanto exagerado, não teria pensado em incomodá-lo. Os Gambús têm muita experiência em lidar com as pessoas. E não perdemos tempo. Este bilhete é sério. E, seja como for, corresponde a um fato: meu filho desapareceu e não sei dele. Todos os meus colaboradores estão trabalhando nisso — Miquela Gambús fez um gesto com a mão na direção de Rafel Escorrigüela que assentiu com a cabeça —, mas o tempo está passando e não chegamos a nada. Não quero chamar a polícia porque não confio nela. Não pretendo correr nenhum risco. O que quero dizer com isso é que dou a devida importância a esse pedaço de papel. Não tenciono ficar de braços cruzados achando que se trata de uma brincadeira de mau gosto e, depois, receber a notícia de que meu filho apareceu retalhado a facadas atrás de um monte de escombros da Reforma.

— Claro, claro. Vamos considerar os fatos seriamente. Seu filho é um homem muito bem-sucedido, social e profissionalmente. Existe alguém que o odeie a ponto de pensar que faria um favor à sociedade tirando-o de circulação?

— Os Gambús sempre tiveram inimigos. O mundo dos negócios nos obriga a fazer amigos e inimigos. Não preciso explicar isso a alguém como o senhor... Francamente, não me ocorre ninguém em particular.

— O motivo, apesar do pedido de resgate, pode ser político. Seqüestrar Demi Gambús, mais que prejudicar um determinado grupo político, constitui, quer se queira, quer não, um ataque à classe dirigente do país.

— Não descarto sua hipótese, mas pode haver outras. Por exemplo, como o senhor sabe, Demi está metido numa série de negócios que, pelo que deduzo, podem entrar em conflito com interesses poderosíssimos...

— Assim a senhora me ofende, dona Miquela. E mesmo correndo o risco de ser impertinente, me permito corrigi-la. Aqui em Barcelona fazemos negócios, e não saímos por aí seqüestrando pessoas para tirá-las do nosso caminho. Muito menos se somos do mesmo ramo. A vida é longa e a senhora conhece o ditado: hoje eu, amanhã você. Permita-me insistir: vejo nisso um motivo político. A cidade voltou a ficar alvoroçada e temerosa. Em Barcelona, as bombas são lançadas em qualquer lugar, a torto e a direito, sem critério algum, só para aterrorizar. No Teatro Principal, supostamente freqüentado pelos ricos, e no Soriano, em plena Paralela, onde só vai gente pobre e onde, teoricamente, mandariam os radicais de Lerroux. Também aparecem bombas nas ruas de comércio dos pequenos-burgueses e em plena rua Sant Pau, onde só existe pobreza. Ontem mesmo, houve uma explosão nos banheiros do salão de bilhar do Café Espanyol. Só falta agora botarem bombas num desses aglomerados de barracos. Nesse caso, bastaria que os criminosos usassem uma dessas bombinhas que sobraram da festa de São João... Ou talvez nem isso, quem sabe um simples palito de fósforo? E agora, o seqüestro de seu filho. Não pode ser simples casualidade, dona Miquela. Perdoe-me, mas, para mim, tudo está muito claro. Repito: o que se quer é desestabilizar a sociedade, seja como for. Não estranharia que este fosse o princípio de uma série de seqüestros para extorquir dinheiro da classe dirigente. O que não daria um desses grupos anarquistas para ter o senhor Gambús em seu poder? Seria uma ótima maneira de obter financiamento para continuar pondo bombas por aí...

— Já chega, Rovira, pelo amor de Deus! Eu lhe imploro: tente analisar o assunto por todos os ângulos possíveis.

Joan Rovira calou-se por alguns segundos. Ficou matutando. Seu dilema era bem simples: continuava ali conversando ou tratava de sair em busca do herdeiro dos Gambús por sua própria conta? Decidiu esperar um pouco para conseguir mais informações.

— Sinceramente, lamento muito que a senhora não esteja disposta a aceitar a idéia do motivo político — disse ele. — Acho que está equivocada. Mas como quero ajudá-la de todo o coração, começaremos a investigar partindo da premissa de que o motivo é meramente econômico.

— Obrigada, Rovira. Acho difícil pensar que meu filho tenha se deixado apanhar... Enfim, se conseguir me devolvê-lo são e salvo, e apontar alguns dos culpados, prometo que será recompensado. Por exemplo, convencerei meu filho a se envolver mais em seu grupo político.

— A senhora faria isso? Mesmo?

— Não falo por falar.

— Ora, muito me agrada ouvi-la dizer isso. E agora, se me permite, vamos ao que interessa. Vou precisar de sua cooperação o tempo todo. Se não se trata de um doente mental ou de algum engraçadinho, a coisa é séria. Ninguém sai por aí seqüestrando e distribuindo ameaças de morte por pura distração. Depois descobriremos os motivos. Para começar, seria bom que a senhora me informasse de todos os detalhes da vida de seu filho, de ponta a ponta. É quase certo que haverá aí algum indício que vai nos permitir encontrar o fio da meada...

— Pode-se dizer que o senhor Rafel Escorrigüela foi a última pessoa que o viu. Quer falar com ele?

Joan Rovira falava sem parar. E, cada vez mais, dona Miquela Gambús tinha a sensação de que, para ele, tanto fazia que seu filho fosse resgatado com vida, encontrado morto ou que, simplesmente, nunca mais aparecesse. Quanto mais o ouvia falar, mais se arrependia de ter lhe pedido aquele favor. Por que Demi teria se deixado apanhar? A resposta àquela pergunta era a chave do enigma. Além disso, quer Rovira encontrasse Demi ou não, ficaria lhe devendo um favor. Coisa que, com aquele tipo de gente, era sempre perigosa. Agora, mais que nunca, lembrava de uma frase que seu pai lhe dizia com freqüência: "O melhor é que o inimigo superestime os seus erros, Miquelona; mas melhor ainda é que os amigos subestimem as suas virtudes."

Nonnita Serrallac ia andando pela rua a passos largos e nem percebia. Não conseguia evitar o medo. Medo dos vivos, e não dos mortos (embora, dependendo do dia, estes últimos fossem insuportáveis). Precisava preparar o próximo passo, que consistia em comunicar a Miquela Gambús como e quando o resgate seria pago. Mas faltava-lhe ânimo, e não sabia como fazê-lo. Ainda por cima, na véspera, Eustaqui Guillaumet mandou que Josepet Passarinho viesse avisá-la que Demi Gamús se recusava a comer. Há três dias, só bebia água e dizia que não pretendia parar com isso até morrer. Nonnita precisou bolar um estratagema para sair daquele impasse. Mandou dizerem a ele que a negociação estava adiantada e precisavam enviar à sua família uma prova de que estava vivo. Deram-lhe lápis, papel e um jornal do dia. Mandaram que comentasse as notícias, redigisse uma nota afirmando que estava sendo bem tratado e que esperava ser libertado em breve. Por sorte, a idéia surtiu efeito: Demi Gambús voltou a comer. Nonnita, exausta, teve de ficar de cama por uns dois dias.

Não estava agüentando mais. Precisava descansar, mas era evidente que não podia se dar esse luxo.

Além disso, havia dias que o bairro inteiro caía em cima dela. Saía à rua e só encontrava mortos ou lugares e coisas que ainda existiam, mas que logo desapareceriam. Como a loja da praça de l'Oli, que fazia massas artesanalmente, à vista dos passantes: aletria, macarrão, canelone etc. Ou a tabacaria da rua Gràcia Amat, que, além de tabaco e selos, vendia cartões-postais, decalques e, se o cunhado do dono tivesse vindo de Calaf, cestas de palha.

Começou a caminhar em direção ao ponto do bonde. Estava morrendo de calor. Tinha chuviscado o dia todo. Aquela chuva barcelonesa de verão que não refresca e só serve para aumentar a umidade do ar. Ia andando e pensando que, quanto mais o tempo passava, mais aumentavam as possibilidades de serem descobertos. Ainda mais naquela época: as bombas continuavam, a guerra tinha recomeçado no Marrocos, o povo protestava... e Barcelona estava cheia de soldados e policiais.

De repente, ouviu vozes cantando como anjos. Ali mesmo, bem ao seu lado. E em pleno dia! Estivessem onde estivessem, tinham se apressado em vir ao seu encontro. Os gemeozinhos cantores da casa Tarrida se aproximaram. Cantando. Hoje é diferente: cantam como nunca, em homenagem a Nonnita Serrallac. E a moça nem se importa que sejam apenas oito e meia da noite e ainda tenha muita gente na rua olhando para ela. Os gemeozinhos gorjeiam como rouxinóis e hoje, pela primeira vez, lhe sorriem e, com aquelas mãozinhas brancas, lhe pedem que chegue mais perto.

Têm 12 anos, são órfãos e muito pobres. O bairro todo os conhece como os gemeozinhos cantores da rua Malla que cantam pelo simples prazer de cantar. Desde bem pequenos iam à igreja de Santa Marta como coroinhas só para que o vigário os deixasse cantar. O tio com quem moravam começou a levá-los a batizados, casamentos e também a festas particulares de gente rica. Seu repertório é bastante vasto, incluindo canções populares, zarzuelas e até mesmo algumas peças de música sacra. São solicitados em toda parte porque, além do mais, o tio os oferece para animar as festas e divertir os convidados em troca de uns poucos tostões. Se isso não é grande coisa, pelo menos os gêmeos cantores se fartam como podem (principalmente se tiver chouriço; como são órfãos, gêmeos, pobres, mirrados e tuberculosos em potencial, os dois ficam loucos quando vêem um chouriço) e voltam empanturrados para casa. De todo modo, quando se trata de cantar numa festa particular de alta categoria, o tio compra um chouriço com antecedência e os obriga a comê-lo com umas boas fatias de pão. Não quer que os gêmeos comecem a comer sanduíches às escondidas, porque os ricos são muito esquisitos: assim como podem sair distribuindo dinheiro da maneira mais idiota, também podem ficar enfurecidos se pegarem dois mortos de fome comendo, às escondidas, um sanduíche que não custa mais que uns poucos cêntimos. Nonnita se lembra deles perfeitamente. Os gêmeos cantores são famosos no bairro e as pessoas compram fatias e mais fatias de chouriço só para fazê-los cantar uma música que seja no meio da rua.

Um dia, ouviu alguém dizer: "Os gêmeos cantores da rua Malla morreram, pobrezinhos. De tanto cantar, se consumiram por dentro, tuberculosos que só eles..." E assim eles deixaram este mundo, mas não as lembranças de Nonnita Serrallac.

Nonnita parou e olhou ao seu redor. Estava delirando. Viu o próprio reflexo na vitrine da loja de lápides. Era a imagem de uma moça carregando uma barriga gigantesca. Às vezes, sua barriga de grávida parecia independente do resto do corpo. A loja de lápides já tinha data marcada para fechar. As lápides estavam saindo de graça, por assim dizer. Em questão de dias, a picareta poria tudo abaixo. Exatamente como a Neotàfia, a funerária da praça Jonqueres, especializada em traslado de cadáveres. Estavam anunciando grandes descontos no material funerário porque a Reforma já havia marcado suas portas com uma cruz vermelha. "Está saindo bem em conta morrer no bairro de Sant Pere, a Neotàfia está em liquidação...", pensou Nonnita.

Tomou o bonde que ia da praça Palau até as Arenas. Ele parava praticamente na porta do Soriano. As pessoas se afastavam para deixá-la passar, se levantavam para lhe dar lugar, as senhoras lhe ofereciam lenços com água-de-colônia... Faltava pouco para o sol se pôr. O céu estava encoberto e chuviscava. Subitamente, entre Montjuïc e o mar, Nonnita viu um esplêndido arco-íris, inteirinho, com todas as cores formando o semicírculo. Aquilo era bem incomum e todos os passageiros ficaram mudos. Por um segundo, aquele bonde foi algo único, especial. Se a criança que estava esperando nascesse bem e ela sobrevivesse, um dia, dentro de alguns anos, lhe contaria aquilo.

Estava encrencada até o pescoço. E tinha arrastado consigo aqueles que lhe eram mais próximos. Se tudo desse errado, a prisão seria o menor dos males. Era uma irresponsável, mas só havia uma verdade, certa, real, tangível: não podia voltar atrás, tinha seqüestrado uma pessoa. Só podia seguir em frente.

Assim que chegou ao teatro, começou a redigir o bilhete com as instruções para o pagamento do resgate.

27

RAFEL ESCORRIGÜELA VIU a costureirinha que vinha a passos rápidos. Sua silhueta, ao se aproximar, trazia um frescor ao calor da praça Àngel, abafada por causa da poeira da Reforma. Parecia uma menina de 15 anos. Não tinha muito mais que isso, de qualquer modo. Estava usando uma sainha vermelha e uma blusa rosa já um tanto surrada. Por cima, um avental azul-celeste com listras brancas, meias e sapatos pretos. Esperava por ela no Café del Suís. O que será que aquela moça tinha para enternecê-lo assim tão profundamente? Viamse muito pouco. A pobrezinha devia achar que ele estava em missão secreta ou coisa semelhante.

— Sempre que o vejo, penso que vai ser pela última vez — disse ela.

— Não diga isso, mulher. Quero vê-la contente. Peça o que quiser.

Apesar do calor, pediu uma xícara de chocolate quente. Rafel Escorrigüela ficou observando o jeito como ela levava o biscoito à boca e aquele traço de um negro brilhante que se formava acima de seu lábio superior. E se surpreendia sentindo uma espécie de afeto, vazio e gratuito, que não conseguia entender.

— E aí, como vai o trabalho?

— Bem. Hoje, tivemos um dia horrível — disse ela com um gesto gracioso. — Tive de fazer a prova de um terninho de primeira comunhão num menino insuportável. Um menino de boa família, um marquesinho. Quando eu perguntava à mãe: "Esse comprimento está bom, senhora?", ela dizia que sim e, então, a criança, sabichona, dizia justo o contrário. E fiquei fazendo e desfazendo marcas nas calças com um pedaço de giz. Por incrível que pareça, a mãe acabou aceitando a opinião do filho de dez anos!

A moça se calou de repente. Seu acompanhante estava com o pensamento longe dali.

— Será que o estou aborrecendo, Rafel?

— Não, não, imagine... São as preocupações que não me deixam... A senhorita tem sorte: sabe quando o trabalho começa e quando acaba. Eu, não. Disse-lhe para virmos lanchar aqui porque tinha de fazer umas visitas de negócios neste bairro.

— E posso saber que visitas são essas?

— Não é nenhum segredo: o que vê à sua volta? Espaço e entulho. E prédios prestes a serem demolidos. É isso, portanto: comprar e vender casas, terrenos... Dinheiro chama dinheiro, e esta zona está em plena expansão... Pode mergulhar o biscoito no chocolate, não se acanhe...

A moça tinha reparado que Rafel não tirava a mão direita do bolso, mas não disse nada. Ele próprio parecia não perceber. Tomava sua cerveja gelada com a mão esquerda e, com a direita, mexia e remexia obsessivamente um objeto pequeno que trazia no bolso; pequeno, mas precioso: uma pílula de estricnina.

Voltou a fitar a costureirinha. Era bonita de verdade. Em seus olhos, até agora acostumados apenas aos probleminhas do cotidiano, adivinhou um espírito forte com o decorrer dos anos. Imaginou-a costurando, com mãos ágeis, a bainha de um terno ou lá o que fosse, como se bordasse o seu futuro com uma agulha e perguntando-se por que santa Llúcia havia escutado suas preces e lhe dado um possível pretendente como ele.

Tomou um gole de cerveja. A bebida o ajudava a pensar. Rafel Escorrigüela não era alguém que se desse por vencido facilmente. Muitas vezes, deixava-se guiar pela intuição. E o coração lhe dizia que a solução do enigma de Gambús passava pela grávida da Paralela. Naquela mesma tarde, depois de se assegurar de que a moça tinha entrado no Teatro Soriano, foi correndo fazer uma visita à sua casa.

O calor estava insuportável e não havia ninguém pelas ruas. As varandas estavam abertas. Muitas delas ocultas por cortinas brancas que se inflavam e murchavam como uma vela de barco. Tinha medo de que alguém o interpelasse, pois nesses bairros todos se conhecem; mas ninguém disse nada. O portão estava aberto. O contraste de temperatura quase o deixou arrepiado. E subiu com todo o cuidado. Se aparecesse algum vizinho, já tinha preparado uma boa explicação: era um funcionário da prefeitura fazendo uma inspeção de rotina. O edifício parecia vazio, não se ouvia nem uma mosca. Quando chegou ao último andar, não teve praticamente dificuldade em abrir o ferrolho. Aquele lugar onde Nonnita Serrallac morava parecia a casa de um mascate, cheio de objetos das mais variadas procedências. Revolveu tudo à procura de qualquer pista que pudesse ajudá-lo, a menor prova de que Demi Gambús houvesse estado ali. Naquele último andar, o calor estava abafadíssimo e Rafel Escorrigüela, cada vez mais nervoso, estava destruindo tudo sem nem perceber. A raiva o fazia jogar as coisas pelo chão. Chegou até a rasgar o colchão com uma faca de cozinha. Não achou nada. Enfim, quase por desencargo de consciência, subiu ao terraço. Lembrava que a luz ofuscante, quando abriu a porta, quase o fez voltar atrás. Debruçou-se no parapeito, mas nada de especial lhe chamou a atenção: telhados, terraços, a cúpula da catedral, inacabada, campanários e pombais, muitos pombais. Não saberia dizer por que entrou ali. Talvez alguma peça não se encaixasse. Talvez algum objeto não estivesse onde deveria estar: restos de palha fresca no chão, num pombal abandonado? Aquilo não era normal. Mas também não era lá muito estranho. Agachado como estava, viu, entre os pregos enferrujados que sustentavam a estrutura de madeira, uma argola nova em folha presa na parede. E, de repente, notou o fedor que reinava no local: não eram fezes de pombos, e sim excrementos humanos. Então finalmente a viu, ainda agachado naquele pombal vazio, na junção de duas lajotas do chão. A princípio, parecia uma pedrinha branca perto da porta. Aproximou-se e a apanhou. Uma pílula. Onde já tinha visto aquilo? Numa fração de segundo, as peças do quebra-cabeça se encaixaram. Era uma pílula de estricnina! Uma droga de pílula de estricnina igualzinha às que Demi Gambús consumia! Não poderia haver muita gente em Barcelona que usasse isso. Nervoso, embrulhou-a no lenço e, ainda tremendo de excitação, dirigiu-se para o Café el Suís, bem pertinho dali.

Foi nesse estado de inquietação que se encontrou com a costureirinha. Ela percebeu e, por isso, não parava de falar. E ele não conseguia prestar atenção ao que ela dizia, nem soltar a pílula que trazia no bolso. Depois que a excitação inicial passou, um sentimento de euforia começava a tomar conta dele: tinha a prova de que, no mínimo, aquela grávida filha-da-puta tinha estado com Demi Gambús naquele pombal.

A moça já tinha terminado seu chocolate e limpava graciosamente os lábios com seus dedinhos de costureirinha. Estava lhe contando que seu pai tinha sido um dos alfaiates mais conhecidos do bairro de Sant Pere. Era bom que ela falasse, pois aquilo a mantinha distraída e ele podia continuar matutando.

— O senhor precisava ver! Com o seu boné, usando um jaleco no verão e, no inverno, um casaco e uma manta cobrindo as pernas. E os óculos fincados na ponta do nariz. Tinha sempre duas cadeirinhas de junco, uma para se sentar e a outra, defronte, para pôr seu material de trabalho. Ah, e uma almofada nas costas. Instalava-se numa porta bem grande da rua Sant Pere Més Alt e aproveitava a luz do dia para costurar o máximo que pudesse. Ali mesmo fazia seus negócios: aceitava encomendas, as entregava...

— Llucieta!

A moça se assustou com a interrupção.

— Diga...

— Acho que vou levá-la para dançar, para que você fique com fome na hora do jantar.

— Verdade?

— Pode ter certeza que sim.

Chegou em casa toda animada. Já sabia como fazer a troca de Demi Gambús pelo dinheiro do resgate. Bastava pôr aquilo por escrito e fazer o bilhete chegar às mãos da mãe dele. No caminho, só tinha encontrado um defunto. E não exatamente dos mais chatos. Era o carvoeiro da casa Simó, que morreu asfixiado debaixo de uma pilha de carvão que caiu porque ele não fechou bem um dos depósitos. Sem se deter, Nonnita o chamou de burro por se deixar matar daquela maneira. O carvoeiro ficou repetindo que qualquer um pode se descuidar e disse que já tinha pagado bem caro por isso, pois foi para o outro mundo na flor da idade. "A fina flor da estupidez, isso sim!", disse ela, debochando, "e, ainda por cima, morreu de cara suja..." O carvoeiro voltou a dizer que qualquer um pode se descuidar. Ela não se descuidaria na hora de devolver Demi Gambús. E o carvoeiro, desdentado, sujo, respondeu com toda a simplicidade: "Já sei." Às vezes, os mortos davam bons conselhos. Mas não com muita freqüência. "Pelo contrário, são normalmente bem importunos", pensou Nonnita. E logo se arrependeu. Havia mortos mais educados que os vivos. Mas se deu conta de que era uma idéia estúpida, parecia até aqueles que dizem: "Há animais que têm mais juízo que seus donos."

Quando tentou abrir a porta de casa, viu que tinha sido arrombada. Entrou, acendeu o lampião e seu apartamento estava um verdadeiro caos.

Não precisou pensar muito para entender o que tinha acontecido. Aquilo não era trabalho de um ladrãozinho qualquer. Ficou ali quieta, toda encolhida, incapaz de esboçar uma reação, com as lágrimas escorrendo pelo rosto. Ficou um dia inteiro sem fazer nada naquele apartamento todo revirado, apavorada com a simples idéia de sair à rua. Tinha medo de que a pessoa que fez aquilo no seu apartamento voltasse para matá-la com violência.

Foi algumas vezes até o patamar, mas havia ali um monte de mortos perguntando se ela queria que entrassem para lhe fazer companhia. Nonnita disse que não, que preferia ficar do lado de fora com eles. Assim, sentia-se acompanhada e, ao mesmo tempo, ficava vigiando: se alguém entrasse no prédio ouviria os passos na escada. Porque tinha certeza de que viriam atrás dela. Iam lhe dar uma bela surra e fazê-la abortar ali mesmo. E continuariam a espancá-la mesmo depois de ela ter revelado o lugar onde Demi Gambús estava preso.

Ficou então naquele patamar, sentada nos degraus da escada, escutando as bobagens dos mortos.

Um, que não conhecia, com cara de lua cheia, se destaca dos outros e lhe diz que o lugar onde repousa, em Montjuïc, é ideal. Que, a partir de seu túmulo, a montanha desce suavemente até o mar, como uma mãe que passa a mão pela cabeça do filho. E que a aléia é cheia de árvores, mais do que tinha ao seu redor quando estava vivo. Além disso, subiu de nível social. À sua volta, há muitos mortos de categoria. "Não muito longe, tem um panteão novinho em folha, que parece a torre de um castelo. É de mármore branco e brilhante. Não sei quem está ali dentro, mas deve ser importante e de família tradicional para ter gastado tanto mármore", disse ele. Nonnita, meio atordoada, retruca que deve ser um médico ou um inventor. Ou alguma das autoridades da cidade. Que Barcelona é uma cidade que gera uma porcentagem bastante elevada de autoridades e uma delas deve ser a do panteão em forma de torre. E vai ficar lá por muitos anos. O morto responde: "Anos? É isso mesmo, muitos. Na verdade, todos." Ela se cansa de conversar com aquele morto tão tranqüilo, sensato, conformado e voluntariamente anônimo.

Porque continuava inquieta. "Se é para vir, que venham logo", pensava. Estava suando. Não conseguia se levantar. Acabou adormecendo com a cabeça apoiada no corrimão.

Já anoitecia quando acordou. Levantou-se e entrou no apartamento. Dentro ou fora, tanto fazia... Fechou a porta na cara dos mortos, que continuavam no patamar. Mas era só pela simbologia do gesto. Primeiro porque a fechadura estava quebrada e segundo porque, em geral, uma porta fechada não costuma ser um impedimento grave para um morto de verdade.

Ainda estava se sentindo péssima. Comeu um pouquinho e vomitou. Ouviu então baterem à porta e se assustou. Por que batiam, se a porta estava aberta? Talvez fossem os mortos que, entediados, tinham resolvido aporrinhá-la. Chegaria o dia em que, sem perceber, iria embora com eles. Ficou quieta.

As batidas continuaram. Ouviu as dobradiças rangerem e também ouviu passos. Bom, tinha chegado a hora. Não tinha como impedir que essa pessoa entrasse, fosse ela quem fosse.

O ruído dos passos estava cada vez mais próximo do quarto. Seu coração disparou. Fechou os olhos e protegeu a barriga com as mãos.

De repente, ouviu a voz calma e profunda, era Eustaqui Guillaumet.

— Não está passando bem, patroa? Todos no teatro perguntaram pela senhora.

Nunca teria imaginado que a presença daquele rapaz pudesse lhe dar tanta alegria.

— Olhe o que fizeram com o meu apartamento, Eustaqui — disse ela tristemente.

O rapaz a segurou e fez com que se sentasse. Trouxe um copo de água e a obrigou a beber um pouco.

— A senhora parece estar um pouco febril — observou ele pondo a mão em sua testa.

— Não há de ser nada. São coisas de grávida. Ouça...

Nonnita não conseguia se acalmar. Fungava e a fala lhe saía entrecortada.

— Tome cuidado para não ser seguido. Fique muito atento. Alguém está desconfiado de que o temos conosco. Isso que aconteceu hoje não foi por acaso. A partir de agora, mil olhos vão estar nos vigiando...

Eustaqui a levou até a varanda para que tomasse um pouco de ar. Em silêncio, começou a pôr panos úmidos em sua testa. A presença do rapaz a acalmou. Eustaqui tinha essa qualidade.

— Tocante.

A voz às suas costas os pegou de surpresa. Não o tinham ouvido entrar. Era Rafel Escorrigüela, com um palito na boca, muitíssimo bem vestido, com um terno de linho caro, chapéu, luvas e bengala.

— Quem é esse? O pai da criança? — indagou ele, sorridente, apontando para Eustaqui Guillaumet.

Mais uma vez, Rafel Escorrigüela calculou mal o impacto psicológico de seu papel de fanfarrão. Irritava pessoas cuja força desconhecia e depois acontecia como agora, quando Eustaqui se levantou, se aproximou e, sem dizer uma palavra, deu-lhe uma joelhada nos testículos. Caiu no chão, se contorcendo e sem conseguir respirar. Eustaqui então lhe cuspiu no rosto e disse, impassível:

— Não, senhor. Não sou o pai da criança.

A mais ridícula expressão de surpresa surgiu nos olhos de Rafel Escorrigüela. Não podia acreditar que alguém, vestido como ele, pudesse ser humilhado daquele jeito por alguém vestido como Eustaqui Guillaumet. Aquela vida de novo-rico chegou a convencê-lo de que um paletó caro era uma espécie de couraça, uma espécie de barreira por trás da qual era possível esconder-se. E agora o piso imundo daquela casa estava sujando sua calça branca de linho. Mas, como bom especialista em sobrevivência que era, Rafel Escorrigüela deixou a raiva que sentia por aquele gigante para uma ocasião mais oportuna. Não se levantou até conseguir respirar com certa normalidade. Limpou os joelhos da calça, enxugou a cusparada e deu um sorriso que pretendia ser irônico. Tossiu e disse:

— Não estou procurando briga.

— Não era o que parecia ainda agora — disse Nonnita bem séria. — Há alguns dias que você não pára de me importunar. Entra na minha casa sem bater, como um ladrão. Por que deveria confiar em você? Morro de vontade de mandar Eustaqui agarrá-lo, enchê-lo de bofetadas e, depois, atirá-lo pela janela.

Rafel Escorrigüela não achou a menor graça naquela idéia.

— Perdoe-me, mulher, se a ofendi. Vim até aqui tratar de negócios, e não levar bofetadas.

— Negócios? Que negócios? Foi você que deixou a minha casa nesse estado?

— Não — mentiu ele.

— Não acredito. O que quer?

— Você tem uma coisa que me interessa.

— Não sei do que está falando.

Rafel, que começava a ficar mais tranqüilo, não tirava os olhos de Eustaqui. Meteu a mão no bolso e apalpou a pílula de estricnina. Ia tirá-la dali, mas desistiu.

— Tenho certeza que Demi Gambús passou por aqui e que você sabe onde ele está. Quero comprá-lo.

— Você está se repetindo e me aborrecendo. Além disso, não estou me sentindo bem. Quero que pague pelo estrago que fez e vá embora.

— Está louca!

— Ah, é?

Eustaqui avançou em sua direção e lhe deu um sopapo que fez sua cabeça girar. Rafel Escorrigüela caiu sentado numa cadeira. O rapaz arrancou-lhe o paletó, revirou os seus bolsos, encontrou a carteira e revistou seu conteúdo.

— Tem oito pesetas e sessenta cêntimos, patroa.

— Melhor que nada — exclamou Nonnita. Virou-se então para Rafel e disse: — Não vou perdoá-lo pelo que fez ao apartamento. Da próxima vez, Eustaqui vai abrir você de ponta a ponta e jogá-lo num daqueles buracos da Reforma...

Rafel Escorrigüela estremeceu. Achava que ela era bem capaz de fazer isso mesmo. Encontrou forças sabe-se lá onde para exclamar:

— Vocês estão se arriscando. Os Gambús não são uma família qualquer.

— Caia fora, seu merdinha! Por enquanto, ainda pode descer com seus próprios pés. Daqui a um minuto, descerá voando pelo vão da escada. Eustaqui!

— Está muito bem. Vou embora. Mas pense nisso: negociar comigo é mais fácil do que com a família Gambús.

— Vá embora!

— Pense nisso. Já sabe onde me encontrar.

— Fora daqui!

Eustaqui Guillaumet seguiu Rafel Escorrigüela para ter certeza de que ele tinha ido embora mesmo. Quando voltou, encontrou

Nonnita Serrallac de pé, ainda tremendo. Ela o esperava com um papel na mão.

— Tome, é o bilhete para a família Gambús. Agora, não podemos esperar mais. Esse filho-da-puta vai pôr tudo a perder. Logo, logo teremos a polícia e a família atrás de nós. É preciso pegar o dinheiro e dar o fora antes que nos apanhem.

Dentro da carroça, o espaço era tão pequeno que, na hora de dormir, quando o seqüestrado se deitava, dificilmente havia lugar para outra pessoa. Era por isso que um dos vigias acabava sempre tendo que dormir ao relento, na praia. Isso já dizia tudo sobre as condições do interior daquela espelunca. Nonnita Serrallac investiu, portanto, parte do dinheiro de Gambús na compra de um toldo de lona. Fizeram com ele uma espécie de puxado, quase um cômodo a mais, como se alguém tivesse juntado estranhamente uma barraca de campanha aos restos daquele carroção. Havia ali todos os luxos: uma mesa, duas cadeiras, um fogareiro a querosene e, no chão, dois colchões de palha à guisa de camas.

Demi Gambús era mantido numa constante penumbra. Por precaução, a antiga porta e a única janela da carroça ficavam cobertas com panos dia e noite. Nessas condições, em pleno verão, o local só começava a ficar suportável no fim da tarde. E, apesar do ar que circulava por todo lado, reinava ali um abafamento incrível.

Nos primeiros dias de cativeiro, Demi Gambús passava o tempo pensando em suas coisas, em seus projetos para o futuro ou planejando sua vingança. Agora, porém, nem isso fazia mais. Logo se cansava de ler e preferia se enroscar no colchão de palha e fechar os olhos. Pelo menos, tinham deixado que vestisse a cueca.

À noite, o silêncio era absoluto, só interrompido, ao nascer do sol, pelo galo que cantava pontualmente anunciando a chegada de um novo dia e pelo ruído constante do mar bem pertinho. De vez em quando, havia também o barulho do trem e alguns sons trazidos pelo vento: vozes humanas, de gente do bairro que passava ali por perto, ou, ao longe, os apitos dos navios. Ou ainda um cachorro, latindo num dos barracos dos arredores porque tinha visto uma ratazana se movendo. Além, é claro, daquele retardado gritando para o papagaio.

— Diga Tupinambá, filho-da-puta!

E o papagaio repetindo apenas a segunda parte:

— Filho-da-puta! Filho-da-puta!

Um dia, bem cedinho, foi acordado pelo que parecia uma série de estampidos. Um de seus vigias, o do nariz de papagaio, lhe disse:

— Não se assuste. São os soldados que vêm praticar tiro aqui perto, no Camp de la Bota.

Aquele desgraçado acabava de deixar escapar a localização de seu esconderijo. Nem o vigia percebeu e nem ele, no fundo, ficou animado com isso; estava se sentindo péssimo. Tinha perdido a noção do tempo. Não sabia se estava preso há três semanas, um mês ou um mês e meio. Quanto mais o tempo passava, mais baixo ia ficando o seu moral. E fantasiar sobre sua ilha no meio do mar já não era tão eficaz quanto no começo. Ultimamente, vinha se entretendo imaginando grupos de comerciantes, trabalhadores autônomos, pequenos e grandes industriais, advogados, banqueiros e gente que vive de rendas, médicos, agentes de seguros, arquitetos e engenheiros, funcionários e até acadêmicos brigando para se instalar na cidade marinha. Ou então se imaginava comandando a construção de prédios altíssimos, daqueles que os americanos chamam de arranha-céus, com apartamentos de luxo para a alta burguesia barcelonesa que, em suas viagens a Madri, poderia dizer: "Atualmente, em Barcelona, estamos construindo como em Chicago ou em Buffalo..."

Agora, porém, nem isso fazia mais. O futuro não tinha a menor importância. Sua maior preocupação era com o presente, e, mais especificamente, tentar impedir, acima de tudo, que o babaca daquele papagaio se aproximasse. A última bofetada do vigia o tinha deixado surdo de um ouvido por horas. Era bem curioso. Demi Gambús se entregou a uma espécie de fatalismo pouco comum em gente como ele. Mais de uma vez disse consigo mesmo que a sua obrigação primordial era tentar fugir. Olhava, então, para seus vigias e via um retardado, um mendigo de nariz de papagaio e um gigante bobalhão e perdia a vontade de enfrentá-los, pois ficava morrendo de vergonha. O orgulho de família fazia dele um escravo da estética: continuava incapaz de acreditar que um bando de sujeitos no limite da sanidade mental dispusesse de sua vida. E menos ainda que a presença de um papagaio constituísse um suplício a mais. Portanto, tudo o que desejava era que sua mãe pagasse o resgate de uma vez! Mas isso não estava acontecendo. Por quê? Qual era o problema? E o sofrimento aumentava à medida que o tempo passava, pois não encontrava nada a que pudesse se agarrar para afastar a idéia que lhe passava pela cabeça há dias: estava em perigo mortal.

Para Demi Gambús, as melhores horas eram as da noite. Seus raptores, como antes, lá no pombal, às vezes o levavam para tomar ar por alguns minutos, não muitos. Respirava o ar marinho, andava até a beira da água com as mãos amarradas nas costas e os pés com os grilhões. Ao longe, à direita, avistava as luzes de Barcelona e do porto. Por vezes, a uns cem metros, via uma pequena fogueira nos barracos. Podia então fazer suas necessidades, de costas para as ondas, e lavar-se com a água do mar. Tudo isso em dez minutos no máximo. Na verdade, dependia de quem o vigiava. Nos dias em que estava com o retardado, não havia o que fazer. Ele se postava na entrada daquele carroção pela metade e não se mexia até que alguém viesse rendê-lo. Não dizia nada. Parecia surdo e mudo. Sabia que não era, mas, com ele, era como se fosse. Não havia sinal da grávida. Às vezes, conversava com o mais jovem, o fortão. Nada além de umas três ou quatro frases. O rapaz não devia ter nem 25 anos, mas parecia mais velho, sensato e tranqüilo, cordato, mas implacável. Em geral, não aparecia por ali durante o dia. E, de noite, chegava muito tarde. Sempre o cumprimentava. Aproximava-se com uma vela acesa trazendo-lhe um jornal velho ou um livro qualquer que tivesse encontrado pela rua. Com ele, todo dia chegava a esperança, porque era o único que vinha de fora, o único que podia lhe trazer alguma informação nova.

Numa daquelas noites, Demi Gambús resolveu se arriscar. Estava deprimido; não conseguia tirar da cabeça o medo da morte. Além disso, pôde racionalizar aquela apreensão: dentro em breve, seus seqüestradores também se cansariam. Chegaria um momento em que seria mais conveniente matá-lo do que mantê-lo vivo. E foi exatamente isso que disse ao vigia mais jovem quando estavam sozinhos, junto ao mar, bem perto das ondas. Aquilo o surpreendeu de tal forma que o rapaz se virou subitamente e agarrou o prisioneiro pelos ombros. Demi Gambús fechou os olhos enquanto o outro o sacudia. Achou que ia levar mais uma bofetada. Mas não. O rapaz o soltou e disse, com toda a calma:

— Não sou um assassino.

Demi Gambús fitava o horizonte escuro. Tão escuro quanto sua voz quando voltou a falar, uma voz que brotou do fundo de seu corpo com ressonâncias de Miquel Gambús I, o Homem do Rei, Miquel Gambús II, o Merda e Miquela Raspa-Panela Gambús. Uma voz de morto:

— Você não é um assassino, mas será. E sabe por quê? Porque será impossível não me matar. O motivo é bem simples: descobri quem você é. Demorei alguns dias, mas, de repente, tudo ficou claro. Tenho muito tempo para pensar aqui. Muitíssimo. E agora tenho certeza: você é o sujeito que fica na porta do Teatro Soriano, com o alto-falante, convidando as pessoas a entrarem. Portanto, ouça bem o que lhe digo: se eu sair daqui, juro que vou encontrá-lo, onde quer que você se esconda. E, quando o encontrar, vou liquidá-lo. Vou dar cabo de você como se fosse um verme, depois de fazê-lo sofrer tudo que é possível fazer alguém sofrer. E quando tiver me livrado de você, vou infernizar a vida de todos que o cercam: família, amigos, até mesmo animais. E, assim que puder, também os matarei. Nada que se refira a você escapará de minha vingança. E, se um dia eu tiver filhos, inculcarei neles a idéia dessa vingança para que persigam, cacem e mandem para o outro mundo os seus filhos. Ou seja, se você tiver um mínimo de generosidade, vai se tornar um assassino. Porque só me matando poderá evitar que eu faça o que acabo de anunciar.

O outro ficou olhando para ele, com o coração gelado. Não esperava por algo assim. Não conseguia dizer uma palavra. Estava tão impressionado que, em silêncio, fez o prisioneiro se levantar e voltou a trancafiá-lo.

Deitado ali, no escuro, Demi Gambús foi tomado pelo pânico. Passou a noite toda acordado, esperando que o vigia entrasse e o levasse até a água. Afundaria sua cabeça no mar, como se faz com gatos e cachorros recém-nascidos, e o afogaria. E ele estava cada vez mais fraco... Deveria ter tentado suborná-lo... Ouviu o trem passando. Devia ser um cargueiro, grande e abarrotado. Bocejou, desesperado, com os olhos abertos e as mãos sob a nuca. Ouvia seus vigias dormindo. Os três. Era raro isso acontecer. Estava com sono e com medo.

No dia seguinte, Eustaqui Guillaumet, ainda transtornado pela confissão de Demi Gambús, atravessava Barcelona com o coração mais apertado que nunca. Pela primeira vez, tinha se dado conta de que aquilo não era brincadeira. E que estava arriscando a vida. Até então, tinha se julgado especialmente protegido. Contra gente como os Gambús e contra as comoções da sociedade em geral.

Na Rambla, deparou com uma manifestação contra a guerra de Melilla. Havia ali um monte de mulheres jovens com seus filhos. Disseram-lhe que o governo, para combater os mouros, preferiu enviar reservistas, que já haviam sido treinados, em lugar de recrutas inexperientes. Por isso a presença das mulheres: alguns reservistas haviam concluído o período de serviço há dois ou três anos, e acreditavam estar livres dos deveres militares. Casaram-se, tinham filhos pequenos, emprego... E, agora, tinham de deixar tudo a fim de ir para a guerra.

Chegou uma tropa da polícia montada e houve correria. As pessoas entraram pela rua Tallers perseguidas pelos guardas. Um jovem manifestante tentava escapar das patas de um cavalo empinado. Protegia-se com os braços. Tinha uma franja rebelde que lhe caía sobre os olhos. Quando se cansava de ajeitá-la com a mão, simplesmente soprava para afastá-la. Eustaqui ouviu nitidamente três ou quatro disparos. “Se a polícia atira em mulheres com filhos nos braços é sinal de que a coisa anda feia", pensou consigo mesmo. Mais uma vez, porém, com ele não aconteceu nada.

Eram dias de grande agitação. Ainda agora tinha passado por outra grande manifestação, com as pessoas andando em ordem atrás de um carro alugado ostentando as bandeiras dos organizadores. Eustaqui lhes perguntou se estavam protestando contra a guerra da África e um dos participantes, indignado, lhe respondeu que não, que eram patriotas, e protestavam por causa dos touros, pois era uma vergonha que, em pleno século XX, ainda houvesse aquelas carnificinas, degradantes para quem participa e para quem assiste...

Continuava portanto a ter motivos para se deslumbrar em Barcelona: a cidade estava alvoroçada, revirada e confusa. As pessoas reclamavam por qualquer coisa. Uns protestavam porque o governo mandava jovens para o matadouro; outros se preocupavam mais com a vida dos touros... E, por isso, as bombas. Pois bem, apesar de tudo, a cidade parecia não estar nem aí. A Paralela era um bom exemplo disso. O próprio Eustaqui tinha visto como um bando de curiosos fazia fila para descer nos mictórios municipais que ficavam em frente ao Teatro Nou. E simplesmente para dar uma olhada no local onde tinham plantado a última bomba descoberta antes de explodir. Ou até mesmo o episódio da bomba no Soriano. Meia hora depois da explosão, as calçadas já estavam novamente cheias; os toldos recolhidos às pressas voltavam a se estender; os fregueses dos estabelecimentos que vendiam refrescos e bebidas voltavam a se sentar nas pérgolas, ao ar livre; a vida voltava aos cafés e às cervejarias com o burburinho dos clientes ansiosos para comentar os últimos acontecimentos... Era verão, e, no verão, é geral a animação. Aquilo o deixava fascinado.

Por isso, agora, nem meia hora depois do ataque dos policiais, não era de estranhar que as crianças já estivessem brincando na entrada da Boqueria. Eustaqui os observava como sempre. Muitas vezes, quando fazia calor, via grupos de meninos e meninas brincando na rua até bem tarde da noite. Depois de brincar de polícia e manifestantes, estavam começando a brincar da guerra do Rif. Tinham até um capitão, um mouro feroz e um setor feminino de voluntárias da Cruz Vermelha para que as meninas também pudessem participar. Com seus sabres feitos de junco e suas carabinas de pau, as crianças reproduziam com gritos e onomatopéias toda a mecânica da guerra, desde a despedida dos soldados, no porto, com a família chorando, até o capitão-general discursando para os expedicionários, passando pela chegada a Melilla e terminando com as batalhas entre os mouros e a tropa. Eram meninos e meninas da rua, que tinham entre oito e 12 anos. Eustaqui Guillaumet esperou um pouco. Depois, se aproximou. Escolheu um menino que parecia aborrecido porque o tinham matado depressa demais. Deu-lhe dez cêntimos dizendo-lhe que deveria bater à porta da casa dos Gambús, deixar o envelope no chão e voltar correndo.

— Se fizer tudo certinho, vai ganhar mais dez cêntimos.

Seguiu o menino a distância para ter a certeza de que ele cumpriria a incumbência. Protegido pela sombra de um portão, viu quando ele bateu com a elegante aldraba de latão dourado, deixou o envelope encostado na porta e saiu em disparada para receber os outros dez cêntimos. Não é preciso dizer que Eustaqui Guillaumet já não estava lá. “Assim, ele vai aprender a não confiar nunca nos adultos”, pensou consigo mesmo enquanto voltava para o teatro. Também pensou que o final daquela história estava chegando, e bem depressa.

28

O TRANSATLÂNTICO *CIUDAD DE CÁDIZ*, da companhia Transmediterrânea, cedido pelo generoso marquês consorte de Comillas, ia se afastando lentamente. No convés, a banda de música do batalhão tocava a marcha real que ficava estranhamente distorcida por causa da neblina. Eram três e meia e o sol estava a pino.

No cais, a polícia vigiava bem de perto. Não queria que se repetissem os incidentes dos dias anteriores, com a multidão incitando os soldados embarcados a atirar as armas na água. Na antevéspera, durante outro embarque de tropas, alguém chegou a disparar tiros para o ar, numa nítida tentativa de intimidação, e os guardas acabaram prendendo muita gente.

As gaivotas pairavam sobre a multidão reunida para se despedir dos jovens soldados. Depois de tirar as últimas fotos que seriam guardadas como recordações, os fotógrafos recolhiam os tripés; depois de furtar os últimos relógios dos correspondentes estrangeiros, os ladrões avaliavam a féria do dia; os parentes dos soldados, no cais, à beira da água, contemplavam pela última vez o horizonte antes de voltar para casa em silêncio.

O *Ciudad de Cádiz* deixava o porto com toda a calma sob um sol abrasador. A banda já tinha parado de tocar. Um grupinho de soldados, tão pequenos que pareciam de brinquedo, ainda acenava para o cais, debruçado na amurada a estibordo. Um alferes e seu ordenança, à sombra de uma vela de lona, acompanhavam com os olhos o movimento das gaivotas...

— Tenho vontade de voltar ao Marrocos — disse o alferes. — Sabe que, em Melilla, depois de uma hora de ronda, o sol derrete sua cabeça? Então, o cérebro escorre pelos orifícios naturais da pessoa: as orelhas e o nariz. E a gente nem nota. Quando começa uma certa dor de cabeça, já é tarde demais.

O soldado, assustadíssimo, fitou seu superior com incredulidade. Passaram por um elegante bergantim-goleta que chegava ao porto. A embarcação ostentava o pavilhão do império austro-húngaro e avançava com o velame desfraldado, impressionante, refulgente. Um marinheiro agitou os braços e os soldados responderam. Também passaram por um vapor atracado, que estava sendo consertado: era azul, de casco bojudo, e tinha duas grandes chaminés pintadas de um vermelho gritante. No convés, havia alguns homens trabalhando. Pararam um instante, enxugaram o suor, protegeram os olhos com a mão e, quando um soldado os cumprimentou, deram-lhe uma boa banana e, com o polegar da mão virado para baixo, sugeriram o que esperava por eles.

Os soldados estavam sentados sob a vela de lona, cantando.

No escritório da companhia Transmediterrânea, bebendo limonada fresca, uma comissão considerável de senhoras da aristocracia e da alta sociedade barcelonesa acompanhava o navio, todas com os binóculos que usavam nos espetáculos do Liceu. Plenamente satisfeitas, pois tinham cumprido a meta do dia: distribuir medalhas de Nossa Senhora de Guadalupe à tropa que embarcava para Melilla, apesar do boicote dos agitadores profissionais. Mas não foi só: também lhes deram escapulários e cigarreiras metálicas com cigarros dentro. Não a todos, é claro, já que se tratava de um ato simbólico.

A senhora marquesa de Castellflorite presidia aquela esforçada comissão. Com suas iniciativas beneficentes, arrecadavam dinheiro para as famílias dos reservistas casados e com filhos, que ficavam desamparadas com a partida desses maridos e pais. Entre as damas, notava-se a presença de dona Miquela Gambús, que continuava a manter intensa atividade social. Mas, nos últimos tempos, quase exclusivamente por uma única razão: distrair-se um pouco da imensa raiva que lhe dava o estúpido seqüestro de seu filho. Não estava entendendo nada e isso a deixava furiosa. Era como se os seqüestradores quisessem enlouquecê-la. Deviam ser pessoas muitíssimo cruéis. Talvez fosse coisa da idade, mas estava a ponto de admitir que nunca na vida tinha se visto numa situação tão absurda como aquela: não apenas não tinha nenhum controle sobre o que estava acontecendo, mas também aquela gente zombava dela à vontade. Imaginem só, mandarem crianças como moleques de recados!

A marquesa de Castellflorite, cheia de sentimentos humanitários, cheia de anéis nos dedos, colares no pescoço e broches no peito, interrompeu subitamente seus pensamentos:

— Nossos rapazes partiram com o moral elevado... Foi tão emocionante quando o capitão-general e seu séqüito subiram a bordo para... Não está se sentindo bem, dona Miquela? Tome um pouco mais de limonada, pois o sol de hoje está de matar...

Miquela Gambús obedeceu para que a outra se calasse e a deixasse sozinha com seus pensamentos. Fazendo um jogo de palavras que lhe parecia definir exatamente o seu estado de espírito, diria que estava desconcertada, mas não desconcentrada. Aguardava o momento oportuno com paciência, como a leoa que, atrás das moitas, espera, agachada, para dar o bote na zebra. Mas os seqüestradores eram muito escorregadios e desconfiados. Dias atrás, tinham feito chegar às suas mãos instruções sobre como pagar o resgate: no dia seguinte, às dez da noite, ela, tinha que ser ela mesma, sozinha, deixaria uma bolsa com quinhentas mil pesetas dentro de um velho barco meio podre, na praia da marina de Sants, perto da fábrica de guano. Mandou que Felip Dalmau e seus homens fossem para lá seis horas antes, escondidos, para ficar de guarda: deveriam se espalhar pela fábrica, pela estrada e até mesmo no mar, num barco, fingindo que eram pescadores. Na hora marcada, seguiu escrupulosamente as indicações dos seqüestradores, deixando a bolsa de couro com o dinheiro no local indicado e indo embora. Meia hora mais tarde, nada tinha acontecido. Talvez fossem seqüestradores pouco pontuais. Ou desconfiados. Uma hora depois, a uns cem metros do barco, surgiu uma família de ciganos com um cavalo. Começaram a lavar o animal com água do mar enquanto as crianças brincavam na areia. Já era noite fechada e só se viam silhuetas vagamente iluminadas por um lampião a querosene. Felip Dalmau mandou que todos os seus homens ficassem atentos ao menor movimento dos ciganos. Por que dariam banho num cavalo àquela hora? Mas nada. Eles nem se aproximaram do barco. Cobriram o animal com uma manta toda furada e foram embora na maior tranqüilidade. Passadas mais três horas, não tinha aparecido ninguém. A própria dona Miquela foi recuperar a bolsa com o dinheiro e deu ordens para que a operação fosse cancelada.

O pessoal da Transmediterrânea, usando uniforme, se esmerava em servir as senhoras. Fazia muito calor naquele escritório. Miquela Gambús tomou mais um gole de limonada. Não conseguia pensar em outra coisa: os seqüestradores teriam de se manifestar novamente, pois não eram fantasmas, eram reais. E, quando o fizessem, não lhe escapariam.

Estava farta da marquesa de Castellflorite e da mãe que havia parido a todas. Dois dias atrás, se não fosse pela intervenção da polícia, a população as teria linchado ali mesmo, enquanto distribuíam aquelas medalhinhas de merda. Parecia mentira que não vissem que as pessoas já não agüentavam mais... Acabou sua limonada e levou o binóculo aos olhos. Em meio à bruma, já quase não se via o *Ciudad de Cádiz*.

No convés, o alferes e seu ordenança ainda estavam à sombra da vela. O soldado tirou um objeto do bolso e o observou disfarçadamente. Mas o alferes percebeu.

— Não confia no escapulário que aquelas senhoras lhe deram?

— Todo mundo diz que são de mau agouro, que é como se chamassem a morte.

— Em Melilla, não é preciso chamá-la, ela vem sozinha. A guerra da África é difícil de entender. É estranha, como os próprios mouros. Eles têm fama de serem falsos e cruéis. E não é à toa. Cortam a cabeça dos inimigos, espetam-na numa vara e, lá de suas posições, agitam-na no ar para que a vejamos...

O ordenança sentiu uma onda de medo que vinha da barriga, e teve vontade de chorar. Mas se conteve, pois os soldados não choram. Podia-se ouvir um grupo de recrutas que, lá na proa, continuava a cantar. Fitavam a cidade que ia ficando cada vez mais para trás: os navios ancorados, os barcos de pescadores, os armazéns do cais... Protegendo os olhos com a mão, o rapaz apontou para a terra:

— Olhe, alferes, o castelo de Montjuïc!

O transatlântico já estava quase em mar aberto. A canção dos soldados foi desaparecendo no ar até morrer por completo.

29

Nonnita Serrallac estava obcecada: tinha que acabar de vez com aquela história. Por quê? Porque já não agüentava mais. A gravidez e aquele calor mal lhe permitiam pensar, manter os olhos abertos, o que era a sua função básica naquele grupo de bandidos de meia-tigela. Estava decidida: faria o trato com o tal Escorrigüela, entregando-lhe Demi Gambús para ele fazer o que bem entendesse. Se pudesse, trataria de lhe tirar algum dinheiro. Se não, azar...

Foi por isso que cancelou a operação de ir apanhar o dinheiro. Aquele trecho de praia, ao pé do Montjuïc, era o lugar ideal: vasto e isolado. Além disso, tinha verificado que não haveria lua. A praia estaria inteiramente às escuras. Mas, na hora da verdade, teve medo. O coração lhe dizia que as coisas não correriam bem. E deu para trás. De acordo com seus planos, seriam necessárias três pessoas para levar a cabo a operação. Ela própria poderia ser uma das três. Ela que, dependendo do dia, não conseguia se deslocar mais que uns poucos metros. Riu para não chorar.

Abre a porta de casa para respirar um pouco e dá de cara com quase mil mortos. E faz a besteira de se abrir com eles. Quando se deu conta, já era tarde demais. Os mortos ficam agitadíssimos, andando de um lado para o outro no patamar da escada. Só não esbarram uns com os outros porque são defuntos, e defuntos não são corpóreos. Lisonjeados pela confiança, têm o descaramento de convocar uma assembléia e pôr a questão em votação! O barbeiro da rua

Tarongeta, designado porta-voz do grupo, com seu ovo de madeira na mão, vem lhe comunicar que a maioria decidiu que ela é a pior organizadora de seqüestros de toda a história da criminalidade. E que faz muito bem em deixar isso para lá. A Pimenteira, que não quer ver Nonnita acabar como ela mesma, lhe diz: "Esqueça isso de uma vez por todas, Nonnita, não seja idiota. Se não, vai acabar espancada, violentada, afogada e pendurada de cabeça para baixo como um bacalhau." Nonnita Serrallac se assusta e exclama: "O que significa isso? Vocês são um bando de derrotistas. É claro que não se poderia esperar outra coisa de um morto! Mas não é porque eu os compreendo que sua opinião deixa de ser uma merda." Foi exatamente isso que ela disse. Os mortos ficaram tão imóveis e ofendidos que se tornaram absolutamente invisíveis por alguns segundos. E ela voltou a entrar em casa. Bastou fechar a porta para ter a certeza de que eles tinham toda a razão.

Estava esperando Eustaqui para conversar com ele. Teve a impressão de que alguém vinha subindo a escada.

Abre a porta e vê Severí, o morto do cachecol inacabado. "Morto, sou tão pouco ágil como em vida. Cheguei atrasado à assembléia de mortos. O que ficou decidido?", indagou ele. Nonnita lhe diz que não se decidiu nada, pois o que se pode esperar de um bando de defuntos que, nem depois de mortos, conseguem se desligar do bairro e da cidade onde moraram? E, como é um morto sem personalidade, Severí, com o cachecol e as agulhas de tricô, fica ali parado absolutamente indeciso. "Não se preocupe com os outros mortos", diz Nonnita. Ele, porém, lhe responde que a eternidade é muito longa e custa a passar. E lhe mostra o cachecol. Um momento atrás, era verde, agora é amarelo, que importância isso tem? Então, recomeça sua cantilena de sempre, dizendo que não se importa de não ter seu nome gravado na sepultura; o pior de tudo foi ter ido para o outro mundo e não ter encontrado sua mãe.

Nonnita Serrallac acha que talvez acabe mesmo ficando louca. E corre escada abaixo para esperar Eustaqui na rua. Mas, no portão, esbarra com uma mulher com um lenço preto na cabeça. Está sentada numa cadeirinha de palha e seu rosto lhe parece vagamente familiar. Está com uma cara tristíssima. A mulher a puxa pela saia fazendo-a parar. Diz que tem um filho na guerra. Que Nonnita o conheceu em criança, quando corriam para cima e para baixo pelo bairro. "Eu?", perguntou Nonnita espantada. "É, você. Está num dos batalhões que embarcou hoje." E acrescenta que não chora porque já não tem mais lágrimas. "Todo dia, quando saem os jornais, ajeito os óculos, pego um deles e, sentada no portão, leio as notícias da guerra em voz alta porque só sei ler assim." E Nonnita, ao vê-la, com as lágrimas escorrendo pelo rosto, obstinada na tarefa, para ela dificílima, de ler, fica achando que é mentira aquela história das lágrimas, mas não diz nada, porque é melhor chorar e desabafar. Está prestes a consolá-la, mas se detém. Porque vê que o jornal que a mulher tem nas mãos é de trinta anos atrás e fala de uma outra guerra. Percebe, então, que acaba de se deixar enganar por outro defunto. Como esses mortos são egoístas... fazem de tudo para atrair a atenção dos vivos! Que falta de dignidade!

E Eustaqui, por que não chegava? O que estava acontecendo? Seria o dia dos mortos? Sem se dar conta, desceu correndo a Riera de Sant Joan. Será que não podia dar dois passos sem esbarrar com um morto? Mas foi com gente que esbarrou. Eustaqui Guillaumet vinha saindo do beco de Sant Crist, sorridente e tranqüilo, como sempre. Quase tropeçaram um no outro. A moça se atirou em seus braços. Não chorava, estava assustada. Entraram na igreja de Santa Marta, logo ao lado. O rapaz achou que a temperatura mais fresca ali de dentro lhe faria bem. Mandou que ela se sentasse. Nonnita Serrallac precisou ficar cinco minutos sentada no banco, em silêncio, para recuperar a calma.

— Temos de procurar aquele sujeitinho de merda do outro dia. Precisamos entrar num acordo. Como você, não gosto nada disso, mas tem que acreditar em mim: se levarmos essa história adiante sozinhos, as coisas não vão acabar bem. Além disso, você vai ter de me ajudar com uma outra coisa... Esse indivíduo conhece o meu apartamento. Não é mais seguro ficar ali. Tenho de me mudar. E quanto mais cedo, melhor.

— A senhora é que manda, patroa.

— Obrigada... Vá procurar Escorrigüela e marque um encontro para hoje à noite, no teatro, depois do espetáculo. Tome, este é o endereço dele.

Eustaqui foi cumprir sua incumbência e ela decidiu ficar mais um pouco na igreja.

De repente, Severí aparece sentado ao seu lado, todo compenetrado. Com seu cachecol e as agulhas. Tricota em silêncio, na maior concentração. O que Nonnita acha ótimo. "Há mortos e mortos", pensa ela.

— Disse alguma coisa, filha?

— Hã? Não, não...

Era o vigário que a fitava com ar preocupado. Pelo visto, continuava pensando em voz alta sem perceber. Deixou-o falando sozinho e saiu correndo.

Eustaqui voltou com a carroça duas horas depois. Escorrigüela concordou com o encontro sem pestanejar.

— E o que ele disse? — perguntou Nonnita.

— Nada, patroa. Só ficou sorrindo — respondeu o rapaz com uma careta de nojo.

Foi então que Nonnita percebeu que Eustaqui adoraria torcer o pescoço do tal Escorrigüela. Tratou de distraí-lo como pôde, como se faz com as crianças.

— Tomàs está esperando lá em cima. Já aprontamos tudo.

Porque estavam deixando o bairro e a surpresa era primordial. Subiram e, os três juntos, fizeram uns embrulhos com umas poucas coisas. Quando terminaram, Nonnita lhes disse que fossem descendo a mudança, pois queria ver se não tinham deixado nada para trás. Na verdade, queria se despedir dos mortos. Estava indo embora e não sabia quando voltaria. Deu um sorrisinho: talvez em breve, para lhes fazer companhia, mas de igual para igual...

Abre a porta do apartamento e fica esperando. Num instante os mortos, indecisos e amedrontados, entram ali pela primeira vez, porque ela os anima a fazê-lo. Não demora muito, todos estão lá dentro.

E cabem, porque, como são etéreos, não ocupam tanto espaço quanto os vivos. O cálculo é mais ou menos o seguinte: onde cabe um vivo, podem ficar dois mortos de porte médio. Nonnita lhes diz, da forma mais calorosa possível, que vai deixá-los. Mesmo assim, eles se ofendem. O barbeiro da rua Tarongeta começa a remexer ostensivamente o ovo na boca e lhe dá as costas; a Pimenteira a fita aborrecidíssima; os gemeozinhos cantores fazem que não com a cabecinha, ao mesmo tempo. O carvoeiro lhe pergunta se está pretendendo passar por Castellfollit de Riubregós, pois sua mulher está enterrada ali e queria lhe mandar uma encomenda. Nonnita lhe diz que, em princípio, não. Então, o morto faz uma careta e some dizendo que, quando era vivo, ninguém jamais lhe fez um favor, e que, ao menos agora, que está morto, podiam ter um pouco mais de consideração. Nonnita percebe que estão todos muito chateados porque supuram uma espécie de aura meio gelatinosa. "No fundo, existe muita inveja", comenta a moça. "Inveja de quê?", indaga Severí, que acaba de aparecer com o seu cachecol: "Quando estamos mortos, as mudanças não nos afetam muito." E insiste: "Na verdade, em geral não há nada que nos afete muito quando estamos mortos." "Talvez o que dê mais inveja", pensa Nonnita, "seja a possibilidade que ainda se tem de criar situações novas. No país dos defuntos, todos os dias são idênticos e os pobres mortos se entediam muito".

Como não pode perder mais tempo, se despede e vai embora. Notou que seus pais não estão ali.

Tomàs só tinha levado sua antiga maletinha de alfaiate. Nonnita e ele decidiram guardar provisoriamente suas coisas no esconderijo da praia de Pequín. Eustaqui deixaria as suas no albergue da rua El Cid, onde pretendia se esconder quando essa história terminasse, graças à cumplicidade de seu amigo Ferran. Subiram na carroça e partiram. No portão do prédio em frente, bem na entrada e ocupando a calçada, havia quatro cadeiras de estilo, um espelho com moldura dourada toda trabalhada e o console que combinava com ele. Tudo amarrado com cordas e ostentando um cartaz que dizia: "Vendem-se móveis estilo Luís XV por causa da Reforma. Bom preço."

Nonnita se entristeceu: dava pena pensar que em quatro dias tudo aquilo seria demolido e ela não estaria ali para ver. Passaram pela loja de velas, ao lado da praça Àngel. Gostava dela porque os vendedores usavam camisa de algodão. Um dia, entrou ali para comprar uma vela e o vendedor estava dizendo com cara de poucos amigos que a Reforma não ia mexer na sua casa, já que o limite das demolições era o prédio vizinho.

— Vamos lá, rápido, diga coisas que estão aí e que logo deixarão de existir — propôs ele. — Diga a primeira coisa que lhe vier à cabeça: a taberna da rua Avellana, onde, além do vinho de Gandesa, se pode comprar aquilo que chamam de leite búlgaro ou iogurte...

Coisas que ainda estavam ali e que logo deixariam de existir.

Seguiram rumo ao mar pela ampla esplanada, limpa e esfregada, resultado da inauguração da primeira parte da Gran Via A. No chão, linhas de giz e estacas numeradas delimitavam os novos lotes. Por enquanto, era só o desenho das ruas. Mas em alguns terrenos vazios já tinha começado a crescer mato e, em alguns cantos, ainda havia restos de lixo, de tralhas inúteis, dessas que nunca são recolhidas e que ficam vergonhosamente expostas quando a casa é demolida. E que, ainda por cima, têm um cheiro rançoso.

Antes de pegarem a avenida Colombo, Nonnita Serrallac viu um grande cartaz que dizia: "Neste local, o Banco Hispano-Colonial edificará sua nova sede. Inauguração prevista: 1913."

Barcelona não parava por sua causa. Isso era evidente. Onde estaria Nonnita Serrallac no ano de 1913?

Eustaqui, sempre olhando para frente, lhe disse subitamente:

— O Gambús me disse que é melhor que eu o mate, porque, se ele sobreviver ao seqüestro, vai me matar. Acha que estava falando sério?

Diversos sentimentos se agitaram no coração de Nonnita. Aquela moça que nunca sorria, sorriu com os olhos, mas não com a boca. E segurou o braço dele com tanta força que a mula parou. Respondeu que sim, que gente como os Gambús sempre cumpria suas ameaças. E que tudo estava prestes a explodir, por um lado ou por outro.

— Temos de dar o fora, meu amigo. Bem depressa e para bem longe.

— Vamos juntos, patroa?

— Por mim, tudo bem, mas não seria sensato. O melhor é nos separarmos.

O chicote voltou a estalar e a carroça seguiu em direção ao teatro. Eustaqui estava pensativo: não gostava nada dessa idéia.

30

Rafel Escorrigüela estava esperando diante da mesma portinha do teatro por onde Deogràcies-Miquel Gambús havia entrado. Na hora marcada, a porta se abriu e a moça apareceu. Aproximou-se dele e sussurrou:

— Vamos aqui ao lado, ao Café da Tranqüilidade, para que fique mais tranqüilo.

— Está bem.

O café estava lotado. A parte externa transbordava de gente e, lá dentro, não cabia nem uma agulha apesar do calor abafado. O piano tocava um *paso doble* que parecia amortecido pela fumaça que enchia o local e que os gigantescos ventiladores de teto — movidos a corda, como relógios — não conseguiam dispersar. Todo mundo cumprimentava Nonnita; não se poderia dizer que aquele fosse um território neutro. A moça perguntou ao dono se tinha um lugar tranqüilo onde pudessem conversar. Ele próprio os levou ao fundo do estabelecimento, junto ao balcão. Ia afastando os fregueses como se fossem moscas.

— Não estão vendo que ela está grávida? — bradava ele.

Levou-os até uma espécie de saleta, com um sofá em forma de L, ideal para os casais desejosos de intimidade e espaço. Havia também uma mesinha com uma cadeira. Nonnita Serrallac sentou-se, pois, em seu estado, não queria outra coisa. Rafel Escorrigüela continuou de pé. Um garçom pôs na mesa dois copos de licor de menta com gelo picado dizendo que era oferta da casa, e foi embora. Nonnita Serrallac pegou o seu, tomou um gole e, sem olhar para Escorrigüela, começou a falar.

— Estou muito cansada. Quero negociar com você e não com a família. Vou entregar-lhe Demi Gambús.

Era a primeira vez que assumia, de forma explícita, sua responsabilidade pelo acontecido. Escorrigüela sorriu.

— Quanto quer?

— Metade do resgate.

— Está louca! É uma fortuna! Não sou rico. Não tenho esse dinheiro.

— Pois eu não tenho a mínima intenção de regatear; dê um jeito!

— Onde ele está?

— Não me faça rir. Minha vida não vai valer um tostão se eu lhe contar...

— Mesmo agora sua vida não vale um tostão.

— Não concordo com isso. A mãe de Gambús está nervosa. E aborrecida. Só eu sei onde o filho dela está. Além disso, não sou gananciosa. Ou seja, se você quiser me ouvir, tudo bem. Caso contrário, sou capaz de passar a mão no rapazinho e devolvê-lo de graça à sua mãe.

Rafel Escorrigüela provou o licor de menta com gelo. Estava pensando o que seria mais interessante. Tinha consciência de que o simples fato de estar ali conversando com aquela mulher, escondido de dona Miquela Gambús, já beirava a traição.

— Vamos supor que eu consiga o dinheiro. Como faríamos o negócio, já que você sabe tudo?

— Como? Do modo mais simples possível: você me paga e eu lhe entrego Gambús.

— Pois eu tenho outra idéia: você me leva até onde está Gambús e então lhe dou o dinheiro.

— Temo que queira me dar mais alguma coisa...

— O que quer que eu diga? Você é uma mulher esperta...

— Não passo de uma grávida prestes a parir. Não tenho amigos nem conhecidos que possam me ajudar.

— Pare, por favor, senão vou acabar chorando!

— Eu lhe dou dois dias. Tenho interesse em me livrar desse peso. Uma pessoa não é um gato que se possa ficar levando para cima e para baixo escondido dentro de um saco... e tenho certeza de que você dará um jeito. Arranje um mecenas para financiar essa operação. Ou peça um empréstimo. Poderá revender Gambús à mãe pelo preço que quiser. Um ótimo negócio.

— Mas arriscado.

— Até agora, você já se arriscou muito. Não lhe fará mal se arriscar um pouco mais. — Fitou Escorrigüela bem dentro dos olhos e acrescentou lentamente: — Nem me perguntou se Gambús está vivo ou morto, se está bem ou não...

Com um sorriso irônico, o rapaz lhe respondeu:

— É claro. Tem razão. Ele está vivo ou morto?

— Vivo.

— Muito me alegra. Mas não pretendo lhe dar nem um cêntimo até ter certeza de que não vai me enganar. Afinal, você fala, fala, mas não me dá nenhuma prova. Continuo sem saber se Demi Gambús está mesmo em seu poder.

— Um momento — disse ela, encarando-o, e desapareceu no meio da multidão para voltar em menos de três minutos. — Vamos levá-lo até Gambús. Depois que o tiver visto, combinaremos a entrega do dinheiro. Faremos a troca e não voltaremos a nos ver nunca mais.

— Espere um pouco... E se você resolver me seqüestrar também?

— Você? Por que faríamos isso? Quem vai querer você? Sairia mais em conta dar um tiro na sua cabeça e fugir com o dinheiro. Mas não vamos fazer isso. Não vale a pena piorar as coisas. Ainda mais com alguém como você. Vamos até lá agora.

Rafel Escorrigüela não achou graça nenhuma naquela declaração. Cerrou os dentes e murmurou:

— Agora?

— É. Agora ou nunca. Vamos?

— Vamos.

Foram até os fundos do Soriano. Eustaqui Guillaumet surgiu da penumbra. Estava a postos, com a carroça. Aproximou-se de Escorrigüela e vendou seus olhos. Depois, disse-lhe que teria de se deitar no chão da carroça e que faria todo o percurso coberto com uma lona.

O trajeto até o bairro Pequín foi tranqüilo, embora a carroça estivesse bem cheia, com Escorrigüela e quatro mortos, os únicos que tinham se arriscado a passear fora de sua área: a mãe de Nonnita, a viúva Massini, Cleta e Severí, com seu cachecol.

Sentada na boléia, Nonnita se vira e os vê, calados e assustados. Não dizem nada, desconfiam que aí vem coisa... A moça também não diz nada porque não quer que Eustaqui a ouça, como da outra vez, e comece a achar que aquilo tudo a está deixando louca. Nunca tinha visto mortos com tanto medo. Sua mãe e a viúva Massini evitam encará-la pois, além do medo, têm vergonha dela, por ser uma delinqüente e uma péssima filha. Cleta e Severí estão muito quietos, um ao lado do outro. Talvez tenham medo da noite, apesar de estarem mortos. Como se deixaram apanhar? Que erro cometeram? O que poderiam ter feito para evitar o que lhes aconteceu?

Enfim, chegaram. Fizeram Rafel Escorrigüela descer da carroça, puseram-lhe tampões de cera nos ouvidos para que não ouvisse o barulho do mar e, sem retirar sua venda, Eustaqui o carregou nas costas, pela areia, até o esconderijo. Tomàs ouviu quando eles chegaram e veio ao seu encontro com um lampião. Josepet também estava lá.

Nonnita ficou do lado de fora enquanto os outros entravam no espaço coberto pelo toldo. Sua obsessão era deixar Deogràcies-Miquel Gambús inteiramente fodido. E estava conseguindo. Com um pouco de sorte, ia revendê-lo como um saco de esterco.

— Não gostaria que ele me visse — sussurrou Escorrigüela.

Eustaqui Guillaumet deu de ombros. Tomàs, Josepet e o papagaio observavam tudo em silêncio. Puseram Escorrigüela no chão, sobre umas tábuas, para que não pudesse sentir a areia sob os pés. Como se guiasse um cego, Josepet o aproximou da lona que separava a parte interna e a parte externa do esconderijo. Escorrigüela lhe agradeceu e, enquanto dizia "de nada", Josepet aproveitou para roubar-lhe o relógio do bolsinho do colete. Era sem dúvida um vagabundo, mas achava imoral deixar passar as boas oportunidades. Escorrigüela nem percebeu pois, naquele instante, Eustaqui estava erguendo a venda para que um de seus olhos ficasse descoberto. Todos o encararam e permitiram que ele olhasse lá para dentro por uns segundos. Rafel ficou impressionado. Aquela pessoa que via à luz da lamparina a querosene, dormindo nua e enrodilhada, não parecia Demi Gambús. Tinha o cabelo emaranhado, estava barbudo e sem cor. Havia perdido oito ou dez quilos e sua pele estava coberta de crostas. Mas era ele, sem dúvida. De repente, Gambús se virou e Escorrigüela pôde ver os seus olhos, vivos como os de sua mãe, pregados por um instante na lona. Depois, ele voltou a fechá-los e continuou ali deitado.

Aquilo lhe bastou. Fez um sinal. Eustaqui baixou novamente a venda e o tirou de lá. Nonnita Serrallac estava aguardando junto da carroça.

— Espero você com o dinheiro depois de amanhã, às oito da noite, na porta do teatro. Você queria uma prova. Pois já tem. Depois de amanhã, às oito. Se não vier, deduzirei que não está interessado no negócio.

Rafel Escorrigüela estava perturbado demais para responder. Limitou-se a assentir com a cabeça.

Mais uma vez, deitaram-no no chão da carroça, cobriram-no com a lona e voltaram ao teatro.

Sob o toldo, Josepet contemplava o relógio roubado à luz de um lampião. Era bom, maciço, parecia de ouro. Como era de se esperar, tinha um nome gravado no verso. Sem problemas: essas coisas também se apagam...

Rafel Escorrigüela passou a noite toda em claro. Só no dia seguinte deu falta do relógio. Mas não parou para pensar nisso, pois tinha problemas mais urgentes: que caminho devia tomar? Podia tentar enganar dona Miquela Gambús, fazendo-a acreditar que os seqüestradores o tinham escolhido como intermediário. Recebia o dinheiro, dava a metade àquela grávida, ficava com a outra, resgatava Demi Gambús e virava o herói da história. Parecia ótimo. Já imaginava dona Miquela agradecendo, demonstrando sua eterna gratidão dando-lhe um lugar de honra entre os de maior responsabilidade dentro da organização familiar. E Demi Gambús, na cama, ainda se recuperando do longo período de cativeiro, chamando insistentemente por ele, só querendo tê-lo ao seu lado, tratando-o quase como um verdadeiro irmão. Ele, sério e com toda a dignidade, diria que só tinha feito o que lhe ditava o seu senso de lealdade. E que ficava muito grato por aquelas reiteradas demonstrações de confiança, mas... Mas tinha de seguir seu caminho (com dinheiro no bolso, claro, coisa que eles não saberiam). Os dois, mãe e filho, implorariam para que não fosse embora e...

É, tudo isso soava realmente muito bem. Inconvenientes? Só um, e dos grandes: tanto dona Miquela como Dalmau eram muito espertos.

De repente, imaginou a situação contrária: que as coisas dariam errado, que não conseguiria enganá-los e que descobririam sua manobra para ficar com o dinheiro deles. Chegou a ficar arrepiado. Então, entendeu as hesitações da grávida. Não era tão fácil assim. Não havia um só lugar na Terra em que se pudesse ficar a salvo da vingança dos Gambús. Tinha de ser realista. Talvez devesse se dar por satisfeito só com a sensação de ter tido nas mãos a vida de Demi Gambús, por um instante que fosse...

Ainda por cima, quem, além da própria mãe, ia querer comprar a liberdade de Gambús? Um inimigo? Claro. Mas quem? Ou talvez um amigo ansioso por retribuir um favor à família... Está certo, mas onde encontraria essa pessoa? Não dispunha de tanta informação.

Subitamente, ocorreu-lhe uma idéia. Lembrou-se de um comentário que ouviu há uns dois dias, quando dona Miquela se queixava de Joan Rovira com Dalmau. Ela reclamava que, desde a última vez que tinham conversado, ele não lhe dissera nada, que parecia estar tranqüilo, em sua loja, esperando que o caso se resolvesse sozinho. Rovira era riquíssimo! E, evidentemente, queria contar com a amizade dos Gambús... Podia sondá-lo com todo cuidado. Talvez o sujeito tivesse interesse em ter aquele trunfo nas mãos. Não perderia nada com isso. Rafel Escorrigüela ficou mais animado.

Tanto que, quando deu por si, estava na rua, sob o sol, assobiando e cantarolando enquanto se dirigia à Porto-riquenha. Em vinte minutos, já estava lá. Deparou com uma festa inesperada. Dois grandes cartazes cobriam a fachada principal da loja: "Centenário da Porto-riquenha, 1809-1909: Liquidação. Tudo a preço de custo! Damas e cavalheiros, estamos queimando todo o estoque: alta qualidade a preços irrisórios."

Dentro da loja, tinham retirado grandes peças de tecido dos balcões para instalar, ali, bandejas com tortilhas de batata. Joan Rovira, de pé sobre um pequeno estrado, parecia prestes a começar um discurso. O público, constituído por clientes e curiosos, estava mais interessado nos balcões que no orador. Os empregados do estabelecimento usavam seu uniforme de gala, novo em folha, feito pelos próprios alfaiates da firma. Alguém pediu silêncio e o senhor Joan Rovira limpou a garganta.

— Senhoras e senhores, damas e cavalheiros. É uma grande honra para mim compartilhar com vocês, clientes, empregados e amigos da vizinhança, estes humildes comes e bebes para dar um pouco mais de destaque e de animação à comemoração dos cem primeiros anos da Porto-riquenha. A comemoração de um centenário é um marco que poucos estabelecimentos comerciais atingem. Mas A Porto-riquenha, graças ao esforço realizado por quatro gerações, conseguiu atingi-lo. No ano de 1809, nossa cidade era dinâmica, como sempre, mas se encontrava cercada pelas muralhas; era industrial e comercial, mas vivia na expectativa, esperando por tempos melhores, em função do estado de guerra com os franceses. Foi nessa época tão delicada que Joan Rovira i Perelló fundou nossa firma. A Porto-riquenha sobreviveu cem anos baseando-se em duas premissas: sempre haverá necessidade de roupas, e, se os de casa não quiserem, os de fora hão de querer.

"Hoje em dia, Barcelona já é uma grande cidade. E todos, ricos e pobres, empresários e trabalhadores, têm de se vestir, pois não podem andar nus. É aqui que entramos em ação: vestindo a classe trabalhadora, vestindo o artesão, vestindo o empresário, vestindo o advogado, vestindo o homem de Estado, vestindo o aristocrata, vestindo todo mundo!"

Os aplausos encobriram o fecho do discurso. O senhor Joan Rovira estava contente. Rafel Escorrigüela também, pois achava que aquela coincidência ia ajudá-lo a alcançar seus objetivos.

Aproximou-se, com um cálice de vinho na mão.

— Minhas mais sinceras felicitações...

— Muito obrigado, meu amigo. E como está dona Miquela?

— Cada dia pior. Se isso não se resolver logo, não sei o que pode acontecer.

Com ar teatral, Joan Rovira baixou o tom de voz:

— Andei trabalhando nisso, andei trabalhando nisso, não pense que não... Mas por enquanto... — Calou-se, cumprimentou alguém erguendo a taça na direção de um ponto indeterminado da sala, e, com a mão livre, fez um gesto circular abarcando a loja toda. — O que acha? Não é todo dia que se completam cem anos, não é mesmo? Agradeço muito sua presença, mas não era preciso. Hoje, é apenas uma festinha íntima para os empregados e os clientes. Na semana que vem, haverá um banquete oficial de aniversário no restaurante Set Portes e, desde já, considere-se convidado.

— O senhor é muito amável, mas foi mera casualidade. Vim procurá-lo por causa de outro assunto, uma questão urgentíssima.

— Assim está me deixando assustado...

— Podemos conversar em particular, senhor Rovira?

— Agora?

— Trata-se de uma questão de vida ou morte. O que preciso lhe dizer não levará mais de dez minutos. Sei que esses não são modos de procurar alguém, mas a gravidade do assunto que me traz aqui justifica isso, a meu ver.

— É algo relacionado ao seqüestro?

— É.

— Venha comigo.

Rovira o levou para uma espécie de salinha de espera com uma porta, ao fundo, que dava para o seu escritório pessoal.

— Sente-se, meu jovem, sente-se... E pode confiar em mim. Um amigo pessoal de dona Miquela Gambús é meu amigo também. Especialmente quando se trata de alguém tão importante: que eu saiba, você é um dos poucos que está a par da terrível situação por que passa essa família, não é?

— Isso mesmo. E, agora, houve uma alteração. Mas sou o único que tem conhecimento dela. Se o senhor julgar conveniente, passaremos a ser dois...

— Quer dizer que é uma informação que deve ser escondida de dona Miquela?

— Exatamente.

— Por acaso aconteceu algo ao pobre Demi Gambús?

— Não, não. Felizmente não é isso... Ainda não.

— Então, não estou entendendo. O que pode estar relacionado ao seqüestro e que não possa ser contado à própria mãe da vítima?

— Se me permite, vou lhe contar. O motivo é importantíssimo. Por onde poderia começar... Digamos que, graças a uma série de investigações que fiz pessoalmente consegui abrir um excelente canal de comunicação com os seqüestradores. Um canal ao qual só eu posso ter acesso, é claro. Por enquanto, só o senhor sabe disso. Se eu quisesse, Demi Gambús poderia ser libertado amanhã mesmo.

— Pois faça isso. Não entendo o que está pretendendo.

— Não se preocupe. Se me der dois minutinhos, tenho certeza que entenderá. O senhor e eu queremos o melhor para Barcelona, não é mesmo?

— Barcelona? Mas o que isso tem a ver com...?

— É verdade ou não?

— Claro que é, mas não vejo...

— Olhe, hoje mesmo eu poderia me apresentar à casa de dona Miquela Gambús, entregar de bandeja o seu filho e pendurar a medalha no peito. Tudo o que ganharia com isso seria o reconhecimento pessoal da família. Um reconhecimento que já tenho. Lembre-se de que sou um amigo de antes do seqüestro. Assim, a repercussão externa de toda essa história infeliz seria nula: não se disse nada, não se transcendeu nada, portanto, não aconteceu nada. Mas veja, Rovira, o senhor e eu sabemos que ninguém poderá apagar os maus bocados que Demi Gambús está passando. Ele se lembrará disso pelo resto da vida. Foi o que me fez pensar que o seu sacrifício deveria ao menos servir para alguma outra coisa. E decidi oferecer ao senhor a possibilidade de ir devolvê-lo à família pessoalmente.

— Eu? Por quê?

Joan Rovira tinha entendido tudo em uma fração de segundo, mas antes teriam que levar a cabo aquela encenação.

— Não podia ser mais claro. O rendimento social e político que o senhor e seu grupo podem obter com isso é imenso. E, ainda por cima, a cidade inteira sai ganhando. Imagine: amanhã, um anônimo divulga para os periódicos a notícia de que Demi Gambús, advogado e grande homem de negócios, foi seqüestrado; que isso foi apenas o começo de uma ação desestabilizadora por parte do grupo que o senhor mais odeia: radicais, sindicalistas... Estará armado um grande rebuliço na cidade, com repercussões até em Madri. E, quando lhe convier, o senhor liberta Demi Gambús. Espetacular. O pobre Demi, que passou por todo um calvário, desponta como nova figura pública, perfeita para qualquer empreitada política que se queira confiar a ele. A coisa não podia ser mais simples. Mas, sobretudo, queria que o senhor não me considerasse cínico ou desalmado. Consegui apenas pensar friamente e reconhecer que, às vezes, o bem social é mais importante que o particular. E que Demi, que conheço desde sempre, e sei que é um homem rijo, não seria afetado por um ou dois dias a mais no cativeiro.

"Agora, se o senhor achar tudo isso maquiavélico demais, dê cá um aperto de mão: volto a cumprimentá-lo pelo centenário da Porto-riquenha e vou embora pela mesma porta por onde entrei. Não gostaria de ser mal interpretado em hipótese alguma. A amizade é um dos valores que presidem a minha vida..."

"A exposição de Escorrigüela foi exemplar", pensou Rovira. "Um bom elemento. É um nome a ser lembrado no futuro. Bom, mas a hora, agora, era de pensar concretamente."

— E o senhor está fazendo tudo isso só por Barcelona?

— Ora, Rovira, somos homens de negócios. Claro que faço isso por Barcelona, pela regeneração moral e política de nossa cidade. Mas, veja bem, o acaso põe em suas mãos a possibilidade de mudar o destino. Por que não uma compensação econômica? Consegui reduzir pela metade o valor do resgate, coisa que a família Gambús ignora. E os Gambús têm muito dinheiro. Muito mais do que o senhor pode imaginar. Trata-se de adiantar essa metade que negociei, quantia de que, infelizmente, não disponho. O negócio é evidente: quando pagarem o resgate, o senhor ganha o dobro de dinheiro e a glória.

— E em quanto ficaria essa operação?

— Os seqüestradores pediram à família quinhentas mil pesetas. O senhor pode verificar.

— Meio milhão? Que absurdo!

— Preciso da metade, agora mesmo, para pagar aos seqüestradores. Quando tivermos Demi, o mais justo seria, assim que dona Miquela pagar o resgate, dividirmos a outra metade, o senhor e eu. Mas quero dez por cento adiantado. E tem de ser para amanhã no fim da tarde.

— O senhor está brincando...

— Não depende de mim. São as condições impostas pelos seqüestradores.

— E como saber se posso me fiar nisso?

— Fiz essa mesma pergunta ao seqüestrador.

— E o que ele respondeu?

— Nada. Disse que eu tinha que correr o risco. E é exatamente o que lhe digo.

— Mas tem certeza de que não está sendo enganado?

— Absoluta. Tenho provas.

— Tem consciência de que o que está me pedindo é um delito?

— Às vezes é preciso cometer uma pequena falta para atingir uma grande virtude.

Joan Rovira ficou em silêncio. Do outro lado da porta, fervilhava o mundo de roupas e peças de vestuário da Porto-riquenha em plena liquidação de verão.

— Pode me dar alguns minutos? O armário com as bebidas está ali. Sirva-se de um cálice. Fique à vontade. Volto logo.

Rovira entrou no escritório. Rafel Escorrigüela o ouviu pedir uma ligação telefônica. Pelo visto, Rovira e seu interlocutor eram dos poucos barceloneses afortunados que tinham telefone. Aproximou-se da porta, tentando acompanhar a conversa, mas não conseguiu ouvir nada. Voltou ao sofá, sentou-se, tomou um gole de vinho observando um documento emoldurado e pendurado na parede:

No dia 25 de julho de 1809, na cidade de Barcelona, o senhor Joan Rovira i Perelló e a senhora Mariana Gall i Peris, sua futura esposa, constituíram uma sociedade para explorar o negócio de fabricação, distribuição e venda de artigos têxteis sob a razão social "A Porto-riquenha".

Escorrigüela sorriu, com ironia: aquele pacto matrimonial exalava amor... Tomou mais um gole de vinho e se dispôs a esperar. Rovira não demorou mais que cinco minutos. Saiu do escritório com um ar sério, fitou-o e disse:

— O senhor terá o dinheiro amanhã, aqui mesmo. Às três em ponto.

Apertaram-se as mãos para selar o pacto.

Rafel Escorrigüela não conseguia acreditar. Atravessou a loja repleta de mulheres que, depois de comerem as tortilhas de batata, dedicavam-se a remexer nos artigos expostos. Ele, porém, nem via isso; era como se estivesse pisando em flocos de algodão, como se andasse na ponta dos pés, feito bailarina. Estava certo de ter feito a melhor jogada possível, considerando-se as cartas que tinha na mão. Rovira é que ia se expor. Demi Gambús nem mesmo chegaria a ver o amigo de infância que faria o papel de simples intermediário. Isso, sim, é que era ganhar dinheiro. Quando tudo terminasse, esperaria alguns dias e, então, iria para bem longe... Saiu da Porto-riquenha feliz da vida.

Pensou em convidar a costureirinha para jantar e dançar, mas acabou não fazendo nada disso. Estava nervoso demais.

No dia seguinte, às três em ponto, Rafel Escorrigüela estava outra vez diante das portas, agora fechadas, da Porto-riquenha. Tinha decidido ir até lá de carro, embora a distância não fosse excessiva. Não podia se arriscar: a cidade era como uma bomba prestes a explodir. Apesar da censura, sabia-se, pela imprensa estrangeira, que os combates eram intensos no Marrocos, com muitos mortos. Em Barcelona, havia corre-corre e manifestações, e a polícia não parava de prender gente. O governador civil tinha proibido a formação de aglomerações nas vias públicas. A resposta dos mais exaltados foi a convocação de uma greve geral a partir da segunda-feira seguinte, dia 26 de julho. Naquele mesmo sábado, a Solidariedade Operária, o Partido Radical e a Esquerda Catalã discutiam com os sindicalistas a possibilidade de aderirem ou não àquela greve. No entanto, Rafel Escorrigüela não se preocupava absolutamente com tudo aquilo, pois já se via em seu exílio dourado em Paris.

O sol estava a pino e, como suava muito, não lhe agradava estar no meio da rua nas horas de calor. Ouviu o ruído de um ferrolho e, logo depois, a porta se abriu. O senhor Rovira apareceu e o fez entrar.

Com as prateleiras cheias, os balcões vazios, os manequins vestidos, a Porto-riquenha parecia uma catedral sem fiéis. Rovira entregou a Escorrigüela um pacote bem volumoso. O rapaz o pegou, desfez os nós e espalhou as cédulas sobre o balcão. Rovira fez uma careta de desagrado. Chegava a ser obsceno, aquele dinheiro em cima de seu altar do comércio! Nervoso, Escorrigüela exclamou, baixinho:

— Está faltando!

— Metade, agora; a outra, na entrega do material. Ou isso, ou nada. É dinheiro demais. E não reclame, pois os seus dez por cento estão aí.

Era humilhante: tinha a nítida sensação de que Rovira o tratava como um ladrãozinho de meia-tigela.

— Mas os seqüestradores não vão aceitar isso.

— Faça-lhes a mesma proposta. Tenho certeza de que aceitarão.

Escorrigüela não tinha tanta certeza assim, mas teria de tentar.

— Tomara que sim — disse ele. — Só lhe peço mais duas coisas.

— Diga. Mas não prometo nada.

— Peço que não mande ninguém me seguir. Tenho tudo sob controle. Todos sairíamos perdendo com isso.

Rovira refletiu por alguns segundos.

— Está bem. Se tentar me enganar, o dinheiro que acabo de lhe dar não servirá para nada. Não é essa a moeda corrente no outro mundo...

Rafel Escorrigüela sentiu um calafrio na espinha.

— Não precisa me ameaçar. Sei muito bem o que está em jogo. A segunda coisa que lhe peço é que espere 48 horas para divulgar essa história. É o tempo de que preciso para escapar se a família Gambús tiver a mínima suspeita sobre o meu comportamento.

Com uma das mãos, Rovira acariciou suavemente uma peça de musselina, fina como seda, que estava sobre o balcão. Virou-se e disse:

— Não posso lhe dar mais que 24 horas. Se entendi bem, esta madrugada teremos encontrado e libertado Demi Gambús. Não é isso?

— É.

— Amanhã é domingo, ou seja, não há muito o que fazer. Mas na segunda... Além disso, é possível que se decida utilizar essa história do seqüestro de Gambús para impedir a greve geral. Dou minha palavra de que, quando levar ao conhecimento da família a solução do caso, o seu nome nunca será mencionado. Mas, a partir da madrugada, não posso lhe garantir mais que 24 horas.

Não era muito tempo, mas talvez bastasse. Certamente bastaria. Amanhã, ou, no máximo, segunda, tudo estaria terminado. E pernas para que te quero! Desta vez, não o pegariam. Estava bem contente.

Talvez não ficasse tão contente se visse a figura que acabava de parar à sua esquerda. Era Felip Dalmau, meio escondido por trás de um dos plátanos da rua. Perguntava-se o que Rafel Escorrigüela estaria fazendo ali, saindo da loja de Joan Rovira com um pacote nas mãos, sem que ele ou dona Miquela soubessem de nada. E não acreditava que o rapaz tivesse entrado lá para comprar roupas femininas de verão... Viu quando Escorrigüela subiu num carro que estava à sua espera e foi embora.

Em casa, Rafel Escorrigüela escondeu sua parte do dinheiro num porta-guarda-chuvas de cerâmica que tinha posto no vestíbulo. Havia, ali, um compartimento secreto: bastava virar o recipiente e, na parte de baixo, tinha uma portinhola com um fecho. Era uma espécie de cofre um tanto especial.

Passou o resto do dia esperando a hora de realizar a operação. Repassou mentalmente, diversas vezes, todos os seus movimentos e não encontrou nenhuma falha no plano. Se as coisas não corressem bem, tinha certeza de que Rovira falaria, mas não havia nada que o incriminasse. Só teria que negar tudo. Era a palavra de Rovira contra a sua. Ou melhor, aproveitaria a vantagem de 24 horas e daria no pé.

As horas custaram muito a passar. Mais uma vez, era noite de festa, a véspera do dia de Santiago.

Dava-se por satisfeito. Só a parte que lhe cabia já era suficiente. Nem por um instante pensou em enganar Joan Rovira, pois sabia muito bem que o seu grupo — aquelas pessoas misteriosas a quem ele teve de telefonar pedindo permissão — não o perdoaria.

Os olhos de dona Miquela se iluminaram. Finalmente, uma peça inesperada havia se mexido naquele tabuleiro imóvel. Foram dias e dias esperando que alguém se movesse, que fizesse qualquer movimento. Porque, quando isso acontecesse, ela pegaria essa pessoa, e, então, se atiraria sobre ela. Como já dizia seu avô, às vezes é preciso imitar os animais. Ficar quieto, à espreita. Com freqüência, como naquele caso, a espera era longa e terrível. Mais cedo ou mais tarde, porém, chegava a hora em que já não se estava lutando contra o ar, em que o objetivo se materializava. Então, era só agarrá-lo com toda a força. Por mais que se sacudisse, a presa não poderia escapar.

Tinha ocorrido um movimento estranho e inesperado: Rafel Escorrigüela na casa de Rovira.

Por isso, com renovada energia, Miquela Gambús enviou uma mensagem por escrito a Joan Rovira. Pedia-lhe, encarecidamente, que se soubesse de alguma novidade, escrevesse um bilhete e entregasse àquele mensageiro. Como esperava, a resposta foi negativa: nada de novo; nenhum contato com ninguém. Muito curioso...

No dia seguinte, domingo, 25 de julho, seria a sua festa de aposentadoria. Sequer cogitou cancelá-la. Com um pouco de sorte, até seu filho, Deogràcies-Miquel, estaria presente.

Quando chegou a hora, Rafel Escorrigüela pegou um coche de aluguel para ir ao teatro. Notou que não era o cocheiro de sempre.

— E Peret?

— Está doente. Sou seu cunhado. Ele me pediu para substituí-lo, se o senhor não se importa. Também sou cocheiro profissional. Trabalhei com o marquês de Alella e...

— Está bem, está bem... Agora, daremos um pequeno passeio. Mais à frente lhe direi aonde vamos.

Havia um clima estranho na cidade: as ruas principais estavam tomadas por patrulhas de cavalaria das forças públicas para evitar manifestações. O Ministério do Interior havia intensificado a censura à imprensa e proibido as ligações telefônicas para evitar a propagação de campanhas tendenciosas sobre a situação em Melilla. Por ordem do governador civil, estava proibida a concentração de mais de três pessoas nas vias públicas. As pessoas formavam, então, filas indianas, de três em três, para ir aos salões de festas, aos parques e aos teatros. Naquele ano, a festa de Santiago ou seria realizada em recinto fechado, ou não aconteceria.

Rafel Escorrigüela saiu cedo o bastante para poder se certificar de que não estava sendo vigiado. Mandou que o cocheiro desse algumas voltas por Barcelona para despistar possíveis perseguidores. Quando teve a certeza de que não o seguiam, pediu que o carro se dirigisse ao Teatro Soriano.

Mas tudo isso em vão. Miquela Gambús já tinha segurado bem a presa e não a soltaria.

A Paralela estava um tanto estranha, quase fantasmagórica: todas as luzes acesas, toda a parafernália de um sábado de verão a pleno vapor, mas ninguém na rua. Por outro lado, os cafés estavam cheios, os ânimos, exaltados, e todos falando da iminente greve geral.

O coche ficou dando voltas até que, às oito em ponto, parou diante do teatro e ficou esperando.

Na calçada em frente, meio camuflado por um jaleco e um boné, Felip Dalmau, com sua cara de roedor, não perdia um detalhe do que se passava.

Nonnita Serrallac abriu a portinhola e chamou Rafel Escorrigüela. Ele a ouviu, mandou que o cocheiro esperasse. Sem pensar duas vezes, o rapaz desceu do veículo com o pacote de dinheiro bem apertado junto ao peito e penetrou naquele local escuro.

Aquela cena tão rápida deixou uma única imagem gravada no cérebro fotográfico de Felip Dalmau: uma barriga de grávida e um embrulho, provavelmente o mesmo que tinha visto ao meio-dia.

Dentro do teatro, Nonnita Serrallac acendeu uma lamparina a querosene. Estavam num cubículo reduzidíssimo, onde a bilheteira se trocava. Havia uma portinha que dava para o teatro. Podiam-se ouvir os gritos e os aplausos do público que, naquela hora, assistia ao espetáculo.

A moça olhou rapidamente para o dinheiro.

Rafel Escorrigüela sorriu: era a repetição da cena que ele mesmo tinha vivido horas atrás.

— Está faltando. O que você está pretendendo?

— Acha que sou idiota? — disse Escorrigüela, que havia aprendido bem depressa a lição. — Aí só tem a metade. Terá a outra quando me entregar Demi Gambús.

Nonnita não duvidou. Era a metade da metade, mas, mesmo assim, continuava a ser uma quantia de respeito.

— Ele será libertado amanhã.

— Amanhã? Por quê?

— Por simples precaução.

— Onde e quando?

— Não se preocupe. Não queremos perder a parte que falta do resgate. Prometo que será uma entrega rápida e discreta. Somos gente de palavra. A única coisa que tem a fazer é esperar tranqüilamente em sua casa. Entraremos em contato. Ao anoitecer.

— Mas...

— Adeus.

Rafel Escorrigüela saiu do teatro um pouco aflito. Não tinha conseguido interpretar a atitude da moça. Lá dentro, em meio às sombras, surgiram as figuras de Eustaqui e Josepet. Nonnita os tinha deixado a postos para o caso de Escorrigüela resolver criar caso. Prepararam a carroça para ir ao bairro Pequín.

Escorrigüela subiu no coche matutando. Precisava avisar Rovira. Dizer-lhe que tudo estava correndo bem e que preparasse a outra metade do dinheiro para o dia seguinte. Mandou que o carro seguisse para A Porto-riquenha. O cocheiro olhou disfarçadamente para o outro lado da rua. Felip Dalmau assentiu com um gesto. O cocheiro respondeu e o veículo se pôs em movimento.

Felip Dalmau refletia sobre o próximo passo a ser dado. Já fazia um bom tempo que Escorrigüela tinha ido embora. Sempre podia entrar no teatro para ver o que encontrava ali... De repente, começou a sair gente do Soriano. O espetáculo tinha terminado. Alguns policiais vigiavam para que não se formassem grupos de mais de três pessoas. Felip Dalmau não tirava o olho da portinhola, mas era difícil vê-la por trás daquela pequena multidão. Dez minutos depois, a tranqüilidade era total. Não acontecia nada. Dalmau não sabia o que fazer. Foi quando a tal portinha se abriu e a grávida apareceu. A moça olhou para um lado e para o outro tentando se certificar de que não havia ninguém suspeito e entrou novamente no teatro. Felip Dalmau ficou alerta. Então, viu surgir na esquina uma carroça lilás puxada por uma mula de passo imensamente cansado. Na boléia, Eustaqui Guillaumet e, ao seu lado, a mulher grávida com a cara mais inocente do mundo. No colo, levava o pacote que Escorrigüela tinha lhe entregado. Na traseira do veículo, havia um sujeito com um nariz grotesco. Deixou que se distanciassem um pouco e foi atrás deles. Não parecia difícil seguir aquela carroça: era a mula mais estropiada de Barcelona e Felip Dalmau estava em plena forma.

Nonnita Serrallac mal conseguia respirar, de tão nervosa que estava. Tentava se acomodar aos solavancos da carroça. A história estava chegando ao fim. Pela primeira vez, sentiu-se com forças para falar com Demi Gambús na noite anterior. Ele estava deitado, de costas para ela. À luz vacilante da lamparina, parecia morto. Não se mexia. Era como se não respirasse. Ficou olhando para o rapaz e percebeu que não experimentava nenhum sentimento de vitória. Quase um mês e meio havia se passado e estava exausta. Agora, que via luz no fim do túnel, só queria que aquilo acabasse, que acabasse...

Pegou uma vassoura e o sacudiu como a um animal, até acordá-lo. Gambús se virou, mas não pareceu surpreendido.

— Ora, finalmente se dignou a visitar seu convidado...

— Não é uma visita de cortesia.

— Já imaginava. Veio fazer o quê, então, me matar? Como vingança pelo que ocorreu há dez anos, acho um pouco excessivo...

— O espetáculo acabou. Vamos deixá-lo apresentável e devolvê-lo à sua mãe. Amanhã à noite, teremos recebido o resgate e deixaremos que se vá.

— Ah, claro, como da outra vez. Também me farão copiar uma página do jornal do dia? Vocês são uns sádicos, uns doentes mentais que...

— As negociações terminaram. Agora é para valer.

— Então, deve estar satisfeita, não é?

— Estou.

A moça olhava para Demi Gambús ali, tão desamparado. Não sabia como ir embora. Afinal, disse:

— Daqui a 15 dias, isso tudo não passará de uma má recordação. Já, para mim, vai resolver a minha vida. A minha e a do meu filho...

— Vá à merda! E reze para encontrar um bom esconderijo. Porque, se é verdade que vão me soltar, a partir de agora, eu e todos os meus descendentes...

— Sei, sei... Já conheço essa história...

— Farei com que você aborte e comerei o feto no jantar.

Só então ergueu os olhos e a fitou, tanto com ódio, quanto com desprezo.

Nonnita saiu dali bruscamente. Não suportava mais aquela visão. Resolveu ir andar pela praia. Foram tantos dias, e, na hora da verdade, não soube o que dizer a ele.

A carroça percorreu todo o passeio Colombo e passou direto pela praça Palau e a estação de estrada de ferro. Àquela altura, Felip Dalmau começou a perceber que a mula raquítica tinha mais força do que aparentava. Trotando, contornaram a Ciutadella pela parte baixa e tomaram o antigo caminho do cemitério, com os trilhos do trem para Mataró à direita.

Demi Gambús via passarem as últimas horas de seu cativeiro. O retardado acabava de lhe trazer um balde cheio de água, diversos utensílios de higiene e uma toalha. Trouxe também suas roupas, seus sapatos e tudo o que tinham tirado dele no primeiro dia. Pelo visto, desta vez a coisa era mesmo para valer. Mas, por via das dúvidas, era melhor não ter muitas ilusões. O seu vigia estava desembrulhando uma barra de sabão caseiro. Havia também uma luva e uma toalha. O sujeito retirou suas algemas. Demi Gambús estava tão debilitado que não assustava ninguém. Ainda há pouco, tinha tentado se revoltar. Agarrou o retardado por trás passando a corrente das algemas em seu pescoço. Começou a sufocá-lo, gritando, inteiramente fora de si: "Não quero mais bacalhau, estou cheio dessa merda de arenque!" Levou um soco na boca do estômago e, com isso, a insurreição terminou. Gambús caiu no chão, sem fôlego, e o outro ficou lhe dando pontapés nas costelas. Por sorte, o sujeito de nariz grande apareceu. Se não fosse por ele, teria ficado machucado. "O que está acontecendo?", perguntou. E o outro respondeu, sem pestanejar: "Parece que não está gostando do cardápio."

Agora, lembrando disso, Demi Gambús começou a rir sem perceber.

— O que tem para o jantar? Não, não diga nada, prefiro a surpresa...

Tomàs o fitava sem mover um músculo, tenso. O papagaio se aproximou, curioso. O rapaz ria, lembrando aquele instante de rebelião, e ria do presente, do máximo requinte que representavam aquela barra de sabão, a luva de banho... e a água salgada. Mais uma vez, pediu a Tomàs Capdebrau que lhe desse uma de suas pílulas de estricnina.

— Ora, homem, estou vendo que agora é para valer. Vou embora mesmo. Essa história acabou. Vamos, me dê as pilulazinhas, que me deixarão mais animado...

Tomàs hesitou. Por fim, remexeu nos bolsos da calça de Gambús, pegou a caixinha, tirou uma única pílula que entregou ao rapaz, deixando a caixinha no chão. Demi Gambús a engoliu com avidez. Pela primeira vez, em um mês e meio, sentiu-se mais ou menos otimista. Talvez, depois daquilo tudo, aquele bando de marginais de segunda fossem mesmo libertá-lo. Viu o papagaio e o chamou, desafiador. Duvidava que seu dono lhe desse uma última bofetada quase na hora de soltá-lo:

— Trinitat, meu lindo, venha cá...

Como sempre fazia, quando ele se dirigia ao papagaio, Tomàs Capdebrau mandou que se calasse. Mas Demi Gambús não conseguiu se conter:

— Viu como seu dono é gentil? Ele me deu uma pilulazinha...

Capdebrau estava ficando desesperado. Não podia suportar ver o prisioneiro confraternizando com seu papagaio. Estava com mais ciúme do que nunca porque, ainda por cima, o animal lhe dava bastante atenção. Olhou para Gambús com um ar de ódio que, mais uma vez, o deixou assustado.

— Desculpe... Não se aborreça. Só queria me despedir. Ele me fez muita companhia... Está vendo? Já estou me lavando...

Com a luva molhada na água salgada, umedeceu o corpo todo. Depois, começou a se esfregar com o sabão. Tomàs Capdebrau não tirava os olhos dele, como se temesse que, na última hora, Gambús pudesse aprontar alguma.

Nem ele nem o prisioneiro perceberam que, no chão, o papagaio Trinitat, um curioso inveterado, remexia com o bico o conteúdo da caixinha de pílulas de estricnina. Devia achar que eram umas sementes de girassol bem especiais. Olhava para elas, caminhava ao seu redor, lhes dava umas bicadas. Nunca tinha visto sementes tão grandes e tão redondas. Agarrou uma delas, tirou-a da caixa, deixou-a no chão e começou a parti-la com o bico comendo os pedacinhos.

Nesse meio tempo, com euforia renovada pela proximidade de sua libertação e pelo efeito da estricnina, Demi Gambús esfregava a pele com tanta força que parecia que ia arrancá-la. Apesar da pouca luz que havia no local, proveniente de um lampião pendurado na parede, pensava pedir um espelhinho e uma pinça para arrancar os pêlos das orelhas; pensava pedir papel e lápis para começar a anotar umas idéias; pensava...

Os dois perceberam ao mesmo tempo: no chão, imóvel, com as patinhas enrijecidas, jazia morto o papagaio Trinitat. Até as cores tão vistosas e chamativas de sua plumagem pareciam ter perdido o brilho e a intensidade. Ao seu lado, a caixinha aberta e a pílula meio comida indicavam claramente o que tinha acontecido. Tomàs Capdebrau ficou parado, olhando a cena. Recolheu o animal com delicadeza e passou a mão por sua cabecinha, como se fosse uma mãe acariciando o filho. O papagaio estava mortinho da silva. Demi Gambús o fitava sem ousar abrir a boca. E o ex-alfaiate, que, ultimamente, não tinha mais o tremor nas mãos, mas vinha perdendo a noção da realidade, de repente começou a chorar, a chorar rios de lágrimas, em silêncio. Chorava, sempre acariciando o animalzinho morto. Demi Gambús continuava calado, assistindo, incrédulo, àquela cena. E ele que pensava já ter visto de tudo... Se contasse, ninguém acreditaria. O retardado chorando por um papagaio!

— Era um papagaio muito simpático — disse enfim.

Assim que pronunciou essas palavras, Tomàs se virou e, com todo o cuidado, pôs o papagaio no chão. Ficou olhando as pílulas e o rapaz, alternadamente. Veio se aproximando. Demi Gambús sentiu o coração bater mais forte, de medo. Porque, nos olhos de Tomàs Capdebrau, viu sua própria morte. A coisa mais estúpida estava prestes a acontecer, e não podia fazer nada. Choramingou, suplicou. Por um instante, uma fração de segundo, passou-lhe pela cabeça uma imagem de quando era pequeno. Naquela época, tanto em Alcagaire como nos primeiros anos em Barcelona, começou a reparar na forma como impunha sua autoridade. Sempre sem gritar. Com atitudes mínimas, gestos brandos. E funcionava. Porra, como funcionava! Só precisava imitar as maneiras e os olhares do avô, transmitidos à sua mãe. Era como num passe de mágica: todos se calavam, estáticos, se borrando de medo...

Mas não teve tempo de pensar nem de reclamar, pois Tomàs Capdebrau, que, em sua loucura, não tinha reconhecido o prisioneiro em um mês e meio, agarrou-o pelo pescoço com as duas mãos e começou a estrangulá-lo. O outro, sem forças, fraco como passarinho, lutou como pôde. Ou seja, muito pouco. Cego de raiva, Tomàs Capdebrau apertou ainda mais e quebrou o pescoço de sua vítima antes mesmo que ela sentisse falta de ar. De repente, um fedor se espalhou pelo barraco. Demi Gambús tinha evacuado. Mas Tomàs Capdebrau continuou apertando ainda um pouco, sem perceber que o outro já estava morto. Sacudia-o como se fosse um boneco. Finalmente o soltou e o corpo caiu sobre o colchão sujo, onde ficou meio sentado nos próprios excrementos.

Dalmau ofegava, correndo atrás da carroça. Esteve a ponto de perdê-la de vista algumas vezes. A noite estava bem escura, e, a duras penas, conseguia seguir o veículo graças à lanterninha que seus ocupantes tinham acendido. Chegaram à Llacuna e seguiram em frente. Finalmente, pararam no bairro Pequín. Era noite fechada e os barracos pareciam tranqüilos. Todos dormiam. Só os cachorros acordavam com a passagem da carroça, mas, como reconheciam o seu cheiro, logo se calavam.

Pararam e os três desceram. Josepet acendeu um cigarro ao lado da carroça. Eustaqui dava de comer à mula, falando com ela bem baixinho.

Nonnita Serrallac sabia o que tinha de fazer: desistir da segunda metade do resgate em troca de mais garantias para escapar. Deixariam o prisioneiro pronto, limpo e apresentável, e fugiriam a toda. Escorrigüela não esperava ter notícias deles até a noite seguinte. Quando estivessem longe, fariam com que a família soubesse onde encontrar Demi Gambús. E eles que se acertassem. Com a certeza de ter tudo sob controle, dirigiu-se decidida para a praia. Se as coisas corressem bem, amanhã estariam muito longe.

Entrou sob o toldo e o fedor que sentiu a fez recuar. Não sabia o que estava acontecendo. Não se ouvia nada. Afastou a cortina que separava o cativeiro e deu com os olhos mortos de Demi Gambús cravados nela. Ao seu lado, Tomàs estava sentado, com o papagaio morto nas mãos, limpando-o com uma esponja.

— O que aconteceu, Tomàs? — perguntou ela.

Ele apontou para o papagaio.

— Trinitat morreu por culpa dele. E ele morreu por minha culpa.

Os olhos de Josepet, que tinha entrado atrás dela, pareciam que iam pular fora das órbitas de tão arregalados. Começou a choramingar:

— Agora sim é que estamos fodidos! Agora sim é que estamos fodidos!

Nonnita Serrallac gritou para que ele se calasse e saiu para avisar Eustaqui. Pagaram o combinado a Josepet, mandaram que ele fosse embora, se é que queria ter vida e saúde para gastar todo aquele dinheiro. Em menos de cinco minutos, o pobre sujeito já tinha juntado todas as suas coisas. Pegou o relógio roubado a Escorrigüela pela ponta da corrente, como se fosse merda. Tinha descoberto que o nome ali gravado era daquele desgraçado que acabava de bater as botas. Aproximou-se do morto e jogou o relógio sobre o corpo: não queria nada que pertencesse a alguém que morreu naquelas condições. O azar ia persegui-lo pela vida toda. Um minuto mais tarde, de Josepet e seu nariz não restava nem a lembrança. Ele tomou o caminho de Sant Adrià com tanto ímpeto que nem percebeu que por muito pouco teria tropeçado em Felip Dalmau, escondido bem perto da carroça. Pouco depois, sob a luz fraca da lua, o ex-policial viu a grávida e o rapaz surgirem na escuridão da praia, com alguma precipitação, e carregando quatro embrulhos. Pela primeira vez, pôde observar a mulher mais de perto. Era a mesma grávida que tinha visto em companhia de Demi Gambús, há alguns meses, no Café Sevilla. Havia também um outro homem mais velho que levava uma maletinha, numa das mãos, e, na outra, um embrulhinho que parecia um objeto delicado. Ele e a grávida se sentaram na traseira da carroça. O rapaz estalou o chicote e, num segundo, desapareceram na escuridão. Muito estranho... Por que estariam com tanta pressa?

Desta vez, porém, não os seguiu. Esperou até perdê-los de vista, levantou-se e seguiu o rastro deixado na areia. De repente, deparou com aquela estranha carcaça meio destruída, em forma de tenda, enfiada no meio da praia. O cérebro de policial de Felip Dalmau começou a agir. Seria possível que Demi Gambús estivesse preso naquele esconderijo? Claro. Era provável? Não tinha muita certeza. Se estivesse enganado, poderia se ver em apuros. Não sabia quantas pessoas haveria ali dentro. Fez as contas: há dez minutos, o sujeito narigudo tinha ido embora; agora, foram aqueles três, e todos com certa pressa. Não caberia tanta gente naquele esconderijo. Com um pouco de sorte, talvez só uma pessoa tivesse ficado de guarda, no máximo duas...

Era possível se aproximar sem ser visto. Decidiu esperar um pouco mais. Não se via luz alguma. Talvez os vigias estivessem dormindo... Sacou da faca e começou a rastejar pela areia, por precaução. Não tinha medo de lutar. O efeito-surpresa estava a seu favor. Atento ao menor ruído, foi se arrastando até a entrada da tenda. Não se ouvia nada. Parou. Esperava ouvir a respiração ritmada de alguém dormindo, mas lá de dentro não vinha barulho algum. Apenas um fedor impressionante. Com todo o cuidado, inteiramente deitado no chão, tenso, com a faca na mão, levantou uma ponta da lona que fechava a tenda e enfiou a cabeça. Se alguém o tivesse ouvido chegar, e estivesse à sua espera, esse era o momento ideal para atingi-lo com alguma coisa. Mas não aconteceu nada. Quando seus olhos se acostumaram à escuridão, viu que não havia ninguém ali. Ao fundo, uma cortina separava aquela espécie de tenda dos restos da carroça. Bem devagarinho, foi se dirigindo até lá. Por trás daquela cortina, não se ouvia nada, só havia aquele fedor infecto que ficava cada vez mais forte.

Estava decidido: se Demi Gambús estivesse naquele local, ia libertá-lo custasse o que custasse. Com um gesto brusco, afastou a cortina disposto a enfiar a faca no peito de quem quer que fosse. Viu alguém dormindo e saltou sobre ele. Quando já o havia agarrado pelo pescoço, notou que o adversário não oferecia qualquer resistência e estava bastante frio.

Acendeu um de seus fósforos. E lá estava Demi Gambús. Absolutamente só e tão morto que nem parecia morto. Sobre o peito, o relógio, atirado de qualquer jeito, talvez numa manifestação de desprezo.

31

DEPOIS DE INFORMAR ROVIRA SOBRE o andamento do caso e combinar com ele que, no dia seguinte, ficariam esperando que os seqüestradores cumprissem o trato, Rafel Escorrigüela se meteu na cama. Pôs o despertador e pegou no sono quase instantaneamente. As coisas estavam correndo como deviam.

Sonhou que uns trovões fortíssimos ecoavam pelas montanhas. Acordou com o barulho. Não eram trovões, era alguém batendo à sua porta. Olhou o relógio: eram só nove e meia. Pôs o roupão e foi abrir. O sol claro de verão entrava em réstias pelas venezianas da varanda. Ouviu uma voz vinda do patamar:

— Abra, Escorrigüela. Sou eu, Dalmau.

O tom da voz não parecia alterado. Era impossível que houvessem descoberto algo. E se fosse uma armadilha para fazê-lo abrir a porta?

— O que quer?

— Abra, cacete! Dona Miquela quer falar com o senhor. É urgente... Venha, pelo amor de Deus, pois a patroa hoje está muito atarefada e não quer perder tempo. Sabe muito bem como ela fica...

Aquele homem tinha o dom de deixá-lo tremendo. Rafel Escorrigüela estava a ponto de fraquejar. Alguém com más intenções não se apresentaria daquele jeito.

Abriu e o outro o empurrou com força para dentro. Não tinha nem pistola nem faca na mão, e tampouco parecia querer lhe quebrar a cara a bofetadas.

— Ainda estava dormindo?

— Estava.

— Então se apresse. Vista-se.

— Agora? — O outro não respondeu. — Alguma novidade? — perguntou enquanto vestia a calça.

O rosto sonolento e preocupado fazia com que parecesse ainda mais velho e mais feio. Como suas mãos tremiam, atrapalhou-se com as pernas da própria calça. Depois de uns bons segundos em silêncio, Felip Dalmau acabou respondendo:

— Novidade? Não faço a menor idéia. Ande logo.

Rafel Escorrigüela lembrou-se das promessas dos dias anteriores. Dona Miquela prometeu que não deixaria de considerar toda a sua colaboração naquela questão tão difícil. Devia ser isso. Não podia ser outra coisa. Era impossível.

Entraram num dos carros da família. Fizeram todo o trajeto em silêncio. Miquela Gambús em pessoa os esperava de pé no portão.

— Desculpe tê-lo feito vir dessa maneira, Rafel, mas precisamos discutir um assunto muito importante.

— Tem a ver com Demi?

— Sim e não. Essa história está rendendo e acho que temos de mudar de estratégia. Organizei um banquete de gala e tenho muito o que fazer. Espere-me no escritório do meu filho. Tire um cochilo, se quiser. Ou então, tome o seu café e leia o jornal. Assim que tiver meia horinha livre, vou até lá e conversamos.

— Como quiser, dona Miquela.

— Então, estamos combinados.

Bem cedinho, Miquela Gambús chamou toda a criadagem para lhes apresentar Felip Dalmau.

— Prestem bem atenção — disse ela — porque, durante todo o dia de hoje, o que ele disser é uma ordem minha.

Ela e Dalmau tinham organizado a festa nos mínimos detalhes. As medidas de segurança funcionaram com perfeição. A recepção não era para uma multidão: havia apenas quarenta convidados oficiais, o que facilitava a vigilância. Alguns homens da polícia secreta não tiravam os olhos das pessoas que passavam pela rua nas 24 horas que antecederam a festa e se revezavam, a cada hora e meia, para não levantar suspeitas. Considerando-se o caos que imperava na cidade por aqueles dias, a presença da polícia não chamava a menor atenção. Depois, havia os guardas contratados por Miquela Gambús que controlavam os que entravam e saíam do recinto, anotando o nome de todos e cuidando de qualquer aspecto relacionado à segurança. A visita de um rei ou de um presidente não teria sido mais vigiada. Na verdade, embora o monarca não fosse estar presente, haveria ali alguns de seus representantes de primeiríssimo escalão, como os marqueses de Comillas, de Alella e de Castellflorite, bem como os duques de Sotomayor. Também brilhariam com luz própria convidados como o novo prefeito da cidade, os governadores civil e militar, o reitor da universidade, um general do estado-maior, o promotor público e o delegado da Fazenda. Isso sem contar outras personalidades do meio político, financeiro, comercial, industrial e cultural de Barcelona. O capitão-general e o senhor cardeal, bispo de Barcelona, tinham se desculpado por não poderem comparecer. À anfitriã, só o segundo interessava. Sorriu pensando no bispo. Estava chegando a hora de fechar simbolicamente uma das feridas mais antigas que tinha em seu coração.

Por volta do meio-dia, as diferentes personalidades começaram a chegar como previsto. O sol iluminava intensamente a ampla entrada das carruagens criando mil efeitos arroxeados quando incidia sobre as gotas de cristal violeta do lustre de seis braços. Ao pé da escadaria principal, coberta com um tapete cinza preso aos degraus por varões de latão prateado, os convidados eram recebidos pela própria Miquela Gambús. Refinada e distinta, apresentava-se diante deles com um vestido de meio-luto, exemplo de elegância e símbolo de fortuna. Sua pele, branquíssima, servia de pano de fundo ideal para o roxo reluzente das ametistas dos seus brincos, para o azul escuríssimo do ônix do pingente que trazia ao pescoço e para a pérola negra que coroava um de seus anéis. Jamais a tinham visto tão resplandecente. Deixava os convidados entregues aos cuidados do mordomo que levava os mais importantes a um salão à parte, para que pudessem esperar com todo o conforto, e instalava os demais diretamente na grande sala de jantar. Enquanto os convidados se deslocavam, a casa ia se revelando cada vez mais impressionante: pelas paredes, tapeçarias negras debruadas de cinza. Pelos corredores, uma fina passadeira roxa. Nos salões, os magníficos tapetes turcos estavam cobertos por um tule negro transparente. Os objetos também haviam escurecido: cadeiras, mesinhas, estatuetas, relógios, porta-guarda-chuvas, tudo tinha adquirido um toque mortuário graças a véus lilases, gazes azuladas, sedas escuras, crepes negros... Haviam até mesmo pintado de roxo as lâmpadas de algumas luminárias elétricas. Os convidados estavam pasmos: era evidente que aquela casa estava de luto. Mas ninguém sabia de nada e a anfitriã não ajudava a esclarecer o mistério. Basta dizer que não se via ali nenhum traje feminino escuro. Pelo contrário, as damas chegavam radiantes com seus vestidos de verão em tons claros, que não ficavam nada a dever ao de Miquela Gambús, e exibiam uma verdadeira torrente de imaginação, fantasia e riqueza, segundo os padrões da última moda em Paris. Os vestidos de Paul Poiret, leves e de cintura alta, libertavam as mulheres do espartilho e davam àquela reunião um ligeiro toque oriental e exótico.

Miquela Gambús voltou a fazer as contas; à exceção do bispo e do capitão-general, tinha em casa as pessoas mais importantes da cidade em todos os setores: político, militar, industrial, cultural...

Rafel Escorrigüela esperou um bom tempo. Tudo parecia normal. Todos eram amáveis e educados com ele, mas, no fundo, sentia uma imensa angústia, inexplicável. Provavelmente, eram resquícios do transtorno vivido na noite anterior. Tinha sonhado com a última imagem que teve de Demi Gambús, acorrentado e seminu... No entanto, também estava contente. Dona Miquela tinha sido bem clara. Tal como esperava, a velha decerto queria lhe dar uma nova incumbência. Perfeito. Qualquer coisa serviria para ganhar tempo e poder fugir dali. Os minutos passavam e ele ia ficando entediado. Sacudiu um pouco a cabeça para espantar uma mosca que voava ao seu redor. A grávida tinha lhe garantido que até a noite Demi Gambús seria libertado. Então, ainda tinha tempo...

Esticou-se no sofá e dormiu até quase 11 horas. Pouco depois, ouviu uma carruagem chegando. Olhou pela janela. Apesar do sol forte, pôde vê-la entrar depois de autorizada por um daqueles novos porteiros que havia no portão. Quantos cuidados... Saiu do escritório para esticar um pouco as pernas. Os corredores estavam cheios de empregados que também não tinha visto antes: garçons, criadas... Ouviam-se móveis sendo arrastados e alguém dando ordens. Era um verdadeiro banquete de gala... e a puta velha nem o tinha convidado! Quis descer até a entrada principal para dar uma espiada. Ficou estarrecido: no final do corredor, mais guardas desconhecidos lhe barraram a passagem. De volta ao escritório, encontrou-se com Felip Dalmau num dos corredores. Cumprimentou-o e ele respondeu ao seu cumprimento com um sorriso de rato que dava medo.

— Escorrigüela, por que não se comporta? Dona Miquela não mandou que esperasse?

— O que é toda essa agitação? Puxa vida! Isso é só um almoço nesta casa?

— Volte para o escritório, homem — exclamou Dalmau com um olhar impassível.

Não podiam ter descoberto nada. Fez a transação mais cuidadosa de toda a sua vida. Já tinha preparado tudo: no dia seguinte, fugiria o mais depressa possível. Desta vez tinha dinheiro mesmo. Muito dinheiro. Pegaria o trem e só pararia quando chegasse a Paris. Sentia-se bem, valente. Estava guardando um segredo: o cachorro fiel devorava o dono...

Os convidados foram acomodados obedecendo a uma disposição rigorosíssima ao redor da grande mesa que ficava no centro da sala de jantar. A anfitriã, afável como nunca, continuava a não mencionar nenhum morto, de forma que, por cortesia, ninguém lhe fazia perguntas sobre a decoração fúnebre da casa. Logo os convidados relaxaram e passaram a comentar o que seria uma clara demonstração de extravagância de dona Miquela, que talvez estivesse começando a caducar. Davam por falta de Deogràcies-Miquel Gambús, mas como ninguém dizia nada sobre isso e se por acaso alguém se atrevia a perguntar por ele respondiam-lhe que tinha viajado a negócios com urgência, a questão foi relegada a um educado segundo plano e deu lugar a uma conversa descontraída. Uma alegria comedida tomou conta do aposento: um trio de músicos, saído sabe-se lá de onde, instalou-se discretamente num canto e, numa altura que não incomodava os convivas, começou a tocar melodias e canções mais modernas, incluindo-se peças de zarzuelas. Todos estavam encantados e espantados: toalhas lilases, guardanapos negros... Mas ninguém parecia triste. Então, damas e cavalheiros concentraram-se no que, pelo visto, seria o banquete do ano.

Servido por criados de luvas pretas, o cardápio era o mesmo que o oferecido ao rei um ano e meio antes, quando de sua visita à cidade: consomê Princesa ou creme Martigny, regado a um xerez de 1812. Peito de frango à Rachel ou filé Wagram, acompanhado por vinho Marqués de Riscal. Leitão de Mans assado com alcachofras, molho holandês e salada, regado a um Pommard de 1892. Enfim, *biscuit* gelado à catalã, servido com champanhe Cordon Rouge e macedônia de frutas regada à Málaga. Antes de tudo isso, como aperitivo, canapés de caviar com champanhe Roederer.

Os ilustres convidados foram ficando mais animados. Durante o aperitivo, dona Miquela Gambús, exuberante, com um estranho brilho nos olhos, ia de um grupo a outro, cumprimentando tanto os que estavam sentados quanto os que permaneciam de pé. Era o último grande ato social de sua vida.

Nas mesas, reluzentes, apesar dos tons escuros que imperavam na casa, os cálices de vinho e de aperitivos se alternavam com as taças de champanhe. Em oito ou dez bandejas brancas, triunfavam os mais variados canapés. Apesar das bombas, apesar da convocação de uma greve geral, apesar das manifestações antimilitaristas, apesar da delicada situação política, o clima era de início de férias.

Ninguém notou quando a anfitriã saiu discretamente.

Rafel Escorrigüela estava deitado no sofá. Tinham lhe trazido uma bandeja com comida e bebida, mas ele nem tocou nela. Não estava com fome. Só tomou um copo de vinho para se refrescar. Voltou a abrir a porta: aquele vaivém de criados continuava. Mais uma hora se passou. O rapaz não parava de pensar. Estava muito quente. Seu humor variava: tinha momentos de euforia e de inquietação. Era evidente que, se tivessem descoberto alguma coisa, não o manteriam ali daquele jeito.

Acabava de morder uma fatia de pernil quando ouviu a porta se abrindo. Ao longe, percebia uma música suave. Virou-se e ficou boquiaberto. Era dona Miquela, toda de preto, dos pés à cabeça, com um ar não apenas sério, mas aterrador.

Atrás dela, vinha Felip Dalmau, circunspecto. De tão nervoso, só conseguiu balbuciar um “olá”, cuspindo migalhas de pão e pernil. A anciã encaminhou-se para a mesinha e Dalmau ficou parado na porta. Rafel tentou recuperar a calma: tinha um álibi perfeito; não podiam acusá-lo de nada.

Para sua desgraça, porém, as coisas não correriam como imaginava.

— Sente-se, Rafel — disse ela indicando o sofá com os olhos.

Ele obedeceu imediatamente. O que ouviu em seguida parecia não estar sendo dirigido a ele, a tal ponto que não conseguiu entender:

— Mantive você por várias horas neste aposento repleto de lembranças do meu filho. Acreditava que, com isso, poderia fazê-lo refletir sobre os seus atos e, no mínimo, levá-lo a pedir clemência...

— Clemência por quê?

— Está vendo? Você continua equivocado. Sempre se equivoca. Quer que lhe conte uma história? Em outubro de 1899 vinha chovendo há dias; chovia como nunca se tinha visto antes no vilarejo de

Alcagaire. A velha ponte desabou e as duas margens do rio ficaram incomunicáveis. Na esquerda, na encosta da montanha, no penhasco que se precipita sobre o rio, um deslizamento de terra arrastou uma família que não pôde se abrigar. Foram todos lançados na água, exceto um menino de uns dois ou três anos que ficou preso numa saliência do rochedo. Meu pai, prefeito e protetor do vilarejo, decidiu que precisava salvá-lo. E pronto. Não parava de chover; o rio não parava de subir e a ponte mais próxima ficava bem longe dali. Quando a tempestade amainava um pouquinho, dava para ver a criança, do outro lado, agitando braços e pernas para chamar a atenção. Meu pai, envergando seu traje oficial de prefeito, inclusive o bastão, ordenou que preparassem um barco e pusessem nele cordas e todo o material necessário para se descer por um paredão. Era uma daquelas balsas tão comuns no rio, como você bem sabe: a plataforma com uma espécie de varandinha sobre dois flutuadores e o cabo que serve de guia. E tudo tinha de ser feito bem depressa, porque, em poucos minutos, a água impediria a travessia. Então, meu pai gritou oferecendo cinqüenta pesetas aos dois valentes que se propusessem a passar para o outro lado e resgatar o menino. Dava pena pensar que a criança podia morrer, mas a força da água era brutal. Mais que dois valentes, precisávamos era de dois inconseqüentes ou dois suicidas. Se o rio não os arrastasse, despencariam lá das pedras quando tentassem alcançar o menino. Ninguém se ofereceu. O medo de morrer superava o medo da autoridade. Evarist, seu pai, mais amigo do que subordinado, vendo a decepção estampada no rosto de meu pai, adiantou-se e disse que estava disposto a tentar. Meu pai se aproximou dele e o abraçou. E então, sob aquele aguaceiro que caía, disse que agora podia ver claramente de onde vinha o nome de Alcagaire: povoado de cagões. E anunciou, aos berros, que ele mesmo seria o segundo voluntário, pois não deixaria seu amigo sozinho. Eu não conseguia acreditar no que via: ele já tinha 69 anos! Mas não houve jeito de dissuadi-lo. Ele e seu pai soltaram as amarras e a balsa foi para o meio do rio. Continuava chovendo a cântaros. Eles não tinham a mínima chance. A força das águas logo fez com que o cabo se esticasse ao máximo. Troncos de árvores e animais afogados desciam rio abaixo. Por duas vezes, estiveram a ponto de virar. A água passava por cima da plataforma... No entanto, conseguiram chegar à outra margem! Vimos até quando os dois desembarcaram poucos segundos antes de uma tromba d'água arrastar a balsa. Os dois continuaram escalando o penhasco e chegaram a um ponto acima de onde estava a criança. Boquiabertos, vimos quando amarraram uma corda a uma árvore e a deixaram cair perto do menino. Parecia um milagre. Seu pai se agarrou com força à corda e começou a descer. De repente, embora fosse ainda no começo da tarde, tudo ficou escuro e a outra margem desapareceu da vista de todos nós. O barulho do rio e da chuva que caía era ensurdecedor, mas as pessoas ali paradas continuavam esperando. Finalmente, as nuvens negras se dispersaram e a tempestade amainou. Todos nós, e eu mais que todos, tratamos de esticar o pescoço e forçar a vista: já não havia árvore, nem corda, nem penhasco, nem seu pai, nem o menino, nem meu pai, nem nada. Um outro deslizamento de terra tinha levado tudo. Não tivemos qualquer ilusão. Encontramos meu pai num local bem mais abaixo três dias depois. Ele tinha o bastão de prefeito agarrado na mão enrijecida. Seu pai foi encontrado um pouco mais tarde, e ainda estava atado à corda. A criança nunca apareceu. E a história termina aqui. Duas mortes estúpidas, mas com certa nobreza... — disse ela fitando Rafel Escorrigüela com um olhar glacial. — Não como a do meu filho, igualmente estúpida, mas indigna. Você mandou matar o meu filho e o vendeu a Rovira como se fosse carne de terceira, Rafel Escorrigüela.

O rapaz foi incapaz de articular uma palavra. Morto? Mas o que aquela mulher horrível estava dizendo? Por que tudo tinha de ser sempre tão enigmático? Se o que a velha dizia era verdade, ia pagar injustamente pela morte de Demi Gambús. Sua hora havia chegado.

Com voz tranqüila, dona Miquela prosseguiu:

— Estou festejando minha aposentadoria. Demi não estará aqui; não preciso lhe dizer por quê. É uma lástima. Esperei a vida toda por esse momento e, como vê... Amanhã mesmo volto para Alcagaire e quero deixar todas as portas bem trancadas, pois não gosto de correntes de ar.

Fez um gesto com a mão. Felip Dalmau se aproximou e lhe entregou um objeto: o relógio de Demi Gambús. Com certa displicência, ela o pegou pela corrente, erguendo-o a cerca de um palmo do rosto de Escorrigüela. Parecia querer hipnotizá-lo com aquele pêndulo. E voltou a falar, tranqüila e assustadora:

— Não quer seu relógio de volta? Foi um presente do meu filho e você o larga assim em lugares esquisitíssimos... Ou será que quis devolvê-lo de um jeito um tanto ostensivo? Que filho-da-puta você é...

Rafel Escorrigüela ficou apavorado porque não estava entendendo nada.

— A mim, pouco importa que meu filho tenha sido morto pela sua mão ou pela de outra pessoa — prosseguiu ela. — Tanto faz. Sua obrigação era defendê-lo. Ou avisar para que fôssemos defendê-lo. Foi para isso que o contratei. Mas não foi o que você fez. E ainda por cima rompeu o nosso acordo e me traiu.

— Por favor, por favor, por favor, dona Miquela... Não me mate. Posso explicar. É tudo culpa do Rovira...

Miquela Gambús fez sinal para Felip Dalmau que se aproximou de Rafel Escorrigüela. Decidido, levantou-o e lhe deu duas bofetadas com a palma e o dorso da mão. O rapaz parou de choramingar para enxugar o filete de sangue que lhe escorria da boca.

— Comporte-se como um homem, Rafel. Pense um pouco. Você conhece nossa família. Se quisesse matá-lo, a essa hora não estaria aqui lhe dando explicações e deixando todos os meus convidados lá embaixo, almoçando. Você já estaria no fundo do mar, com uma pedra amarrada aos pés. Não pretendo matá-lo, Rafel Escorrigüela, ao menos por enquanto. E o motivo é o seu pai, que morreu por culpa do meu. Por isso, deixei que vivesse da primeira vez, e volto a fazê-lo agora. Não quero que sua mãe mencione o nome dos Gambús só para amaldiçoá-lo. Você tem uma sorte que não merece: sua vida pela de seu pai. Mesmo assim, pretendo puni-lo. Por sua cabeça ruim e sua alma ruim, você vai voltar para Alcagaire e ficar lá até morrer.

Terá a liberdade de se instalar onde quiser e fazer o que bem entender, mas não poderá sair do vilarejo. Se tentar, morrerá da forma mais vil e terrível. Porque, de agora em diante, qualquer habitante de Alcagaire terá permissão para persegui-lo, caçá-lo como a um rato e esfolá-lo. Pagarei um bom preço por sua pele, um preço que só fará aumentar a cada dia. Este será o meu castigo: esperar até que você se desespere e se enforque numa das vigas da sua própria casa. Você deve viajar agora mesmo. Adeus, Rafel.

Dizendo isto, dona Miquela deu meia-volta e foi embora. Dalmau agarrou Rafel Escorrigüela pelo braço, obrigou-o a levantar e precisou segurá-lo, pois suas pernas estavam bambas. Levou-o, então, até a entrada principal onde um carro esperava por ele. Meteu o rapaz ali dentro e acenou pela janelinha com um sorriso sinistro. O carro deixou a casa. Só então Rafel Escorrigüela se deu conta de que não estava sozinho. Um rapaz de aparência tranqüila o cumprimentou dizendo-lhe que viajaria com ele para garantir que chegasse bem ao vilarejo. Mais uma vez, Escorrigüela começou a chorar. Estava certo de que aquele sujeito tinha ordens para assassiná-lo da pior maneira possível. Nunca chegaria vivo a Alcagaire para se despedir da mãe.

Mas não foi o que aconteceu. Miquela Gambús tinha sido bem clara: a sua vida pela de seu pai. Mesmo assim, durante todas as intermináveis horas que levaram até o vilarejo, Rafel Escorrigüela temeu que, de repente, o outro pudesse lhe cortar a cabeça e atirá-la pela janela. Dona Miquela já contava com isso como parte do castigo.

Quando chegaram a Alcagaire, estava amanhecendo. O veículo parou diante da casa de sua mãe. Rafel Escorrigüela a viu e ficou emocionado.

Foi então que o matador de aluguel lhe cortou a cabeça e a atirou pela janela.

Na sala de jantar, reinava o melhor dos climas. Satisfeita, Miquela Gambús voltou a se sentar. Nesse momento, o trio estava executando uma seleção de suaves temas clássicos e os comensais, que apreciavam o primeiro prato, agüentavam como podiam o calor abafado de fins de julho, com resignação e uns goles de vinho. O ar circulava graças aos grandes ventiladores elétricos que pendiam do teto, um dos grandes avanços em termos de utilização da eletricidade.

Um dos convidados, um deputado do partido conservador, estava voltando do banheiro escoltado por um dos criados que, sem se deter, ajudava-o a vestir um elegante paletó de linho. O deputado se abotoou, se sentou e, inesperadamente, exclamou com seu vozeirão:

— Como estava dizendo, antes que aquele criado idiota amassasse o meu paletó, já é hora de os partidos dinásticos voltarem a unir esforços para designar um homem forte. É uma vergonha!

— Não se pode fechar os olhos à realidade — retrucou o cavalheiro que estava à sua frente, decano do colégio de farmacêuticos. — Olhe só para a rua. Veja toda essa multidão...

— Mas que multidão? Devemos acreditar nas últimas eleições, meu amigo?

— Suponho que sim.

— Então, onde estavam todos na hora de votar? Não são nem capazes de votar em seus próprios companheiros. Porque, no fundo, bem que gostam de se considerar subjugados e pisoteados. Assim, podem gritar mais, que é a única coisa que sabem fazer: reunir-se na Casa del Poble e ficar protestando. E isso, em vez de trabalhar, como fazem as pessoas honradas e decentes.

— Não me parece que o trabalho seja a única aspiração...

— Bem se vê que você é farmacêutico e o que lhe interessa é estar bem com todos. Dedique-se às fórmulas magistrais, homem! Isso mesmo, não tire o nariz da farmácia, a menos que ela seja chamuscada com uma dessas bombas que andam atirando por aí. Todo esse palavrório anarquista não engana ninguém.

Um pouco mais adiante, um jovem coronel, ajudante-de-ordens do general do estado-maior, falava da guerra com o Marrocos. Era alto, de feições roliças, com uma barbicha curta e pontuda. O uniforme de gala lhe caía muitíssimo bem, com suas medalhas e seus alamares. Referia-se à população autóctone do Rif como "aquela gente": o inconsciente o traía. Contava, sem a mínima vergonha, uma mentira deslavada:

— As operações têm sido rápidas e há 15 dias não se registram incidentes importantes. As estranhas pretensões de alguns agitadores do Rif chegam a ser grotescas, já que o povo da região nunca se separou da Espanha depois do castigo que recebeu.

Ao seu lado, a esposa do vice-presidente do Banco Hispano-Colonial, excitada por estar participando de um almoço de tal importância, lembrava que tinha surpreendido o jovem coronel ajeitando o bigode no espelho que havia na entrada da sala de jantar. A luz produzia reflexos prateados em suas polainas e a mulher não tirava os olhos delas. Seu marido interrompeu a dissertação do militar:

— Perdoe-me, meu jovem, mas vejo que está usando o uniforme de gala, não é?

— Exatamente, senhor.

— De gala simples ou de grande gala?

— Simples.

— E por que não está com o cinturão? Creio que, com isso, o senhor tira todo o brilho da farda.

Desconcertado, o coronel lhe respondeu que não tinha idéia do que ele estava dizendo, que se limitava a cumprir as determinações regulamentares. O banqueiro, satisfeito por ter perturbado um pouco aquele jovem que parecia interessar tanto à sua esposa, assentiu com um gesto e virou-se para a sua esquerda. Dispôs-se a escutar o reitor da universidade que comentava, com satisfação, a recente medida governamental que proibia as salas de jogos e as tabernas da rua Tallers, freqüentadas pelos estudantes a qualquer hora.

O novo prefeito de Barcelona, senhor Coll i Pujol, declarava ao marquês de Alella que uma de suas prioridades, para melhorar a vida dos barceloneses necessitados, era construir mais banheiros públicos gratuitos.

O aristocrata, com um ar ausente, virou-se para a esposa. Estava aborrecido por ter de comparecer a um banquete tão extravagante quando, na qualidade de vice-presidente do recém-inaugurado

Aeroclube da Catalunha, sua presença seria muito mais importante no almoço da junta diretora da instituição. Com evidente desprezo, perguntou:

— Ouviu? O senhor prefeito vai mandar construir banheiros...

Toda sorridente, a mulher fitou o prefeito e exclamou:

— Que curioso! Banheiros...

Simulando um aplauso, virou-se para o governador civil que, como não tinha ouvido nada e não sabia do que eles estavam falando, disfarçou e fingiu que estava prestando a maior atenção ao trecho que o trio executava naquele momento.

Felip Dalmau entrou discretamente na sala e se aproximou de dona Miquela. Ela o viu, consultou o relógio de parede, assentiu com a cabeça e o homem saiu novamente.

Pouco depois, em seu apartamento, Felip Dalmau olhava a rua pela janela. Esperava que viessem buscá-lo. "Bom, está certo, terei cara de rato até o fim dos meus dias", pensava ele. "Mas, ao menos, nesta ocasião, ela me será muito útil..." Alisou com as mãos a batina que estava usando. Se aquela cara contribuía para lhe dar a aparência de um padre, tanto melhor. Em todo caso, reforçava o seu aspecto insignificante. Além disso, sabia como envergá-la. As batinas, como as fardas, fazem mais ou menos efeito dependendo de como são usadas.

Quando começou a trabalhar para dona Miquela, pensou que não daria certo. Felizmente, ela sabia muito bem o que queria e lhe fez uma única observação: "Num mundo de raposas, Dalmau, é preciso estar do lado dos vencedores, pois o tempo e os anos passam rápido demais..."

Agora, podia se considerar um homem tranqüilo e moderadamente feliz.

Bateram à porta com delicadeza. Dalmau olhou o relógio, fez umas últimas verificações e saiu. Diante da porta, uma carruagem o esperava com os degraus baixados. Sentado junto ao cocheiro estava um dos homens da patroa. Entrou no veículo e se acomodou no banco. Deu ordens para que seguissem e pôs o barrete, tão providencial. Afinal, o barrete evitava que tivesse de se submeter à tonsura.

Na sala de jantar, os convidados honravam os leitões assados. As garrafas de Marqués de Riscal e de Pommard 92 circulavam para um lado e para o outro. Os garçons esperavam, com o guardanapo pendurado ao braço, comandados por um *maître* contratado para a ocasião. E em meio ao aroma da carne assada e ao tilintar de facas, garfos, copos e taças, a melodia de uma valsa se enrodilhava como um caracol.

O governador civil, don Àngel Ossorio, máxima autoridade civil presente na sala, conversava com a anfitriã num clima de total confiança, já que, em Madri, tinham insinuado que aquela mulher merecia nada mais, nada menos que todo o seu respeito. E que os serviços que ela tinha prestado à pátria, ele próprio não prestaria em vinte anos. E ponto final.

— O que é deplorável, prezada senhora Gambús, é que, hoje em dia, os partidos espanhóis históricos estão mergulhados num verdadeiro estado de confusão no que se refere à Catalunha. É o caos completo: há a questão da autonomia, a descentralização, a Solidariedade Operária, as bombas, o terror, o patriotismo. Agora mesmo, a senhora me dirá: as pessoas não querem ir à guerra...

— Eu me preocupo muito com o problema das bombas.

— E faz bem em se preocupar. Na Espanha, não somos capazes de agir como nos Estados Unidos da América. É muito simples, basta perguntar aos imigrantes recém-chegados: O senhor é anarquista? Se a resposta for "sim", eles dizem: então não pode ser cidadão americano. Recusado. Aos anarquistas internos, as autoridades não perguntam nada: botam todos para fora com um pontapé no traseiro. Deportação fulminante e para bem longe. Que façam a revolução com os pingüins da Antártica! Sem medo de represálias assassinas ou que os intelectuais e a imprensa acusem o governo de reacionário.

De repente, o senhor Ossorio estava inflamadíssimo:

— Os anarquistas são selvagens. Suas idéias levam apenas ao crime. Portanto, as leis não têm nada a ver com eles. Essa gente se auto-exclui do direito comum. São assassinos vis contra os quais é preciso lançar mão de todas as medidas excepcionais de repressão disponíveis... Veja o que aconteceu na Rússia há quatro anos: massas operárias ocuparam as ruas e pediram a cabeça do tsar...

— O que o senhor acha que vai acontecer com a greve geral de amanhã?

— Nada. Simples chuva de verão. Fogo de palha. Absolutamente nada, pode ter certeza. Como tentativa de desestabilizar o Estado, já fracassou antes de começar.

— Sou velha e um pouco supersticiosa, sabe? Lembro de meu pai, Miquel Gambús, grande admirador da estatística, que demonstrava que as grandes merdas, com o perdão da palavra, acontecem sempre no verão. Parece que, de quando em quando, resolvemos amenizar os verões com distúrbios, golpes de Estado, julgamentos e execuções...

— Pois não se preocupe, minha senhora. Posso lhe assegurar que amanhã, 26 de julho de 1909, não vai acontecer coisa alguma em Barcelona.

Levantou-se um convidado com cara de doninha. Não parava de sorrir e fazia brindes a torto e a direito, como se estivesse numa festa de casamento e fosse o pai da noiva. No dedo, tinha um anel com um diamante fabuloso do qual pendia uma pequena cabeça de tigre de ouro com dois rubis no local dos olhos. Era um grande empresário do ramo de importação e exportação, com interesses comerciais em Cuba. Ultimamente, vinha se dedicando ao contrabando de armamento. Vendia armas aos rebeldes do Rif passando pelas ilhas Canárias e Tânger. Agora mesmo, tinha todo o seu capital investido num navio que seguia rumo a Las Palmas repleto de caixotes com projéteis Hotchkins. Tentava em vão não pensar nisso. Por este motivo, tinha se excedido um pouco no champanhe. Viu que sua vizinha de mesa, a marquesa de Castellflorite, não tirava os olhos de seu anel. Estava indignada. Decidira comparecer ao banquete de sua amiga com jóias luxuosas, mas discretas, e não porque menosprezasse a anfitriã. As pedras que resolveu usar limitavam-se ao lápis-lazúli. E agora via Miquela Gambús adornada como uma rainha e aquele comerciante ignóbil ostentando aquela jóia idiota. Puxou a manga do paletó do marido e lhe disse:

— Viu esse anel? Esse sujeito deve ser de Madri... Nós, os catalães, não somos tão exibicionistas...

— Mas fala catalão.

— E daí?

Ao seu lado, a questão do Marrocos continuava provocando a mais acalorada discussão.

— Mas que mercado o senhor pretende encontrar num país atrasado onde as pessoas não usam cuecas? — dizia o duque de Sotomayor com evidente desprezo.

Dirigia-se a um convidado com uma longa barba branca que contrastava com a força de seus argumentos e a agitação de seus gestos. Era o representante da patronal catalã.

— Eu poderia objetar, senhor duque, que nem só de cuecas vive a indústria da Catalunha. Mas a indústria têxtil é a base de nossa região e temos todo o direito de vender cuecas aos mouros. Ademais, estou plenamente convencido de que os habitantes do Rif já se habituaram a essa peça de vestuário. Na verdade, contaram-me que, recentemente, apresentou-se em Melilla um chefe mouro, muito arrogante, com sua capa branca, montado num brioso corcel. Para provar que vivia de acordo com a civilização e seus progressos, exibia diante de todos uma esplêndida cueca... Deixem que se estabeleçam pontos-de-venda desses produtos em Nador e a natural elegância magrebina vai acabar incorporando essas fantasias à sua indumentária. Ou, por que não, realizando uma mistura. Podem imaginar? Um padrão de elegância típico e exótico: a capa branca e cueca à mostra.

— Adeus, poesia!

— Não, senhor duque, perdoe-me: uma desaparece e surge outra. A civilização não precisa se indispor com a poesia.

— Então, até as cuecas dos nossos mouros vão ser poetizadas, não é?

— Exatamente...

— Quantas mesmo o senhor disse que tinha em estoque?

— Dezoito mil, senhor duque, a duas pesetas cada. — E acrescentou, baixando o tom de voz: — Nem é preciso dizer que, para o senhor, os dez por cento habituais...

— Entendido. Farei o que puder. E, agora, não me fale mais em dinheiro, pois ainda temos nos lábios a palavra "poesia"...

No cruzamento das ruas Bergara e Balmes, Felip Dalmau saltou da carruagem e foi andando até um portão na Ronda Universitat. Via os dedos dos próprios pés, branquíssimos, aparecendo pelas aberturas das sandálias. Em fins de julho, àquela hora, não havia ninguém na rua. E ele disfarçado de padre... Quantas voltas a vida dá! Ajeitou o barrete, entrou pelo portão e subiu ao primeiro andar. Bateu à porta e esperou com toda a calma. O próprio Joan Rovira veio abrir, um tanto aborrecido. Naquela manhã, recebeu mais duas mensagens de dona Miquela Gambús perguntando-lhe se tinha alguma novidade sobre seu filho. Achava que era outra vez a mesma história. Mas não. Deu com a simplicidade de uma batina engomada envergada por um padre com cara de roedor. Felip Dalmau lhe disse que vinha buscá-lo, a mando do arcebispado, para uma missão secretíssima e de máxima confiança. Um coche disfarçado esperava por eles lá embaixo e os levaria ao escritório do senhor bispo.

— O senhor governador civil também estará lá — acrescentou ele.

Rovira estava atônito. A Igreja e o Estado, lado a lado. E precisavam dele!

— E o senhor sabe do que se trata, padre?

— Não, senhor Rovira. Só me disseram que é uma questão de vida ou morte. Não posso sair daqui sem o senhor.

Outra pessoa teria desconfiado, mas não o senhor Rovira. Ele era indispensável. Chamaria alguém de confiança para resolver aquele assunto com Rafel Escorrigüela. Se fosse o caso, podia até pôr o governador a par da questão sem entrar em muitos detalhes.

— Pode me dar um segundo, por favor? Entre, venha até a sala.

— Obrigado, não é necessário. Prefiro esperar aqui fora.

— Como quiser, padre.

Dalmau ouviu o outro falar no telefone.

O senhor Rovira pôs o paletó, disse à mulher que um assunto urgente exigia sua presença e saiu seguido pelo padre. Quando chegaram ao portão, tiveram de esperar um instante até a carruagem aparecer. Subiram rapidamente e o veículo partiu trotando, com as cortinas das janelas fechadas.

Fez-se um inesperado instante de silêncio à mesa. Os músicos estavam trocando as partituras. De repente, ouviu-se o grito intempestivo de um dos convidados.

— Assim como seria uma grandessíssima besteira querer que uma árvore podre desse frutos, é uma aberração descomunal querer que a escola laica produza bons cidadãos!

O murmúrio geral voltou a se instalar abafando a sua voz. Três senhoras se levantaram para ir juntas ao toucador: uma delas era morena, de uns cinqüenta anos, com dentes miúdos e um bigode incipiente. Não conseguia conter o riso, e ria sem abrir a boca. Usava um vestido salmão e ia de braços com uma jovenzinha de cor-de-rosa, com cabelos castanhos muito lisos. Atrás delas, uma matrona com pente prendendo o coque e uma fita de veludo preto no pescoço. As três eram membros ativos das Conferências de São Vicente de Paulo e, mediante pequenas doações e outras ajudas indiretas, dedicavam-se com toda a perseverança à redução do número das uniões ilegítimas que proliferavam nos bairros pobres de Barcelona. E lá se foram elas com um farfalhar de sedas e seus reluzentes sapatos de verniz, guiadas por uma das criadas da casa.

O comerciante com o diamante e a cabeça de tigre no dedo bafejou o próprio anel e limpou-o com um guardanapo enquanto observava, indolente, as senhoras que seguiam pelo corredor. A mistura das colônias que elas usavam o deixou um tanto enjoado. Virou-se bruscamente e pediu mais champanhe. O garçom encheu sua taça e ele, satisfeito e um pouco embriagado, a levou aos lábios e estalou a língua.

— Ótimo! Extraordinário! — disse ele ao garçom que se aproximava. — Meus parabéns! Acabo de chegar da Alemanha e... Já esteve na Alemanha?

— Não, senhor.

— Pois não parece. Na Alemanha, os garçons dos cafés e dos restaurantes, quando lhes dirigimos a palavra, não se sentem rebaixados por exercer essa profissão. Tentam até demonstrar que sabem exercê-la bem. Essa dignidade profissional é louvável. Pude observá-la no senhor e por isso volto a lhe dar meus parabéns. Pode ter certeza de que levarei isso ao conhecimento da dona desta casa.

— Muita gentileza sua, senhor.

O rapaz se retirou todo pensativo. Era um jovem radical, operário de vidraçaria, que tinha acabado de perder o emprego e agora estava trabalhando como garçom. Tinha uma franja rebelde que lhe caía sobre os olhos. Quando se cansava de ajeitá-la com a mão, simplesmente soprava para afastá-la. Não deixou de perceber o anel daquele convidado. No dia seguinte, haveria a greve geral revolucionária. Quem sabe não voltariam a se ver em outra situação?

Na sala, apesar do ar que circulava, o clima logo se tornou denso e confortável graças aos vapores do champanhe, aos perfumes das senhoras, às colônias dos cavalheiros e ao fumo dos primeiros charutos do fim da refeição. As taças de *biscuit* gelado desapareceram num piscar de olhos.

Um distinto ancião retirava com todo o cuidado o anel de seu charuto como quem tira uma jóia do dedo. Era um homem de rosto vermelho, cabelos amarelados e nariz pontudo que falava num tom fausticamente jovial. Usava um prendedor de gravata dourado, bem discreto mas que não passava despercebido. Observava o anel de seu vizinho sem qualquer pudor.

— É uma cabeça de tigre, não é? — indagou ele.

— Isso mesmo. De ouro maciço. E os olhos são dois rubis.

— Parabéns. Onde o mandou fazer?

— Se lhe dissesse, não acreditaria...

— Pois tente, homem, tente...

Joan Rovira estava inquieto. Por que o rosto daquele padre lhe parecia familiar? Era um rosto diferente, como o de um rato. O sujeito estava sentado à sua frente. Apesar dos solavancos do coche, continuava a observá-lo com atenção para ver se o reconhecia, mas em vão. O homem desabotoou os botões centrais da batina e enfiou ali a mão esquerda. Tirou um envelope lacrado que entregou a seu companheiro de viagem.

— O senhor bispo mandou entregar isso ao senhor antes de chegarmos.

Sem hesitar, Joan Rovira estendeu a mão para pegar o envelope. Eram decerto instruções confidenciais. Mas não tardou a perceber que, em vez de entregá-lo, o padre segurava sua mão com força e o puxava para si, como se quisesse abraçá-lo.

— O que significa isto?

— Da parte de dona Miquela Gambús.

Dalmau fez tudo com a maior delicadeza, como se estivesse verificando a profundidade da camada de gordura de um pernil. Enquanto estreitava Rovira contra o peito com a mão esquerda, perfurou-lhe o coração com a faca que tinha na direita. Ele nem sequer gritou. Dalmau enfiou a arma até o punho e a afundou três vezes na ferida, com raiva.

Rovira estava morto. Felip Dalmau logo tratou de afastá-lo de si e o deixou jogado no banco, com os olhos arregalados pela surpresa. "Uma morte rápida, limpa, instantânea; o tipo de morte que queria para si mesmo", pensou Dalmau enquanto tentava retirar a faca do peito do outro. Conseguiu na segunda tentativa. Limpou o sangue da arma na calça do morto e voltou a guardá-la no bolso. Depois, usando um alfinete de segurança, prendeu no cadáver um bilhete em que um dos grupos que havia convocado a greve geral assumia a autoria do crime.

Rumaram para a Paralela e jogaram o corpo de Rovira num descampado, na porta de um matadouro clandestino onde se matavam cavalos velhos. Dois açougueiros da rua Arc del Teatre compravam aquela carne e uma mulher se encarregava de distribuí-la. Pela manhã, encontrariam o cadáver. Como Rovira tinha ficado numa posição estranha e antinatural, Felip Dalmau desceu pacientemente do veículo para ajeitá-lo e calçar um dos sapatos que havia caído de seu pé.

Uma legião de criadas estava atarefada servindo café e licores, e uma nova invasão de aromas se espalhou pela sala de jantar.

O governador militar se levantou para propor um brinde, mais um a se somar aos três ou quatro que já haviam sido feitos até então.

— Aproveito a ocasião proporcionada por nossa gentil anfitriã para erguer mais uma vez a taça e lembrar das palavras de nosso capitão-general De Santiago, hoje ausente, pronunciadas ao pé do canhão: "A Europa nos confiou a honrosa missão de abrir caminho para a civilização nas terras selvagens do Rif. Haveremos de cumpri-la." Viva o rei! Viva a Espanha!

Todos responderam com vivas entusiasmados. As senhoras estavam achando tudo muito mais divertido e excitante do que tinham imaginado.

Felip Dalmau apareceu, usando uma camisa limpa e sapatos reluzentes. Cochichou algo ao ouvido de dona Miquela, que ergueu os olhos e esboçou um sorriso.

Dalmau voltou a sair e ela se recostou na cadeira, satisfeita. Passou a mão pelo cabelo que estava úmido de suor. Os músicos tinham parado por um instante: passariam ao salão de baile, contíguo à sala de jantar. Um garçom lutava com uma garrafa de champanhe. Com o estouro da rolha, a senhora do coque com pente se assustou e deu um gritinho nervoso. Com tantas explosões de bombas, o simples estampido da rolha de uma garrafa de champanhe a deixava apavorada, mesmo que fosse de uma safra especial da marca Irroy de Reims. Ao seu lado, um médico higienista, secretário da Academia de Higiene da Catalunha, insistia no fato de que as roupas femininas, sobretudo no verão, não deviam pesar mais que dois quilos e meio, e de que os espartilhos deviam ser banidos. Foi interrompido pelo senhor governador civil, que, para não ficar atrás do governador militar, levantou-se para propor outro brinde, desta feita à dona da casa. Todos brindaram e aplaudiram. Dona Miquela Gambús disse que se sentia muito lisonjeada, que nunca esqueceria aquelas demonstrações de gratidão e que, no vilarejo de Alcagaire de la Roca, sempre teriam a melhor das acolhidas. Houve sorrisos e mais aplausos. Quando cessaram essas manifestações, a anfitriã anunciou que estava aberto o salão de baile onde seriam servidos doces, conhaque, Chartreuse, Benedictine, anis, mais champanhe, mais café, e tudo o mais que quisessem. Mal acabou de dizer isso, a música já voltava a se fazer ouvir. Os convidados se levantaram e aos pares, individualmente ou em pequenos grupos, passaram à outra sala num clima harmonioso. O aposento, luxuoso, amplo, com consoles ornamentados tendo em cima uma cornucópia, tinha um aspecto a um só tempo brilhante e fúnebre, exatamente como a sala de jantar. Cadeiras, sofás e mesinhas dispostos ao longo das paredes deixavam o imenso espaço central livre para as danças. Num dos cantos, os músicos tocavam mazurcas. Os convidados, dependendo do estilo da peça executada, ouviam ou dançavam. Ou ainda permaneciam sentados, conversando. Até se improvisou um pequeno concerto quando os músicos se ofereceram para tocar uma adaptação do quinteto *A Truta*, de Schubert. Os criados arrumaram as cadeiras e a interpretação foi muitíssimo aplaudida.

Uma criada entregou um bilhete à dona da casa que, depois de lê-lo, picou-o em pedacinhos e os entregou à moça. Miquela Gambús confessou a seus convidados mais próximos que estava um pouco cansada e disse que se retiraria por alguns segundos para repousar. Sua saída da sala, como nas outras ocasiões, passou despercebida.

Dona Miquela dirigiu-se para a escada e desceu até o porão da casa, sua parte mais fria, a antiga adega. Ali, à luz de uma lamparina a óleo, em cima da mesa, havia um corpo coberto com um lençol. Ao seu lado, um homem gordo e altivo com uma respiração pesada. Suspirava e inflava tanto o peito que quase rebentava os botões do colete. Era Diumenge Jordà, coveiro, embalsamador e taxidermista de Alcagaire. Apertou a mão de dona Miquela, inclinando ligeiramente a cabeça. Ela quase não percebeu. Tinha os olhos pregados naquele lençol. Tirou da manga um lencinho bordado e o levou ao nariz. Começou a falar, mas sua voz falhou. Guardou então o lenço, limpou a garganta e disse, em tom grave:

— Obrigada por ter vindo, Diumenge. São cinco horas. Parece mentira que 12 horas atrás você ainda estivesse em Alcagaire...

— Tomei a tartana e o trem, dona Miquela. Entregaram-me o telegrama e, às cinco e meia eu já estava voando a caminho da estação. Tive sorte, pois os horários coincidiram. Acabo de chegar.

— Você me ajudou quando meu pai morreu. Agora, quero que me ajude novamente.

Ergueu o lençol revelando o corpo de Demi Gambús, nu, limpo e bem cuidado, de cabelo e barba penteados, tranqüilo e sereno. As duas marcas arroxeadas, deixadas pelos dedos grossos de Tomàs Capdebrau, destacavam-se em seu pescoço.

— Meus sentimentos, dona Miquela...

— Obrigada. Toda a criadagem está à sua disposição. Pode pedir o que quiser e faça um bom trabalho, como sempre. Quando acabar, organize o traslado para Alcagaire. Estarei esperando lá.

— Assim o farei, dona Miquela. Ficará como um anjo, prometo.

Um quarto de hora mais tarde, já livre do suntuoso vestido e das jóias, Miquela Gambús saiu de seu quarto e foi até a porta principal da casa. Do pátio de entrada, podia-se ouvir a algazarra vinda do salão de cima. Subiu num de seus carros e partiu.

Os mais dispostos, dançaram a tarde inteira naquela espécie de festa macabra. À medida que os convidados iam embora, Felip Dalmau se desculpava em nome da anfitriã, comunicando a todos que ela tinha sido obrigada a se retirar por causa de uma enxaqueca fortíssima e que lamentava muito não poder se despedir pessoalmente de cada um deles.

O último convidado deixou a casa às sete horas. Felip Dalmau saiu logo em seguida.

Também estava com pressa.

32

Naquele domingo, 25 de julho de 1909, entrou bem cedinho no porto de Barcelona, vindo de Cagliari, o bergantim-goleta italiano *Ida*. Era um navio de linhas estilizadas, de cores claras e desmaiadas, carregado com 145 toneladas de carvão vegetal nos porões. Estava atracado no cais, com todo o velame recolhido, preparado para suportar com resignação o descarregamento que os estivadores fariam de má vontade, já que era a véspera de uma greve geral.

De seu esconderijo, Nonnita Serrallac podia vê-lo pela janela. Com as três bandeirinhas tremulando, parecia-lhe o navio mais bonito do mundo porque era o seu caminho para a liberdade, a sua própria e a de Tomàs Capdebrau.

A morte de Demi Gambús precipitou tudo. Poucas horas atrás, tiveram de se despedir de Eustaqui, às pressas. Recentemente, a moça se deu conta de que experimentava sentimentos muito profundos por ele. Sentimentos de confiança e gratidão. E cada vez que, sem querer, a cumplicidade entre ambos durante aquele episódio se tornava evidente, o afeto se manifestava. Ele percebia. Mas também percebia que, para Nonnita Serrallac, nunca deixaria de ser uma espécie de irmão caçula. Ainda assim, não pôde evitar repetir a pergunta. Tinha a sensação de não ter levado a cabo sua tarefa.

— Tem certeza de que não seria melhor que fôssemos embora juntos, patroa?

— Já disse que tenho. Poderiam nos identificar mais facilmente.

O rapaz pensou que tampouco seria difícil identificar uma grávida, um retardado e um papagaio morto.

Despediram-se com um abraço apertado.

— Acho que, desta vez, não vou fazer o que me diz, patroa.

Ela o fitou e sorriu. Passou-lhe a mão pela cabeça e retrucou:

— Vai sim. Quero ter a certeza de que, se tudo der errado, pelo menos alguém se saia bem. Fique escondido por uns dias no albergue e, assim que puder, volte para sua casa em Vila-rodona...

— Passando por Cádiz?

— Como?

— Foi assim que cheguei a Barcelona e esta é a única forma que conheço de voltar para casa.

Nonnita sorriu e lhe prometeu que, mais tarde, talvez dentro de um, dois ou três anos, fariam todo o possível para se reencontrar. Mas ele não ia embora e ela teve de lhe prometer tudo: que ia buscá-lo em Vila-rodona, que montariam um negócio juntos...

Abraçaram-se novamente e, desta vez, se separaram.

No entardecer daquele domingo, Escorrigüela perceberia que ninguém aparecia para lhe entregar o prisioneiro. Deduziria que estavam tentando enganá-lo e iria diretamente ao teatro procurar por eles. Entraria ali enfurecido e os pobres irmãos Soriano não saberiam o que lhe dizer. Reviraria céus e terras à cata de Demi Gambús. Era possível que Escorrigüela se lembrasse de algum detalhe que o levasse até a praia de Pequín. Tomara! Demi Gambús morto era melhor que nada, especialmente para o misterioso capitalista que forneceu o dinheiro.

Seja como for, Nonnita Serrallac sabia muito bem que só dispunham daquelas poucas horas de espera e confusão para tentar chegar o mais longe possível de seus futuros perseguidores.

Já tinha organizado o plano de fuga há dias. O domingo 25 de julho era o dia ideal porque aquele navio italiano, o tal do *Ida*, chegaria bem cedo e partiria para Marselha na mesma noite, depois de descarregado. Tinha combinado com o vigia noturno da empresa que receberia o *Ida* que ficariam escondidos no escritório até que escurecesse. Então, ele os levaria ao cais dos pescadores. Pegariam um barco de pesca e, então, seguiriam até a entrada da barra, onde o navio estaria à sua espera. Seriam tratados como uma espécie de clandestinos de luxo. Poderiam ter embarcado legalmente, pagando o preço da passagem. Poderiam até ter feito isso ilegalmente, em plena luz do dia. Bastaria ter um pouco de cuidado... Para os italianos, não fazia diferença, contanto que pagassem. Mas Nonnita não confiava em nada, nem em ninguém. Não queria deixar rastros. Disse que, por aquele preço, ou faziam à sua maneira ou não haveria trato. Como tanto o vigia, quanto o pescador e até o mesmo o capitão do *Ida* pretendiam lucrar com aquilo tudo, ninguém fez qualquer objeção. Antes de regressar a Cagliari, o navio passaria por Marselha para se abastecer de corantes e anilina. Deixaria ali a sua carga humana. Nonnita Serrallac tinha a intenção de ficar por lá até que o seu filho viesse ao mundo. Depois, veria o que fazer.

No escritório da companhia, não havia ninguém. Era apenas um domingo de fins de julho, mais propício a ficar deitado do que a se mexer. Nonnita Serrallac e Tomàs Capdebrau estavam escondidos no armazém, cercados por cordas, lanternas, polias, âncoras, redes, caixotes... Graças a uma jarra de água fresca, gentilmente trazida pelo vigia, as horas transcorriam lentas e tranqüilas. A probabilidade de não conseguirem embarcar era reduzida, mas existia: o velho vigia não hesitaria em traí-los se alguém lhe oferecesse mais dinheiro. O homem se chamava Joaquim e, no porto, todos o conheciam. Por isso Nonnita Serrallac tinha aparecido ali, sem aviso prévio, dois dias antes. Sem maiores rodeios, disse-lhe que, no domingo à tarde, voltaria com um amigo, pois precisavam embarcar no *Ida* às escondidas e pagaria bem a quem os ajudasse. O velho limpou a garganta e, sorridente, lhe perguntou: "Bem quanto?" Ao que ela respondeu: "Duzentas e cinqüenta pesetas. Para que nos esconda pelo tempo necessário e negocie com o capitão italiano. O preço da passagem é por fora." Os olhos do velho faiscaram de emoção.

A morte de Gambús os obrigou a aparecer por ali bem cedinho. Nada que não pudesse ser resolvido com uma gorjeta adicional de 25 pesetas.

E, agora, estavam esperando no armazém, morrendo de calor, enquanto o vigia ficava sentado, fumando, no aposento contíguo, onde funcionava o escritório propriamente dito.

Nonnita olhou para Tomàs agarrado com a maleta, seu único pertence. Naquele momento, o pobre não se dava conta de nada, sentado ali, em meio aos martelos, aos parafusos e às picaretas, como mais uma ferramenta. O silêncio naquele aposento era repleto dos ruídos ensurdecedores que aqueles objetos produziam quando estavam em atividade. Pela janela, entrou um cheiro penetrante, intensíssimo.

O vigia veio sentar-se um pouco com eles. Contou-lhes que estavam descarregando o *Congo*, um vapor belga que trazia produtos químicos para a casa Cros: corantes, anilinas, enxofre, silicato...

— Um volume com sulfato arrebentou e todos tiveram que sair correndo. Por isso esse fedor. A senhorita está com uma cara péssima...

— E que cara queria que eu fizesse?

A moça estava a ponto de vomitar e, se vomitasse, acabaria por certo abortando por causa dos espasmos.

O velho voltou a acender o cigarro, que tinha apagado, e ofereceu o jornal a Nonnita:

— Tome, distraia-se. É de ontem. Pego os que os clientes jogam fora. Ou seja, não há nada aí sobre a greve geral.

Nonnita Serrallac recusou. Não estava com ânimo para ler jornais. Suava e percebia a pele da barriga retesada e reluzente como um tambor. Por sorte, pouco depois o ar começou a circular e o fedor desapareceu.

Lá pelo meio da tarde, o vigia saiu para fazer uma ronda e voltou com a notícia de que os trabalhadores do porto tinham se negado a descarregar os porões do *Ida*, repletos de carvão. Nonnita mordeu o lábio. Isso era um problema. O velho jogou a guimba do cigarro no chão e pisou em cima.

— O capitão não sabe o que fazer — disse ele. — Comunicou que vai esperar até amanhã de manhã para descarregar o navio. Se não for possível, partirá para Marselha levando o carvão. Disse que também poderá vendê-lo lá por um bom preço. Pediu que lhes dissesse que não precisam ficar nervosos, pois o plano está de pé e que, seja como for, esta noite embarcarão com toda a segurança. Em vez de zarpar de madrugada, zarparão de manhã.

Isso era um problema. Nonnita não tinha ânimo nem para responder. Suspirou e se deitou num saco de estopa. Não precisavam ficar nervosos... Quem era ele para dizer isso? Até estarem em alto-mar, não deixaria de ficar nervosa!

Ficou por um bom tempo contemplando o couro lustroso da maletinha de Tomàs Capdebrau. Lá dentro, havia o cadáver do papagaio. Não houve meios de fazê-lo se livrar dele. Com aquele calor, já devia estar meio podre. Tomàs não se lembrava de nada. Nem da morte de Demi Gambús e, menos ainda, da morte do papagaio. Achava que o animal tinha morrido de velhice, justo quando estava quase conseguindo aprender o *slogan* publicitário do café Tupinambá. Nonnita conseguiu que o amigo lhe prometesse que, uma vez embarcados, jogariam o pássaro no mar.

O cérebro de Nonnita Serrallac era uma massa inerte, quente e mole. Recostou a cabeça no ombro de Tomàs Capdebrau e adormeceu. Quando acordou, o velho estava comendo fatias de melão que tinha posto num balde de água gelada para esfriar. Ao seu lado, Tomàs também comia com a mão trêmula.

— Está gostoso — disse o velho.

— Mas verde — observou Tomàs.

— Mas está gostoso — retrucou o velho.

— Mas verde — insistiu Tomàs.

O vigia o fitou para ver se estava de provocação, mas percebeu que não e se calou. Mastigava com calma e pensava: "Diga o que disser esse idiota, o melão está muito gostoso." Sorriu dizendo com seus botões que, em todo caso, não ia discutir por isso. Afinal, ele era o cliente e o cliente tem sempre razão. Queria as pesetas de Nonnita Serrallac porque era velho e tinha medo. Sabia que, naquela época, ser velho era uma das piores coisas possíveis em Barcelona.

Anoiteceu e a temperatura caiu um pouco. Estavam ali no escuro, quietos e em silêncio. Nonnita calculou que deviam ser dez e meia, 11 horas... Rafel Escorrigüela devia estar revirando a cidade toda, furioso.

O vigia entrou e disse em voz baixa:

— Volto logo... Não se preocupem. Tudo vai dar certo.

Tinha um cigarro atrás da orelha e estava enrolando outro. Era a hora da primeira ronda noturna. O vigia pegou a lanterna e abriu a porta. Uma lufada de ar fresco entrou no aposento. Ele saiu e trancou a porta com duas voltas. Antes de sumir na noite, acendeu a lanterna e o cigarro que acabara de preparar.

Nonnita se levantou para olhar pela janela. Foi seguindo os dois pontos de luz que acompanhavam o trajeto do velho. No alto, a ponta acesa do cigarro; mais embaixo, a pequena chama vacilante da lanterna que ele levava na mão. Na verdade, era mais uma maneira de ser visto do que de ver, pois sabia o caminho de cor. Parou. Dois soldados da Guarda Civil se detiveram à sua frente. Nonnita se sentiu perdida. Vinham buscá-la. Mas não, os três homens começaram a rir, ficaram conversando por um momento e continuaram as respectivas rondas. Tudo ficou em silêncio. A moça olhou para cima. Pela janela, entrava agora um reflexo difuso da luz de um dos lampiões do porto. Era como uma cortina leve que a impedia de ver o céu e, ainda por cima, a ajudava a não ficar maquinando. Só queria que as horas passassem de uma vez para embarcar naquele navio e ser levada para bem longe. Voltou a se sentar. Se não embarcassem logo, acabaria enlouquecendo de verdade.

O velho voltou com boas notícias: tinham acabado de anunciar que o capitão do *Ida* vendeu seu carvão para Marselha por meio do telégrafo. Queria zarpar imediatamente, mas, por causa das formalidades, ainda demoraria algumas horas.

— Daqui a uma hora e meia, eu os levarei até lá...

— Obrigada — disse a moça.

Era noite fechada. O domingo estava acabando e Barcelona se recolhia, ficando à mercê da névoa esbranquiçada da iluminação elétrica e do amarelado dos lampiões a gás. O domingo estava acabando e começaria uma nova semana para aquela cidade tão louca, a melhor e a pior do mundo.

Barcelona era uma soma do passado que já não existia e do futuro que estava por vir. E Nonnita Serrallac ia embora levando nas costas um grande fardo de recordações.

Achando que já estava pensando demais, levantou-se, bebeu um pouco de água da jarra, esticou os braços e bocejou. O nervosismo a estava deixando com sono. Ao seu lado, Tomàs Capdebrau dormia há um bom tempo, de olhos abertos e agarrado à maletinha.

Nonnita voltou a se deitar naquele saco de estopa e pegou no sono.

Despertou no meio de um pesadelo: uma luz lhe batia diretamente nos olhos, cegando-a. Não sabia se ainda estava sonhando.

Então, a luz se afastou e o verdadeiro pesadelo apareceu: uma velha decrépita a fitava, com um lampião nas mãos. Às suas costas, ouviu uma voz tranqüila que dizia:

— Agora, já pode ir, Carmeta...

A velha deu meia-volta e saiu arrastando os pés. Aos poucos, o ofuscamento cedeu dando lugar à figura de Miquela Gambús.

A princípio, Nonnita não a reconheceu, mas, quando percebeu quem era, sentiu o corpo todo enfraquecer. Olhou ao seu redor e notou que Tomàs Capdebrau não estava mais ali.

A mulher à sua frente a observava. Atrás dela, Felip Dalmau parecia tranqüilo e confiante.

Nonnita baixou a cabeça e ficou olhando para o chão, mais triste do que assustada, como o condenado à morte que espera o golpe do carrasco. Há muitos dias que sua capacidade de se defender tinha se extinguido. Começou a chorar baixinho, um choro contínuo que foi se fazendo cada vez mais forte. Quando já estava quase alcançando o céu, tudo tinha desmoronado. Era de se esperar. Ela e as pessoas como ela não tinham direito a nada, é claro. Pelo menos, a nada de novo. A velha os mataria a todos: a Tomàs, a ela e à criança que carregava no ventre. E tinha toda a razão, pois eles tinham matado o seu filho. Todas as histórias têm seu final escrito por antecipação. E uma qualquer, como ela, não podia mudar isso.

Surpreendeu-se com o tom calmo da mulher:

— Não chore. Tome... — disse ela, estendendo-lhe um lenço com iniciais M.G. bordadas. — Fique calma... Fique calma! Quero que me ouça, mas desse jeito vai ser impossível. Não tenha medo. Em seu estado, isso não é nada bom. Na verdade, depois de tudo o que aconteceu, não entendo como conseguiu manter essa criança até hoje.

Nonnita Serrallac ainda soluçava, e eram uns soluços sofridos como os de uma criança. Miquela Gambús esperou que ela parasse, mas, como isso não aconteceu, resolveu prosseguir:

— Agora chega! Não tenha medo, pois não vou lhe fazer mal algum.

— E Tomàs?

— O seu amigo? Está aqui ao lado, bem tranqüilo, tomando uma sopa fria preparada por Carmeta. Quanto ao que ficou em Barcelona, não sei. Se lhe acontecer alguma coisa, não será por minha culpa. Este aqui é Felip Dalmau, meu secretário e amigo.

Nonnita Serrallac esboçou um movimento, o que provocou uma reação instantânea de Felip Dalmau, sempre pronto a defender sua patroa. A moça interpretou aquilo como um ataque. Baixou a cabeça, cobrindo-a com as mãos, e começou a choramingar. Por que a velha falava tanto? Por que não acabavam com tudo de uma vez?

— Espere por mim lá fora, Felip.

A frase dita em tom seco e autoritário foi seguida pelos passos do homem que saiu e fechou a porta.

— Está vendo? Estamos sozinhas, só nós duas, você e eu... Acha que podemos conversar como duas mulheres adultas? Não tenho o dia todo e vou lhe dizer claramente que o seu futuro, neste exato momento, depende de sua atitude... E então, conversamos ou não?

A moça ergueu a vista lentamente e fez que sim com a cabeça. Os olhos de ambas se encontraram. Nonnita tentou dizer algo, mas Miquela Gambús a fez calar-se com um gesto. E prosseguiu, num tom distante, nada agressivo:

— Sei de tudo. Desde o começo. Sei que o meu filho está morto e que já não posso fazer nada. Sei que foi você que o enganou...

De perto, as rugas do rosto da velha pareciam ainda mais profundas.

— Mas...

— Não precisa tentar explicar. Não vale a pena. Sei que meu filho ia com freqüência à Paralela. Ele mesmo me contava isso. Suponho que tenha conhecido você ali. Uma coisa deve ter levado a outra e imagino que tenham se envolvido... Desde a primeira vez que você apareceu em minha casa, tive medo do que pudesse acontecer. Carmeta, que é velha, e por isso tão astuta, é como uma sombra que ouve tudo. Logo veio me dizer: "Uma moça da rua está aí pedindo alguma coisa ao senhor Demi. Disse que estava grávida." Você sumiu do mapa e, então, só me restava esperar. Mandar que vigiassem meu filho e esperar. Meses depois, quando voltou à minha casa, já estava com uma barriga considerável. Era evidente o que pretendia. E também é evidente qual foi a resposta de Demi. Um dia, Felip Dalmau os viu juntos num café da Paralela e ouviu que você queria fazer uma proposta a meu filho... Suponho que, mais uma vez, ele tenha negado, o que muito me espanta, pois não é uma atitude digna de um Gambús. Por fim, desesperada, você toma uma grande decisão: seqüestrá-lo. Demi tinha muitos defeitos, mas não era idiota. Suponho que tenha querido ajudá-la e foi ao seu encontro com dinheiro no bolso, sem desconfiar de nada. Nenhum desconhecido o apanharia de surpresa... Compreendo a sua raiva ao ver como meu filho era incapaz de assumir o que tinha feito...

O que tinha feito? Nonnita Serrallac foi levantando a cabeça bem devagar. Uma luzinha começava a se acender em sua mente, mas aquela história era tão absurda que não conseguia acreditar. Dona Miquela, porém, continuava falando:

— É isso mesmo, não me olhe assim. Você deve ter pensado: esse ricaço filho-da-puta me deixa grávida, me faz passar toda essa vergonha e agora não quer saber de nada? Pois vai ter que se lembrar do que fez. Você é sem dúvida uma mulher valente e decide correr o risco. Mas não é muito esperta. Porque, considerando-se os meios de que dispunha e o grupo que a acompanhava, não tinha qualquer possibilidade de se sair bem. Mais dia, menos dia, acabaria cometendo algum erro. E cometeu muitos. Na verdade, ainda está viva porque teve a imensa sorte de estar grávida. Mas assim como não hesitaria em matá-la sem piedade, digo-lhe que, agora, não tem o que temer, contanto que se comporte e não crie problemas. Não tenho o mínimo interesse em você; poderia esmagá-la com um dedo, como se fosse uma formiga. Mas só o farei se você me obrigar a isso, pois o meu único filho está morto e você carrega consigo o meu neto.

— O seu neto...

— Vamos para o vilarejo e eu a apresentarei como a viúva de Demi. Quando a criança nascer, as festas vão durar sete dias e sete noites. Nunca lhe faltará nada se souber se comportar adequadamente. Não se iluda: nunca a perdoarei. Nem por um único dia esquecerei que meu filho morreu por sua culpa. Portanto, tenha cuidado: vai morar comigo e, juntas, veremos crescer esse pequeno Gambús, pois, já que ele não vai ter pai, que tenha, ao menos, mãe. Vou vigiá-la e, se não criar problemas, viverá como uma rainha. Mas não se esqueça: o mínimo deslize, e mando matá-la. Prefiro que o meu neto cresça tendo mãe; no entanto, se não for possível, azar... Azar seu, evidentemente. Depois que o meu neto ou neta crescer, você poderá ir embora. Sozinha. Está claro? Você não é boba e sei que fará o que for mais acertado. E quem sabe não vai acabar gostando de viver conosco? Se tem consciência do que é de seu interesse e, sobretudo, do que é mais conveniente para o seu filho, deixará que ele cresça como um Gambús. O que foi?

Acontece que Nonnita Serrallac tinha tido um acesso de riso, um riso brutal, absoluto, ancestral. Um desejo incontrolável de rir diante daquele absurdo: "... viverá como uma rainha..." Claro que queria viver como uma rainha. Não chorou de rir porque já tinha esgotado todas as suas lágrimas chorando de medo. De repente, Miquela Gambús voltou a fitá-la.

— Agora só falta esclarecer uma coisa: quem matou meu filho?

Mais uma vez, Nonnita se sentiu à beira do abismo. Ocorreu-lhe a resposta mais estúpida e inverossímil. No estado em que se encontrava, não conseguia pensar em nenhuma outra:

— Não fomos nós. Juro.

— Sei disso — respondeu dona Miquela, impassível como sempre. — Você não tinha motivo algum para fazer isso. Estou certa de que teria evitado a morte de Demi, se pudesse... Ademais, já sei quem o matou.

— Ah, é?

— Provavelmente alguém a mando de Rovira. Ou talvez do desgraçado do Escorrigüela. Ele não é homem o bastante para agüentar as situações até o fim... Mas já cuidei desse assunto.

Miquela Gambús parou. De repente, sua voz estava trêmula. Era uma mulher habituada a esconder seus sentimentos. Mas foi só por um instante. Fitou Nonnita bem nos olhos e a raiva tinha voltado.

— Ele teve o descaramento de jogar em cima do corpo o relógio que meu filho tinha lhe dado... Dalmau os seguiu. Viu vocês chegarem e saírem correndo poucos minutos depois. É evidente que já encontraram a coisa feita. Lá dentro, ao que parece, estava esse seu amigo que a acompanha e que é visivelmente destrambelhado. O que ele poderia fazer diante de um matador profissional bem treinado? — Calou-se por alguns segundos até se acalmar. Suspirou profundamente. — Nós, os Gambús, somos uma família um pouco especial, como poderá ver. Fazemos grandes coisas e, ao mesmo tempo, somos capazes de morrer as mortes mais inúteis, como aconteceu com meu filho e com o meu pai. Venha comigo. Está com fome?

— Um pouco...

— Prepare o jantar da senhorita Nonnita, Carmeta!

Passaram ao escritório. Já era quase dia. Tomàs estava rindo e tomando uma sopa fria. Dalmau estava sentado num canto, relaxado, olhando lá para fora. O senhor Joaquim, o vigia, tinha desaparecido. Poucos minutos atrás, a vida de Nonnita Serrallac estava em perigo, e agora, uma das pessoas que podiam matá-la estava lhe dando um pedaço de pão com tomate e uma omelete à francesa.

— Está confortável? — perguntou a velha Miquela.

— Estou — respondeu com um fiozinho de voz a moça que estava sentada, com um guardanapo sobre a barriga de grávida.

Percebeu que tinha deixado escapar um pouquinho de xixi, de tanta felicidade. E que, se ao sair daquele escritório, o homem com cara de rato a matasse, não se importaria. Como se estivesse numa nuvem, ouviu a voz da velha que lhe dizia:

— Dei ordens para que tudo esteja pronto quando chegarmos. Primeiro, teremos que realizar o funeral. Depois, a única coisa importante será o seu filho, o meu neto.

Calou-se por uns instantes e apontou para Tomàs.

— Quanto ao seu amigo, vamos entregá-lo aos cuidados dos melhores médicos. Se puder se recuperar, ótimo, caso contrário, faremos o possível para que viva tranqüilo e decentemente até morrer.

Nonnita Serrallac limpou a boca com o guardanapo, olhou para dona Miquela e lhe agradeceu com um sorriso. Logo a seguir, lhe perguntou:

— E como devo chamar a senhora?

— Como quiser, contanto que não seja de "mãe".

Miquela Gambús lhe disse ainda que embarcariam no *Ida*. O navio desviaria sua rota para deixá-las próximo ao hospital infantil, onde o carro da família estaria esperando para levá-los a Alcagaire.

E assim foi. Minutos depois, bateram à porta. Felip Dalmau foi abrir. Eram dois marinheiros morenos e fortes. À luz da lâmpada do escritório, Nonnita viu que ambos tinham bordado no peito o nome *Ida*. Falavam italiano. O som daquela língua a surpreendeu. Lembrou-se, então, pela última vez, do pai de seu filho. Pobre Emidio, onde estaria? O que sabia com certeza era onde ela e seu futuro estavam. Tinha tirado a sorte grande. Adeus, Emidio.

Seguiu com os olhos os dois rapazes que saíram levando toda a bagagem.

— Que horas são, Felip?

— Sete e meia, dona Miquela.

— É uma boa hora para partir. Vamos!

O grupo todo começou a se mexer. Dona Miquela Gambús mandava e desmandava. E assim, andando, sem medo, chegaram à passarela do navio. Naquele amanhecer, o ar que vinha do mar era fresco e salgado. Um oficial veio recebê-los, convidando-os a subir. Nonnita foi a primeira, subindo a passos rápidos, segurando-se no corrimão de cordas, com um movimento sincronizado de pernas e braços.

Já era dia e a visão do porto era deslumbrante. Havia um transatlântico, provavelmente prestes a embarcar mais tropas; deques no cais para facilitar as operações de carga e descarga; barcos de pesca, rebocadores, faluchos, barcaças cheias de sacos, vultos de pessoas que, de repente, começavam a andar. A umidade do cais se misturava ao cheiro de mofo e de petróleo.

Nonnita Serrallac via aquilo tudo como se não estivesse mais ali.

Deram-lhe uma cabine só para ela. A moça a examinou de ponta a ponta. A escotilha tinha a moldura dourada. Por ela, viam-se as casas cinzentas e quadradas que ficavam mais perto do cais. Destacavam-se, ao fundo, como se recortadas no céu, como se pintadas num quadro romântico...

Aquilo tudo parecia mentira. Em dois dias convenceria a velha de que podia ser a melhor das mães para o seu neto e a melhor das filhas políticas para ela mesma. Depois veria.

De repente, o barco começou a se mover puxado por um rebocador que não tinha aderido à greve. Nonnita Serrallac saiu da cabine e correu para o convés. Debruçada na amurada, com o vento lhe batendo no rosto e os olhos fixos na cidade, teve a impressão de ver, lá bem longe, um grupo de pessoas pequenininhas agitando os braços como se lhe dissessem adeus. Sorriu. Por que não? Imaginou que aquele grupo, decerto um piquete de grevistas protestando, estava ali por sua causa. Era impossível, mas gostava da idéia. Ou que seriam Eustaqui e alguns amigos que tinham vindo se despedir de surpresa... Pouco importava. Respondeu àqueles acenos. Por curiosidade, pediu ao oficial que lhe emprestasse o binóculo um instante. Focalizou o tal grupo.

— Ora, claro. Quem mais haveria de ser?

São eles, os seus mortinhos, todos eles, enfileirados no limite do bairro, como se não ousassem ultrapassar a linha imaginária no final da ferida aberta que é a esplanada da futura Via Laietana. São eles que acenam em despedida. Com o binóculo, pôde vê-los praticamente um por um: em primeiro plano, seus pais, desconsolados porque a palmeira-anã foi arrancada há alguns dias e eles não têm mais onde se esconder. Nonnita acena para a mãe, que está mordendo um limão, com casca e tudo, porque limpa por dentro, segundo diz. Seu pai está sentado no banquinho de três pernas. Fuma um charuto com a sua calma habitual e Nonnita lhe pede em voz alta, com o reflexo do sol nos olhos, que deixe de fumar, pois seu bigode está ficando amarelado por causa do fumo. Mas seu pai repete, lá de longe, tentando convencê-la de que o amarelado vem da morte, não de fumar. Ambos lhe desejam que tenha sorte aonde quer que vá. O carvoeiro da casa Simó, sempre com a cara suja, diz que tem pressa: a eterna contradição, pois não se pode estar morto e ter pressa. Os gêmeos cantores da rua Malla, que gorjeiam como dois rouxinóis. E, mesmo sem saber que canção estão cantando, ela agradece porque sabe que cantam para ela. Jaume, o barbeiro da rua Tarongeta, que já fez as pazes com ela, mostra como é capaz de fazer dançar na boca o seu ovo de madeira. E o pedreiro murciano, com seu cartucho de amendoins, limpo e todo arrumado, está contente porque tornou-se um verdadeiro barcelonês, embora depois de morto. É justamente por isso que está ali, junto com os outros. Severí, da casa Blauet, agita alegremente o cachecol inacabado para se despedir da moça. Ao seu lado, está a Pimenteira, bonita, jovem e selvagem, que se afogou no mar porque, em terra, afogava-se na raiva. Ela sorri com tristeza, pois não quer que Nonnita vá embora. E também vê Cleta, a da fábrica de alpargatas da rua Tapineria, que aponta para sua barriga e lhe diz que não se preocupe, pois, se a criança que está esperando tiver febre, ela pode curá-la, já que nasceu na noite de Natal e tem poderes. Até a viúva Massini está lá, com o rosto marcado pelos sofrimentos da malária e que, mesmo depois de morta, mantém suas amizades. Diz a Nonnita que pode ir tranqüila porque tem certeza de que ela não vai dar à luz um prematuro. Vê ainda aquele morto desconhecido, com cara de lua cheia, que, egoísta, afasta os outros mortos para lhe dizer que o lugar onde repousa, em Montjuïc, é ideal, como ela verá dentro em breve, quando o navio passar por lá. Nonnita cerrou bem os dentes porque está ficando emocionada e não quer que a vejam chorar.

À medida que o barco vai se afastando, os vultos de seus mortinhos vão ficando cada vez menores. E as imagens da cidade que está deixando se misturam a eles nos seus olhos e se gravam a fogo na sua memória.

A voz de Miquela Gambús veio interrompê-la.

— Já lhe contei muita coisa sobre nós. E você, não tem nada a dizer que possa me interessar?

Depois de alguma hesitação, Nonnita respondeu:

— Falo com os mortos. Não com todos. Só com os do meu bairro. Pelo menos, até agora era assim. Mas, como daqui a dois dias, o bairro não existirá mais, talvez eles resolvam ir me visitar.

Miquela Gambús levou alguns segundos para reagir. A moça não lhe parecia estar brincando ou ser uma idiota.

— Pois que venham, que venham. Quanto mais numerosos formos, mais nos divertiremos. Sempre me preocupei mais com os vivos.

Do convés do *Ida*, os bondes que passavam pela avenida Colombo pareciam minúsculos, lentos e quadradinhos: a distância simplificava as linhas. Quase podia ouvir o chiado das rodas nos trilhos. De repente, lá para as bandas da Rambla, ouviu-se uma grande explosão seguida de outras menores. Ouviram-se também disparos, que chegavam até elas difusos, como bombinhas. A moça voltou a olhar com o binóculo. Viu muita gente gritando e correndo. Podia até ver os rostos crispados. Um grupo acabava de derrubar um bonde. O mais exaltado era um rapaz com uma franja rebelde que lhe caía sobre os olhos. Quando se cansava de ajeitá-la com a mão, simplesmente soprava para afastá-la. De repente, Nonnita o viu parar e cair para trás. O rapaz acabava de descobrir, um pouco tarde demais, que o fato de ser jovem e membro do Partido Radical não o tornava imune às balas. Ficou ali, estirado no chão. Ao mesmo tempo, duas espessas colunas de fumaça começaram a se erguer no céu da cidade.

— O que está acontecendo? Há explosões, fumaça, viraram um bonde, estão matando gente...

Miquela Gambús lembrou-se de que, poucos dias antes, em plena madrugada, foi pessoalmente à sede dos escolápios de santo Antônio. Alugou para seu banquete, e a preço de ouro, tudo o que eles tinham em preto ou roxo, incluindo tapeçarias, tapetes e cortinados. O religioso que veio abrir a porta, espantado, não entendia nada. "Não vou precisar disso nem por 24 horas. Além do mais, no final das contas, para o que os espera...", insistiu ela. "O que quer dizer com isso, senhora Gambús?", perguntou o padre, sonolento e surpreso. "Nada, nada. São coisas minhas..." Depois de pôr tudo aquilo em dois carros, entregou-lhe o dinheiro e, com voz seca e cortante, disse: "Olhe, em troca do favor que acaba de me fazer, vou lhe dar um conselho: saia de viagem por dois ou três dias, dizem que faz muito bem à saúde..." "A senhora quer dizer de férias?" Miquela Gambús fitou-o da cabeça aos pés e acrescentou: "De férias ou o que quiser, mas ouça o que lhe digo." O padre guardou o dinheiro no bolso, agradeceu, lembrou que a família Gambús era uma de suas principais benfeitoras e voltou a dormir.

O navio jogou um pouco, obrigando-a a se agarrar à amurada. Soprava um vento fresco, vindo do oeste, e o céu estava claro. Surpreendeu Nonnita olhando para ela. Tinha se esquecido da presença da moça. Abrandou o rosto e disse:

— Você me perguntou sobre a fumaça e os tiros?

— Foi.

— Só posso lhe dizer que amanhã vai ter mais.

— Como sabe?

— É o que o coração me diz — respondeu dona Miquela num tom mais brincalhão que sinistro.

A água mal se movia, atravessada como manteiga fresca pela proa cortante do bergantim-goleta.

Miquela Gambús deixava Barcelona com a consciência tranqüila. Agora, já podia ir para o inferno de cabeça bem erguida, para encontrar seu pai. Tinha valido a pena esperar. Pensou no filho morto, no neto que ia nascer, e esboçou um sorriso. Parecia mais jovem...

Apontou para a cidade com um gesto indolente e acrescentou:

— No futuro, você voltará a Barcelona... E sabe do que mais, Nonnita?

— O quê, dona Miquela?

— Ela ainda estará aí.

Barcelona, janeiro de 1998-junho de 2000.

Editora responsável
Izabel Aleixo

Produção editorial
Daniele Cajueiro
Ana Julia Cury

Revisão
Ana Lúcia Kronemberger
Eduardo Carneiro
Luciana Messeder

Projeto gráfico e diagramação
Marcos Senna - Llum Design e Comunicação

Este livro foi impresso em São Paulo, em setembro de 2007,
pela Lis Gráfica e Editora, para a Editora Nova Fronteira.
A fonte usada no miolo é New Baskerville, corpo 11/16.
O papel do miolo é pólen soft 70g/m², e o da capa é cartão 250g/m².

Visite nosso *site*: www.novafronteira.com.br